湖北省学术著作出版专项资金
Hubei Special Funds for Academic Publications

邢福义文集

第四卷

中青年时期两本语法书

邢福义 著

華中師範大學出版社

新出图证(鄂)字10号
图书在版编目(CIP)数据

邢福义文集　第四卷/邢福义著.—武汉:华中师范大学出版社,2018.12
ISBN 978-7-5622-8385-0

Ⅰ.①邢…　Ⅱ.①邢…　Ⅲ.①语言学—文集　Ⅳ.①H0-53

中国版本图书馆CIP数据核字(2018)第225545号

邢福义文集　第四卷
©邢福义　著

责任编辑:章光琼　　责任校对:王　胜
封面设计:胡　灿
编辑室:学术出版中心　　电话:027-67863220/7792
出版发行:华中师范大学出版社　　社址:湖北省武汉市洪山区珞喻路152号
电话:027-67863426(发行部)
网址:http://press.ccnu.edu.cn　　邮箱:press@mail.ccnu.edu.cn
印刷:湖北新华印务有限公司　　督印:王兴平
开本:710mm×1000mm　1/16　　字数:468千字
版次:2018年12月第1版　　印次:2018年12月第1次印刷
印张:31.75　　定价:127.00元
欢迎上网查询、购书

目　　录

现代汉语语法

现代汉语语法知识

现代汉语语法

总　　述

一、语法和语法学

语法是词的构成、变化规则和组词成句的规则的总和。

先谈“词的构成”。

词的构成是有规律的。例如：在我们汉语里，不管是不是名词词根，只要带上“子、儿、头”，一般都能构成名词，如“根子、本子、底子、钻子、胖子、鱼儿、活儿、尖儿、石头、想头、苦头”；不管是不是动词词根，只要带上“化”，一般都能构成动词，如“合作化、美化、群众化”。再例如：一个动词词根后边跟上一个动词或形容词词根补充它的意思，结果就会合成一个动词，如“看见”。按照这个规则，可以构成一系列动词：“打倒、推翻、立正、说明、认清、铺平、扩大、缩小”等等。一个名词词根后边跟上一个量词词根补充它的意思，结果就会合成一个表示通称的名词，如“纸张”。按照这个规则，可以构成一系列表通称的名词：“马匹、布匹、房间、船只、车辆、煤块、书本、物件、枪支”等等。

再谈“词的变化”。

一个词，词形起了变化，在词的原来意义上附加了一些次要的意思，但主要意思不变，词性不变，这就是“词的变化”。例如：“干净”这个词，可以重叠成“干干净净”。重叠以后，词形起了变化，但二者并没有很大的差别：从词类上说，“干净”是形容词，“干干净净”仍然是形容词；从意义上说，“干干净净”还是“干净”的意思，只是在

“干净”的意义上附加了“很”这个次要意思而已。

词的变化是有规律的。例如：双音节的形容词，大都可以像“干净”那样，按AABB的方式重叠，重叠以后都附加上“很”的意思，如“老实→老老实实，暖和→暖暖和和，端正→端端正正，整齐→整整齐齐，随便→随随便便，鬼祟→鬼鬼祟祟，忙碌→忙忙碌碌，冷清→冷冷清清……”

再谈“组词成句”。

词，只是语言的建筑材料。必须按照一种语言所特有的规则，把词组织成句子，才能表达一定的思想感情。例如：

情况　他　把　清楚　调查　没有

这六个词，各有自己的含义或作用，但它们还没有组织成句子，因此，只是一堆材料而已。

把词组织成句子，是有规律的。例如，我们可以把上面这六个词组织成这么一个句子：

他没有把情况调查清楚。

这个句子，是按照“x没有把y怎么样”的规则造成的。根据这个规则，还可以造出许许多多具体的句子，如：“我没有把文件带来。”“你没有把大家的意思搞懂。”“美帝国主义没有把南越人民吓倒。”……

上面的六个词，我们就不能把它们组织成：

他没有调查清楚把情况。

这样说是不成话的。因为汉语里没有“x没有怎么样把y”这样一条组词成句的规则。

总之，词的构成、词的变化和把词组织成句子，都是有规则的。语法，指的就是这几个方面的规则的总和。现代汉语语法，也就是指现代汉语里的词的构成、变化规则和组词成句的规则的总和。①

人们在一定的观点和方法指导下，对于语法事实加以研究的成果，

① 语言里，词的构成、变化规则和组词成句的规则并不是处于同等重要的地位的。就现代汉语来说，组词成句的规则非常丰富，是现代汉语语法的主要内容。换句话说，现代汉语语法是以句法为主的。

便是语法学。语法和语法学是有区别的：

第一，语法本身没有阶级性，语法学却带有一定的阶级性。

斯大林同志告诉我们说："语言不是某一个阶级所创造的，而是全社会、社会所有各个阶级、几百代的努力所创造的。语言的创造不是为了满足某一个阶级的需要，而是为了满足全社会的需要。正是因为如此，所以创造出来的语言是全民的语言，对于社会是统一的，对于社会所有组成成员是共同的。因此，语言作为人们交际工具的服务作用，不是替一个阶级服务而损害另一些阶级，而是一视同仁地替全社会服务，替社会所有各个阶级服务。"[①] 作为语言要素之一的语法，也不是某一个阶级所创造的。它为社会各个阶级服务，本身并不具有什么阶级性[②]。但是，语法学却是个人或少数人科学研究的成果。在研究的过程中，人们既可能用马克思列宁主义的观点和方法来分析语法结构，说明语法现象；也可能用唯心主义的观点和方法来建立语法学体系。因此，语法学反映了作者的世界观、语言观和方法论，它是包含着阶级性的问题的。

第二，语法学的历史比语法短得多。

斯大林同志说："可以推想现代语言的要素还在奴隶时代以前的远古时期就已奠下基础了。那时语言是不复杂的，基本词汇是很贫乏的，但有它的语法构造。"[③] 可见语法是早就存在的。可是语法研究却是到公元前四五世纪才由印度和希腊的学者开始的。我国学者对于汉语语法进行系统的研究工作，开始得更迟。第一部系统的汉语语法著作，马建忠的《马氏文通》，是 1898 年才出版的。

第三，一种语言只有一个语法体系，但描写这个语法体系的语法

① 斯大林：《马克思主义与语言学问题》，人民出版社，第 3～4 页。

② 斯大林同志还说了这样的话：只有在马克思主义理论上完全无知，只有丝毫不懂语言的本性，才会使我们某些同志说出什么社会分裂、"阶级的"语言、"阶级的"文法等这类荒唐话。见《马克思主义与语言学问题》，人民出版社，第 17 页。

③ 斯大林：《马克思主义与语言学问题》，人民出版社，第 24 页。

学体系却可以有好几个。

由于观点不同，由于搜集材料的范围、观察问题的角度、分析问题的方法不一致，对同一事实就会有不同的看法，因此也就不可避免地会出现不同的语法学体系。不同的语法学体系当然有好坏优劣之分。我们认为，要建立好的科学的语法学体系，必须按照毛主席的指示去做，那就是："不凭主观想象，不凭一时的热情，而凭客观存在的事实，详细地占有材料，在马克思列宁主义一般原理指导下，从这些材料中引出正确的结论。"①

对于现代汉语语法的研究，目前还不成熟。语法学体系的分歧，还相当严重。真正科学的现代汉语语法学体系，必须在毛泽东思想的指导下，对语法事实进行深入的分析和研究，才能建立起来。

我们现在讲现代汉语语法，大体上根据《暂拟汉语教学语法系统》。这个系统公布于一九五六年，是一个综合性的语法体系，具有较大的群众性和较强的科学性，跟现在在中学语文教学中所采用的说法也比较一致。介绍这个体系的书籍有：

人民教育出版社：《汉语知识》

张志公主编：《语法和语法教学》（论文集）

王力：《词类》

文炼：《处所、时间和方位》

洪心衡：《能愿动词、趋向动词和判断词》

胡附：《数词和量词》

林祥楣：《代词》

郭翼舟：《副词、介词、连词》

孙德宣：《助词和叹词》

张中行：《词组和句子》

徐仲华：《主语和谓语》

孙立常：《宾语和补语》

---

① 毛泽东：《改造我们的学习》。

朱德熙：《定语和状语》
吕冀平：《复杂谓语》
王还：《“把”字句和“被”字句》
叶南薰：《复说和插说》
郭中平：《简略句、无主句、独词句》
黎锦熙、刘世儒：《联合词组和联合复句》
林裕文：《偏正复句》
向若：《紧缩句》

二、词·词类的划分

（一）词和词的构成成分

词是最小的能够自由运用的语言单位。

语言里，有许多不同级别的、大小不同的单位。词也是一种语言单位。这种语言单位必须具备两个条件：

第一，能够自由运用。即可以单独充当句子成分，或者表示某种语法关系。例如：“葡萄酸”，“葡萄”作主语，“酸”作谓语；“酸的葡萄”，“酸”作“葡萄”的定语，“的”表示“酸”和“葡萄”之间有限定和被限定的关系。可见“葡萄”“酸”“的”都是词。

第二，一个词是一个整体，不能拆成更小的单位。例如：

A. 玻璃　吩咐　垃圾　伶俐
B. 语言　朋友　人民　游泳
C. 笑话　钢笔　铁路　马路
　　火车　黑板　大米　骨肉

A 组，如果再加分析，分析出来的每一部分都没有任何意义，如“玻”和“璃”都是没有意义的。B 组，分析出来的每一部分都有意义，但至少有一部分不能自由运用，如“语、言、朋、友、民、泳”在现代汉语里都是不能自由运用的。C 组，分析出来的每一部分都有意义，而且都可以自由运用，但整个词的意义并不等于各部分意义简单的相加，如“笑话”并不等于“笑＋话”，“钢笔”并不等于“钢＋笔”。

总之，词是语言里最小的能够自由运用的单位。但是，它本身还可以再分成词素。

什么是词素呢？**词素**是构成词的具有一定意义的最小单位。

在现代汉语里，大多数的词都是由两个或两个以上的词素构成的。例如：“语＋言→语言，老＋虎→老虎，钻＋子→钻子，美＋化→美化”。这样的词叫做合成词[①]。

构成合成词的词素，有的表示实在的意义，叫**词根**，如“语、言、虎、钻、美”都是。有的只是附加在词根上面，表示特定的语法意义，叫做**词缀**。附加在词根前面的叫**前缀**，如“老虎”里的“老”；附加在词根后面的叫**后缀**，如“钻子、美化”里的“子、化”。

（二）词类的划分

词，可以从不同的角度、根据不同的原则来分类。例如：根据音节，可以分为单音节词、双音节词和多音节词。根据结构，可以分为单纯词和合成词；根据来源，可以分为新造词、古语词、方言词、外来词；等等。

这里所说的词类，是根据词的语法特点，结合词的意义，划分出来的词的类别。

所谓“词的语法特点”，就是词在“形态”“组合能力”和“句法功能”这三方面表现出来的特点。

什么是“形态”？形态是指构词和构形的语法形式。

在现代汉语里，构词的语法形式是前缀和后缀，它们都有构成新词的作用，并且都有作为词类标志的作用。例如：

老～{老三、老大、老张}　～子{剪子、胖子、月子}　～化{绿化、工业化、合作化}

① 跟“合成词”相对的是“单纯词”。单纯词内部不能分析出两个以上有意义的单位。如“人、玻璃、凡士林、布尔乔亚、布尔什维克”。

这里的“老”是前缀，它有构成新词的作用：老三≠三，老大≠大，老张≠张。凡是用“老”构成的词都是名词，因此它可以看作名词的标志。

这里的“子”“化”都是后缀，它们都有构成新词的作用：剪子≠剪，胖子≠胖，月子≠月；绿化≠绿，工业化≠工业，合作化≠合作。凡是用“子”构成的都是名词，凡是用“化”构成的一般都是动词，因此它们可以分别作为名词、动词的标志。

构形的语法形式，也就是词的变化方式。在现代汉语里，构形的语法形式有两种：1. 重叠式——把词或词素重叠起来表示某种语法意义。2. 粘附式——把具有词尾性质的词粘附在实词后边表示某种语法意义。这两种构形的语法形式也可以体现词的不同特性。比较：

弹	书
弹弹（弹一下）	书书（×）
弹着（正在弹）	书着（×）
弹了（弹完了）	书了（×）
弹过（曾经弹）	书过（×）
弹起来（开始弹）	书起来（×）
弹下去（继续弹）	书下去（×）

“弹”是动词，它能重叠，能带上“着、了、过、起来、下去”，表示某种语法意义；“书”是名词，它不具有这样的特点。

什么是“组合能力”？词的组合能力指的是：某类词可以跟哪些词组合，组合以后发生什么样的关系；不能跟哪些词组合。例如：

一个学生	都学生（×）
两个瓶子	都瓶子（×）
三个目的	都目的（×）

“学生、瓶子、任务”都是名词，可以和表物量的数量结构①“一个”等组合，组合以后产生修饰关系；它们不能跟副词“都”组合。

---

① “数词＋量词”的结构叫数量结构，有的语法书上叫数量词。下面，凡是表物量的数量结构都简称为“物量结构”，表动量的数量结构都简称为“动量结构”。

都讨论　　一个讨论（×）
都绿化　　两个绿化（×）
都有　　三个有（×）

“讨论、绿化、有”都是动词，可以和“都”组合，组合以后产生修饰关系；它们的前面不能直接用“一个”之类物量结构。有时有“一个上来，一个下去”的说法，但是，第一，这里的“一个”称代了人物，不单纯表示数量；第二，“一个”和“上来、下去”组合以后不是产生修饰关系，而是产生主谓关系。

可见，组合能力的不同，也体现了词的不同特点。

什么是“句法功能”？句法功能是指词在句子中充当句子成分的功能。例如：“学生、瓶子、目的、讨论、绿化、有”可以单独充当句子成分，而“和、如果、从、对于、的、吗”不能单独充当句子成分。“学生、瓶子、目的”可以充当主语、宾语，但不能单独充当谓语；“讨论、绿化、有”可以单独充当谓语，但在一般情况下不能充当主语、宾语。这就是说，在句法功能上同样也体现出词的特性的不同。

在划分词类的时候，形态、组合能力和句法功能这三个方面的特点都应考虑。不过，也要知道，在汉语里，形态并不丰富，不具有普遍性，因此词的语法特点主要表现在组合能力方面，其次表现在句法功能方面。

语法特点是划分词类的客观标准。根据语法特点，就可以避免主观臆断，避免那种“仁者见仁，智者见智”的情况。例如：“引导”和“向导”同不同类呢？光凭意义，很难作结论。“主顾”“主持”和“主动”，它们的结构情况相同：都是“主＋动词词根”，然而它们是不是同类呢？光从意义上看，也很难说。可是如果根据语法特点，就可以毫不犹豫地确定它们的词性。比较：

	引导	向导	主顾	主持	主动
受物量结构修饰	——	两个向导	三个主顾	——	——
受“很”字修饰	——	——	——	——	很主动
带宾语	引导他	——	——	主持会议	——

可见，“引导”“主持”是一类（都是动词），“向导”“主顾”是一类（都是名词），“主动”是另一类（形容词）。

再来解释一下“词的意义”。

词的意义，不是指个别词的具体含义，而是指词的经过高度概括了的意义，也就是整类词的意义。如：名词表示人或事物的名称，动词表示行动、变化，形容词表示性质、状态，等等。

词的语法特点和词的意义是有联系的。有相同的语法特点的词，在意义上也会有共同之处；反过来说，在意义上有共同之处的词，也大致具有相同或相近的语法特点。例如上面所举的“学生、瓶子、目的”，它们具有相同的语法特点，在意义上也有共同之处：都表示人或事物。

既然事实上词的语法特点和词的意义有着紧密的联系，在划分词类的时候，就不应当把两者割裂开来。我们说，语法特点是划分词类的客观标准，给词归类应尽可能在语法特点上找到根据，但这并不意味着可以脱离意义。要是完全不考虑意义，就会产生形式主义的毛病。尤其是目前对于语法特点的研究还不成熟，各种语法著作里所谈的语法特点还远不足以把词类划分清楚，有时还不得不考虑词的意义，在这种情况下，强调一下根据语法特点给词归类时要结合词的意义，是有实践价值的。

根据语法特点，结合词的意义，首先可以把词分为实词和虚词。进一步，实词又可以分为名词、动词、形容词、数词、量词、代词，虚词又可以分为副词、介词、连词、助词、叹词。

实词和虚词的区别：

实　词	**虚　词**
1. 表示实在的意义，具体些说，表示人和事物、行动、变化、性状、数量等具体概念。	1. 不表示具体概念。在句子里，起配合实词造句、帮助实词表达意义的作用。
2. 可以充当句子的主要成分——主语、谓语。（当然也可以充当句子的次要成分。）	2. 不能充当句子的主要成分。（副词可以充当句子的次要成分状语，其他虚词，连次要成分也不能充当。）

各类实词和各类虚词的特点，下面将要谈到。

三、词　　组

两个以上具有单独充当句子成分的功能的词，依靠一定的语法手段组织起来，表示一定的语法关系的，叫做词组。

首先，词组是由两个以上的能够单独充当句子成分的词构成的。各类实词都可以单独充当句子成分，虚词里的副词也可以单独充当状语，因此它们都有组成词组的能力。例如：

革新技术（动＋名）
新鲜事物（形＋名）
我们国家（代＋名）
六亿人民（数＋名）
门门功课（量＋名）
非常光荣（副＋形）

不过，数词和量词，“这、那”和量词，如“一个、这个、那个”之类，总是结合成一个结构充当一个句子成分，它们都不算词组。

还有一些由不能充当句子成分的虚词（或带虚词性的词）和实词组合而成的结构，如“从实际（出发）”“男的”“天空中”，也不算词组。（这些比词大的非词组结构，后面在论及有关问题时，都要提到。）

其次，词组是依靠一定的语法手段组织而成的。在现代汉语里，词和词构成词组不外乎依靠两种语法手段：一种是词序；一种是虚词，更确切些说，是虚词里的连词或助词。例如：

革新技术（动宾关系）
〉词序不同，关系不同。
技术革新（主谓关系）
〉用不用虚词，关系不同。
技术的革新（偏正关系）

学校的农场（偏正关系）
〉用不同的虚词，关系不同。
学校和农场（联合关系）

再次，每一个词组都表示一定的语法关系。“一个、这个、那个、从实际、男的、天空中”之类之所以不算词组，就是因为它们的组成部分之间没有明显的语法关系。

词组所表示的语法关系，常见的有四种。根据这四种不同的关系，可以把词组归纳成下列四类：

1. 联合词组：表示联合关系。例如：

中国、朝鲜和越南　　讨论并通过

勇敢而机智　　经验或教训

联合词组由两个或几个并列部分组成。并列部分词性相同。并列部分之间可以用“和、或、并、而”等连词连接起来。

2. 偏正词组：表示偏正关系。例如：

A { 高贵品质 / 仔细观察 / 我们的领袖 / 紧张地劳动 }

B { 打扫干净 / 交代清楚 / 批评得中肯 / 好得很 }

偏正词组由两个部分组成。一个部分是中心词；另一个部分附加在中心词的前边，修饰中心词（如A组），或者附加在中心词的后边，补充中心词（如B组）。两个部分之间有时用结构助词“的、地”或“得”。

3. 动宾词组：表示动宾关系。例如：

打击侵略者　　研究问题

消灭反动派　　联系实际

欢迎你们

动宾词组由两个部分组成。前一部分总是由动词充当，后一部分经常由名词、代词充当。

4. 主谓词组：表示主谓关系。例如：

东方红　　大家讨论

意志坚定　　什么是知识

主谓词组由两个部分组成。前一部分经常由名词、代词充当，后一部分经常由动词、形容词或“是＋名词”充当。

以上所说的都是单纯的词组。

有时，一个词组内部又包含着别的词组。这样的词组叫复杂的词组。例如：

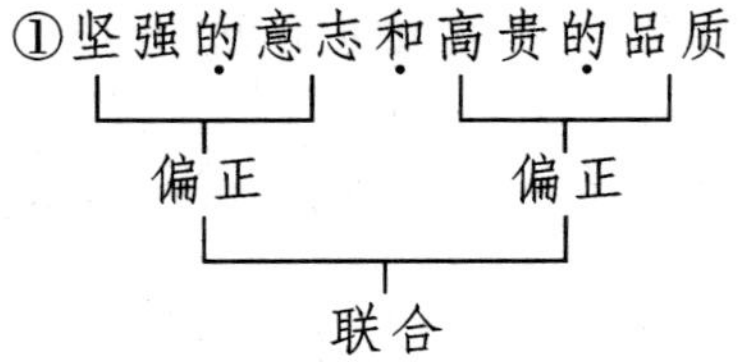

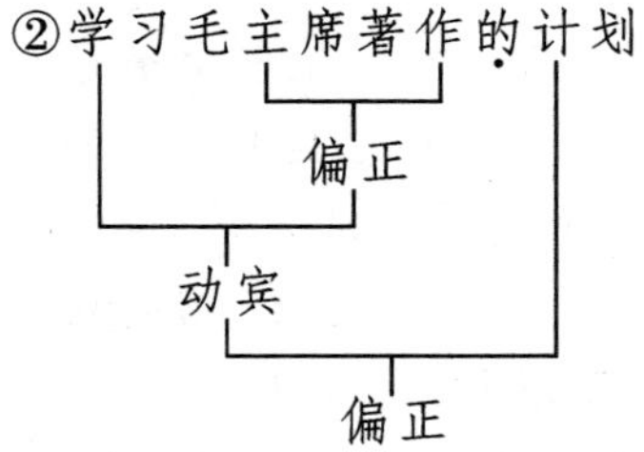

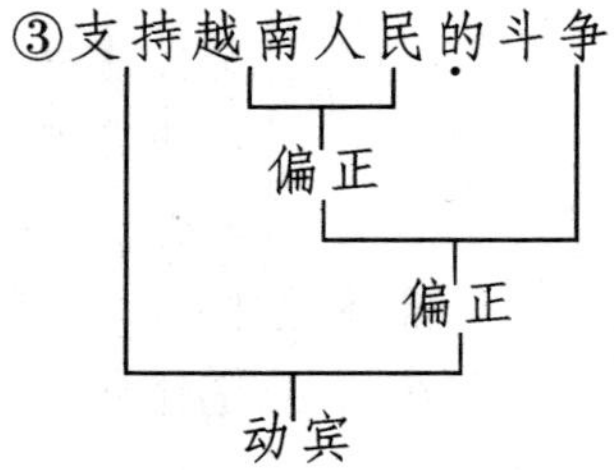

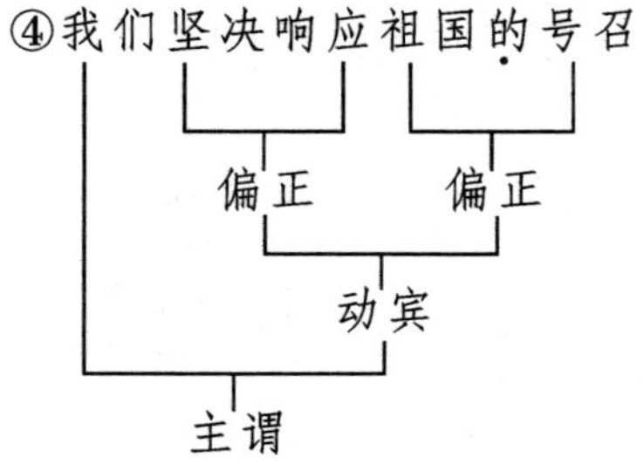

例①是复杂的联合词组；例②是复杂的偏正词组；例③是复杂的动宾词组；例④是复杂的主谓词组。

词组，不管是单纯词组还是复杂词组，一般都是根据交际需要临时组织而成的。但也有少数词组，它们的组成成分和结构情况都已经比较定型，这样的词组叫做固定词组。常见的固定词组是成语和专有名称。例如：

和风细雨（联合）　　万马奔腾（主谓）
饱经风霜（动宾）　　恍然大悟（偏正）
北京大学（偏正）

四、句子·句子成分

（一）句子

句子是可以表达一个完整意思的言语单位。

人们说话，每一句都有着特定的目的：或者自己有所知，告诉别人，希望别人照样知道；或者自己有所疑，问别人，希望别人回答；或者自己有所愿，要求别人，希望别人照办；或者自己有所感，动于中而形于言，希望唤起别人的同感。总之，人们所说的每一句话，都体现了一个特定的意图，都是为了适应具体环境中的交际需要的。因此，每个句子都能够单独地表达一个完整的意思，换句话说，都具有表述性。例如：

A
①一种很有趣味的现象在国际共产主义运动中普遍地出现了。（《再论陶里亚蒂同志同我们的分歧》）
②中国共产党人一直坚持列宁的观点。（同上）

B
③他是党员吗？
④他姓什么？
⑤你是党员，还是团员？
⑧他工作积极不积极？

C
⑦你别说！
⑧我们走吧！

D
⑨我们的祖国多么可爱啊！
⑩天气太热了！

A组，告诉别人一件事，叫**陈述句**。B组，向别人提出一个问题，叫**疑问句**。（例③，把事实说出来，要求对方给予肯定或否定的回答，是**是非问句**；例④，用疑问代词代替未知部分，希望对方就未知部分答复，是特指问句；例⑤和例⑥，并列几件事，或者并列正反两面的情况，希望对方选择其中一件或一面来回答，是选择问句。）C组，表示要人家做什么或不做什么，叫祈使句。D组，表示感叹，叫感叹句。

从语音上看，句子具有一定的语音标志：第一，每个句子都有一定的语调：陈述句，语调平匀，末尾稍微下降；疑问句，语调末尾上升；祈使句，语调逐步下降；感叹句，语调先上升后下降。第二，每个句子的末尾都有一个较大的停顿（这种停顿把这一句子和另一句子隔离开来，因此叫做隔离性质的停顿，简称隔离停顿），书面上用句号、问号或感叹号来表示。

从结构上看，构成句子的基本材料是主谓词组。这就是说，一般的句子都具备主语部分和谓语部分。这种主谓具备的句子，叫主谓句[①]。上面所举的例子，都是主谓句。

动宾词组也可以单独构成句子。这种句子没有主语或不需要补上主语，叫无主句。例如：

①上课了。（我们快走吧！）

②出太阳了？

③不准吸烟！

④下了好大的雪啊！

这四个句子都是无主句。从表述作用看，例①是陈述句，例②是疑问句，例③是祈使句，例④是感叹句。

一个词或一个以名词为中心的偏正词组，也可以构成句子。这样的句子叫独词句。例如：

①北京。秋天。

②一九五八年春天。

③什么？

④票！（车上售票员向乘客说的）

---

① 主谓句在一定条件下可以省略其中的某一个成分。参看后边第三节里“主语、谓语、宾语的省略与残缺”部分。

⑤哦！

⑥好热的天气！

这六个句子都是独词句。从表述作用看，例①和例②都是陈述句，例③是疑问句，例④是祈使句，例⑤和例⑥是感叹句。

有的句子，只包含一个主谓句、无主句或独词句，这样的句子叫单句。跟单句相对的是复句。每个复句都包含两个以上的分句。例如：

联合国的蓝白旗插到哪里，美国的星条旗也就插到哪里。（《联合国往哪里去？》）

关于复句，后边有专节讨论，这儿不必多说。

（二）句子成分

句子成分，指的是句子的组成部分。具体些说，指的是在句子里起着一定的结构作用、担任着一定的职务的成分。

一般的句子，首先可以分成两大部分：主语部分和谓语部分。主语部分是谓语部分陈述的对象，表明谓语部分说的是“谁”或者“什么”，因此可以回答“谁？”或者“什么？”的问题；谓语部分是陈述主语部分的，它说明主语“怎么样”或者“是什么”，因此可以回答“怎么样？”或者“是什么？”的问题。

进一步，又可以从句子里分析出主语、谓语、宾语、定语、状语、补语等成分。

主语部分里的中心词，叫主语[①]。谓语部分里的中心词叫谓语[②]。有些谓语是由动词充当的。动词后边表示人或事物的成分，叫宾语。主语、宾语的修饰成分，叫定语。谓语的修饰成分，叫状语。谓语的补充成分，叫补语。例如：

①南越人民‖坚决打击美国强盗。

（定）（主）　（状）（谓）（定）（宾）

主语部分　　谓语部分

① 找不出中心词的，整个主语部分也就是主语。

② 找不出中心词的，整个谓语部分也就是谓语。

②地里的玉米‖全都长得很高大。
(定)(主) (状)(谓)(补)

主语部分　　谓语部分

主语和谓语，从意义上说，是句子的主要成分；从结构上说，是句子的基本成分。跟主语、谓语相对，宾语、定语、状语、补语都是句子的次要成分、连带成分。但在结构作用上，宾语比定语、状语、补语重要，因此宾语又是次要成分、连带成分里的重要成分。

除了主语、谓语、宾语、补语、定语、状语和补语，还有一些性质比较特殊的成分，后面有专节讨论。

另外，句子里还有一些单纯表示关系或语气的成分，如“的、吗、因为”之类，它们不算句子成分。

思考与练习①

*1. “语法”这个词在语言运用中有两种含义：有时，指客观存在的语法本身；有时，指语法学。辨别一下，下列句子里的“语法”是哪一种含义。

①语法是一门科学。

②这个句子不合语法。

③如果拿语音、语法、词汇三者比较，各地语音、词汇的差别很大，而语法的差别很小。

④我们要学点语法、修辞。

2. 用短竖线把下列句子里的词划开。(例如：我们｜热爱｜劳动)

①雨来是个活泼勇敢机智的小英雄，大家都称赞他。

②从中华人民共和国成立到社会主义社会建成，这是一个过渡时候。(《中华人民共和国宪法》序言)

① 本书里的思考与练习题，加*号的，都可以不做，但希望大家积极思考，寻求答案。

③我们的共产党和共产党所领导的八路军和新四军，是革命的队伍。我们这个队伍完全是为着解放人民的，是彻底为人民的利益工作的。（毛泽东）

④因为我们是为人民服务的，所以，我们如果有缺点，就不怕别人批评指出。不管你是什么人，谁向我们指出都行。只要你说得对，我们就改正。（毛泽东）

3．分析下列各个合成词的词素，指出词根、前缀、后缀。

矛盾　　胜负　　画儿　　停止　　来头

自行车　　狗腿子　　瓜子　　火车头

老伴　　老师

*4．有人只是根据句子成分来决定词类。其具体办法是：用做名词的附加语（即定语）的是形容词；用做动词和形容词的附加语（即状语）的是副词；……你自己观察一下语言事实，并考虑考虑，说明这种办法能不能合理地解决汉语的词类划分问题。

5．根据下列三个要求，各造两个词组：

第一，词序不同，关系不同。

第二，用不用虚词（“和、的、地、得”等），关系不同。

第三，虚词不同，关系不同。

6．说明下列词组是什么关系的词组。如果是复杂词组，请按照上面分析复杂词组的办法分析一下。

农业技术　　棉布制服　　兴修水利

劳动锻炼　　屡次要求　　意味深长

发展情况　　团结革命的知识分子

紧密团结　　革命坚定性　　有领导地进行

工作和生活　　社会主义觉悟　　互助合作

繁荣富强　　捆得结结实实　　宣传鼓动

正确而适时的措施　　保持革命精神

欢呼越南人民的伟大胜利

怎样看待工农兵学理论

反对美帝的怒潮汹涌澎湃

*7. 词组和句子有什么关系？有什么区别？下面的例子，是否都是词组？是否都是句子？

①谁是我们的敌人

②谁是我们的敌人和谁是我们的朋友

③昨天下了一场大雪

④昨天下的一场大雪

⑤昨天来武汉

⑥全世界人民反对美帝国主义的怒潮

⑦他的积极肯干

⑧多么有意义的工作

8. 下列句子，从作用看，哪是陈述句，哪是疑问句，哪是祈使句，哪是感叹句？从结构看，哪是主谓句，哪是无主句，哪是独词句？

①刮风了。

②我也不知道他是不是上海人。

③毛主席万岁！

④咱们还是到工地上去看看吧！

⑤你可不要变卦呀！

⑥我好不容易才找到你呀！

⑦茴香豆的茴字，怎么写的？

⑧（你瞧，）好一个小黑驴儿！

⑨腰鼓队出来了！咱们快去看！

第一节　实　　词

一、各类实词的特点

（一）名词的特点

名词表示人或事物的名称。例如：

A. 工人　农民　学生　委员　鲁迅

B. 牛　白菜　飞机　空气　品质　支部　共产党

C. 北京　边疆　亚洲　今天　明年　星期日

A 组是表人名词，B 组是事物名词，C 组是处所时间名词。

名词的语法特点①：

【形态方面】

1. 一部分名词有词类标志：老、子、儿、头、者、家、员、手、性等。例如：

老师　　老赵　　老大

路子　　条子　　拍子

头儿　　盖儿　　黄儿（如“鸡蛋黄儿”）

木头　　念头　　苦头

作者　　编者　　记者

作家　　政治家　专家

党员　　社员　　驾驶员

① 下面所说的各类实词的语法特点，凡是加上※号的都是基本特点。

水手　射击手　新手

党性　弹性　积极性

2．表人名词大都可以用“们”表多数。例如：

工人们　农民们　学生们

老师们　孩子们　画家们

社员们　水手们

【组合能力方面】

※3．一般能受物量结构的修饰，能直接在“有”字后边出现，不能跟“不、都、刚、很”等副词组合。例如：

一个工人	有工人	不工人（×）
两头牛	有牛	都牛（×）
三匹马	有马	刚马（×）
四棵白菜	有白菜	很白菜（×）
五架飞机	有飞机	更飞机（×）

【句法功能方面】

4．经常充当主语、宾语。充当谓语时一般要求前边用“是”字。以“工人”“毛主席”“北京”为例，请看下列句子：

A. ①工人开机器。②毛主席笑了。③北京很美丽。

B. ①我长大了当工人。②永远跟着毛主席。③全世界人民的心都向着北京。

C. ①我的爸爸是工人。②恩人就是毛主席。⑨中国的首都是北京。

A里“工人”“毛主席”“北京”充当主语；B里“工人”“毛主席”“北京”充当宾语；C里“工人”“毛主席”“北京”和前边的“是”一起作谓语。

（二）动词的特点

动词表示行动变化等意义。例如：

A. 笑　看　听　打　跳　坐　飞　写　散步　学习　讨论　研究　批准　商量　招呼　照顾　认识　征求　调查　介绍

B. 爱　恨　怕　想念　喜欢　希望　羡慕　怜惜　憎恶　心疼　轻视　敬重

C. 有　无　存在　生长　发展　演变　消逝　增加　扩大　缩小

D. 开始　进行　继续　持续　停止　中止　结束

E. 使　令　让　叫　教

F. 像　似①

A 组是表示动作行为的动词。B 组是表示心理活动的动词。C 组是表示存在、发展、变化的动词。D 组是表示开始、进行、结束的动词。E 组是表示使令性的动词（“让、叫、教”有时属 A 组）。F 组是表示联系的动词。

动词的语法特点：

【形态方面】

1. 许多动词可以重叠。例如：

①二姐：（拉她母亲）娘，快想办法呀！（望关汉卿）关伯伯快呀，您不是认识很多人吗？快想想法子呀！（田汉）

这个例子里，“想想”就是“想”的重叠式。

从重叠方式看，单音动词（以 A 代表）可重叠成 AA 式，如：想→想想，笑→笑笑，看→看看；双音动词（以 AB 代表）可重叠成 ABAB 式，如：锻炼→锻炼锻炼，商量→商量商量，打听→打听打听。

从附加意义看，动词重叠以后一般在词原来的意义上附加了“一下”的意思。如“想想”就是“想一下”的意思，“锻炼锻炼”就是“锻炼一下”的意思。不过，必须注意：在具体的语言环境中，动词重叠式有时可以表示“动几下、反复动、经常动”的意思。例如：

②我笑着摇摇头。（孙犁）

③妈靠纺纺纱、给人做做针线活养活着我和妹妹。（王愿坚）

④剧本不容易写，所以我要练习练习。（老舍）

---

① 例如：“朝霞红似火”。

例②，“摇摇”有“摇几下”的意思。例③，“纺纺”有“反复纺、经常纺”的意思，“做做”有“反复做、经常做”的意思。例④，“练习练习”有“反复练习、常常练习”的意思。

※2. 大部分动词可以带上“着、了、过、起来、下去”等表示时态或趋向。例如：

笑着（正在笑）

写了几封信（已经完成）

看见过毛主席（曾经看见）

提起来（由下往上提）

放下去（由上往下放）

3. 一部分动词有词类标志“化”。例如：

公社化　水利化　电气化　群众化　硬化

规范化　简单化　经常化　神秘化　僵化

“化”本来含有“化为”“变成”之类的意思，因此加“化”构成的动词都同这些意义有关。例如“美化校园”是“使校园成为美丽的校园”的意思，“国家工业化”是“国家变成工业国”的意思，“思想僵化”是“思想变僵”的意思。

【组合能力方面】

※4. 能受“不、都、也”等副词的修饰；但除了心理活动动词和“像”外，不受程度副词（“很、非常”之类）的修饰。例如：

不去　都去　也去　很去（×）　非常去（×）

不看　都看　也看　很看（×）　非常看（×）

不喜欢　都喜欢　也喜欢　很喜欢　非常喜欢

不像　都像　也像　很像　非常像

“喜欢”和“像”能受“不、都、也”等副词修饰，也能受程度副词修饰；“去”和“看”只能受“不、都、也”等副词修饰，不受程度副词修饰。

【句法功能方面】

※5. 经常充当谓语，并且大多数（包括心理活动动词和“像”）

能带宾语。例如：

去北京　　爱劳动

看红书　　毛主席像太阳

（三）形容词的特点

形容词表示性质或状态。例如：

A. 好、坏、聪明、勇敢、甜、酸、热、凉、硬、软、平常、特殊、错误

B. 胖、瘦、红、绿、长、短、漂亮、肮脏、快、慢、愉快、敏捷、蓬蓬勃勃

A 组表示人、物、现象的性质；B 组表示人、物的形状或行动的状态。

形容词的语法特点：

【形态方面】

1. 许多形容词可以重叠。例如：

①彬彬有着长长的眉，大大的眼睛，高高的鼻子，小小的嘴。（冰心）

②警察的气焰，在盛装的女客面前收敛了，规规矩矩地拾起那份盖着大印的证件，仓惶地看了一眼。（罗广斌、杨益言）

③女室的战友，突然冲出牢房，在屋檐下站成一排，齐声说道："我们看得清清楚楚！"（同上）

④他就不肯积蓄一点，水似的化钱。十三大人还疑心我们得了什么好处。有什么屁好处呢？他就冤里冤枉胡里胡涂地化掉了。（鲁迅）

从重叠方式看，单音形容词（以 A 代表）可按 AA 式重叠，如：长→长长，大→大大，高→高高，小→小小。双音形容词（以 AB 代表），可按 AABB 式重叠，如：规矩→规规矩矩，清楚→清清楚楚。有的双音形容词还可以按 A 里 AB（不完全重叠式）重叠，如：冤枉→冤里冤枉，胡涂→胡里胡涂。

从附加意义看，形容词重叠以后一般表示"很"的意思。如：例②的"规规矩矩"就是"很规矩"的意思，例③的"清清楚楚"就是

"很清楚"的意思。但有时只是表示"相当、恰到好处"的意思。如：例①的"长长""大大""高高""小小"，不是"很长""很大""很高""很小"，而是"相当长"，"长"得恰到好处，"相当大"，"大"得恰到好处，相当"高"，"高"得恰到好处，"相当小"，"小"得恰到好处，总之，令人喜爱。至于A里AB式，则总是表示"很"的意思，如"冤里冤枉"就是"很冤枉"，"胡里胡涂"就是"很胡涂"。凡是能按A里AB式重叠的，都是表示人们不喜爱的性状的形容词，如"冤枉、胡涂"以及"麻烦、马虎、慌张、肮脏、邋遢、啰嗦、荒唐、浪荡"等等。

2. 一部分形容词有词类标志：前缀"可"和叠音后缀。例如：

A. 可爱　可笑　可怜　可悲　可信　可靠

可鄙　可耻　可怕　可疑　可叹　可观

B. 干巴巴　白茫茫　暖烘烘　笑嘻嘻　闹哄哄

喜洋洋　水汪汪　气冲冲　眼巴巴

A组是前加"可"构成的形容词，B组是后加叠音后缀构成的形容词。

【组合能力方面】

※3. 一般能跟"很、非常、极、更"等程度副词组合。例如：

她织出的彩锦非常美丽，像灿烂的云霞一样，可爱极了。

"美丽""可爱"都是形容词，因此它们的前面或后面可以用程度副词。

【句法功能方面】

※4. 可以充当谓语，但不能带宾语。如上面所举的例子里，"美丽""可爱"都充当了谓语，但它们不像大多数充当谓语的动词那样，可以带上宾语。

（四）数词的特点

数词表示数目的多少和次序的先后。例如：

A. 零　半　一　二　两　十　百

千　万　亿　十三　五十　三百　四千

五万　六亿

B. 第一　第二　第三　第四

初一　初二　初三　初四

A 组是基数，表示数目的多少。B 组是序数，表示次序的先后。

数词的语法特点：

【形态方面】

1. 序数词一般有词类标志：前缀“第”和“初”。

【组合能力方面】

※2. 用在量词前边，跟量词结合成一个运用单位——数量结构[①]；一般不能单独用在名词前边或动词后边。例如：

“李大哥!”成瑶轻轻叫了一声，从她的声音和目光里透出一种强烈的感情，一种期待的感情。（罗广斌、杨益言）

【句法功能方面】

3. 一般跟量词一起充当句子成分，但有时也能单独充当句子成分。例如：

①我十五，你十几？（曹禺）

②有名儿胡同三千六，没名儿胡同赛牛毛。（丁声树等用例）

这两句话里，数词“十五”“十几”“三千六”都充当句子的主要成分谓语。

（五）量词的特点

量词表示计算数量时所用的单位。例如：

A. 寸　尺　码　丈　里　亩　斤　升　斗　磅

个　位　件　本　间　条　根　句　张　只

批　堆　群　伙　帮　队　班　点　些

B. 次　回　趟　遭　下　遍　番　交

A 组是物量词，即计算事物数量时所用的单位；B 组是动量词，即计算动作数量时所用的单位。有的量词，既可以表物量，也可以表动量。例如：

一顿饭　　批评了一顿

---

① 数量结构可以重叠起来用，如“两个两个地往里走”。重叠以后，一般附加上“轮番、逐次”的意思。

一把伞　　拉他一把
一阵风　　哭了一阵

有的量词，是临时借用的。例如：

A. 一地水　两脚泥　三架子书
B. 画一笔　咬一口　打一拳
C. 笑了一笑　看了一看　想了一想

A 组是借用跟事物有关的另一事物来表物量；B 组是借用动作所凭借的工具来表动量；C 组是借用原动词表动量。

量词的语法特点：

【形态方面】

1. 单音量词[①]差不多全部可以重叠。例如：

①句句都是实话。
②这些书我都看过了，本本都有插图。
③昨天来了一批小伙子，个个身强力壮。

量词重叠，表示“每一”的意思：“句句”就是“每一句”，“本本”就是“每一本”，“个个”就是“每一个”。

【组合能力方面】

※2. 用在数词或“这、那”的后边，跟它们结合成一个运用单位——数量结构或指量结构；一般不能单独同别类词组合。例如：一尺（布）、两个（人）、三批（货物）、（看了）四遍、这本（书）、那群（小伙子）。

【句法功能方面】

3. 一般跟数词或“这、那”一起充当句子成分，但重叠式可以单独充当句子成分。如在上面所举的例子里，“句句、本本、个个”都充当了句子的主要成分主语。

（六）代词的特点

代词指代人物、行动、性状、数量等，具有极大的不定性。例如：

---

① 量词里，单音量词占绝大多数。

A. 我　自己　人家　大家　它们

B. 这　这里　这会儿　这么些　这么样

　 那　那里　那会儿　那么些　那么样

　 每　各　某　另　一切

C. 谁　什么　哪儿　几时　多少　怎么样

A 组用来称代已知的人或事物，一般叫作人称代词。

B 组用来指示已知的人物、数量等，一般叫作指示代词。

C 组用来询问未知的人物、数量等，一般叫作疑问代词。

三类代词同所代对象的关系，可用下表来说明：

<table>
<tr><th></th><th>人称代词</th><th colspan="2">指示代词</th><th>疑问代词</th></tr>
<tr><td>人或事物</td><td>我、咱（自称）
你、您（对称）
他、她、它（他称）
自己（复称）
人家（泛称）
大家（总称）</td><td>这（近指）
那（远指）</td><td rowspan="4">每、各（分指）
某（不定指）
另（旁指）
一切（统指）</td><td>谁、什么、哪</td></tr>
<tr><td>处　所</td><td></td><td>这儿、这里（近指）
那儿、那里（远指）</td><td>哪儿、哪里</td></tr>
<tr><td>时　间</td><td></td><td>这会儿（近指）
那会儿（远指）</td><td>几时、多会儿</td></tr>
<tr><td>数　量</td><td></td><td>这么些
那么些</td><td>多少、几</td></tr>
<tr><td>性状、行动、方式、程度</td><td></td><td colspan="2">这么、这样、这么样，那么、那样、那么样</td><td>怎么、怎样、怎么样、什么样</td></tr>
</table>

任何一个代词，都具有极大的不定性。例如，世界上所有的人都

可以称“我”，世界上所有的事物都可以问“什么”，世界上所有的人或事物都可以用“这、那”去指示。代词，只有进入具体的语言环境以后，才能获得具体的含义。例如：

①阿妈妮姓朴，小姑娘是她孙女，名叫金淑。(李大我)

②他们都跑了，你可别那么着。

在这两个句子里，“她”指代“阿妈妮”，“那么着”指代“跑”，这是明显的。可是，要是脱离了这两个句子，“她”“那么着”就不再分别表示“阿妈妮”和“跑”了。名词、动词、形容词、数词和量词就不同：在句子里，固然表示特定的人物、行动、性状和数量；脱离了句子，仍然表示特定的人物、行动、性状和数量。

代词作为独立的一类，主要就是根据它在意义方面的特点，即：只指代人物、行动、性状、数量等，而不作为人物、行动、性状、数量等的名称；具有极大的不定性。在语法特点上，代词没有什么显著地区别于别类词的特点，只有几点值得提一下：

1. 人称代词“我、你、他、她、它、咱”可以加“们”表多数。如“我们、你们、他们、她们、它们、咱们”[①]。

2. 指代行动、性状的代词，作用相当于动词或形容词，但不能重叠起来表示“一下”“很”等意思。

3. 指代人物、处所、时间的代词，作用相当于名词，但不能受物量结构的修饰（只有“什么”例外）。

下面将各类实词的特点列成一表，以便于比较：

	意义特点	语法特点		
		形态（注）	组合能力	句法功能
名　词	表示人、事物、处所、时间。	①带“老、子、儿”等； ②加“们”表多数。	能受物量结构的修饰，能在“有”后出现。	经常充当主语、宾语。

① “咱”单独也可以表多数。

续表

	意义特点	语法特点		
		形态（注）	组合能力	句法功能
动　词	表示行动、变化等意义。	①带“化”； ②重叠，表不定量； ③加“着、了、过、起来”等表时态或趋向。	不受程度副词的修饰（心理活动动词和“像”除外），但能受别的副词的修饰。	经常充当谓语，并且大多数能带上宾语。
形容词	表示性质、状态。	①带“可”，带叠音； ②重叠，表程度。	能受程度副词的修饰。	也常充当谓语，但不能带宾语。
数　词	表示数目的多少和次序的先后。	序数词带“第、初”。	跟量词结合成一个运用单位，一般不单独同名词、动词组合。	跟量词一起充当句子成分，有时也能单独充当句子成分。
量　词	表示计算数量时所用的单位。	重叠，表“每一”。	跟数词或“这、那”结合成一个运用单位，一般不单独同别类词组合。	重叠式可以单独充当主语或定语。
代　词	指代人物、行动、性状、数量等，具有极大的不定性。	加“们”表多数。	一般不受物量结构或形容词的修饰。	可以充当各类句子成分。

（注）这一部分所提到的特点，大多数没有什么普遍性。都写出来，是为了让大家了解各类实词可能有的语法形式。

二、辨认各类实词常遇见的困难问题

（一）兼类问题

根据语法特点，结合意义，各类实词是可以“各归各类”的。然而，它们之间也存在着交错现象。

交错现象，突出地表现在词的兼类上。例如：

工作{在边疆工作过三年。
这几项工作都很重要。

困难{这几种困难我们都能克服。
很困难。

麻烦{这件事很麻烦。
麻烦了您了！

“工作”有时用作动词，有时用作名词；“困难”有时用作名词，有时用作形容词；“麻烦”有时用作形容词，有时用作动词。

车{一辆车
车水

死{死得光荣
把问题看得太死了

热{天气很热
加点儿热

“车"经常用作名词，有时也可以用作动词；“死”经常用作动词，有时也可以用作形容词；“热”经常用作形容词，有时也可以用作名词。

不过，不管一个词可能兼属几类，在它进入了具体的语言环境以后，它究竟属于甲类还是乙类，就确定下来了。换句话说，在具体的语言环境中，它就不再兼属两类或几类了。例如：

①这是性质完全不同的两类矛盾。(毛泽东)

②试想一切矛盾着的事物或人们心中矛盾着的概念，任何一方面能够独立地存在吗？(毛泽东)

③我心里很矛盾。

“矛盾”这个词，兼属名词、动词、形容词等三类。但在例①里，它受物量结构的修饰，肯定是名词，而不可能是动词、形容词；在例②里，它带上了“着”，肯定是动词，而不可能是名词、形容词；在例③里，它受“很”的修饰，肯定是形容词，而不可能是名词、动词。

可见，在具体的语言环境中，一个词只可能属于某一类：不是属甲类，就是属乙类。究竟属于哪一类，要根据它在特定环境里所体现出来的特点去确定。

（二）动词形容词的特殊用法

动词形容词有时带上了定语。例如：

> 毛主席的健康满足了大家的关心，毛主席的亲切鼓舞了大家的斗志。（郭沫若：《我们的朋友遍天下》）

“健康”是形容词，带上了定语“毛主席（的）”；“关心”是动词，带上了定语“大家（的）”；“亲切”是形容词，带上了定语“毛主席（的）”。

带上了定语的动词形容词，不能再充当谓语（“毛主席的健康”“大家的关心”等在任何情况下都不能单独充当谓语部分），相反地，总是充当主语和宾语[①]。也就是说，它们已经失去了动词形容词的基本的句法功能。这就是动词形容词的一种特殊用法。这种特殊用法，一般叫动词形容词的名物化用法。

名物化的动词形容词，经常在下列三种格式中出现。掌握了这三种格式的特点，就不至于分不清名词和名物化的动词形容词。

A
- ①他的表演使大家非常高兴。
- ②人民生活的提高说明了党的政策的伟大。
- ③界限的分明也是雷雨的特点。（士元）
- ④我暗笑他的迂。（朱自清）
- ⑤大家都感到责任的重大。

B
- ①他带着明确的对同志的爱，对敌人的恨。（刘白羽）
- ②这是在对立面的斗争中的发展，……（毛泽东）
- ③在延安文艺座谈会上的讲话

---

① 或者跟“是”一起作谓语。

C {
（进行）科学研究
（进行）政治学习
（进行）思想改造
（进行）文学创作
（进行）教学改革
（进行）社会调查
（进行）理论分析
}

A组的特点是：去掉前边的“的”，就由“定语＋中心词”的关系改变为“主语＋谓语”的关系。如：“他的表演→他表演”，“毛主席的健康→毛主席健康”。B组的特点是：去掉前边的“的”，就由“定语＋中心词”的关系改变为“状语＋中心词”的关系（这时就恢复了动词形容词的基本的句法功能）。如“对同志的爱，对敌人的恨→对同志爱，对敌人恨”。“在延安文艺座谈会上的讲话→在延安文艺座谈会上讲话”。C组的特点是：全都可以充当“进行”的宾语，如“进行科学研究”“进行思想改造”；要是把前边的名词移到后边，大都会由“定语＋中心词”的关系改变为“动词＋宾语”的关系（这时也恢复动词的基本的句法功能）。如：“政治学习→学习政治”“思想改造→改造思想”。

凡是合乎以上所说的特点的，就是动词、形容词的名物化用法。

还可能遇到别的情况，但都可以根据上面所列举的现象去类推。

（三）动词、形容词的划界

动词、形容词之间的界限有时很难划。主要表现在下列两点。

1. 形容词能受程度副词的修饰，心理活动动词和“像”也能受程度副词的修饰。那么，根据什么把它们划开呢？

比较：

A组		B组	
喜欢：	很喜欢	可喜：	很可喜
	很喜欢他		——
厌恶：	很厌恶	凶恶：	很凶恶
	很厌恶他		——
轻视：	很轻视	轻便：	很轻便
	很轻视他		——
敬重：	很敬重	恭敬：	很恭敬
	很敬重他		——
像：	很像	坏：	很坏
	很像他		——

A组是心理活动动词和“像”，既能受程度副词的修饰，又能带宾语；B组是形容词，能受程度副词的修饰，但不能带宾语。这就是说，能不能带宾语，就是把这两组例子划归不同词类的根据。

有些词最容易引起争论。例如：

烦躁　忧愁　苦闷　兴奋

高兴　着急　失望　生气

这些词，从意义看，可以说是表示心理活动，也可以说是表示心理状态。可是从语法特点看，它们能受程度副词的修饰，如“很烦躁”，却不能带宾语。可见，在语法上，可以找到它们的形容词特点，却找不到它们的动词特点。因此，我们认为，应该把它们划归形容词。再说，把它们划归形容词以后，它们还是可以找到“愉快、快活、恐慌、头痛、胆小、惭愧、遗憾”等伙伴的。

2. 有些形容词，可以带“着、了、起来、下去”等表示性状的变化。例如：

①敌人一天天烂下去，我们一天天好起来。（毛泽东）

②下过几场春雨，叶子渐渐地肥了，花朵一天天红起来，大起来了。

③他的脸红了一阵。

④过了清明节，天气就慢慢地暖和起来了。

既然带上了“着、了”之类，为什么不归入动词呢？这是因为，它们仍然保留着受程度副词修饰的特点。比较：

天黑了。

天已经很黑了。

天黑起来了。

天更加黑起来了。

当然，我们也承认，形容词带上“着、了”之类以后“表示性状的变化”，这就是说，我们认为在这种情况下形容词具有动词的某些性质。至于这样的情况：

红了脸　　　　黑了心

“红、黑”带上了宾语，完全取得了动词的语法特点，因此应该认为它们已经用作动词了。

（四）“省、县、年、季”等词词性的辨认

“国、省、县、区、乡、村、社、年、季、天、日、夜”等词，具有量词的许多特点：第一，可以跟数词直接结合，如“一国、两省、三县、四区、五乡、六村、七社、一年、四季、五天、五夜”。第二，可以重叠，重叠以后表示“每一”的意思，如：“省省、县县、区区、乡乡、村村、社社、年年、季季、天天、日日、夜夜”。

但是，这些词也有跟一般量词不相同的地方：第一，它们可以跟“全”字结合，如“全国、全省、全县、全区、全乡、全村、全年、全季、全日、全夜”；量词却大多数不能跟“全”字结合，如不能说“全群、全批”。第二，它们跟数词结合以后，不一定共同修饰或补充另一个词（名词或动词），如“两县合并为一县”“一年有三百六十天”。量词和数词结合以后，却一定要共同修饰或补充另一个词，如“两把锄头”“谈三遍”；只有在一定的上下文里，被修饰的词才可以不出现，如“这种锄头很好，所以我买了两把”。

全面考察了这些词的特点，我们认为，应该把它们算作准量词。当然，要是在根本不表量的场合，它们就不应看作准量词了。例如：

“我国”“新年”“春季”“白天”“黑夜”，这里的“国”是名词，“年、季、天、夜”都是名词词根。

三、实词的附类

（一）名词的附类：方位词

方位词是表示方向和关系位置的词。

单纯方位词有：上、下、前、后、东、西、南、北、左、右、里、外、中、间、内、旁。

合成方位词有下列几种：

A. 以上　以下　之前　之后

B. 东边　西边　南面　北面　里头　外头

C. 上下　前后　左右　里外

A组是单纯方位词前加“以”或“之”，B组是单纯方位词后加“边”“面”或“头”，C组是单纯方位词对举。以外，“当中、中间、底下”也是合成方位词。

方位词具有名词的句法功能，可以充当主语、宾语。例如：

①下面是海边的沙地，都种着一望无际的碧绿的西瓜。（鲁迅）

②不要只顾前，不顾后。

不过，方位词的主要用途是附着在实词或词组的后边，组成“方位结构”。方位结构，有的表示处所，有的表示时间。如“教室里、上课前、屋子外边、三年之前、长江与黄河之间、他出国以后”[①]。“上、下、里、外”等还经常充当双音节的处所、时间名词里的词素，如“桌上、乡下、晚上、夜里、国外、夜间”。

对举的方位词可以按AABB式重叠：

---

① “上下、左右、以上、以下”附着在数词后边时表概数，如“三十左右、五十以上”。

上上下下　前前后后　左左右右　里里外外

重叠以后一般表示“到处”的意思。但有时也表示别的意思。例如：

①如果越国上上下下不立志破吴，只是靠城，有什么好处呢？（曹禺）

②日本鬼前前后后到俺家来四五趟。（李英儒）

例①的“上上下下”借来代表所有的人；例②的“前前后后”表示不只一个时间。

（二）动词的附类一：能愿动词

能愿动词是表示可能、必要或者意志愿望的词。包括下列三类：

1. 表示可能性的：能、能够、会、可、可以、可能、得（dé）

2. 表示必要性的：应、该、应该、应当、须、要、须要、必须、得（děi）

3. 表示意志愿望的：愿意、愿、要、肯、敢

能愿动词经常用在动词或形容词的前边，如“这些困难都可以克服”“天气应该暖和了”；不能用在名词的前边。

（三）动词的附类二：趋向动词

表示动作趋向的词叫作趋向动词。包括下列三组：

A. 来、去

B. 上、下、进、出、回、过、开、起

C. 上来、上去、下来、下去、进来、进去、出来、出去、回来、回去、过来、过去、开来、开去、起来、起去

A组以说话人的位置为着眼点（移动的方向向着“我”时用“来”，背着“我”时用“去”），如图1；B组以说话人以外的位置或事物为着眼点，如图2；C组是由AB两组复合而成的，因此它所表示的趋向既跟说话人的位置有关系，又跟另一地点或事物有关系，如图3。

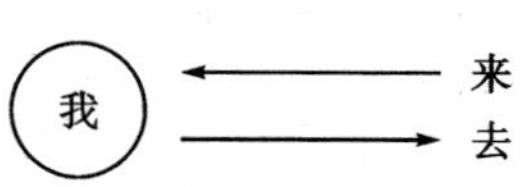

（图1）

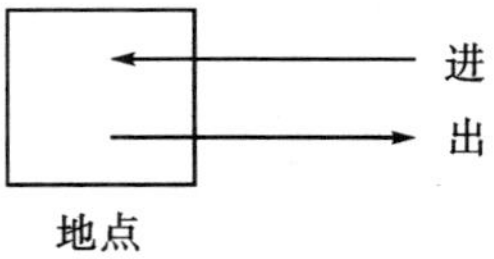

（图 2）

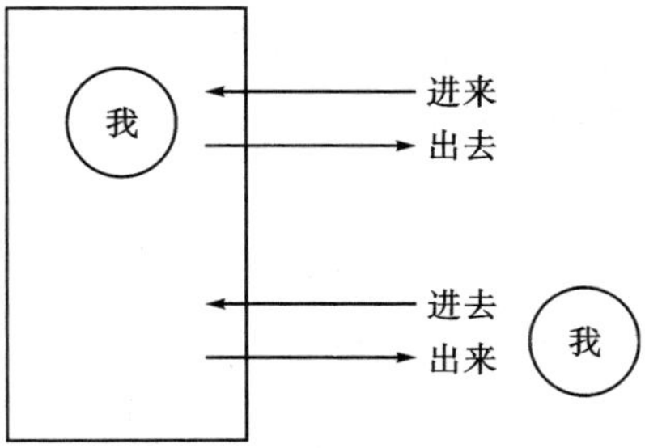

（图 3）

趋向动词可以单独用。单用时句法功能跟一般的动词相同。

趋向动词还经常附着在动词或形容词的后边，表示趋向或时态。例如：

A. 跑来　走进去　拿起来　放下去　飞过天安门

B. 李有才一孔土窑，说也好笑，三面看来有三变。（赵树理）
上野的樱花烂漫的时节，望去确也像绯红的轻云。（鲁迅）
衣服也是母亲自己生产出来的。（朱德）

C. 天黑起来了　坚持下去　看过《红旗谱》

A 组，“来、进去”等都表示实在的趋向。B 组，“来、去”等表示抽象的趋势：第一个例子里，“来”表示由远向近的趋势；第二个例子里，“去”表示由近向远的趋势；第三个例子里，“出来”帮助表示了从无到有的情况。C 组，“起来、下去”等表示时态：“起来”表示“开始”的意思，“下去”表示“延续”的意思，“过”表示“经历”的意思。能表示时态的，就只有“起来、下去、下来、过”这几个。

不管表示什么意思，这种附着在动词或形容词后边的趋向动词，都具有词尾性质，一般要轻读。

（四）动词的附类三：判断词

判断词只有一个“是”。

“是”主要用来表示判断，说明甲乙两种事物之间是否存在相等或相属的关系。例如：

①这少年便是闰土。(鲁迅)

②母亲是一个平凡的人。(朱德)

例①的“是”表示相等的关系，例②表示相属的关系。

“是”字前后的两种具有相等或相属关系的事物，一般要求在词语上明确地表示出来，但有时为了语言的经济简练，也可以略去某些词语。例如：

③你们是知识分子的语言，他们是人民大众的语言。(毛泽东)

④那声音大概是横笛。(鲁迅)

这是一种精简的表达方式，人们一听就懂，不会误解。如果强使语言结构服从于形式逻辑，那就不免会影响语言的简练性。像“你们的语言是知识分子的语言，他们的语言是人民大众的语言”或“那声音大概是横笛的声音”这样的说法，就显得太累赘了。

“是”还有其他许多用法。例如：

⑤妈是说对了。(老舍)

⑥武震是瘦了。(杨朔)

⑦太阳落山的时候，延安是一片欢乐的歌声。

⑧敌人是美械装备。

⑨你们来得正是时候。(陈立德)

⑩两人吵是吵，从来可不动真火。(杨朔)

例⑤⑥的“是”，放在动词、形容词的前面，起强调的作用，有“确实”的意思。例⑦⑧的“是”，表示“存在”或“有”的意思。例⑨的“是”，表示“合适”的意思。例⑩的“是”，表示“尽管”的意思。

四、实词的运用问题

（一）辨明词性

运用实词的时候，要确切地了解它们的词性。有些人，由于对词的词性不明，所以用起来常常出错。例如：

①去年春天，我第一次读到了闻捷的诗集《河西走廊行》，当时我真像被诗人向导着去访问一样，心里充满了喜悦。

②当他走进家门，张荫梧正在房里和石友三、高疤会议。

③蒸谷米是最营养、最经济的食粮。

④听说要到武钢去参观，大家都非常兴趣。

⑤有人散布种种捏造。

例①的“向导”和例②的“会议”都是名词，而不是动词。如可以说“一个向导、这两个会议”，却不能说“不向导、不会议”。在这两个例子里，名词“向导、会议”都误用成动词了。“向导”应改成“引导”，“会议”应改成“会谈”或“谈判”。例③的“营养”和例④的“兴趣”都是名词，而不是形容词。如可以说“有营养、多种营养、有兴趣、这一种兴趣”，却不能说“很营养、很兴趣”。这两个例子里，名词“营养、兴趣”都误用成形容词了。“营养”前边应加上“有”字，“兴趣”应改为“高兴”。例⑤的“捏造”是动词，如可以说“捏造罪证”。这里“捏造”误用成名词了。应改为“谣言”。

避免上述毛病的关键，在于牢固地掌握词的语法特点。因为掌握了语法特点，就能确切地了解词的词性，就可以知道怎样用才合乎规律，怎样用不合乎规律。

（二）掌握差异

掌握差异，这是能否准确地理解和运用语言的重要环节。同义词的细微差别，讲词汇的书都有专章讨论，这里只着重从语法角度举例说明几种情况，希望能引起大家的注意。

1. 用不用构词形式，用什么构词形式

有的词，用不用构词形式，意思往往不一样。例如：

刀——刀子

“刀”加上“子”，就带上了“小”的意思。因此，某人说“我上街去买把刀子”，我们决不会认为他会去买杀牛杀猪用的大刀。在许多场合，“刀”和“刀子”不能互换，就是因为它们存在着这种差别。例如：“蒋介石总是要强迫人民接受战争，他左手拿着刀，右手也拿刀。”（毛泽东）这个例子里的“刀”不能换成“刀子”，因为蒋介石所拿的是反革命的“刀”，是用来屠杀人民的大刀。

有时，用不同的构词形式，意思或感情色彩也不一样。例如：

头〈 头子 / 头儿

“头子”“头儿”都指“领导人”，但“头子”带憎恶的感情，“头儿”带敬爱的感情。因此，在“中国法西斯头子独夫民贼蒋介石”（毛主席语）里，“头子”不能换成“头儿”；在“张师傅是我们的头儿”里，“头儿”不能换成“头子”。

作〈 者 / 家

“作者”和“作家”都可以指写文章的人，但“作者”表示写作某一本书或某一篇文章的人，“作家”表示经常写作文学作品的人。因此，在“鲁迅是《阿Q正传》的作者”里，“作者”不能换成“作家”；在“鲁迅是伟大的作家，也是伟大的战士”里，“作家”不能换成“作者”。

黑〈 漆漆 / 森森 / 洞洞 / 油油 / 溜溜

“黑漆漆、黑森森、黑洞洞、黑油油、黑溜溜”都有“黑”的意思，但由于所带的叠音后缀不同，作用也不一样。“黑漆漆”用来形容黑得伸手不见五指，“黑森森”用来形容黑得阴森可怕，“黑洞洞”用来形容黑暗无光，“黑油油”用来形容黑而发亮的事物，“黑溜溜”用来形容黑而能滚动的事物。准确地运用它们，就能增强语言的形象性。

2. 用不用构形形式，用什么构形形式

用不用构形形式，词的意思或作用是不一样的，这也要仔细体会。例如：

①你快离开我们了，说说对我们有什么意见。说说吧！（老舍）

②有机会你还可以常常开开人家的抽屉，比如看看人家的房产是不是已经抵押出去了，调查调查人家的存款究竟有多少。（曹禺）

③带着孩子去娘家住住。

例①，“说说”是“说”的重叠式，有“说一下”的意思，它所表示的动量是不确定的：想多说一点就多说一点，想少说一点就少说一点。这里用了这一重叠式，就使说话的口气显得和婉，表示了对对方的尊重。如果只用“说”，就会使人产生过于直率、过于生硬的感觉。例②，这是《日出》里潘月亭在把李石清解雇以后对李石清所说的话。“开”重叠成“开开”，“看”重叠成“看看”，“调查”重叠成“调查调查”，在这里都有“常常动、反复动”的意思。采用了这几个重叠式，就使所说的话带上了讽刺的、幸灾乐祸的口吻，挖苦李石清以后不能再常干这类事情，从而表现了潘月亭怀恨李石清偷看他的秘密的心情。如果只用“开”“看”“调查”，那种讽刺、挖苦的意味就会减弱。例③，“住住”是“住”的重叠式。“住住”绝不会是永久地住下去。可是如果说成“带着孩子去娘家住”，那就可能会长久地住下去了。

④他看见了一个一个人上台发言，提出了新的指标。他兴奋、激动，可就是没有一个人提出跟他步高师傅比一比。（胡万春）

这个例子里“一个”和它的重叠式“一个一个”都出现了。“一个”单纯表示数量，“一个一个”则附加上了“轮番、逐次”的意思。要是把“一个一个”换成“一个”，说成“他看见了一个人上台发言”，意思就走样了。

词的构形形式不同，意思也不一样，必须注意体会它们的差别。例如：

①他到了北京。

②他到过北京。

加“了”、加“过”都表示动作已经不是正在进行，但“到了”和“到过”意思不同：“到了”表示动作的完成，“他”已在北京；“到过”表示经历过，“他”现在并不在北京。

③快点提起来！

④快点提上来！

“提起来”和“提上来”都表示动作由下往上，但着重点不同：“提起来”着重下面的起点，“提上来”着重上面的终点。

⑤姚大婶扳着指头一算，剩不到两个月，便忙的昏天黑地，替闺女办嫁妆。割布，买绦子，缝衣裳，做被窝，又怕女儿不中意花色，样样逼着女儿亲自过目。姚长庚段上事忙，天天戴着星星才回家，老婆也要连汤带水，啰里啰嗦，一样一样告诉他……（杨朔）

“样样”是量词“样”的重叠式，“一样一样”是数量结构“一样”的重叠式，它们意思不同：“样样逼着女儿过目”，是每一样都逼着女儿亲自过目，布、绦子、衣裳、被窝全都包括在内，一样也不遗漏。“一样一样告诉他”，是逐样逐样地告诉他；因为要告诉他的事很多，必须分个先后，按次序说给他听。

3. 什么时候能用，什么时候不能用

一个词，什么时候能用，什么时候不能用，这也是必须了解的。例如：

二——两

这两个都是数词，意思一样，但有时不能通用。大体说来，一般量词（不包括度量衡单位）前面用“两”不用“二”，如可以说“两棵白菜”，不能说“二棵白菜”[①]；零数用“二”不用“两”，如可以说“十二”，不能说“十两”；序数用“二”不用“两”，如可以说“第二”，不能说“第两”[②]。

个——位

这两个都是量词。“个”应用范围非常广泛，可以指人，也可以指事物或抽象的东西。在指人的时候，对谁都适用，如“一个同志、一

① 只有极少数例外，如“位”可以说“二位”。

② 只有“两点钟”是例外。

个老师、一个敌人”。“位”专用于人，并且含有敬意，因此可以说“一位同志、一位老师”，却不能说“一位敌人”。下面这个例子里的“位”用得不恰当，应改为“个”：

这位流氓女人，自丈夫江仲亭参军时，就开始恢复原形。

怎么——怎么样

这两个都是疑问代词，它们都可以用来问方式、方法。例如：

①街上全是泥，你怎么摆摊子呀？

②请问你，这个字应该怎么样念？

这两个例子里的“怎么”“怎么样”可以互换。

③你怎么不发言呢？（问原因）

④如果不好好地干，怎么能对得起党呢？（问理由）

⑤你怎么啦？（我突然感到有点头晕。）（问情况变化）

⑥他很聪明，他弟弟怎么样？（问性状）

⑦怎么样的人你才喜欢呢？（问性状）

例③④⑤里的“怎么”不能换成“怎么样”，例⑥⑦里的“怎么样”不能换成“怎么”。可见，在问原因、理由或情况变化时，只能用“怎么”，不能用“怎么样”；在问性状时，只能用“怎么样”，不能用“怎么”。

各——每

这两个都是特殊的指示代词，都表“分指”，即指全体中的任何一个。但用“各”着重个体之间的分别，用“每”着重个体之间的共同之处。因此，在下列例子里，用“各”的地方不能用“每”，用“每”的地方不能用“各”：

①各人的意见很不一致。

②咱们以后不能各管各了！

③每个人都是这样，你一个人为什么要特殊一些呢？

④每去一次，都有很大的收获。

有时，“各”“每”并见，而着重点不同：

⑤每人各得一个日记本。

“每”着重共同之点，指明都是“人”，都得“一个日记本”；“各”着重相异之点，指明得日记本的是不同的人。

有时，“各”“每”可以互换，但着重点不一样：

⑥每个学校都有校长和教导主任。

⑦各个学校都有校长和教导主任。

“每”着重都是学校这一相同之处，“各”着重学校包括一中、二中、三中等等不同学校这一相异之处。

（三）注意量词跟事物的配合习惯

什么样的事物用什么样的量词来计数，有一定的习惯。例如：

> 没有一支枪，没有一颗手榴弹，大家围着一张破桌子，在油灯光下，一面听我讲，一面看我用一支铅笔在纸上画，怎样利用地形，怎样打手榴弹，怎样冲锋……这真是名副其实的“纸上谈兵”。（徐向前）

“枪”可以论“支”，但不能论“颗”论“张”；“手榴弹”可以论“颗”，也可以论“个”，但不能论“支”论“张”；“桌子”可以论“张”，但不能论“支”论“颗”。

这种情况，有的可以解释。例如：“一条蛇、一缕烟、一片肉、一块木头”，这里的量词都跟事物的形状有关系；“一杯茶、一桌菜、一床被、一盘棋”，这里的量词都是跟事物有关的用具；“一头牛、一口猪、一尾鱼”，这里的量词都是事物的某一部分；“一封信、一发子弹、一挑水、一贴膏药”，这里的量词都是跟事物有关的动作。

不过，有的情况也是很难解释的。例如：“一条命、一片好心”，这只是习惯如此。又如：可以说“一条蛇、一条鱼、一条狗”，但不能说“一条人”[①]，为什么？这也是习惯使然，很难说出个道理来。

不管能否说出道理，我们在运用量词的时候，都要注意量词跟事物的配合习惯。违背了习惯上的说法，就会使人感到不伦不类。例如：

① 湖南西部有的地方说“一条人”。另外，广东西南部和广西南部有的地方说“一只人”，陕西、四川有的地方说“一块人”。这些都是方言里的说法，我们运用量词，不能根据方言里的配合习惯。

①龙内夫带着一个悲哀的感情离开她。

②现在，让我向你们讲述下面一支故事吧！

③它是一座文化古迹。

④当你刚一走进一个百货公司时，立刻有几张和蔼的笑容，满面春风地望着你。

例①，“感情”不能论“个”。这里的“一个”可删。例②，“故事”论“个”不论“支”，“支”应改为“个”。例③，“古迹”不能称“座”。这里的“一座”可删。例④，“笑容”不能论“张”。“有几张和蔼的笑容”可改为“有几个售货员同志”。

（四）清楚地表达数量关系

数量关系必须表达清楚，一点也含糊不得。否则说了数目，比不说数目更不科学。下面分别谈谈几种有关的情况。

1．并列名词的计数

计算事物的数量，可在名词前边用数量结构。可是必须注意：并列名词不能同时用一个表确定数目的数量结构来修饰。例如，我们看见桌上有七本书，其中三本是《红旗谱》，四本是《创业史》，我们就不能说：

桌上有七本《红旗谱》和《创业史》。

这样说，意思反而不清楚了。

我们可以说“桌上有七本书”，也可以说“桌上有几本《红旗谱》和《创业史》”。这是笼统的说法。如果认为书的名称和数量都必须交代清楚，那就必须在每个名词的前面分别用数量结构，例如：

桌上有三本《红旗谱》和四本《创业史》。

2．数量增减的表达

数量的增减有两种表达方式：

A．增加或减少（了）多少

B．增加或减少到多少

A式指所增减的部分。如原来是“三”，现在是“九”，那就是增加了两倍；原来是“十”，现在是“二”，便是减少了五分之四。

B式指增减以后的数目。如原来是“三”，现在是“九”，那就是增加到三倍；原来是“十”，现在是“二”，便是减少到五分之一。

许多人不能准确地运用这两种表达方式。例如：

①高等学校去年计划招生十七万人，今年减招十万七千人。(一九五七年三月二十日《文汇报》)

②目前全厂工人都干劲十足，生产情绪高涨，产量一般提高到20%—30%。(一九五八年三月十二日《解放日报》)

例①，“今年”招生数字实际上是十万七千人。因此只能说“减招六万三千人”。如果要保留“十万七千人”这个数字，就要把“减招”改为“减为”(“减为”有“减少到”的意思)。例②，“提高到”应改为“提高了”。如果要保留“提高到”，就应把“20%—30%”改为“120%—130%”。

3. 倍数的表达

表示倍数的方法，是在数目后边加“倍”字。如“三倍、十多倍、一千倍”。

汉语的倍数，是以原来的数目为标准来计算的。例如：

去年(一九三二)万安、泰和两县的农民五角钱一担谷卖给商人，而商人运到赣州卖四块钱一担，赚去了七倍。(毛泽东)

本钱五角，卖四块，赚三块五，是本钱的七倍。这是以原数为标准计算出来的。

因为倍数是以原数为标准计算出来的，所以数量的增加才能用倍数，数量的减少就不能用倍数。例如，从“九”减少到“三”，有人说“减少了两倍”。这是不恰切的。“九”是原数。“九”的两倍是“十八”。“减少了两倍”岂不是“减少了十八”吗？再例如：

沈阳粮食公司的职工研究出先进的保管方法，囤粮食的席子比过去节省了将近一倍。(《西安群众日报》)

这里的“一倍”应改为“一半”。

4. 概数的表达

表示大概的数目，有三种方式：(甲)邻近的数目字连用。如“七八（个），三五（遍）”。（乙）在数目字前边加“成、上、近、约”，或在后边加“多、来、把、左右、上下、以上、以下”。如“成千、上万、近一百、约一千、三十多、十来、百把、五十左右、三十以上”。（丙）借用疑问代词“几、多少”来表示。如：“几年前、有多少要多少”。

不必说出确数，或者无法说出确数，就可以只说个大概的数目。但必须注意两点：

第一，有没有这种说法。例如：

①南北两端相距十五多公尺。

②国家关怀烈属、军属、革命残废和复员军人，去年支出优抚金二亿多万元。

例①，“多”的前面只能是“十、百、千、万、亿”，不能是个位数，因此可以说“五十多”，却不能说“十五多”。“十五多公尺”应改为“十五公尺左右”。例②，可以说“二百万”，也可以说“二百多万”；可以说“二十亿”，也可以说“二十多亿”；没有“二亿万”的说法，因此也没有“二亿多万”的说法。“二亿多万元”应改为“二亿多元”。

第二，整个句子的意思是否清楚。例如：

③前言要注意简练，一般不超过一千字左右。

④五十人以上分班上课，五十人以下合班上课。

例③，“超过一千字左右”，意思含糊。“前言”刚好一千字，虽然没有超过一千字“左”，但也超过了一千字“右”，究竟算不算合乎标准？这个句子，应删去“左右”，或改为“一般以一千字左右为宜”。例②，“以上”“以下”都是包括底数在内的。假若人数恰好是五十，应该分班还是应该合班？这个句子，应改为：“五十人以上分班上课，不满五十人合班上课”或者“五十人以下合班上课，超过五十人分班上课”。

（五）指代明确

运用代词，可以使文章简洁明了，节省很多笔墨，但也要注意做到指代明确。

1. 前词明确

前词，就是代词所代替的词语。如："张书记来了，他是昨天来的。""张书记"就是"他"的前词。

用"我"和"你"，等于当面说话，一般不必用前词；"这""那"之类用在"这是什么"这样的句子里，直接指明客观事物，也可以不必用前词。此外，使用代词时必须有明确的前词。如果没有明确的前词，就会使关系模糊，意思表达不清。例如：

> ① 我的语文程度很低，常常写不出一篇比较好的文章来，但是我对作文却很感兴趣，从来没有说过："哎呀！又作文啦！"只希望老师能从这方面多多指教。
>
> ②李玉和咬着烟斗，……不紧不慢地往前走。货篮里的小方玻璃灯发出来的光亮，随着她重心的调度，荡漾在她那张稚气的脸上。（《电影文学》一九六二年十月号第3页）

例①，前面并没有提到什么具体的困难，所以"这方面"的"这"没有着落。例②，"李玉和"是一个四十多岁的老工人，男人；"她"呢，是"李玉和"的女儿李铁梅。由于"她"的前词没有出现，别人就会以为"她"是指"李玉和"的。"货篮里"前面应添上"李铁梅挎着货篮跟在后面"之类的语句。

没有前词不行，前词太多也不行。因为前词太多，使人不能确定代词所代。例如：

> ③长沙在衡阳的北边，汉口在长沙的北边，这是一个很重要的城市。
>
> ④王秘书请张主席再看一遍自己起草的文稿。

例③，前面有三个地名，后面的"这"不知道指的是哪一个。例④，"自己"是指"王秘书"还是"张主席"，也不清楚。如果是指"王秘书"，要说成："王秘书把自己起草的文稿请张主席再看一遍。"如果是指"张主席"，要说成："……再看一遍张主席自己起草的文稿。"

2. 称代统一

对同一个对象，应该用同一个代词来指代；同一个代词，也只能指代同一个对象。这是在一般情况下必须遵循的原则，下面的句子都是违背这个原则的：

> *①在这种环境下，他认为反正领导上和同志们对我的印象不会好了，很悲观。

> *②有一天她媳妇走娘家，她蒸了一锅白馍馍，给她婆婆蒸了几个里面是糠外面是一层白面的馍馍，熟了之后，她把白馍馍装满了筐子，拐着就走了。

> *③他顺口唱出了歌颂友情的诗篇表示对我们的欢迎之后，又突然发现有一位朋友和他的爱人在一起，于是又成了他作诗的好材料。

例①，像是“他”认为领导上和同志们对作者（“我”）的印象不好，但实际上“我”就是“他”自己。应把“我”改为“他”或“自己”。例②，忽而用“她”指婆婆，忽而用“她”指媳妇，称代很混乱，关系很模糊。可把第一个“她”去掉。例③，前后两个“他”代诗人毛依罕，中间的“他”又代替那一位朋友，同样使人感到称代混乱，关系不明。可把中间的“他”（连同它后边的“的”）去掉。

（六）注意词的活用

为了表达的需要，人们常常不按照词的一般用法去运用它。结果，就出现了词的活用的种种情况。

1. 名词、动词、形容词的活用

这三类实词的活用情况，修辞学著作常常谈到，这里只举几个例子略加分析：

> ①牛马同是哺乳动物，为了要“顺”，固然混用一回也不关紧要，但究竟马是奇蹄类，牛是偶蹄类，有些不同，还是分别了好，不必“出到最后一册”的时候，偏来“牛”一下子的。（鲁迅）

> ②某种作品，只为少数人所偏爱，而为多数人所不需要，甚至对多数人有害，硬要拿来上市，拿来向群众宣传，以求其个人的或狭隘集团的功利，还要责备群众的功利主义，这就不但侮辱群众，也太无自知之明了。（毛泽东）

③美国驻联合国的代表史蒂文森，把自己的一股怨气出在中国头上，攻击中国“带头搞垮联合国”。史蒂文森先生，你未免太谦虚了。搞垮联合国的是你美国，不是咱中国，我们不敢掠人之美。（《人民日报》观察家：《联合国往哪里去？》）

例①，名词“牛”活用成了动词，显得幽默，有风趣，能够发人深省。例②，“上市”这个动词本来跟文学作品没有直接的联系。现在活用在这段话里，使它同“作品”巧妙联系起来，就把“作品”比拟成了货物一类的东西，从而取得了讥讽的效果。例③，“谦虚”是个带褒义的形容词。这里巧妙地、变通地运用了这个词，使褒义一转而成贬义，突出地说明了史蒂文森在恬不知耻地颠倒是非黑白，使人感到非常可笑。

2. 数词的活用

数词除了可以称数之外，还有许许多多的活用。活用的数词，都带有修辞色彩。例如：

A. 十全十美　百战百胜　百孔千疮　千头万绪
千万小心　三思而行　三番两次　推三阻四

B. 一毛不拔　一知半解　略知一二　三言两语
三句不离本行　一点也不知道

C. 七手八脚　歪三倒四　七拼八凑　三三两两
三三五五　七零八落

A组里的数词，只是强调“多”的意思。B组里的数词，只是强调“少”的意思。C组里的数词，只是强调“零乱”的意思：“七手八脚”表示人多手杂，乱作一团；“歪三倒四”表示颠倒错乱，毫无秩序；“七拼八凑”表示杂乱无章；“三三两两、三三五五、七零八落”都表示零零落落的意思。总之，都给人“不整齐”的感觉。

此外，活用的数词还可以表示好些意思。例如：“半斤八两”表示彼此相当，“七上八下”比喻心神不安，“三弯九转”表示事情进行非常曲折，“三长两短”比喻有意外的不幸，“三天打鱼两天晒网”比喻做事没有恒心，常常间断。

细心体会数词的修辞作用，对理解和鉴赏语言的能力的提高，是有帮助的。

3. 量词的活用

量词和事物的配合有一定的习惯。但为了修辞的目的，量词也可以活用。例如在郭沫若同志翻译的《浮士德》中有这么两句：

①古时候有一个国王，有一匹大跳蚤。

②啊，正当她在歌唱的时光，一匹红鼠跳出她的口腔。

“匹”这个量词，夸大了跳蚤、红鼠的形象，使人产生奇怪的、富有神话色彩的感觉。要是译成“一个跳蚤”“一只红鼠”，就不够传神了。可见这里用“匹”是修辞所要求的，并不是配合不当。

4. 代词的活用

人称代词、指示代词、疑问代词都可以活用。

人称代词的活用，常见的有三种：

第一，以单数形式表达复数的内容，或以复数形式表达单数的内容。例如：

①对于印度侵略军的挑衅行动，我边防部队采取克制态度，未予置理。

②我们认为动词重叠只表示动量的不定，并不表示什么动作的减弱。（李人鉴：《关于动词重叠》）

例①，“我”＝“我们”。值得注意的是：“我边防部队”和“我们的边防部队”虽然意思相同，但使用的场合并不一样。“我边防部队”这样的说法，是在公开的场合、在对外的时候采用的。在人民内部互相交流思想的时候，就应该用“我们的……”这样的说法。例如：“老张，我们的边防部队真是纪律严明啊！”这样说才能使对方听起来感到亲切。例②，“我们”＝“我”。文章只是一个人写的，但文章里却说“我们认为”，这是为了表示谦逊，为了避免给人以“自以为是”“锋芒毕露”之类的感觉。

第二，变换人称。即以对称（第二人称）的形式表达自称（第一人称）的内容，或以他称（第三人称）的形式表达对称的内容，等等。

例如：

③在我的心里，他是一个很好很热情很恳诚的朋友。他把你当作朋友以后，他从不忘记你，他从各方面关心你；你有了过失，他一面耐心地劝告你，一面严厉地指责你。（冰心：《悼念罗常培先生》）

④“你看他那样子，弄得满身是泥！他就一点也不知道爱惜衣服。”（母亲当面责骂小孩的话）

⑤姚志兰……怪心焦地说：“武队长，几时才叫人家来呀？人家也不是没报名，报了名又不许来，这叫什么志愿？”（杨朔）

例③，“你”＝“我”。这是一种“反宾为主”的办法。把原该说“我怎样”的说成“你怎样”，能使听话人觉得亲切真实，容易产生亲身体验到的感觉。例④，“他”＝“你”。在申斥对方的时候这么说，能表现出故意疏远的不满的感情。例⑤，“人家”＝“我”，指姚志兰自己。她要求参加援朝大队，报名在头里，却得不到批准，感到非常懊恼。她跑到援朝大队长武震屋里，满肚子委屈说不出，噘着小嘴光生气。武队长明白她的来意，故意问：“谁该你啦？大清早丧着个脸找上门来要账。”她才心焦地说了这些话。这里不说“我”而说“人家”，是一种“设身处地”的表现法，有要求对方设身处地想一想的意思。这就逼真地表现了她那种埋怨、不平的心情。

第三，表示不确定的指代。例如：

⑥你唱一个，我唱一个，大家都唱得很高兴。

这样的说法，言简意赅地说明了动作连续地、交互地进行的情况。

指示代词的活用，常见的是“这”“那”呼应着用，表示所指不定。例如：

⑦这也不好，那也不好，你到底要什么？

⑧好多人把这架机器包围起来，有的摸摸这，有的摸摸那，谁也弄不清这是什么怪物。（马烽）

疑问代词，除了用来表示疑问之外，还有许多活用法，如反诘、任指、虚指等等。以“什么”为例：

⑨咦！装什么假正经？（赵树理）

⑩他什么也不知道了，只心中茫茫的有点热气，耳旁有一片雨声。（老舍）

⑪风带着雨星，像在地上寻找什么似的。（老舍）

⑫好个国民党的“友邦人士”！是些什么东西！（鲁迅）

⑬到了六月，大杂院里在白天简直没什么人声。（老舍）

⑭什么“老”，什么“身体精神不行”，什么“困难障碍”，在你面前都降服了。（毛泽东）

例⑨，表示反诘。目的不是要求回答，而是为了加强语气。这句话，其实是“不必装假正经”的意思，但直说出来语气就弱多了。例⑩，表示任指，强调他除了一点热气和一片雨声之外任何事物都不知道，突出了他当时的精神状态。例⑪，表示虚指，指代说不出来的事物。例⑫，表示极端鄙视的感情。例⑬，表示不十分肯定的语气。强调人声极少，但不完全否定可能有点什么人声。例⑭，表示列举。

疑问代词的活用情况是多种多样的。要善于根据具体的语言环境，准确地体会它的具体含义。

（七）巧妙安排

在一定的语境中，巧妙地安排某个（或某些）实词，可以收到积极的修辞效果。例如：

①要整就整，不等待什么好天气；
要改就改，哪有半点迟疑？
这叫什么？工人的脾气！
…………
我们在开火车头，我们就是火车头；
不是骄傲，我们从来就是说到做到。
这叫什么？工人的脾气！（《红旗歌谣》）

“脾气”这个名词本身并没有什么特别的地方，但由于在特定的语境中反复出现，就起了艺术的作用，使人感到平易而又新鲜有味。人们可以透过“脾气”去了解工人的精神境界。这不是“性格”“意志”

等词所能替换的。

> ②有的人活着，
> 他已经死了；
> 有的人死了，
> 他还活着。（臧克家）

“活着”“死了”这两个动词反复使用，造成了鲜明的对比，给人以深刻的感受。

> ③（鸭绿）江水在阳光中反映出青黄色，名为鸭绿，倒有一点接近鹅黄了。（郭沫若）

“鸭绿”“鹅黄”这两个形容词互相对照而美化。“鸭绿”是名，“鹅黄”是实，由于安排得巧妙，产生了很强的感染力。

> ④一年，二年，至少三四年；一滴汗，两滴汗，不知多少万滴汗，才挣出那辆车。（老舍）

> ⑤十二个月光阴中间，天上每日几十架飞机侦察轰炸，地下几十万大军围追堵截，路上遇着了说不尽的艰难险阻，我们却开动了每人的两只脚，长驱二万余里，纵横十一个省。请问历史上曾有过我们这样的长征么？没有，从来没有的。（毛泽东）

例④，把邻近几个数目字依次递进连用，说明年深月久，极言其辛勤劳动。如果只说“经过很多年，不知流了多少汗，才挣出那辆车”，效果就大大降低了。例⑤，毛主席把“两”这个表示少量的词放在一个最重要的位置上，它的前边有“十二”“几十”“几十万”这些数目大的词，它的后边又有“二万余”“十一”这些数目大的词。在这样的强烈的对比中，给读者一种相距很远的感觉，造成一种气氛，突出了长征的艰苦困难，从而说明了“红军不怕远征难，万水千山只等闲”的英雄气概。

> ⑥……我们的民族将再也不是一个被人侮辱的民族了，我们已经站起来了。我们的革命已经获得全世界广大人民的同情和欢呼，我们的朋友遍于全世界。
>
> 我们的革命工作还没有完结，人民解放战争和人民革命运动

还在向前发展，我们还要继续努力。帝国主义者和国内反动派决不甘心于他们的失败，他们还要作最后的挣扎。在全国平定以后，他们也还会以各种方式从事破坏和捣乱，他们将每时每日企图在中国复辟。这是必然的，毫无疑义的，我们务必不要松懈自己的警惕性。（毛泽东）

这是从毛主席的《中国人民政治协商会议第一届全体会议开幕词》一文里引出来的例子。全文仅有两千多字，却用了四十多个“我们”。这些“我们”，安排得很好，起着特殊的作用。它们一方面体现了“我们”人民内部是一家的丰富的感情，另一方面又表现了“我们”同“他们”——即国内外反动派——的鲜明对立。“我们”“我们”，关系多么密切！“我们”“他们”，界线多么分明！

思考与练习

（一）

1．说明下列这些词的词性。

气象	闪	功夫	压力	氧气	洋气	安慰	包括	抱怨
悲哀	别人	部分	参考	残酷	超过	稠	传统	出差
粗心	大胆	代表	耽误	担心	等于	动弹	动作	跟前
巩固	怪	规矩	固执	慌	活动	活泼	见解	交情
决议	开关	开展	看法	可靠	恐慌	快活	密	蜜
秘密	某	难看	念头	佩服	顷	情绪	熟	讨厌
同意	同志	完全	威风	为难	下级	下降	相似	心疼
希望	架次	主动	主张					

2．把下面这段话里的实词（不管附类）挑出来，并分别注明它们的词性。

八月二十三日下午，毛泽东同志接见了讨论会主席团成员，一一和他们握了手，作了亲切的谈话。同时还同全体代表们一同照了相。毛主席的健康满足了大家的关心，毛主席的亲切鼓舞了大家的斗志。大家所表现的衷心喜悦，是无法用语言文字来形容的。有一位代表团的团长在接见后同他的团员们说："我荣幸地和毛泽东主席握过手，我的手以后不再洗了，要把它一直带回祖国去。"团员们有的倒向他建议："你还是赶快把手泡在水里吧，让我们也把手泡进去，一同沾溉着毛泽东的手泽。"他们这样从心里敬爱着毛泽东同志，令我们不能不深受感动。（郭沫若：《我们的朋友遍天下》）

（二）

1. 名词一般能受物量结构的修饰，但也有例外。在下列例词里，哪些能受物量结构的修饰，哪些不能？不能受物量结构修饰的名词是一些什么样的名词？

布匹	纱布	汽车	鲁迅	桌上	饭前	桌子	傍晚	早晨
北京	河内	书本	煤块	空中	地下	剪刀	理想	门前
屋后	杨朔	花朵	车辆	案件	家乡	家里	平壤	李准
瓦片								

*2. 形容词也能受物量结构的修饰。例如：

①他站在一丈多高的工作凳上，操纵着比他四个人加起来还高的立体车床，探着头唤我。（费礼文）

②每个人都像骑着马跑在生活前面，而我呢，车轮子折断了，从山坡上摔了下来，离开他们八丈远了。（同上）

③你看，才一丈多长，……这点长的信子，点火的人朝哪躲呀？（鲁彦周）

④晚上，我们返回来，秦岭上大雪下了半公尺厚，车子往前攻，雪像波浪一样向上翻。

⑤一个转身，就窜过了六七尺宽的小河。（方之）

⑥不要说他们的井没有打成，就算将来打成，二十多丈深，也没有那么长的水管呀！（马烽）

⑦八公斤重的大铁锤，左右开弓，一气能抡几百下。（魏巍）

考虑一下：是不是所有的形容词都能受物量结构的修饰？什么样

的形容词能受什么样的物量结构的修饰？这种“数量·形”结构，能不能看作是“数量·名”结构？

*3. 名词能直接在“有”字后边出现，但动词有时也能在“有”字后边出现。例如：

有说有笑

本报有删节

《落花生》选自《许地山选集》，有改动。(《初中语文》第一册)

比较一下上面的说法同“有手有脚”这样的说法有没有什么不同。

*4. 下列例子里的说法（指有黑点的部分），哪些能成立，哪些不能成立？

①两个学生们

②三个老师们

③五十个同志们

④诸位代表先生们，全国人民所渴望的政治协商会议现在开幕了。(毛泽东)

⑤诸位朋友们：今天让我来说个故事……(赵树理)

⑥要使全体青年们懂得，我们的国家现在还是一个很穷的国家，……(毛泽东)

⑦陆、海、空军全体官兵同志们：……(中华人民共和国国防部命令)

⑧各位代表先生们，各位同志们，共产党的这个同党外人士实行民主合作的原则，是固定不移的。(毛泽东)

⑨汪精卫、李精卫们尽管起劲地干什么反俄、反共、反工农的伪三民主义，自会有一班有良心的有正义感的人们继续拥护孙中山的真三民主义。(毛泽东)

⑩他笼络着一群他所认为可以做喽啰的大夫们。(曹禺)

⑪他发现另一批父老兄弟们，听了营业员的讲话，看来很受感动。(柳青)

*5. 许多动词可以重叠，但有些动词根本不能重叠，例如：

看见　遇到　获得　推翻　议决　毕业　收工　死　　牺牲

倒塌　热爱　佩服　厌恶　轻视　敬重　想念　羡慕　后悔

有些动词本来可以重叠，但进入一定的语言环境以后就不能重叠了。例如：

①我们决定放了这只小鸟。

②她急忙爬起来，刷牙，洗脸，梳辫子，然后把被褥和书籍都包裹好。(浩然)

③临到娶的那几天，更加忙了：请朋友，唤亲戚，搭彩棚，扫院子，搬桌椅板凳……(马烽)

你能说出这些动词不能重叠的道理来吗？

*6. 动词除了心理活动动词和"像"外，不能单独跟程度副词组合。但有时可以看到动词前边用程度副词的现象。例如：

A. 很解决问题　很耽误时间　很守纪律　很有计划　很得人心　很占地方

B. 很看了几眼　很跑了几趟　很去过几回　很找了一阵子　很听了一会儿

C. 很到过一些地方　很写过几篇文章　很看过几场好戏　很用了一些钱

D. 很想不通　很放不下　很靠不住　很看不起　很听不进去

E. 很说不出口　很沉不住气　很安不下心

F. 很叫人为难　很令人满意　很使人失望

考虑一下："很"用在动词前边，有没有条件？有什么条件？

再考虑一下：在上面所举的例子里，有些"很"可以换成别的程度副词，如"非常解决问题、更想不通、太沉不住气"，有些"很"却不能用"非常、更、太"等等去替换，如"很看了几眼"不能说成"非常看了几眼、更看了几眼、太看了几眼"，为什么？

7. "开始、进行、停止"这一组动词也能带宾语，但所带的宾语跟别的动词所带的宾语有不同之处。你自己搜集一些例子来观察观察看，究竟不同在哪里。

8. 在下列两组例词里，A 组一般叫他动词（或及物动词），B 组一般叫自动词（或不及物动词）。你能根据这些例词，把他动词和自动词的区别说出来吗？

A. 请求　打击　压迫　拥护　骂　恨　批评

B. 失败　逃跑　进化　演变　飞　睡

*9. 下列形容词哪些能按 AA、AABB 或 A 里 AB 式重叠？你能从中归纳出哪些形容词能按哪种方式重叠的规律来吗？

A. 大　红　高　甜　慢　长

B. 蓬勃　肮脏　朦胧　啰嗦　渺茫

C. 快乐　整齐　破烂　干净　热闹　空洞　弯曲

勇敢　温柔　厉害　伟大　善良

D. 雪白　笔直　通红　金黄　冰凉

E. 得意　伤心　失望　纳闷　开心

F. 胆小　性急　心虚　肉麻　头痛

G. 可爱　可恨　可怕　白茫茫　干巴巴　黑油油

*10. 形容词重叠以后，一般表示性状程度的加强，即表示“很”的意思，但有时只是表示一种轻微的程度，即表示“相当”的意思。这当中有规律可循吗？请观察下列例句：

①慌慌忙忙地离开了阳台。

②安安静静地休息。

③高高举起反帝斗争的大旗。

④胡子刮得干干净净。

⑤听得清清楚楚。

⑥碾得细细的。

⑦弯弯的眉毛大大的眼，红红的嘴唇赛樱桃。

⑧他圆圆的头，大大的眼睛，黑黑的皮肤，结实的挺起的胸膛。（冰心）

⑨脸儿红红的，眼睛亮亮的。

11. 形容词一般能受程度副词的修饰，但也有例外。在下列例词里，哪些能受程度副词的修饰，哪些不能？不能受程度副词修饰的是一些什么样的形容词？

通红 红 红通通 笔直 正直 真正 绝对 相对 唯一 无限 香喷喷 香 雪白 黑糊糊 真 假 热烈 共同

12. 序数词经常带前缀“第”或“初”，但在某些场合序数没有特殊的形式。例如：

二哥 三妹 四月 五日 六年级 七号房间 八嫂 九叔 三楼 二等奖 一九六四年

一、开会，二、报告，三、讨论，四、结论，五、散会。

一、名词，二、动词，三、形容词，四、数词，五、量词，六、代词。

根据上面的例子，说明在哪些场合序数词可以没有特殊的形式而不致误解为基数。

* 13. 数量结构可以重叠，重叠以后表示“轮番、逐次”的意思。请根据下列例子，说明数量结构可以按照哪几种方式重叠。（可用 A、B 分别代表数词和量词。）

①两个两个地往里走。

②一样一样地告诉他。

③一件一件地仔细检查。

④一句句地往下说。

⑤一张张地挂起来。

⑥错误的地方都一一订正了。

⑦毛主席同他们一一握手。

（三）

1. 在语法特点上，方位词和一般的名词有什么异同？

2. 在语法特点上，能愿动词和一般的动词有什么异同？

* 3. “可以”和“能够”都是表示可能性的，但有时意思或作用稍有不同。例如：

①我可以走了吗？你可以走了。

②能够独立思考，这是好的。

③敌人是不能战胜我们的。

④强大的中国人民是不可战胜的。

例①的“可以”和例②的“能够”不能互换，例③的“能”和例④的“可”也不能互换。根据这些例子，你能把“可以”和“能够”“（不）可”和“（不）能”的细微差别说出来吗？

*4．“应该”和“必须”都是表示必要性的，可是在下列例子里它们能不能互换呢？你能说出个道理来吗？

①党的决议必须无条件地执行。

②小黄病了，你们都应该去看看他。

*5．“上、下、进、出、回、过、开、起”各表示什么样的趋向(指其体的趋向)？

6．下列例子里，“是”起什么作用？

①最初几天夜里，春儿是累，是腿痛，是害怕掉队。后来，也就习惯了。(孙犁)

②我们的战士是很英勇啊！(同上)

③小朱的心情紧是紧，可并不怕。(杨朔)

④她是个模范青年团员。(赵树理)

⑤我是匹老战马了。(杨朔)

⑥我们的任务是夺取101高地。

⑦他浑身是泥。

⑧祥子到底是祥子，祥子拼命跑，还是没有别人的份儿。(老舍)

⑨我不饿，凌老师，我是不饿。(曹禺)

⑩“究竟文清走了没有?”“走了。”“你可不要骗我。”“是走了。”(曹禺)

7．把下面这段话里的实词的附类挑出来，并具体地说明它们属于哪一个附类。

回想我们革命胜利之前，那时候，多少共产党员和多少革命者，为了他们的伟大理想，为了他们的坚强信念，而冒险犯难，东奔西走。……共产主义是真理，是历史发展的必然结果，而且一个人倒下去，更会有千千万万的后继者站起来，继续英勇地战斗，革命终会胜利。（陶铸）

（四）

1. 下列句子里哪些词用得不合乎规律？

①他在人们眼里就是这样的：有时流流氓氓，有时正儿八经。

②“黑的人”的性格自然很突现出来。

③一个作家创作他的作品，总是愿望他的作品有着社会意义的。

④林媛果真很快兴致起来了。

⑤大家都感到非常荣誉和高兴。

⑥实施普及义务教育，本市在汉阳区进行试点。

⑦沈传锟先生开始了一个很好的范例。

*2. “蚊子”不能说成“蚊儿”，“花儿”不能说成“花子”，为什么？在下面的特定的语言环境里，用“子”的地方能不能换成“儿”，用“儿”的地方能不能换成“子”，为什么？

①我家的小猫儿好极了，夜里又捉住一只老鼠。

②不知是谁家的小猫子，又咬死一只小鸡儿。

③教室里的破桌子都搬走了，换上了油漆得很漂亮的新书桌儿。

*3. 下列句子里，前一个“摘摘”和后一个“摘摘”，前一个“听听”和后一个“听听”有什么不同？

①他没事的时候，常去果园帮工人摘摘果子。

②那个苹果我摘不下来，你来摘摘看。

③我很想多听听有关国际形势的报告。

④我倒要听听他的报告，人家都说好。

4. 举例说明下列几组词的区别。

A. 那、哪　B. 你、您　C. 我们、咱们　D. 他、它

5. 指出下列句子里的代词，并说明它们在这里起什么作用。

①村里人谁不说张宝宝是个好后生!

②谁先来，谁就先开门。

③你爱怎么办就怎么办。

④两个人你勤我俭，不怕劳累。

⑤一提起张拴卖地，村里人都估摸起来了。有人猜这家，有人猜那家，谁也不能肯定。

*6. 活用的疑问代词有时可以重叠起来用。例如：

①（他们）说……谁谁死了，谁谁没有音讯。(康濯)

②刘承业也常在小说上看到古来什么什么员外家的孩子上学要用个书童，……(赵树理)

③接着便念出哪里哪里地几亩几亩，哪里哪里房子几间几间。(赵树理)

④玉梅问他还加些什么东西，他便把他课程表上那些历史、地理、代数、几何……什么什么，数了一气。(赵树理)

⑤还有什么算术呀、常识呀、什么什么呀。(赵树理)

⑥你家里啥啥都好。(柳青)

考虑一下：它们重叠起来表示的意思。

7. 指出下列句子里的错误，并加以改正。

①原来每天生产锅驼机五十台，本月每天平均生产七十五台，提高了百分之一百五十。

②新线路建成之后，旧有线路上车辆通行量减少了百分之二百。

③在两次座谈会上，我们也发现了几件有关城乡物资交流的问题。

④张局长就坐在牛科长的面前，他心慌意乱地讲：“我……实在是没有想到啊!”

⑤同这些看法针锋相对的意见一直是占着上风的。许多同学都起来反驳那些意见。

第二节 虚　　词

一、各类虚词的特点

（一）副词的特点

副词帮助动词、形容词表示时间、程度、范围、然否等意义。例如：

A. 正　刚　立刻　马上　已经　曾经　向来　终于　忽然　偶尔　常常　往往　始终　屡次　再　又

B. 很　太　最　极　非常　十分　特别　格外　更　越发　稍微　略略

C. 都　全都　统统　总　一齐　一概　总共　只　仅仅

D. 必　必定　准　也许　大概　不　没　别　甭　莫　未必

A 组是时间副词，经常用来表示动作发生的时间[①]。B 组是程度副词，经常用来表示性状的程度。C 组是范围副词，用来表示动作或性状的范围。D 组是然否副词，用来对动作、性状加以肯定或否定。

此外，还有两类副词：语气副词和关联副词。

语气副词经常用在动词、形容词的前边，表示某种语气，包括“偏偏、倒、到底、竟然、果然、居然、幸亏、根本、其实、简直、索性、难道”等等。例如：

---

① “再、又”表示动作的重复或连续，而重复或连续都跟时间有关，故归入时间副词。

①苏共领导竟然甘心与新殖民主义者为伍，而且引以为荣，这实在令人惊讶。(《新殖民主义的辩护士》)

②卢蒙巴被杀害，基赞加被拘禁，许多爱国者遭到迫害，刚果民族独立斗争遇到挫折，对于这些，苏共领导难道一点也不感到自己的责任吗？(同上)

关联副词经常用在动词、形容词的前边，表示并列、转折、条件、假设等关系。例如：

③又快又好

④动着嘴唇，却没有做声。(鲁迅)

⑤只有孔乙己到店，才可以笑几声。(鲁迅)

副词的语法特点：

【组合能力方面】

1. 可以修饰动词（包括动词的附类）或形容词，但一般不能修饰名词。例如：

A. 刚刚出生　正在劳动　将要完成　忽然看见　渐渐消失　一直坚持　屡次邀请　偏偏答应　才来　都看　只见　再说　又唱　就来　也去

B. 正是　曾经是　也许是　不可能　都应该　很愿意

C. 很进步　非常积极　十分谦逊　极其复杂　过于简单　更幸福　最高　顶好　太热　极巧妙

A 组，副词修饰动词；B 组，副词修饰动词的附类；C 组，副词修饰形容词。①

【句法功能方面】

2. 只能充当句子的次要成分状语（“很”和“极”还可以充当补语，如“好得很、好极了”），不能充当句子的主要成分主语和谓语。

① 某些副词还可以修饰数量结构，如“只两个、又一次”。另外，副词也可修饰副词，如“偏不”“从来没有（这么说）”。（必须注意：在“非常不好”里，“非常”不是修饰“不”，而是修饰“不好”。单说“偏不”“从来没有”站得住；单说“非常不”站不住。）

（二）介词的特点

介词同名词、代词一起表示处所、时间、方向、对象、方式、目的等意义。例如（X 代表名词、代词）：

A. 从 X　自 X　往 X　朝 X　向 X　到 X　在 X　于 X　当 X　沿着 X　顺着 X

B. 对 X　对于 X　关于 X　把 X　连 X　跟 X　同 X　比 X　除了 X

C. 以 X　按照 X　依照 X

D. 为 X　为着 X　为了 X

E. 被 X　叫 X　让 X

A 组用来表示处所、时间或方向。B 组用来表示对象、有关的事物、用来相比的事物或被排除的事物。C 组用来表示方式手段。D 组用来表示目的。E 组用来引出动作的施行者①。

介词的语法特点：

【组合能力方面】

1. 附着在名词、代词的前边，同名词、代词组合成介词结构。例如：

从上海出发　来自北京　寄往国外　朝家里跑

向敌人开炮　到外面去走走　在傍晚开车

认识开始于经验　车子正沿着长城奔跑　比他高些

对他的意见　关于织女星的传说　把门开开

按规矩办事　为谁学习　被他说服了

在“从上海出发”里，介词“从”附着在名词“上海”的前边，一起组成介词结构，修饰动词“出发”。在“来自北京”里，介词“自”附着在名词“北京”的前边，一起组成介词结构，补充动词“来”。在“比他高些”里，介词“比”附着在代词“他”的前边，一起组成介词结构，修饰形容词“高”。在“对他的意见”里，介词

① 作用跟“被”相当的“叫、让”，才是介词。

"对"附着在代词"他"的前边，一起组成介词结构，修饰名词"意见"。其余各例类推。

值得注意的是：第一，介词所能附着的代词，都是代替人、物、处所、时间的代词，换句话说，都是作用同名词相当的代词[①]。第二，介词也可以附着在词组的前面。例如："由落后的农业国变为先进的工业国"，介词"由"附着在"落后的农业国"这个偏正词组的前边，一起组成介词结构；不要以为是介词"由"附着在形容词"落后"的前边。再如："我们为了加速社会主义建设，必须更高地举起总路线、大跃进、人民公社三面红旗。"介词"为了"附着在"加速社会主义建设"这个动宾词组的前边，一起组成介词结构；不要以为是介词"为了"附着在动词"加速"的前边。

【句法功能方面】

2. 不能单独充当任何句子成分。但介词结构可以充当状语、补语或定语。

（三）连词的特点

连词连接词、词组或句子，表示并列、递进、选择、转折、因果等等关系。例如：

A. 和　与　同　跟　及　以及　而　并且　或　或者

B. 不但……而且　或者……或者　虽然……但是　如果……即使……　只有……　因为……所以　……以便

A组经常连接词或词组[②]。其中，"和、与、同、跟、及、以及、并且、而[③]"可以用来表示并列关系；"或，或者"可以用来表示选择关系。

B组经常连接两个以上的分句。其中，"不但……而且"表示递进关系；"或者……或者"表示选择关系；"虽然……但是"表示转折关

① 为了简便，这种代词下面简称名代词。

② 词或词组有时也可以成句。这里所说的是指作为句子的构成材料、不具有表述性的词或词组。

③ "而"也可以表示偏正关系。如："为解放全人类而奋斗。"

系；“如果、即使”表示假设关系；“因为……所以”表示因果关系；“以便”表示目的关系。

不过，经常连接词或词组的连词，有的可以连接分句，如“而、并且、或者”。经常连接分句的连词，有的也可以连接词或词组，如“不但……而且”；有的还可以连接比分句大的单位，如“但是、因此”等，可以连接两个以上的句子或段落。

连词的语法特点：

【组合能力方面】

1. 总要连接两个以上的词、词组或分句；不像副词那样，可以修饰动词、形容词，也不像介词那样，可以附着在一个名词或名代词前边，一起组成一个结构。例如：

①积极或者消极

②因为方法对头，这个月的工作做得很出色。

③风很大，所以温度很低。

例①，“或者”把“积极”“消极”联系起来。“积极”“消极”缺一不可：“积极或者”站不住，“或者消极”也含义不明。

例②，“因为”用在“方法对头”这个分句的前边，把这个分句和另一分句“这个月……”连接起来。“这个月……”这一分句非有不可。单说“因为方法对头”，意思就不完整。例③，“所以”用在“温度很低”这个分句的前边，把这个分句和另一分句“风很大”连接起来。“风很大”这个分句非有不可。单说“所以温度很低”，意思也不完整。

可见，连词在用于词或词组之间的时候，它前边和后边的词或词组都缺少不得；在用于分句前边的时候，一定还有另外一个分句存在。总之，连词是用来连接两个（或几个）单位的。

【句法功能方面】

2. 不能单独充当任何句子成分。在句子里，永远是起语法作用的成分。

（四）助词的特点

助词附着在一个词、一组词或一个句子的上面，表示某种语法意义。常见的助词有：

A. 的　地　得

B. 着　了　们

C. 吧　吗　啊　嘛　呢　罢了……

A 组是结构助词。“的”附着在词或词组之后，表示它前边的词或词组是定语。“地”附着在词或词组之后，表示它前边的词或词组是状语。“得”附着在动词或形容词之后，表示它后边的词或词组是补语。例如：

（江姐）她的脸，毫无血色，白得像一张纸。她微微侧过头，用黯淡的，但是不可逼视的眼光，望了一下搀扶着她的特务，傲然地抬起头，迈动倔强的双腿，歪歪倒倒地向女牢走去。（罗广斌、杨益言）

这个例子里，“的”前边有曲线的部分是定语，“地”前边有曲线的部分是状语，“得”后边有曲线的部分是补语。

结构助词“的”还可以同它前边的词或词组合成一个具有名词功能的“的”字结构。例如：

万寿余道：“俺是算不清了，反正从解放后第三天起，俺一家五口人，吃的穿的都是政府的。”（陈登科：《风雷》）

B 组，“着、了”是时态助词①，“着”表示动作正在进行；“了”表示动作已经完成；“们”是表数助词，表示复数。

“着、了”经常附着在一个动词的后边，具有词尾的性质，可以看作是动词的词尾；“们”经常附着在一个表人名词或人称代词的后边，也具有词尾的性质，也可以看作是表人名词或人称代词的词尾。例如：

①我们背着行李，提着书包，随着下车的旅客走出车站。

②社员们开了梯田，种了果树，还打了几口井。

不过，“着”“了”“们”还可以附着在一组词的后边。它们附着在一组词后边的时候，就不能看作词尾，而应该认为是一个词了。例如：

---

① 趋向动词“起来、下去、过”除了可以表示趋向之外，也可以表示时态。参看“动词的附类：趋向动词”部分。

发展和演变着
讨论并通过了
老师和同学们

C组是语气助词。它们经常附着在句子后边，表示说话的各种语气。有时，也可以用在句子中间表示停顿。例如："我呢，一直就是不赞成的。""他的口袋里常常带着些小工具：钳子啦，螺丝刀啦，小锥子啦，叮铃当啷地直响。"

此外，还有一些助词，如"所、等、似的、看"，等等。

"所"的主要用途有两种：第一，用在动词前边或主谓词组中间，表示这个动词或主谓词组是定语。如"所作的报告，他所说的话"。第二，跟"为"呼应，表示被动。如："这种产品一向为群众所欢迎。"此外，还可以用"所"组成一些习惯用法的词语，如："所谓""所能""所知""所得""所见"。

"等"附着在名词或词组的后边，表示未列举出来的事物，如"语文、数学等五门课程"；或者表示总括，如："每张稿纸上都有华中师范学院稿纸等八个字。""等"有时说成"等等"，用来强调未列举出来的项目很多。

"似的"附着在词或词组后边，一起组成比况结构。如："但他却只是兀坐着号啕，铁塔似的动也不动。"（鲁迅）

"看"附着在动词重叠式或词组后边，表示"试试"的意思。例如："你的腿？我看可以不再拄拐了，走走看，走走看吧！"（老舍）"待我叫一声看。"（《小剧本》杂志）"大家再动动脑筋看。"（《雨花》杂志）

助词是一类特殊的虚词。所有的助词都表示一定的语法意义，具有高度的附着性，一般轻读。这是助词的共同特点。

（五）叹词的特点

叹词表示感叹、呼应或客观世界里的某种声音。例如：

A. 啊　唉　呸　哼　哎哟

B. 嗯　喂

C. 砰　叮当　哗啦　唧唧

A组表示感叹的声音，带有强烈的感情。B组表示呼唤或应答的声音。C组表示客观世界里的某种声音，一般叫作“象声词”。

叹词也是一类特殊的虚词。它的语法特点是：

【组合能力方面】

1. 不跟别的词发生组合关系。例如：

①哦，是个好地方。（罗广斌、杨益言）

②“当——啷！当——啷！”铁的链环，重甸甸地敲击在粗糙的楼板上。（同上）

【句法功能方面】

2. 可以充当独立成分或独词句。例如：

③阿呀呀，你放了道台了，还说不阔？（鲁迅）

④想想看，想想看，呕，我真不知道怎么说好！（老舍）

⑤年纪轻呀，没有经验，没有见识，唉！（老舍）

⑥“高邦晋，你起来！”余新江对着高邦晋，突然厉声地问：“你到底是谁？”

……

“谁？新闻记者高邦晋。”

“呸！”

“你这是什么意思？同志！”

“谁是他的同志！”黑暗中有人愤怒地驳斥。“回答，你到底是谁？”（罗广斌、杨益言）

例③的“阿呀呀”，例④的“呕”，例⑤的“唉”，都是独立成分。例⑥的“呸”是独词句。

叹词也有特殊的用法。例如：

⑦什么好宝贝，左不过是个破口琴，整天呜呜啦啦吹，讨厌死了。（杨朔）

⑧他扬着浓浓的眉毛，咧着嘴巴噢了一声。（知侠）

⑨钢铁铺里发出使人焦躁的一些单调的叮叮当当。（老舍）

例⑦，“呜呜啦啦”用作形容词，充当状语。例⑧，“咦”用作动词，充当谓语。例⑨，“叮叮当当”用作名词，充当宾语。

下面将各类虚词的特点列成一表，以便于比较：

词类	意义特点	语法特点	
		组合能力	句法功能
副词	表示时间、程度、范围、然否等意义。	经常修饰动词或形容词，一般不能修饰名词。	经常充当状语，不能充当主要成分。
介词	跟名词、代词等一起表示处所、时间、方向、对象等意义。	可以用在名词、名代词前边，跟它们组成介词结构。	不能单独充当句子成分。
连词	表示并列、选择、因果、假设等关系。	组合两个以上的语言单位。	不能单独充当句子成分。
助词	标明结构关系，或者表示某种时态、某种语气。	附着在实词、词组或句子上面，一般轻读。	不能单独充当句子成分。
叹词	表示感叹、呼应或客观事物的某种声音。	不跟别的词发生组合关系。	只能充当独立成分（或独词句）。

（注）这里所说的意义，指语法意义。（叹词所表示的意义除外。）

二、辨认虚词常遇见的困难问题

（一）副词和形容词的辨认

最容易跟副词相混的是形容词。例如：

坚决　再三　一概　一致　迅速

容易　经常　已经　突然　忽然

必然　果然　仍然　偶然　直接

彻底　终于　干脆

这些词里，有的是副词，有的是形容词。那么，根据什么判断哪是副词哪是形容词呢?

第一，能修饰名词、能充当谓语的，是形容词，而不是副词。

第二，能受程度副词修饰的，是形容词，而不是副词。

根据这两点，就可以确认“坚决、一致、迅速、容易、经常、突然、必然、偶然、直接、彻底、干脆”是形容词，“再三、一概、已经、忽然、果然、仍然、终于”是副词。

有些词，有时是形容词，有时是副词。究竟什么时候是形容词，什么时候是副词，也可以根据上述两点（或其中一点）去识别。例如：

A 组	B 组
老干部	老不来
直路	直打滚
好人	好冷
白布	白跑一趟
硬功夫	硬不答应
怪脾气	怪可怜的

A 组里的“老、直、好、白、硬、怪”都能受程度副词的修饰，是形容词。B 组里的“老、直、好、白、硬、怪”不能受程度副词的修饰，是副词。

（二）副词和名词的辨认

时间副词和时间名词也容易相混。例如：

最近	立刻	马上	现在	正在
目前	今天	早已	早就	早上
过去	然后	向来	将来	即将
午前	立刻	平时	平素	

这些词里，有的是时间副词，有的是时间名词。那么，根据什么判断哪是时间副词，哪是时间名词呢?

最有效而又最容易掌握的标准是：时间名词能同介词“在、到、从”组成介词结构，时间副词不能。

根据这一点，就可以确认“最近（到最近）、现在（到现在）、目前（到目前为止）、今天（从今天开始）、早上（在早上）、过去（在过去）、将来（到将来）、午前（在午前）、平时（在平时）”是时间名词，而“立刻、马上、正在、早已、早就、然后、向来、将要、即将、立刻、平素”是时间副词。

（三）副词和能愿动词的辨认

副词经常用在动词或形容词的前边，能愿动词也经常用在动词或形容词的前边。怎样辨别哪是副词，哪是能愿动词呢？

最有效而又易于掌握的标准是：能愿动词能用在“X 不 X”“不 X 不”格式里 X 的位置上，副词不能。比较：

A 组	B 组
能去、能不能去、不能不去	才去
会去、会不会去、不会不去	还去
该去、该不该去、不该不去	又去
肯去、肯不肯去、不肯不去	也去
敢去、敢不敢去、不敢不去	刚去
能够去、能够不能够去、不能够不去	也许去
可以去、可以不可以去、不可以不去	必定去

根据上述标准，可以知道 A 组是能愿动词，B 组是副词。

最容易引起争论的是“必须”和“得”。

“必须”不能说成“必须不必须”或“不必须不”，但它经常跟别的能愿动词组成联合词组。例如：

①游击区能够和必须进行军民的大规模的生产运动，一切问题都解决了。（毛泽东）

因此，我们认为，把“必须”归入能愿动词比较合适。

表示可能性的“得（dé）”，虽然不能说成“得不得”，但可以说成“不得不”。例如：

②到了去年（一九四九年）四月，病势已经很重，实在支持不住了，才不得不休息。（李庄：《任弼时同志二三事》）

因此，这个“得”可以肯定不是副词，而是能愿动词。

表示必要性的“得（děi）”，用法同“要”相近，如：“咱们这些人数目虽然不少，可是散着不能办事，还得组织一下。”（赵树理）它有时可以用作动词，充当谓语。例如：

③得四个人！（傅铎等：《首战平型关》）

可见，它具有动词性质。将它归入能愿动词，要比将它归入副词更合理一些。

（四）介词和动词的辨认

最容易同介词相混的是动词。经常用来区别这两类词的标准是：动词能充当谓语，能用肯定否定相叠的方式表示疑问，能单独回答问题。介词不能充当谓语，不能用肯定否定相叠的方式表示疑问，不能单独回答问题。（此外，这两类词的区别还表现在：动词能重叠，能带时态助词或趋向动词；介词不能。）

举例来说：

①小吴从院子里出来。（康濯）

②部队……马上就要往下撤。（柳青）

③积雪的田野，光秃的树木，不断地向后退去。（艾芜）

④毛主席以他洪亮的湖南口音，喊了几声“民工同志万岁”回答着群众。（柳青）

⑤他觉得不能平白无故受到讥讽，必须把真相说清楚。（艾芜）

⑥我们对他们表示热烈的欢迎。（毛泽东）

这些例子里，有“·”号的都是介词，有“△”号的都是动词。例①，“出来”是动词（“小吴出来”“出来不出来？出来。”）；“从”是介词（“小吴从”“小吴从院子里”“小吴从不从？从。”这样的说法站不住）。其他各例类推。

在某些习惯用法里，介词结构所修饰的动词可以隐去。在这种场合，介词结构就整个充当谓语。例如：

葵花朝阳开。　　　　葵花朝阳

为谁服务？为人民服务。　　　为谁？为人民。

你往东走，我往西走。　　　你往东，我往西。

左边一组，介词结构分别修饰动词谓语“开、服务、走”。右边一组，动词谓语已经隐去，整个介词结构就担负起陈述主语的任务，即充当了谓语①。这里的“朝、为、往”有点像动词，但它们不能用肯定否定相叠的方式表示疑问，不能单独回答问题（如不能说“朝不朝？朝。”“为不为？为。”“往不往？往。”），因此仍然是介词。

有几个词，如“在、到、比”，经常用作介词，也经常用作动词。例如：

A 组

①我记得柔石在年底曾回故乡。（鲁迅）

②“白毛女”在形式上具有民族歌剧的优美风格。（郭翼舟）

③他到现在还坚持自己的意见。

④这几万工人的血汗差不多已经榨尽了，穷苦绝望到极点了。

⑤我们的党比过去任何时期都更加团结，更加巩固了。（毛泽东）

B 组

①不多久，松柏林早在船后了。（鲁迅）

②他到过北京。

③我们比比看。

A 组是介词，它们都跟后边的词语结合成介词结构，用在动词或形容词的前后。B 组是动词，它们都充当谓语，并符合动词的其他特点（在不在船后？在。——用肯定否定相叠的方式表示疑问，单独回答问题。到过——带“过”。比比——动词重叠式）。

---

① 这种介词结构充当谓语的情况，跟“的”字结构充当主语、宾语的情况相似。例如：

这是我的书。

这是我的。

前一句，“我”带“的”作宾语“书”的定语。后一句，“书”隐去了，“我的”便结成“的”字结构充当了宾语。

还有几个词，如“用、拿、靠、替”，有时在用法上很像介词，但由于它们经常单独作谓语，能用肯定否定的方式表示疑问，能单独回答问题，并且具有动词的形态特点，因此一般都把它们归入动词。例如：

①他用过这支钢笔。

②他用这支笔写下了许多革命的道理。

③签子手用签子在牛屁股上刺了一下。（鲁迅）

这三个例子里的“用”都是动词。

（五）介词和副词的辨认

某些介词和某些副词也容易相混。例如：“往、往往，为、颇为，过于、对于，向、一向，从、从来。”不过，只要能牢固地掌握这两类词的语法特点，就可以把这两类词区别开来。比较：

A 组	B 组
往北京	往往北京（×）
	往往下工厂
为人民	颇为人民（×）
	颇为高兴
对于反动派	过于反动派（×）
	过于激动
向山顶	一向山顶（×）
	一向关心
从上海	从来上海（×）
	从来反对

A 组能用在名词前边，同名词组成结构，是介词。B 组能修饰动词、形容词，不能用在名词前边修饰名词，是副词。

“被”是个特殊的介词。它经常跟表示主动者的名词（或代词）组成介词结构，如“他被张书记批评了一顿”。但在主动者不可知或不必说的场合，“被”可以直接用在动词的前边。例如：“他被暗害了”“土匪被肃清了”。这种直接用在动词前边的“被”，起着表被动的语法作用，不是作动词的状语，也不同于副词。

（六）连词和副词的辨认

有些副词可以起关联作用。这些副词和连词有什么区别呢？

第一，连词在任何场合都只能起连接作用；关联副词既可以起关联作用，也可以起修饰作用。例如：

干或不干
说干就干

“或”是连词，它只有连接作用。“就”是关联副词，它有关联作用，又修饰了“干”，表示“立刻、马上”的意思。再例如：

不但热情而且冷静
又热情又冷静

“不但”“而且”是连词，它们总是起连接作用；“又”是关联副词，在这里虽然只起关联作用，但在别的场合却可以起修饰作用，如“又说了一遍”。

第二，连接分句的连词可以用在主语前边；连接分句的关联副词只能用在谓语前边，不能用在主语前边①。例如：

①不但你知道，而且我也知道。
②火又盛，烟又大。（魏巍）

例①，“不但”“而且”是连词，“也”是关联副词。例②，“又”是关联副词。此外，在“因为……所以”“虽然……但是”“虽然……却”“如果……就”“即使……也”“只有……才”“无论……都”“越……越”“一面……一面”里，“因为”“所以”“虽然”“但是”“如果”“即使”“只有”“无论”都可以用在主语的前边，它们都是连词；“却”“就”“也”“才”“都”“越”“一面”都不能用在主语的前边，它们都是关联副词。

（七）连词和介词的辨认

根据连词和介词的语法特点，可以把这两类词区别开来。但有两

① 语气副词和某些时间副词可以用在主语前边，但它们跟连词不会相混。

组词，要确定它们是连词还是介词，有些困难，因此有必要特别说一说。

甲组：和　与　跟　同

先看例子：

①李师傅和张师傅都同意我的意见。
②李师傅和张师傅谈话，张师傅有些不耐烦。

③东间与西间是刘家父女的卧室。（老舍）
④他终日与车夫们打交道。（老舍）

⑤苏兆征同志跟邓中夏同志，你都熟吧？（陈立德）
⑥天气仿佛成心跟他过不去。（老舍）

⑦概念同感觉，不但是数量上的差别，而且有了质量上的差别。（毛泽东）
⑧蒋介石历来反共反人民，为什么我们又愿意同他谈判呢？（毛泽东）

这些例子里的“和、与、跟、同”，有的是连词，有的是介词。怎么知道哪是连词哪是介词呢？

第一，如果是连词，它前后两个部分一般可以对调；如果是介词，前后两个部分不能对调，或对调以后改变意思。如例①，说成“张师傅和李师傅都同意我的意见”，意思不变；例②，如果说成“张师傅和李师傅谈话……”，意思就改变了。

第二，如果是介词，它的前边可以插入别的语言成分；如果是连词，不能这么办。如例②，可以说成“李师傅刚刚和张师傅谈话……”；例①“和”的前边却不能插入什么成分。

根据这两点，可以知道例①③⑤⑦里的“和、与、跟、同”是连词，例②④⑥⑧里的“和、与、跟、同”是介词。

解放以后，“和、与、跟、同”有分工的趋势。许多人建议让“和、与”专作连词，“跟、同”专作介词。在结构比较复杂的句子里，这样的分工，可以增强结构关系的明确性。在党的许多重要文件里，已经有了这种分工。例如：

⑨中国共产党和它的党员必须同工人、农民、知识分子和其他爱国人民建立广泛的密切的联系，并且经常注意扩大和巩固这种联系。(《中国共产党章程》)

这里，“和”用作连词，“同”用作介词。

乙组：因为、由于

这两个词，有时是连词，有时是介词。

我们认为：“因为”一般是连词。只有下列用法里的“因为”才是介词：

①高尔基因为工作损害了健康。

②他因为你的事情而难过了老半天。

这种用法的特点是：主语后面用“因为……”，而“因为……”后边可带“而”字。

“由于”既是介词，也是连词。

介词“由于”，用在名词、名代词或“定语十中心词”的偏正词组的前边。例如：

③由于历来的经验，我知道青年们，尤其是文学青年们，十之九是感觉很敏锐，自尊心也很旺盛的。(鲁迅)

④由于前一次的失败，我们找到了改进这个机器的门路了。

连词“由于”，用在句子（有的具备主语，有的可以补出主语）的前边，常跟“因此”呼应。例如：

⑤由于人们的阶级地位各有不同，人们的社会本质也各有不同。(刘少奇)

⑥由于（我们）实行了以上的政策，我们就能在全国范围的土地改革完成以后不到四年的时间内，基本上完成了农业的社会主义改造。(中共八大政治报告)

⑦由于某些县、区的领导同志，未能适应这个新的特点，及时地加强领导，因此，部分村屯在群众自找对象中，已经开始产生……不健康的现象。(毛泽东)

（八）几个词词性的辨认

1. 没有

“没有”（或“没”），有时是动词，有时是副词。动词“没有”常带名词宾语，相当于文言的“无”，例如“没有书”等同于“无书”。副词“没有”常常修饰动词，相当于文言的“未”，如“没有去”等同于“未去”。

2. 在

“在”有时用作动词，有时用作介词，有时用作副词。作动词用时，充当谓语，句子里不再出现别的动词。作介词用时，跟名词或代词一起表示某一动作发生的地点或时间。作副词用时，直接修饰动词，表示“正、正在”的意思。例如：

①他不在家。（动词）

②他在家里复习功课。（介词）

③他在复习功课。（副词）

3. 给

“给”有时用作介词，有时用作动词。

“给”作介词，有好几个意思：第一，相当于“为”；第二，相当于“向”或“对”；第三，相当于“被”。分别举例如下：

①我要赶紧去找咱的野战军去，给咱们报仇……（柳青）

②大家给他提了许多意见。

③他娘给地主害死了。

“给”用作动词，表示“给予”的意思，可以单独作谓语。例如：

④给我一支枪！

“给”还可以用作助词，跟“把、被”照应着用。在句子里，助词“给”是可有可无的。例如：

⑤他把李成娘的气给平下去了。

⑥他小时候被驴给啃了一口。

此外，“交给、送给、付给、发给、献给、供给”等都可以看作动词，里边的“给”都可以看作构词成分。

4. 的

“的”有时是结构助词，有时是语气助词。

语气助词“的”总是用在句尾，表示肯定的语气。例如：

①你放心吧，我不会忘记的。

结构助词“的”经常用在句中，但也可以用在句尾。例如：

②公园里的桌子是石头的。

前一个“的”表示“公园里”是“桌子”的定语，后一个“的”跟“石头”组成“的”字结构。

怎样辨别语气助词“的”和用在句尾的结构助词“的”呢？

语气助词“的”可以去掉，去掉以后不会影响句子的基本意思。用于句尾的结构助词“的”不能去掉，或去掉以后会影响句子的基本意思。如例①可以说成“我不会忘记”，例②不能说成“公园里的桌子是石头”。

再例如：

③这种可能性是有的。（毛泽东）

④河南河北两个世界。河南是国民党的，因为我们没有去，人民没有组织起来，龌龊的东西多得很。（毛泽东）

⑤中国绝不是蒋介石的，中国是中国人民的。（毛泽东）

⑥胡适博士准备出席太平洋会议，再去“忠告”一次他的日本朋友：征服中国并不是没有方法的，请接受我们出卖的灵魂罢！（瞿秋白）

例③、例⑥里的“的”都是语气助词，它们都可以去掉。例④、例⑤里的“的”都是结构助词，它们都不能去掉。

5. 了（le）

“了（le）”有时是时态助词，表示动作的完成；有时是语气助词，常用来帮助陈述情况的变化，如“快走，要下雨了”。这两种“了”的区别是：第一，时态助词“了”用于句中，语气助词“了”用于句尾。第二，时态助词“了”只能用在动词（或某些形容词）后边，语气助词“了”可以用在名词后边。如“种了果树了”，前一个“了”是时态助词，后一个“了”是语气助词。

有时，“了”既用在动词后边，又用于句尾。例如：

你把杯子打破了。

这个“了”实际上是由时态助词“了”和语气助词“了”融合而成的①。但为了简便，一般可以根据时态助词“了”用于句中而语气助词“了”用于句尾这一基本区别，把这个“了”做语气助词。

6. 啊

“啊”有时是语气助词，有时是叹词。

语气助词“啊”附着在句子后边（有时附着在句子的某一成分的后边）；叹词“啊”总是单独使用，它的后边与前边总要用个标点符号。例如：

①在她们那强作出的妖媚和欢笑后面，该藏着多少惨痛辛酸的血泪啊！（陈立德：《前驱》）

②啊，让革命的火焰快快地在全国烧起来吧！（同上）

③万先廷笑着点点头，说道：“着急了，啊？”（同上）

例①的“啊”是语气助词，例②、例③的“啊”都是叹词。

三、虚词的运用问题

在汉语里，虚词只有八百个左右，但它们在句子中作用很大，是表示种种语法意义的必不可少的手段。能够准确地理解和运用虚词，才能正确地表达自己的思想。

（一）细心辨别虚词在意义上的同异

虚词的意义比较“虚”，不易捉摸。要了解它们的意义，最好经常把两个或几个表意相近的放在一块，加以比较、辨别。下面举几组例

---

① 李荣编译的《北京口语语法》指出：“……别的方言里头，上头说的两种后加成分（即时态助词‘了’和语气助词‘了’）常常不同音。北京话说：‘你伤了风了’；广州话说：‘你伤咽风咯’；上海话说：‘侬伤仔（是）风哉（才）。’……北京话里头，这两种后加成分搁在一块儿就合成一个，例如‘你把杯子打破了’。广州话‘咽’‘咯’都保留：‘你将只杯打烂咽咯。’”（开明书店，1952年版，第25页。）

子来谈谈。

1. 就、才

这两个副词有时都可以表示范围，都有“只”的意思。例如：

①{我就有几角钱，不够买伞的。
我才有几角钱，不够买伞的。

但在别的时候，它们的意义就有着显著的不同。比较：

②{他六点钟就起床了。
他六点钟才起床。

“就”表示早，“才”表示晚。

③{看了半天就看完了。
看了半天才看完。

“就”表示快，“才”表示慢。

④{挑了十多担就不挑了。
挑了十多担才不挑了。

“就”表示少，“才”表示多。

⑤{他就回来。
他才回来。

“就”表示“马上”，“回来”还未实现；“才”表示“刚刚”，“回来”已经实现。

⑥{你来我就走。
你来我才走。

“就”前头是假设性条件，这个条件里含有“只要”的意思；“才”前头是唯一条件，这个条件里含有“必须”的意思。

2. 关于、对于、对

介词“关于”和“对于”有时可以通用，但它们并不相同：“关于”主要用来划定范围，“对于”主要用来指明对象。

在单纯表示范围时，只能用“关于”；在单纯表示对象时只能用“对于”。例如：

①关于这后一个问题，即党和群众的关系问题，应当是：凡

属人民群众的正确的意见，党必须依据情况，加以实现；而对于人民群众中发生的不正确的意见，则必须教育群众，加以改正。（毛泽东）

这个例子里，“关于”表示“在……方面”，划定所要讨论的范围；“对于”表示“不正确的意见”是“必须教育群众，加以改正”的对象。这里的“关于”和“对于”不能互换。

只有在不是单纯表示范围或对象时，“关于”“对于”才可以通用。例如：

②关于这个问题，我没有意见。

③对于书面语言这个工具，有些同志还没有很好地掌握。

例②的“关于”也可以换成“对于”，例②的“对于”也可以换成“关于”。但用“关于”，偏重划定范围；用“对于”，偏重指明对象。

凡是用“对于”的地方都可以用“对”。但“对”有时带有较强的动作性（这时它前边的主语和它后边的名词、代词都指人），例如：

④这种人发财观念极重，对赵公元师礼拜最勤……（毛泽东）

⑤一个人只要他对别人讲话，他就是在做宣传工作。（毛泽东）

⑥刘四爷对祥子笑了笑。（老舍）

这种动作性较强的“对”，就不能换成“对于”。

3. 和、或

连词“和”表示并列，即表示相加的关系。连词“或”表示选择，即表示从两个或几个中选择一个。

有时，“和”“或”可以互换，但着重点不一样。例如：

①照规定，工人和社员可以购优待券。
　照规定，工人或社员可以购优待券。

用“和”，着眼于总的方面：可以购优待券的人一共有两种——工人、社员。用“或”，着眼于个别方面：可以购优待券的人，或者是工人，或者是社员。

有时，“和”“或”不能互换。试比较毛主席：《关心群众生活，注意工作方法》一文里的两个例子：

②他们把革命的工作方法问题和革命的工作任务问题同时解决了。

③不解决桥或船的问题，过河就是一句空话。

例②，他们既解决了“革命的工作方法问题”，又解决了“革命的工作任务问题”，因此这里应用“和”，而不应用“或”。例③，要过河不一定既要修桥又要造船，只要有了“桥”和“船”这两样东西里的一样，就不致使过河成为空话。因此，这里应用“或”，不应用“和”。

下面这个句子里的“或”用得不当：

④奶皮子是内蒙古自治区呼伦贝尔盟或锡林郭勒盟牧区的名产。

“奶皮子”既是呼伦贝尔盟牧区的名产，也是锡林郭勒盟牧区的名产，因此这里应用“和”，不应用“或”。

（二）注意虚词的使用条件

虚词在使用上往往受到某种（或某些）条件的限制。有的虚词，只能在某种句类中使用，不能在某种句类中使用。有的虚词，只能同某类实词发生关系，不能同某类实词发生关系。有的虚词，有时可以跟单词发生关系，有时却要求跟比较复杂的结构发生关系。有的虚词要求跟单音节实词发生关系，而有的却要求跟多音节实词发生关系。只有了解它们的使用条件，用起来才不会出错。下面举些例子来谈谈。

1. 到底、终于

这两个副词意思一样，它们都可以用于陈述句。例如：

到底成功了。

终于成功了。

但“到底”可以用于选择问句，“终于”不行。例如：

到底去不去？

终于去不去？（×）

2. 不、别

这两个副词都表示否定，但“不”既可以修饰动词，又可以修饰形容词；“别”只能修饰动词，不能修饰形容词。比较：

不去　　不好

别去　　别好（×）

“不”“别”都可以修饰动词，但“不”经常用于陈述句，“别”却只能用于祈使句，不能用于陈述句。例如：

儿子：妈妈，你别去！

妈妈：好，我不去。

这里的“别”不能改成“不”，“不”不能改成“别”。

“不”也可以用于祈使句，但用于祈使句时必须修饰能愿动词。例如：

你不要去！

下面这个句子里的“不”用得不当：

*“妈妈，好妈妈，”向秀丽和姐姐安慰着妈妈说：“这是干什么呀，妈妈，不难过。”

“不”应改成“别”，或改成“不要”。

3．更、再

这两个副词有时可以在单词前边出现；有时却要求出现在比较复杂的结构前面，或出现在比较复杂的结构之中。例如：

更难	再说
更说不出口	再难也不怕
更说（×）	再难（×）

“更”可以修饰单个形容词，但不能修饰单个动词（心理活动动词和“像”除外）。

“再”可以修饰单个动词。它也可以修饰形容词，表示“更”的意思，但被修饰的形容词后边一定还有别的词语，光是“再＋形容词”站不住。

4．颇为、颇、甚为、甚、无从

这几个都是副词。“颇为”和“颇”意思一样，“甚为”和“甚”意思一样，但“颇为、甚为”总是修饰双音节的成分，如可以说“颇为高兴、甚为丰富”，而不说“颇为高、甚为好”；“颇、甚”一般修饰单音节的成分，如可以说“颇好、甚美”，而不说“颇不好、甚美丽”。另外，“无从”这个双音节副词，它所修饰的成分也一定是双音节的。如我们能说“无从说起”，却不能说“无从说”。

5．把

介词“把”总是跟后边的名词、代词或词组组成介词结构。“把”字结构在使用上是有限制的。先看例子：

①你们把东西拾掇拾掇。（袁静）

②你替我把那封信写了吧。（丁西林）

③把什么小事都描写得逼真。（老舍）

④把孩子给我，我们家去。（老舍）

⑤他们只知跟在车子后边怨恨车子走得太快了，企图把它向后拉，开倒车。（毛泽东）

使用“把”字结构的条件是：

第一，“把”字结构必须修饰动词（如“拾掇、写、描写、给、拉”）。而且“有、是、像、在”等不表示行动变化的动词和“感到、听见、看见、知道”等纯粹表示感觉、听觉、视觉、知觉的动词，不能受“把”字结构的修饰。

第二，受“把”字结构修饰的动词不能是孤单单的一个原形动词。（如例①，“拾掇拾掇”是动词重叠式；例②，“写”带“了”；例③，“描写”带补语；例④，“给”带宾语；例⑤，“拉”带状语。）在某些特殊场合，才有例外。例如：

⑥这老汉马上把帽子脱下来，举在手上，唱道：“听他言不由人怒发冲冠，好一似烈火上又把油添，好恼，呀，呀，呀……”（马烽）

第一个“把”出现在一般的场合，不能只说“把帽子脱”；第二个“把”出现在唱词里，可以说“把油添”，但在一般场合就不能这么说。

知道了以上所说的条件，就可以知道下面这个句子是有毛病的：

*⑦一般知识分子对百花齐放、百家争鸣，特别感到兴趣。因为既然有了知识，总想把这些知识有所表现。

“把”字结构不能修饰“有”。“有所表现”应改为“表现出来”。

6. 和、并、而

这三个连词都可以表示并列关系。但“和”经常用来连接名词或名代词，如“工人和农民”“我们和他们”。“并”只能连接动词，如“讨论并通过”“继承并发展”，不能连接名词或形容词。“而”只能连接形容词①，如“聪明而勇敢”“朴素而大方”，不能连接名词、动词。

近来，“和”的用途逐渐扩大，也可以连接动词或者形容词。但这种扩大是有限制的。一般说来，两个（或几个）动词或者形容词同时跟另一个成分发生关系，才可以用“和”把它们连接起来。例如：

①我们的任务，无疑是克服这种投降、分裂和倒退的危险。（毛泽东）

②他们的品质是那样的纯洁和高尚。（魏巍）

例①，“投降”“分裂”和“倒退”这三个动词合用一个中心词“危险”。例②，“纯洁”和“高尚”这两个形容词合用一个状语“那样地”。

（三）注意虚词的配搭

虚词和虚词（或某些实词的附类）常常成双配对地使用。例如：

一……就……（副词和副词相配）

非……不……（副词和副词相配）

连……都……（介词和副词相配）

在……下……（介词和方位词相配）

因为……所以……（连词和连词相配）

如果……就……（连词和副词相配）

正在……着……（副词和时态助词相配）

难道……吗（副词和语气助词相配）

也许……吧（副词和语气助词相配）

哪个虚词能够同哪个虚词（或附类）相配，是约定俗成的。写作

---

① 这里是就表示并列关系的“而”来说的。“而”还可以表示偏正关系，还可以连接分句。参看“连词的特点”部分。

时，必须注意配搭得合乎习惯，不能乱配。请看下列例子：

*①……至于证实他的罪却必须有现场上找到的物证和印迹不可。

*②“汉语拼音方案（草案）”在公布以来，全国人民都非常重视。

*③正式的“塔龙”大会必须在寮历12月13日由国王主持下开始。

*④我们不能忘记曾经与我们有着友好接触的……音乐家们。

*⑤走到拖拉机跟前，霍站长早已在那里端详那木头连接机呢。

例①，没有“必须……不可”的说法。只能说“非……不可”，或者说“必须……才行”。例②，没有“在……以来”的说法。应把“在”改为“从”。例③，只有“在……下”的说法，没有“由……下”的说法。“由”应改为“在”。（为了念起来顺口，可再把“在寮历12月13日”改为“于……”。）例④，没有“曾经……着”的说法。只能说“曾经……过”，或者说“正在……着”。应把“着”改为“过”。例⑤，“了”才能同“早已”相配。“呢”应改为“了”。

有时，用这个或那个虚词来跟另一个虚词相配，都合乎习惯，但用其中某一个更好些。例如：

①人民大会堂既庄严又美丽。

*②人民大会堂既庄严也美丽。

这两句话的意思都对，但仔细琢磨一下，就会觉得第一句比第二句好。因为用了“又”，是说人民大会堂同时具有“庄严”和“美丽”这两种性质，符合事实；用了“也”，就给人一种感觉，似乎庄严是庄严，但在美观上面还不够理想，这就不符合事实了。

③虽然我一见便知道是闰土，但又不是我记忆上的闰土了。（鲁迅）

*④虽然我一见便知道是闰土，可是又不是我记忆上的闰土了。

“但”和“可是”作用相同，都可以跟“虽然”相配。然而念起来第一句比第二句更顺口些。这是因为第二句的“可是”跟后边的“又不是”在语音上有了重复。

可见，使用成对的虚词，既要注意配搭的习惯，还要注意表意的准确和语音的和谐。

（四）注意虚词的位置

有的虚词，在句子里有固定的位置，不能随便乱放。比较：

①开会的时间还没到，但是代表们已经到齐了。

②开会的时间还没到，代表们但是已经到齐了。（×）

③开会的时间还没到，代表们却已经到齐了。

④开会的时间还没到，却代表们已经到齐了。（×）

⑤开会的时间还没到，但是代表们却已经到齐了。

“但是”“却”都可以表示转折，但从上面的例子可以知道它们出现的位置不一样：“但是”是连词，只能用在主语前面，不能用在主语后边；“却”是关联副词，只能用在谓语前边，不能用在主语前边。这两个词有时也可以互换，但必须在主语不出现的时候才行。例如：

⑥武器是战争的重要因素，{但/却}不是决定的因素，决定的因素是人不是物。

有的虚词，可以放在这个地方，也可以放在那个地方。究竟放在什么地方更合适，要根据表达的需要来决定。例如：

①他幸亏来了。
　幸亏他来了。

②我找了才一刻钟就碰上了他。
　我找了一刻钟才碰上了他。

③我们选了支书老王、支委老李、小赵和小张当代表。
　我们选了支书老王、支委老李和小赵、小张当代表。

例①，“幸亏”放在“他”后，表示“他要是不来，他自己就会怎么样”的意思；“幸亏”放在“他”前，表示“要是他不来，我们就会怎么样”的意思。例②，“才”放在“一刻钟”前，表示找的时间不算长；“才”放在“一刻钟”后修饰“碰”，表示找的时间不算短。例③，“和”放在“老李、小赵”和“小张”之间，表示这三个人都是“支委”；“和”放在“老李”后边，表示支委只有老李一个人。

虚词摆不对地方，就会影响表意的准确性。例如：

*④这四位日本选手是：一九五五年世界单打冠军田中利明、一九五四年世界冠军荻村一郎、富田芳雄和野平明雄。

乍一看，好像荻村一郎、富田芳雄、野平明雄等三人都是一九五四年世界冠军，但实际上一九五四年世界冠军只有荻村一郎一个人。“和”应放在“荻村一郎”后边才对。

思考与练习

（一）

*1. 副词一般不能修饰名词，但也有特殊的情况。例如：

A. 只两尺布　仅仅一个人　大约三辆汽车
共两场电影　共总两块钱　恰好五个人
刚好一个年头　刚刚两个月
才三个人　又一个人　又一阵暴雨
又一个星期　再一个问题

B. 炕上净人　山上净树　山头上净岗哨
岸边净杂草　屋子里光书　那儿净矿石

C. 今天已经星期六了　今天才星期五呢
明天又星期天了　今天已经初九了
今天才初八呢　明天又初十了
后天又八月中秋了　现在已经八月底了
这会儿才两点钟呢

D. 最前面　最上头　最底下
最上方　最底层　最前线

E. 打扮成那个怪样子，不男不女的！

什么师长不师长，当了俘虏就听我的！

他简直画得山不山，水不水，鱼不鱼，人不人！

从上面的例子里，你能归纳出几条副词修饰名词（或以名词为中心的偏正词组）的特殊规律来吗？

2. 下列例子，是不是副词修饰名词的现象？为什么？

A. 也许老王去　马上火车要进站了　终于收蚕的日子到了

B. 突然事件　经常任务　偶然现象

必然结果　永久计划

C. 太娇气　很傲气　太洋气

太傻气　太孩子气

D. 很理智　非常精神

3. 说明下列句子里的介词跟什么词语组成介词结构。

①他们走了很长的路程来到我国，以崇高的友谊参加我们党的这次代表大会。（中共八大政治报告）

②别的人连假也不请，干脆不来。（赵树理）

③在社会主义改造过程中，工人阶级同民族资产阶级的联盟，对于教育和改造资产阶级知识分子起了积极的作用。（中共八大政治报告）

④为了建设社会主义社会，必须发展社会主义的工业，首先是重工业，使我们的国家由落后的农业国变为先进的工业国。（同上）

⑤自从扩社的动员大会开过以后，愿意入社的人就开始报名。（赵树理）

⑥我们连飞机、大炮都不怕，还会让这些蚊子、苍蝇吓倒？（巴金）

⑦人们似乎连肚子饿都忘记了。（茅盾）

⑧村里人对满喜的评价比对有翼高得多。（赵树理）

4. 说明下列句子里的连词（有黑点的）连接哪两个（或几个）语

言成分。

①那个月牙清亮而温柔，把一些软光儿轻轻送到柳枝上。（老舍）

②分歧从何而来。

③共产党员在民众运动中，应该是民众的朋友，而不是民众的上司。（毛泽东）

④自私自利，消极怠工，贪污腐化，风头主义等等，是最可鄙的；而大公无私，积极努力，克己奉公，埋头苦干的精神，才是可尊敬的。（毛泽东）

⑤党创造了坚强的武装队伍，因此也就学会了战争的艺术。（毛泽东）

⑥中国不可能，因此也就不应该企图建立一个纯粹民族资产阶级的旧式民主专政的国家。（毛泽东）

⑦毛主席的报告是提倡团结的报告。他所提倡的团结不是貌合神离、同床异梦的假团结，而是经过争论达到的真团结。因此，毛主席的报告也是提倡争论的报告。（《不平常的春天》）

*5. “了事”“走不了”“着凉”“睡不着”里的“了”和“着”是哪一类词？它们和时态助词“了、着”有什么不同？

（二）

1. 下列句子里有黑点的词是副词还是形容词？为什么？

①无产阶级和它的先锋队必须……依靠坚决走社会主义道路的真正可靠的力量，争取一切可能争取的同盟者，团结占人口百分之九十五以上的人民群众，共同对付社会主义的敌人。

②他立即站了起来。

③工人们迅速投入生产。

④那一连的兵士彻底消灭了敌人。

⑤宋师傅把他们讲的话统统记在心里。

⑥他一概不承认。

⑦我们一致同意他的意见。

2. 下列句子里有黑点的词是介词还是动词？为什么？

①他用事实说服了大家。

②工人们以满腔热情投入生产。

③靠谁解决这个问题？

④向谁学习？

⑤你凭什么得出这样的结论？

⑥他给你一本书。

⑦他给我行了一个军礼。

*3. 介词有时也可以附着在动词、形容词的上面，跟动词或形容词组成介词结构。例如：

①革命和革命战争从发生到发展，从小到大，从没有政权到夺取政权，从没有红军到创造红军，从没有革命根据地到创造革命根据地，总是要进攻的，是不能保守的，保守主义的倾向是应该反对的。（毛泽东）

②现在是比顽强、比耐力的时候，必须要战胜敌人！（陈立德）

③这是跟敌人比苦比硬的时候，谁能坚持谁就胜利。（同上）

④他们是计算到我们远道进攻，力求速决，因此准备以逸待劳，等到我们相当疲乏后，再用捏紧的拳头打出来！（同上）

⑤他从小热爱劳动。

考虑一下：这些附着在动词、形容词前边的介词，会不会跟副词相混？

4. 下列句子里的“和、与、跟、同”是介词还是连词？有什么理由？

①糟糕的癞痢头和小捣乱这两位大哥，每天总要弄出一点花头来，不是把小和尚打哭了，就是和别人吵架。（蒋光慈）

②我们有批评和自我批评这个马克思列宁主义的武器。（毛泽东）

③我们不仅要善于团结和自己意见相同的同志，而且要善于

团结和自己意见不同的同志一道工作。（毛泽东）

④陶里亚蒂同志同我们的分歧。（《人民日报》）

⑤她性格和蔼，没有打骂过我们，也没有同任何人吵过架。（朱德）

⑥二黑跟小芹两个人，一到区上就放开了。（赵树理）

⑦媒人去后，小芹跟她娘说："我不管！谁收了人家的东西谁跟人家去！"（同上）

⑧本书……着重谈句子成分与句型的分析和辨认方法。（黄伯荣）

5. 下列句子里的"的"是结构助词还是语气助词？有什么理由？

①请你相信，我不会骗你的。

②两个孙女都听话，可是儿媳妇偏爱小的，当奶奶的偏爱大的。

③你从哪里来的？

⑤满喜本来是说着玩的，见菊英这么说就又放下了。（赵树理）

⑥今天，他就是用这样的含义，来理解党的主义，来理解共产党员这个称号的。（陈立德）

⑦叔父婶娘们，这里的祖宗神灵不是我们的，是有钱人的！穷人要活命就得革命！（同上）

6. 下列这段话里哪些是虚词，它们各属于哪一类？

她多么希望，有一天革命军能像神兵似的突然间从他们的前面杀出来。而现在这样的时刻终于来到了；他们一步一步地赶往激战的前线。她完全没有想到火线上的危险，只是急不可待地往前赶去。革命军啊，你们快些往前打吧！狠狠地往前打，不要怕伤着了这些老百姓。如果她万一被炮火打伤了，有人要问她：要了却什么最大的心愿才能闭眼？她就会回答：只要能让她看见先廷哥，看见他当上了革命军，端着长枪在战场上冲锋；只要能让她把家乡的亲人们对革命军的盼望的心情告诉了他；那么她也就

会心满意足地带着幸福的笑容在先廷哥的面前闭上眼睛啊！（陈立德）

*7. “一起”是不是副词？如果不是副词，是什么词？请观察下面的例子：

一起生活，一起战斗。

在一起生活，在一起战斗。

我们永远在一起。

（三）

*1. 辨析下列的词，说明它们有什么不同。

A. 果然、居然　B. 简直、几乎　C. 很、更

D. 按照、依照　E. 和、及

2. 下列句子里的虚词用得是否恰当？为什么？

①八点钟开会，他九点钟就到。

②偶然的浪费，损失还小；经常的浪费，损失更大。

③明明在那里，怎么说不看见？

④你说不吸烟，怎么再吸了？

⑤共产党人凡事都从党的利益、阶级的利益、人民的利益作为出发点考虑问题。

⑥这种现象比较特殊，应该把它同上面所说的现象有所区别。

⑦我想从古典文学选注方面的一些问题综合起来谈谈。

⑧正当党的八届八中全会公报和决议公布之后，全国各个战线上轰轰烈烈继续跃进的形势下，游泳池里，运动场上，捷报纷纷传来，实在令人极为兴奋。

⑨卡车开到了湘江边，我们满以为可以过江了。但正巧，这时候天爷突然变了脸，风刮起来了，接着大雨倾盆而下。

⑩我们等到了深夜两点多，他究竟还是来了。

⑪他说了一番朴素然而深刻的话。

⑫我们以最快的速度而大步迈进。

⑬天津作家协会正在对他们的创作积极地给了辅导和帮助。

⑭难道事实不是已经证明了这种论调是十分荒谬的呢？

3. 下列句子有什么毛病？怎样改正？

①这本书对青年教师、师范院校的学生特别亲切。

②在日本访问的中国法律工作者代表团、中国歌舞团和中国五金出口公司和中国矿产公司代表团，今天乘船启程回国。

③歧视打击小学教师的文教干事杨涛受到撤职降级处分。

④我歧视工农子弟的资产阶级思想（一篇文章的标题）

第三节 主语、谓语、宾语

一、主语、谓语、宾语的特点

前面说过，主语部分里的中心词叫做主语（找不出中心词的，整个主语部分也就是主语）；谓语部分里的中心词叫做谓语（找不出中心词的，整个谓语部分也就是谓语）；动词后边表示人或事物的成分叫做宾语。

不过，上面所说的这些只能帮助我们对这三类句子成分有个初步的认识。要能全面认识并正确辨别这三类句子成分，必须进一步分别掌握它们的特点。

这三类成分的特点，都体现在所用的材料和所在的位置这两个方面。因此我们应该知道：充当这三类成分的基本材料是什么，其他材料是什么；这三类成分经常在什么位置上出现，有时还可以在什么位置上出现。下面分别阐述。

（一）主语的特点

【材料】**经常充当主语的材料**是表示人或事物的词语——包括表示人或事物的名词、代词，“的”字结构，以及表示人或事物的联合词组。例如：

①什么是知识？自从有阶级的社会存在以来，世界上的知识只有两门……自然科学、社会科学，就是这两门知识的结晶，哲学则是关于自然知识和社会知识的概括和总结。此外还有什么知识呢？没有了。我们现在看看一些学生，看看那些同社会实际活

动完全脱离关系的学校里面出来的学生，他们的状况是怎么样呢？一个人从那样的小学一直读到那样的大学，毕业了，算有知识了。但是他有的只是书本上的知识，还没有参加任何实际活动，还没有把自己学得的知识应用到生活的任何部门去。（毛泽东：《什么是知识》）

②他们将冲决一切束缚他们的罗网，朝着解放的路上迅跑。一切帝国主义、军阀、贪官污吏、土豪劣绅，都将被他们葬入坟墓。（毛泽东：《湖南农民运动考察报告》）

③唐朝的韩愈写过《伯夷颂》，颂的是一个对自己国家的人民不负责任、开小差逃跑、又反对武王领导的当时的人民解放战争、颇有些“民主个人主义”思想的伯夷，那是颂错了。我们应当写闻一多颂，写朱自清颂，他们表现了我们民族的英雄气概。（毛泽东：《别了，司徒雷登》）

这些例子里有黑点的部分都是主语。“知识”“哲学”“状况”“人”“韩愈”是表示人或事物的名词，“什么”“我们”“他们”“那”[①] 是表示人或事物的代词，“他有的”“颂的”是表示事物的“的”字结构，“自然科学、社会科学”“帝国主义、军阀、贪官污吏、土豪劣绅”是表示人或事物的联合词组，总之，都是表示人或事物的词语。

充当主语的其他材料可以分为三类。它们充当主语都受到一定条件的限制。

第一类：表示处所时间的名词、代词、方位结构等。请看下列几组例子：

A ①杨家庄是个有名的出泥瓦匠的地方。（马烽）
②现在是什么时候？
③这儿就是厂长办公室。
④东间与西间是刘家父女的卧室。（老舍）

① “那”指“颂伯夷”这件事。

B
⑤东房太破旧了，再说炕也太小，住不下两个人。（马烽）
⑥慢着点，地上怪滑的！（老舍）
⑦村子里很静。（峻青）
⑧夜里很冷。

C
⑨百金堡简直变成蛤蟆滩的招待所了。（马烽）
⑩三千里江山的尽北头紧连着中国边境。（杨朔）
⑪转眼间两三个年头过去，他们生了一个男孩，一个女孩。（《牛郎和织女》）
⑫国庆节快到了。

D
⑬ 村里叫鬼子给糟蹋得乱七八糟啦。（《高玉宝》）
⑭ 院子里打扫得干干净净了。
⑮屋顶上盖了厚厚的一层雪。
⑯整个星期天都浪费了。

E
⑰杨家庄答应派老杨师傅父女两个来支援他们。（马烽）
⑱门里边听说是他，马上就起来了。（康濯）
⑲“不错！对，对！”那边又七嘴八舌了。（张天翼）
⑳ 区政府里，公安局里都觉得对不起大家。（老舍）

上面例子里有黑点的部分都是主语。它们都是由表示处所或时间的词语充当的。A 组，谓语部分里用“是”字，整个谓语部分用来对处所或时间本身加以解释。B 组，谓语是形容词，处所或时间是被描写的对象。C 组，谓语部分表示处所或时间本身的行动或变化。D 组，谓语部分表示处所或时间的遭受，换句话说，处所或时间本身是被动者。E 组，处所词已借来表人。

第二，动词、形容词、动宾词组、主谓词组等。请看下面几组例子：

A
①死亡，对于一个革命者，是多么无用的威胁。（动词）
②骄傲是资产阶级个人主义得以发展的温床。（形容词）
③辱骂和恐吓绝不是战斗。（由动词组成的联合词组）
④沉着勇敢是战士应有的品质。（由形容词组成的联合词组）

B
⑤讨论很必要。(动词)
⑥热闹总比冷清好。(形容词)
⑦调查研究非常重要。(由动词组成的联合词组)
⑧长而空不好，短而空就好么?(由形容词组成的联合词组)

C
⑨虚心使人进步，骄傲使人落后。(形容词)
⑩调查研究使我们增加了不少知识。(由动词组成的联合词组)
⑪饥饿和疲劳使他们失去了谈话的兴趣。(由形容词组成的联合词组)

D
⑫牺牲，他一点也不怕。(动词)
⑬急躁也要反对。(形容词)

E
⑭谈谈也可以。(动词)
⑮虚伪不应该，老老实实才行。(形容词)

F
⑯讨论开始了。(动词)
⑰战斗正在进行。(动词)
⑱会谈已经结束了。(动词)

以上各例的主语都是用动词、形容词或动词、形容词组成的联合词组充当的。A 组，谓语部分里用判断词“是”，动作、性状本身是被解释的对象。B 组，谓语是形容词，动作、性状本身是被描写的对象。C 组，谓语部分里用“使”，动作、性状本身是“使”的施行者。D 组，谓语部分里包含他动词，动作、性状本身是被动者。E 组，谓语是能愿动词，动作、性状本身是被评议的对象。F 组，谓语用表示动作终始的动词，“讨论、战斗、会谈”是“开始、进行、结束”的主体。

动宾词组、主谓词组（以及由它们组成的联合词组）做主语，跟动词形容词做主语的情况大体相同。例如：

A
①建立一个没有人剥削人的社会曾经是世界上的劳动人民和进步人类千百年来的梦想。(动宾词组)
②美帝国主义侵略刚果（利），是一件非常严重的事情。(主谓词组)
③根治黄河和开发黄河，自古以来就是中国人民的梦想。(由两个动宾词组组成的联合词组)

B
④打击别人的积极性当然不对。（动宾词组）
⑤我们先接洽一下好不好？（主谓词组）

C
⑥经常倚靠别人使他完全失去了自主的能力。（动宾词组）
⑦他们对于中国的事情这样地关心真使我们感动。（主谓词组）

D
⑧种白菜你同意，种萝卜你怎么就不同意了呢？（动宾词组）
⑨资产阶级领导的旧民主主义革命无力解救中国已经被事实证明。（主谓词组）

E
⑩骂人不应该，打人更不应该。（动宾词组）
⑪个人独断独行不能解决问题。（主谓词组）

F
⑫坚决捍卫一九五七年宣言和一九六〇年声明的革命原则，已经成为国际共产主义运动重要的迫切的任务。（动宾词组）
⑬谷子高产说明了什么？（主谓词组）

A组，谓语部分里用判断词“是”；B组，谓语是形容词；C组，谓语部分里用“使”；D组，做主语的动宾词组，主谓词组是被动者；E组，谓语部分里用能愿动词；F组，谓语用“说明了、证实了、成了”等动词，主语所说的事件是“说明了、成了”的主体。

第三类：物量结构、指量结构。例如：

A
①一斤是十两。
②一千公斤等于一吨。
③十个就是十个，您别问了！

B
④自从有阶级的社会存在以来，世界上的知识只有两门，一门叫做生产斗争知识，一门叫做阶级斗争知识。（毛泽东）
⑤文艺批评有两个标准，一个是政治标准，一个是艺术标准。（毛泽东）
⑥中国缺少的东西固然很多，但是主要的就是少了两件东西：一件是独立，一件是民主。（毛泽东）
⑦这个来了，那个走了，什么时候才能开会！

A组，物量结构作主语，谓语部分里用另一个物量结构来解释它。

B组，物量结构、指量结构作主语，它们都在一定的语言环境中称代了人或事物。

【位置】主语经常用在谓语的前边。

动词（或“能愿动词十动词”）谓语前边的主语，有的是“施事”，就是说，在意义上是主动者，如：“我们要建立一个新中国。”（毛泽东）这样的主语容易明白，不必多加解释。有的是“受事”，就是说，在意义上是被动者，是受谓语中所说的行为的影响的。例如：

①一切帝国主义、军阀、贪官污吏、土豪劣绅，都将被他们葬入坟墓。（毛泽东）

②中国的事情一定要由中国的大多数人作主。（毛泽东）

③大土豪、大劣绅、大军阀、大官僚、大买办们的主意早就打定了。（毛泽东）

④回去吧！信已经交给你妈了！（赵树理）

⑤统一战线必须坚持下去。（毛泽东）

⑥三仙姑也暗暗猜透大家的心事，衣服穿得更新鲜，头发梳得更光滑，首饰擦得更明，宫粉擦得更匀。（赵树理）

⑦两个斗争会开过以后，事情包也包不住了。（赵树理）

⑧冬天的衣服全都穿上了。

⑨文艺批评应该发展。（毛泽东）

⑩楼修起了，板野小队长和郭三麻子，带着鬼子和伪军，驻在那儿。（袁静）

既然这些主语在意义上是被动者，为什么不说是宾语呢？要知道，在汉语里，词序是一种非常重要的语法手段。我们把一个表示人或事物的词语放在谓语前边，总是让它作为陈述的对象、讨论的话题的。再说，这类主语（及其连带成分）很多根本不能移到谓语后边——宾语的位置上去，如例①至例⑦。有的虽然能够移到宾语的位置上去，如例⑧，但意思改变了：“冬天的衣服全都穿上了”是说所有的冬天的衣服全都穿上了；“全都穿上了冬天的衣服”是说大家都穿上冬天的衣服了。有的虽然能移到宾语的位置上去，而且基本意思不变，如例⑨、例⑩，但陈述的对象改变了："文艺批评应该发展"是说"文艺批评应该怎么样"，"应该发展文艺批评"是说"我们应该怎么样"；"楼修起了"是说"楼怎么样"，"修起了楼"是说"谁"修起了楼。因此，例⑨、例⑩里的"（文艺）批评"和"楼"还是应该分析为主语。

在一定条件下，主语也可以倒装在谓语的后边。这一点在讨论谓语的位置时再谈。

（二）谓语的特点

【材料】经常充当谓语的材料，有三类：

第一类：动词、形容词（或由它们组成的联合词组，以及作用跟它们相当的代词）。例如：

①中国人民在中国共产党的领导之下，在三年多的时间内，很快地觉悟起来，并且把自己组织起来，形成了全国规模的反对帝国主义、封建主义、官僚资本主义及其集中的代表者国民党反动政府的统一战线，援助人民解放战争，基本上打倒了国民党反动政府，推翻了帝国主义在中国的统治，恢复了政治协商会议。（毛泽东）

②这些防守平江的北洋军，……十分凶恶、顽强。他们的武器又都很好，弹药充足；固守的阵地又占着很有利的地势，进攻显然很困难。革命军和农民自卫军虽然很勇猛奋发，可是进展却仍然不很大。……经过好长时间激烈的争夺和白刃战后，先遣团和农民自卫军终于完全控制了北洋军的阵地。（陈立德：《前驱》）

以上有黑点的部分都是谓语。其中，"觉悟起来、组织起来、形成了、援助、打倒了、推翻了、恢复了、占着、控制了"是动词[①]，"好、充足、困难、大"是形容词，"凶恶、顽强"和"勇猛奋发"是由形容词组成的联合词组。

既然动词形容词经常充当谓语，那么作用跟动词形容词相当的代词当然也可以作谓语。例如：

① 时态助词、趋向动词附着在一个动词（或形容词）后边时起词尾的作用。

③国民党怎么样？看它的过去，就可以知道它的现在；看它的过去和现在，就可以知道它的将来。（毛泽东）

④（你）别这样，叫人看见多不好。（杨朔）

例③，“怎么样”问性质、状况，作用相当于形容词。例④，“这样”指动作，作用相当于动词。

第二类：能愿动词＋动词、形容词（或作用跟它们相当的代词）。例如：

①我们应该赞美岩石的坚定。我们应该学习岩石的坚定。我们应该对革命有着坚强的信念。在革命战争年代里应该如此，在社会主义建设的年代更应该如此。（陶铸）

②由于是农村，由于是经常被敌人摧残的农村，由于是长期战争的农村，部队和机关就必须生产。由于是分散的游击战争，部队和机关也可能生产。（毛泽东）

③你要坚强些，梅嫂子。（陶承：《我的一家》）

④我们要永远纪念和感谢为党的事业而牺牲了生命的先烈。（邓小平）

⑤我们的领导工作人员，应该而且必须以平等的态度对待除敌人以外的一切人。（《人民日报》：《打掉官气》）

⑥在这种形势下面，中国国内的阶级关系，国共两党的关系，现在怎么样，将来可能怎么样？（毛泽东）

以上有黑点的都是谓语。“应该赞美”“应该学习”“应该有着”“必须生产”“可能生产”都是“能愿动词＋动词”；“要坚强”是“能愿动词＋形容词”；“要感谢和纪念”是“能愿动词＋（动词＋动词）”；“应该而且必须对待”是“（能愿动词＋能愿动词）＋动词”；“应该如此”“可能怎么样”是“能愿动词＋作用相当于动词形容词的代词”。这些谓语，都是合成的谓语。因为它们的前一部分是能愿动词，所以一般管它们叫能愿合成谓语。

第三类：“是”＋名词（或名词性词组）。例如：

①什么是知识？……什么是比较完全的知识呢？……学生们

的书本知识是什么知识呢？（毛泽东）

②而中国共产党则是拿起这个武器的倡导者、宣传者和组织者。（毛泽东）

例①的谓语是“是＋名词”。例②的谓语是“是＋由名词组成的联合词组”。这些谓语，也是合成的谓语。因为它们的前一部分是判断词，所以一般管它们叫判断合成谓语。

别的词语也可以跟“是”组成判断合成谓语。例如：

③这是什么？

④中国是中国人民的。（毛泽东）

⑤去年的粜价是七块半。（叶圣陶）

⑥提出这些标准是为了帮助人民发展对于各种问题的自由讨论，而不是为了妨碍这种讨论。（毛泽东）

⑦这个问题的关键是克服大汉族主义。（毛泽东）

⑧结果是反动派完全崩溃。（汉语课本用例）

例③的谓语是“是＋代词”，例④的谓语是“是＋‘的’字结构”，例⑤的谓语是“是＋数量结构”，例⑥的谓语是“是＋介词结构”，例⑦的谓语是“是＋动宾词组”，例⑧的谓语是“是＋主谓词组”。

必须注意：用在动词、形容词前边的“是”，有时只是起强调或肯定的作用。这种表示强调或肯定的“是”，不能组成判断合成谓语。例如：

①我不饿，凌老师，我是不饿。（曹禺）

②“究竟文清走了没有？”“走了。”“你可不要骗我。”“是走了。”（曹禺）

这两个例子里的“是”，可以去掉，去掉以后句子的基本意思不变。从作用看，它相当于“的确、确实”，因此可以算做状语。

表肯定的、只能算做状语的“是”，还经常跟语气助词“的”呼应着用。例如：

③没有眼睛向下的兴趣和决心，是一辈子也不会真正懂得中国的事情的。（毛泽东）

④我们党吃所谓“钦差大臣”的亏，是不可胜数的。（毛泽东）

⑤我们对你是非常尊敬的。（陈登科：《风雷》）

这类句子，“是……的”后边不能添上个名词；而“是+‘的’字结构”的判断合成谓语后边，则能添上个名词（即中心词），如：他是搞领导工作的。——→他是搞领导工作的同志。

表肯定的“是”前边经常出现副词。在这种情况下，“是”和副词可以一起算做状语。例如：

⑥我们都是来自五湖四海，为了一个共同的革命目标，走到一起来了。（毛泽东）

⑦人总是要死的，但死的意义有不同。（毛泽东）

充当谓语的其他材料，主要有下面几种：

第一，能愿动词。

能愿动词单独作谓语，限于一定的情况。举例来说：

①春芳道：“你会唱吗?”艳艳道：“我会，我就会，你坐下来，我演给你看。”（陈登科：《风雷》）

②谈谈也可以。

例①，在一定的语境里，一般动词隐去了。例②，一般动词充当了主语。

第二，名词和以名词为中心的偏正词组。

在谈日子或谈天气的句子里，名词可以直接作谓语。例如：

①今天星期日。

②明天国庆节。

③昨天晴天。

④今天阴天。

以名词为中心的偏正词组作谓语，也限于一定情况。举例来说：

⑤金桥朝鲜人。
⑥杜甫唐朝人。

⑦他小心眼儿。
⑧这个人黄头发。

⑨牧场一片水。
⑩山那边一片树林，树林那边一个湖。

例⑤、例⑥是说明什么地方人或什么朝代人的句子；例⑦、例⑧是描写人物在性格或外表上的特征的句子；例⑨、例⑩是表示某一地点存在什么事物的句子。这些句子里的偏正词组是整个儿对主语起陈述作用的，因此整个偏正词组都算谓语。

第三，物量结构。

物量结构作谓语，一般是解释主语的含义或者说明主语的数量、年岁或价钱。例如：

①一斤十两。

②太阳红，太阳亮，太阳光芒万万丈。

③那时候，他才二十岁。

④这把锄头七角，那把九角，你要哪一把？

第四，介词结构。

在动词隐去的场合，介词结构可以充当谓语[①]。例如：

①我们的这个会为了什么呢？（毛泽东）

②一切为了抗日。（孙犁）

③这间屋子朝南。

第五，主谓词组。

主谓词组作谓语，主要有下面三种情况。例如：

A
①凌云山和乌尤山，林木葱茏，有不少的名胜古迹。（郭沫若：《乐山的风物与变迁》）
②他身体灵活，一爬起来就骑在敌人身上。
③这个人本来就胆子小。
④这马眼瞎？你才眼瞎呢。

① 参看“虚词·介词和动词的辨认”部分。

B
⑤这些事情，你不是都知道了吗？（罗广斌、杨益言）
⑥大家的事情大家办。
⑦他什么心眼儿，什么脾气儿，我早就摸得熟透透的啦。（袁静）
⑧您的文章我读过了，很有趣。

C
⑨咱们以后谁也不能不管谁。
⑩咱们以后别各管各了！
⑪帝国主义的日子一天不如一天。
⑫人家组里那十几亩麦子，一块胜过一块。

A组，作谓语的主谓词组里的主语，跟全句的主语有领属关系。从结构上看，全句的主语和主谓词组之间可以用状语，如例③的“本来就”和例④的“才”（例①也可以说成“凌云山和乌尤山一向林木葱茏”，例②也可以说成“他本来身体灵活”）。从意义关系看，整个主谓词组是用来描写全句的主语的。如例①，“凌云山和乌尤山怎么样？”“林木葱茏。”“林木葱茏”整个儿回答“怎么样”的问题。

B组，作谓语的主谓词组里，谓词是他动词；整个主谓词组以全句的主语作为说明的对象。这类句子里，全句的主语在意义上是被动者，但不能认为它是倒装的宾语。（讲主语的位置时所说的理由，这里也适用。）

C组，作谓语的主谓词组是主宾同形的格式，整个主谓词组对全句的主语起说明作用。

【位置】谓语一般用在主语的后边。

在某些特殊的情况下，主语（及其连带成分）也可以倒装在谓语（及其连带成分）的后边。这种倒装格式的运用，是为了适应表达的需要：

第一，如实地反映说话时急促的情况。例如：

①上哪儿去呀，你？

②出来吧，你们！

这样说，是由于说话人情绪比较兴奋紧张，急于把“怎么样”先说出来。这种情况一般出现在疑问句和祈使句里。

第二，如实地叙述人们反映客观事实的过程。例如：

③走过来了，工人们的队伍。

人们先注意到“走过来了”这个行为本身，所以脱口而出，然后再补上主语。这种情况一般出现在陈述句里。

第三，强调地咏叹事物的属性。例如：

④多好呀，这部电影！

⑤多么幸福呀，新中国的儿童！

这里，突出地强调了使说话人感受最深的那一点。这种情况一般出现在感叹句里。

此外，在诗歌里也常用主语倒装的格式。例如：

⑥升起了，缕缕笔直的炊烟
夜牧的马群在望远镜中出现
（纪鹏：《塞上诗钞·哨所晨望》）

这里用这种句式，既强调了谓语，又可以帮助谐韵（“烟”“现”同韵）。

必须注意：倒装的谓语和主语之间一定要用逗号表示停顿；另外，倒装的说法可以无条件地还原为一般的说法，还原以后主谓之间可以不用逗号。

（三）宾语的特点

【材料】表示人或事物的词语是充当宾语的基本材料。它们充当宾语不受任何条件的限制。例如：

①（许多同志）只会片面地引用马克思、恩格斯、列宁、斯大林的个别词句，而不会运用他的立场、观点和方法，……（毛泽东）

②一切革命的文学家艺术家只有联系群众，表现群众，把自己当作群众的忠实的代言人，他们的工作才有意义。（毛泽东）

③你们开了会，总结了经验，大家欢迎你们，尊敬你们。（毛泽东）

④只要我们为人民的利益坚持好的，为人民的利益改正错的，我们这个队伍就一定会兴旺起来。（毛泽东）

上面的例子里，有黑点的都是宾语。“词句、群众、代言人、意义、会、经验”是表示人或事物的名词；“你们”是表示人的代词；“立场、观点和方法”是表示事物的联合词组；“好的、错的”是表示事物的“的”字结构。

在一定条件下可以充当宾语的材料，主要有下列几类：

第一类，表示处所的词语。例如：

①我回头望了望河里，那两个小黑点似的人影，在重重叠叠的浪涛中翻滚着，快要到达东岸了。（峻青）

②巨浪退下去的时候，无数的头才又露出水面。（马烽）

“河里、东岸、水面”都是宾语，它们的前边都没有用介词。要是表示处所的词语前边用了介词，那么便一起组成介词结构，作补语。例如：

③那个摆红布的匪徒，没有来得及缩回去，就应着枪声，跌倒在老大娘的脚下了。（峻青）

这个例子里，“脚下”不是宾语。“在老大娘的脚下”是介词结构，作“跌倒”的补语。

第二类，动词、形容词、动宾词组、主谓词组。例如：

①我们重视分析。（动词）

②他喜欢热闹。（形容词）

③大家都积极地要求参加社教运动。（动宾词组）

④我觉得这些新民歌突出地表现了工人阶级和劳动人民改造世界、征服自然的雄伟决心。（主谓词组）

⑤谁说工人不懂诗！（主谓词组）

⑥进行调查研究。（由动词组成的联合词组）

这类词语，经常充当心理活动动词的宾语。此外，主谓词组还经常充当“说、看见、听到、证明”这些动词的宾语；动词或由动词组成的联合词组还经常充当“进行、开始、停止”这些动词的宾语。

第三类，物量结构。例如：

①《毛泽东论文艺》一出版，我就买了一本。

②她的旧围裙里兜着许多火柴，手里还拿着一把。

作宾语的数量结构必须是指称事物的，而且被指称的事物必须在上文出现过。如“一本”指《毛泽东论文艺》，而《毛泽东论文艺》在前一分句里已经出现过了。

【位置】宾语一般用在动词的后边。

在“热爱劳动”里，“劳动”是“热爱”的对象，说它是宾语，容易明白。值得注意的是：动词和宾语之间的关系是多种多样的。有的宾语，在意义上也可以是主动者。例如：

①村南头走来一个人。

②这里牺牲过好几个同志。

③来客了！

这里的“人、同志、客”都是宾语，而不是主语。因为，第一，它们都不是陈述的对象。第二，它们不能毫无条件地还原到主语的位置上去。比如例①不能说成“一个人村南头走来”[①]；例②不能说成“好几个同志这里牺牲过”[②]；例③，要是说成“客来了！”意思就改变了：说“客来了”，指已经提到或已经知道的人，而说“来客了”，只是表示“有人来了”，不一定知道是谁。

在一定条件下，宾语也可以出现在动词的前边。这种出现在动词前边的宾语，叫做前置宾语。例如：

A
①我乍来的时候，谁也不认得。
②他什么都懂。
③我哪儿都不去。

B
④我一个人也不认得。
⑤这篇文章一点意义都没有。
⑥他一口水都没喝，就走了。

① 要添加“有”和介词才行，如：“有一个人从村南头走来。”

② 就是添加“有”和介词也不行，如不能说“有好几个同志在这里牺牲过”。

C{⑦我上海也到过，天津也到过，几个大城市都到过。
⑧他班长也当过，支部书记也当过，几种重要的职务都当过。

以上三组例子，代表前置宾语所能出现的三种环境：第一，宾语是个疑问代词[①]，常同副词“都、也”等配合（A组）。第二，宾语前边有“一”，后边有否定词“不、没有”等，构成“一……不（没有）……”的格式（B组）。第三，全句是列举的形式，各个分句的宾语都用在动词前边（C组）。在这三种环境里，宾语都是被强调的。

下面，将主语、谓语、宾语的基本特点列成一表，以便掌握：

	主　语	谓　语	宾　语
材料	表示人或事物的词语	动词 形容词 能愿动词＋动词 是＋名词	表示人或事物的词
位置	谓语前边	主语后边	动词后边

二、主语、谓语、宾语的关系

（一）主语和谓语的关系

谓语（及其连带成分）可以从不同的角度来陈述主语（及其连带成分）。根据所起的陈述作用的不同，我们把谓语（及其连带成分）归纳为下列四个类型：

1. 叙述性谓语：谓语（及其连带成分）从行为或活动变化方面来陈述主语。

动词谓语（及其连带成分）经常起叙述作用。例如：

①在三年多的时间内，全国人民团结起来，援助人民解放军，反对了自己的敌人，取得了基本的胜利。在这个基础上，召开了

① 也有宾语是名词，定语是疑问代词的，如“他什么话都没说”。

今天的人民政治协商会议。（毛泽东）

形容词带上“起来、下去”等作谓语，也起叙述的作用。例如：

②敌人一天天烂下去，我们一天天好起来。（毛泽东）

③满天都是星光，火把也亮起来了。（陆定一）

别的词语作谓语，如果它们的前后加上表示有时间变动的虚词，如“已经”“了”等，就成为叙述性谓语。例如：

④时间已经深夜。

⑤哈！有的已经三个叶啦！（柯岗）

⑥这小家伙已经能帮忙了！

2. 描写性谓语：谓语（及其连带成分）从性质、状态方面来陈述主语。

形容词谓语经常起描写作用。例如：

①毛主席虽然很忙，可是毛主席的身体还很健康。（魏巍）

②我的故乡蓬莱是个偎山抱海的古城，城不大，风景却别致。（杨朔）

别的词语作谓语，只要是表示主语的性状的，也是描写性谓语。例如：

③这个人热心肠儿。

④她性格和蔼，没有打骂过我们，也没有同任何人吵过架。（朱德）

⑤墙上芦苇，头重脚轻根底浅；山间竹笋，嘴尖皮厚腹中空。

⑥荞麦的红梗上开着小小的白花，像一层小雪，像一片白霜。（周立波）

⑦冬麦的垅行在巨大的炸弹坑上起伏着。（华山）

这些例子里面的有黑点的谓语（及其连带成分）都表示性质或状态，因此都是描写性谓语。值得注意的是：例⑦的“起伏着”，在别的场合可能起叙述作用，但在这里丝毫没有动性，只是表示一种忽高忽低的状态，所以是描写性谓语。

3. 评议性谓语：谓语（及其连带成分）从可以怎么样、应该怎么样、必须怎么样或意欲怎么样方面来陈述主语。

能愿合成谓语起评议的作用。例如：

①这些实物不会说话，却能生动地告诉我们人民解放军成长和发展的历史。(和谷岩)

②中国的一切军队都应该属于这个国家的这个政府，借以保障人民的自由，有效地反对外国侵略者。(毛泽东)

③洋八股必须废止，空洞抽象的调头必须少唱，教条主义必须休息。(毛泽东)

④我们是共产党，我们要领导人民打倒敌人，我们的队伍就要整齐，我们的步调就要一致，兵要精，武器要好。(毛泽东)

例①，从可能性方面评议主语；例②和例③，都从必要性方面评议主语；例④，"要领导人民打倒敌人"从意欲方面评议主语，其他都是从必要性方面评议主语。

有时，一个能愿合成谓语里可以包含两个能愿动词。这样的能愿合成谓语，同时从两个方面对主语进行评议。例如：

⑤游击区能够和必须进行军民的大规模的生产运动，一切问题都解决了。(毛泽东)

⑥中国资产阶级虽然在某种历史时机可以参加革命战争，然而由于它的自私自利性和政治上经济上的缺乏独立性，不愿意也不能领导中国革命战争走上彻底胜利的道路。(毛泽东)

例⑤，同时从可能性和必要性方面对主语进行评议；例⑥，同时从意欲方面和可能性方面对主语进行评议。

动词谓语，要是带上表可能的补语，也是起评议的作用。例如：

①牛是农民的宝贝，杀不得。

②这件事情，三天三夜也说不完。

③谎言掩盖不了事实。

4. 说明性谓语：谓语（及其连带成分）从等于什么、属于什么或数量、领有等方面来陈述主语。

判断合成谓语起说明的作用。例如：

①谁是我们的敌人？谁是我们的朋友？（毛泽东）

②革命的坚定性，是我们无产阶级政党的一种非常宝贵的品德。（陶铸）

③长征是宣言书，长征是宣传队，长征是播种机。（毛泽东）

④一间阴暗的小房间里，上面坐着两位老爷，一东一西。东边的一个是马挂，西边的一个是西装。（鲁迅）

例①表示主语和谓语之间有相等的关系。例②表示主语和谓语之间有相属的关系。例③，用相似的概念来说明主语（主语和谓语所指并非相同的事物，但二者有相似之点），是通过比喻手法的运用来表示“甲等于乙”。例④，用相关的概念来说明主语（主语和谓语所指的事物既不相同，又不相似，但二者之间存在着联系），是通过借代手法的运用来表示“甲等于乙”。

有时，判断合成谓语后一部分所用的词和主语所用的词完全相同。例如：

⑤不管她信不信，事实总是事实。（赵树理）

⑥咱们的张书记，真是咱们的张书记，他没哪回没点中我的。经他这一点，我就像鱼儿得了水那么欢。（李德复）

这是一种强调的说法。例⑤，强调绝不是别的。例⑥，强调张书记确有大本领，表示对张书记的感激和敬佩。

物量结构作谓语，也经常起说明的作用。例如：

⑦一斤十两。

⑧全桥长五百公尺带零，桥墩十五座，桥台两座，桥洞十六个。

“有”“没有”作谓语，也起说明的作用。例如：

⑨我们将不但有一个强大的陆军，而且有一个强大的空军和一个强大的海军。（毛泽东）

⑩此等雇农不仅无土地，无农具，又无丝毫资金，只得营工度日。（毛泽东）

别的词语作谓语，只要不是起叙述、描写、评议的作用，而是起解释的作用的，都可以算说明性谓语。例如：

⑪今天国庆。

⑫祖籍广东韶关。

⑬二孔明也叫二诸葛，原来叫刘修德。（赵树理）

⑭刚来的时候，我们谁也不认识谁。

（二）谓语和宾语的关系

这里所说的谓语和宾语的关系，指的是动词和宾语之间的意义关系。

动词和宾语之间的意义关系非常复杂。为了便于掌握，我们根据常见的几种关系，把宾语归纳为下列几类：

1. 对象宾语：宾语表示行为的对象。这类宾语，在语言里占很大的比例。例如：

①陈觉同志夫妇在湖南担任党的秘密工作，参加过秋收起义，反动派很怕他们。（和谷岩）

②我热爱这里的苗稼、果林，我更爱在这里辛勤战斗的人们。（高缨）

③陆定一副总理、陈叔通副委员长、李四光副主席慰问遭受苏联当局迫害的留学生。（《人民日报》）

2. 成果宾语：宾语表示行为的成果。例如：

①就义的前四天，陈觉同志给赵云霄同志写了这封信。（和谷岩）

②社员们在菜园子中间挖了一个窖。

对象宾语和成果宾语的区别是：对象宾语所代表的事物在动作发出之前就存在，成果宾语所代表的事物则是在动作发出之后才有的。带成果宾语的动词后边一般能加上“成”字。比较：

成果宾语：写了信——→写成了信

盖房子——→盖成了房子

炼钢铁——→炼成钢铁

煮饭——→煮成饭

对象宾语：看了信——→看成了信（×）

拆房子——→拆成了房子（×）

运钢铁——→运成钢铁（×）

吃饭——→吃成饭（×）

3. 工具宾语：宾语表示行为所凭借的工具。例如：

①你写钢笔，我写毛笔。

②伤口已经包上纱布。

③肺部要照X光。

带工具宾语的句子，一般能改成“……用什么怎么样”的格式。比较：

工具宾语：写钢笔——→用钢笔写

包上纱布——→用纱布包上

照X光——→用X光照

抽烟斗——→用烟斗抽

吃大碗——→用大碗吃

洗热水——→用热水洗

擦药水——→用药水擦

对象宾语、成果宾语：

买钢笔——→用钢笔买（×）

造钢笔——→用钢笔造（×）

倒热水——→用热水倒（×）

烧热水——→用热水烧（×）

4. 处所宾语：宾语表示行为所涉及的处所。例如：

①瓜藤爬满了屋顶。（高缨）

②汽车翻过摩挲营，拐过白果湾，直下会理平川。（同上）

③人民解放军横渡长江，南京的美国殖民政府如鸟兽散。（毛泽东）

5. 存现宾语：宾语表示存在出现或消失的事物。例如：

①黑影里站着四五个人。（赵树理）

②炕根上堆着一床蓝布被子。(峻青)

③绿油油的麦苗上挂着亮晶晶的露水。(马烽)

④远远的来了一大串黑影儿。(袁静)

⑤在那群学生中间,出现了一个衣着极朴素的青年。

⑥窗窟窿口斜斜地照进来一溜亮光。(袁静)

⑦昨天走了一批下放干部。

⑧公路上嗖地掠过一只黄狐。(高缨)

例①②③,宾语表示存在的事物;例④⑤⑥,宾语表示出现的事物;例⑦⑧,宾语表示消失的事物。

存现宾语有两个值得注意的特点:

第一,存现宾语前边的动词,一般带上时态助词或趋向动词,表示存在、出现或消失的意义。比较:

⑨门口坐着十多个小伙子。

⑩门口唱着十多个小伙子。(×)

⑪门口笑着十多个小伙子。(×)

例⑨,“坐着”表示存在的意义,“小伙子”是存现宾语。例⑩、例⑪,“唱着”“笑着”都不表示存在(或出现、消失)的意义,因此这两句话都站不住。

第二,表人的存现宾语,大都指不确定的人。如“黑影里站着四五个人”,等于说“黑影里有四五个人站着”。这“四五个人”是谁还不知道。再例如:

⑫远远地来了一个人,走近了才认得是小福。(赵树理)

起初还不知道来的是谁,所以说“远远的来了一个人”,等“走近了,才认得是小福”。

6. 用物宾语:表示能使用某一物件的人或事物。例如:

①这间房子能住八个同学。

②一张椅子坐四个人。

③桥下行船,桥上走火车。

例①,表示这间房子能供八个同学住的意思,“同学”表示能使用

“这间房子”的人。例②，表示一张椅子能供四个人坐的意思，“人”表示能使用“椅子”的人。例③，表示桥下供船行、桥上供火车走的意思，“船”和“火车”是能分别使用桥下、桥上这两个地点的事物。

带用物宾语的句子，都可以变换成“X 供 Y 使用”的格式。只有能出现在这个变换式里 Y 的位置上的，才算用物宾语。例如：

④里屋住人，外屋放东西。

⑤一张纸能写五百个字。

“里屋住人”可以说成“里屋供人住”，可见“人”是用物宾语。“外屋放东西”，不能说成“外物供东西放”，只能说成“外屋供谁放东西”，可见“东西”不是用物宾语，它是“放”的对象，应算对象宾语。“一张纸能写五百个字”，不能说成“一张纸能供五百个字写”，只能说成“一张纸能供谁写五百个字”，可见“字”不是用物宾语，它是“写”以后才能出现的事物，应算成果宾语。

7. 反身宾语：宾语所表示的事物，是主语发出某一动作的具体部分，我们也可以理解为动作是由它本身发出来的。例如：

①他动着嘴唇。

②赵大叔闭上了眼睛。

③他深深地皱着眉头。

反身宾语，总是由“嘴唇、眼睛、眉头、脑袋、腰、胸脯”等表示人体（或动物身体）的一部分的名词充当的。反身宾语如果移到动词前边，便成为施事主语，例如：

嘴唇动着。

眼睛闭上了。

眉头皱着。

移到动词前边不能变成施事主语的，便不是反身宾语。比较：

①么嫂挺了挺胸脯。（化石：《山村接生员》）

②张老五拍了拍胸脯。（西戎：《纠纷》）

例①，“挺了挺胸脯”可以说成“胸脯挺了挺”，可见这里的“胸脯”是反身宾语。例②，“胸脯”不能移到“拍了拍”的前边跟“拍了拍”构成主谓关系，退一步说，即使能构成主谓关系，也只是表示“胸脯被拍了拍”的意思。可见这里的“胸脯”不是反身宾语，而是对象宾语。

8. 领有宾语：表示主语有或没有的事物。例如：

①中国人民也有手，也可以拿刀，……（毛泽东）

②共产党的队伍没有克服不了的困难。（矫福纯）

表示存在的“有”，它的宾语是存现宾语，而不是领有宾语。例如：

③小镇的十字街头，有座古庙。在庙前那棵快枯死的老槐树下，新搭起个芦席棚子。（陈登科）

宾语，除了以上八类之外，还有些是不大好归类的，如“等于、像、作、姓”这些动词的宾语。

有时，一个动词后边可以连用两个宾语。这种两个宾语连用的格式叫双宾语。例如：

①队长给了我一把锄头。

②他力大过人，人们都称他坦克。

③我问你一句话。

两个宾语，一个靠近动词，一个远离宾语。靠近动词的叫近宾语，离动词远一些的叫远宾语。有的远宾语，可能是个比较复杂的结构。例如：

④他告诉我他们学校已经实行新的教育制度了。

近宾语一般指人，能回答“谁”的问题；远宾语一般指事物或称号，能回答“什么”的问题。指人的宾语一般在前，指事物或称号的宾语一般在后。不过，近来也出现了一些新的说法，那就是：指物的宾语在前，指人的宾语在后。例如：

⑤转达我国政府关于召开首脑会议讨论全面禁止和彻底销毁核武器的建议/周恩来总理致电世界各国政府首脑（《人民日报》标题）

⑥收到我国政府全面禁止核武器的建议以后/毛里塔尼亚总

统、刚果（布）总理复电周总理（同上）

⑦就我国关于全面禁止和彻底销毁核武器的建议/奈温主席复信周恩来总理（同上）

⑧刘主席周总理致函肯雅塔总统/祝贺肯尼亚共和国成立和他荣任首任总统（同上）

带双宾语的动词，是含有“给予、告诉、称呼、请教”等意义的。动词含有“给予、告诉、请教”的意义时，整个句子表示指人宾语从主语那里得到了什么，如例①表示“我”从队长那里得到了一把锄头，例②表示“他”从人们那里得到了“坦克”这个称号，例④表示“我”从他那里得到了一个消息，例⑤表示“（世界各国政府）首脑”得到了周总理的一份电报。动词含有“请教”意义时，表示主语从指人宾语那里得到了什么，如例③表示“我”从“你”那里得到了“一句话”的答案。

三、主语、谓语、宾语的运用问题

（一）主动和被动

前面说过，动词（或能愿合成谓语）前边的主语，有的是“施事”，有的是“受事”。（当然也有既不是“施事”，也不是“受事”的。）

主语是施事的句子，叫主动句。主语是受事的句子，叫被动句。被动句里常有“被”“叫”“让”“给”“为……所”“被……所”等表被动的虚词。

主动句和被动句可以表达同样的意思，但着重点不一样。比较：

①我们很快就学会了新的技术。
②新的技术很快就被我们学会了。

③大家严正地批评了他一顿。
④他被大家严正地批评了一顿。

如果以主动者为陈述对象，要说明它做了什么动作，用主动句；如果以被动者为陈述对象，要说明它受到什么动作，用被动句。

在语言运用中，主动句是用得比较多的。但在下列情况下，宜于使用被动句：

第一，为了让前后分句的主语一致，以便省略后面分句的主语，使整个句子结构紧凑，后面的某一分句可用被动句。例如：

①美帝国主义军用无人驾驶高空侦察飞机一架，十一月十五日侵入我国中南地区高空，被我中国人民解放军空军部队击落。（《湖北日报》）

②宋师父对张家庄种棉花有功劳，一九四四年被全村人选成模范，参加了全县的群英会。

这两个例子里，由于有一个分句用被动句，整个句子主语一致，因而显得结构紧凑，气势贯通。

要是后边的分句用了被动句，反而使整个句子的结构显得松散，那就最好改用主动句。例如：

③激流冲跑了农民的茅房、牲口、农具，吞没了收到的稻米，不少人被夺去了生命。

把“不少人被夺去了生命”改为主动句“夺去了不少人的生命”，整个句子就会显得更紧凑，更畅达。

第二，为了使前后两个分句或句子对称，其中一个也可以用被动句。例如：

①在这次战斗中，两个同志牺牲了，三个同志被打伤了。（王还）

②酒味很纯正；油豆腐也煮得十分好。（鲁迅：《在酒楼上》）

③赫鲁晓夫下台了。这个窃据了苏联共产党和国家领导地位的大阴谋家、现代修正主义的头号代表，终于被赶出历史舞台了。（《赫鲁晓夫是怎样下台的》）

这三个例子里，前后两个分句或句子是对称的。如果把其中的被动句改为主动句，句子的对称性就被破坏了。

第三，为了突出被动者，而主动者不必说出或无从说出时，也宜于用被动句。例如：

①他被分配在机械厂工作。

②村子笼罩在一片浓雾里。

第四，叙述不愉快、不如意的事情，常用“被”字句（指带“被”字的句子）。

就传统的用法说，“被”字句主要是表明主语有所遭受，遭受自然不是自愿的，因此“被”字句总是用来叙述不愉快、不如意的事情。但近几十年来，多少是由于受到外国语的影响，传统的用法渐渐打破了，“被”字句也可以表示愉快、如意的事情了。例如：

①他被大家评为先进工作者。

不过，不愉快、不如意的事情还是经常用“被”字句来表示的。例如：

②可惜正月过去了，闰土须回家里去，我急得大哭。他也躲在厨房里，哭着不肯出门，但终于被他父亲带走了。（鲁迅：《故乡》）

更进一步可以证明的是，一些本来无所谓愉快不愉快的事，用了“被”字句就肯定地变为不愉快的事了。比较：

③他听见了我们刚才说的话。（一般的叙述）

④我们刚才说的话被他听见了。（糟糕！）

在我们的日常生活中，如果说什么事被谁知道了，被谁听见了，被谁看见了，往往是不要人知道、听见、看见的事。

（二）配合和照应

“主语——谓语”或“主语——谓语——宾语”是句子的主干。造句时，要注意它们之间的配合和照应。例如：

①全国人民所渴望的政治协商会议现在开幕了。（毛泽东）

“开幕”有开始的意思，并且包含事先的布置、酝酿，主观方面的渴望、期待等意义，用来作“（全国人民所渴望的政治协商）会议”的谓语，就很恰当。换一个场合，如说“我们的生活检讨会现在开幕”，那便不恰当了。再例如：

②（革命的胜利总是从那些）反革命势力比较薄弱（的地方首先开始，首先发展，首先胜利；……）（毛泽东）

③中国的和世界的反革命力量是比过去更加衰弱了，中国的和世界的革命力量是比过去更加增长了。（毛泽东）

"薄弱"和"衰弱"都含有"不强"的意思，但"薄弱"表示"单薄，不雄厚"，所以例②里用"薄弱"作"（反革命）势力"的谓语，非常恰当；"衰弱"表示"没落，不兴盛"，所以例③里用"衰弱"作"（中国和世界的反革命）力量"的谓语，非常恰当。

如果不能准确地理解和掌握词语的意义和色彩，或者造句时粗心大意、马马虎虎，就会造出主谓宾配合不当的句子来。例如：

*④现在，随地吐痰的现象比过去进步了。

*⑤在男子100米蛙泳预赛中，戚烈云和穆祥雄火并，他俩都有打破世界纪录的希望。

*⑥他（指叛徒托洛茨基）的这个声明，真是"含糊不清"的典范。

*⑦我们每天画着美术，唱着音乐，真是幸福。

*⑧……镐

别看我只是挖土，

我堵住山洪的咆哮！（《十三陵水库工地杂诗》）

*⑨每个工人（都拿出冲天干劲，）争取做个先进单位。

例④，主谓配合不当。"进步"应改为"减少"。例⑤，也是主谓配合不当。"火并"是个坏字眼，有"自相残杀"的意思，怎么能用来做"戚烈云和穆祥雄"的谓语呢？应把"火并"改为"比高低""展开激烈的竞赛"之类。例⑥，也是主谓配合不当。"典范"指可以供人学习的标准榜样，总是用在好的方面。叛徒托洛茨基的"声明"怎么能说"是……典范"呢？"典范"应改为"典型"。例⑦，谓宾配合不当。"美术、音乐"是泛指的、概括的艺术方面的术语。"画"和"唱"的应该是"画儿"和"歌儿"。例⑧，也是谓宾配合不当。"咆哮"是怒号，是堵不住的。我们修了水库之后，山洪还是要在往下奔流的时候咆哮的，没人能叫它一声不响。作者本想说，挖土可以堵住山洪的泛滥，可是，因为要押韵，就忘记了事实的逻辑。例⑨，把这个句子的主语、谓语、宾语连起来考察，才可以看出它的毛病："工人"怎么能"做个先进单位"呢？应说成"争取做个先进生产者"或"争取本厂成为先进单位"才对。

特别值得注意的是：有的句子的主语、谓语或宾语是由联合词组充当的。这样的主语、谓语、宾语，更要注意它们的配合。具体要求是：作主语、宾语的联合词组中并列的各项，都要能同谓语相配合；作谓语的联合词组中并列的各项，都要能同主语、宾语相配合。例如：

⑩现代修正主义者和某些资产阶级的代表人，竭力歪曲唯物论和辩证法。

⑪我们大力地团结、争取和教育他们。

这两个句子里，主语、谓语、宾语的配合是恰当的。可用下图表示它们的配合情况：

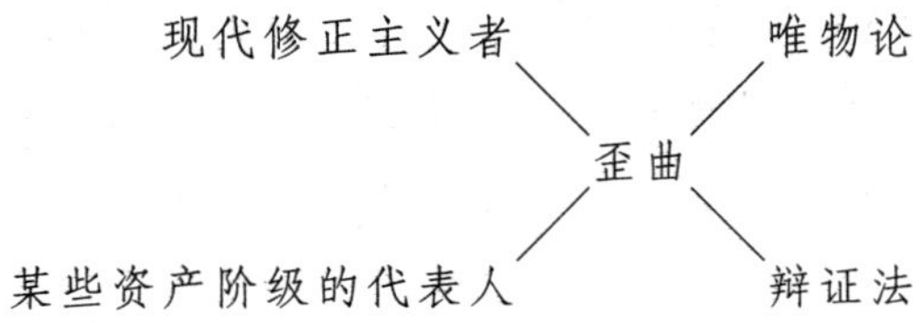

（例⑩）

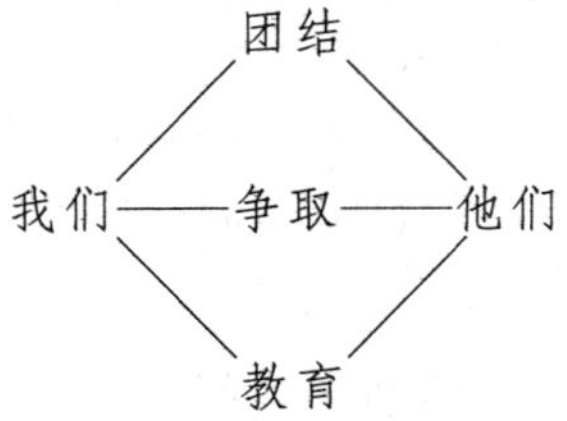

（例⑪）

如果不符合上面的要求，便是病句。例如：

*⑫化肥厂、钢铁厂、木工厂、缝纫厂、农忙托儿所等，都早动工兴建，并且投入了生产。

*⑬（鬼子兵）死了的、半死半活的，都躺在血泊里乱唤乱叫。

*⑭（有些同志认为）护士工作就是打针、吃药、送水、喂饭。

这些都是主语和谓语在配合、照应上有问题的句子。例⑫，主语的几项中，有一项和第二分句的谓语配合不拢："农忙托儿所"怎么能"投入生产"？应在"投入"前边添上"所有的工厂"。例⑬，主语的两项中，有一项和谓语配合不拢："死了的"怎么能"乱唤乱叫"？可改为"……都躺在血泊里，后者还在乱唤乱叫"。例⑭，谓语里的几项中，有一项同主语配合不拢：不能说"护士工作""是……吃药"。可改为："……是打针、送水、喂饭和照顾病人吃药"。

*⑮各种肤色的人在这里呼吸着海水、阳光和最新鲜的空气。

*⑯三年苦战，朝中人民军队……击落、击伤和缴获美国飞机一万二千多架，坦克三千多辆。

这两个都是动词和宾语在配合、照应上有问题的句子。例⑮，"海水"与"阳光"怎能呼吸？可说成"……沐浴着海水和阳光，呼吸着最新鲜的空气"。例⑯，"坦克"不能击落。杨勇司令员在"中国人民志愿军八年来抗美援朝工作报告"中就说得很精确：

⑰三年战争，朝中人民军队……击落、击伤敌机一万二千多架，击毁和缴获坦克三千多辆。

下面这个例子的毛病跟上面所举的例子相类似：

*⑱孙梅英、邱钟惠争夺女子单打冠、亚军。

只有两个人了，冠军要争夺，亚军何必争？"亚"字应去掉。

（三）省略与残缺

我们运用语言，常常遵循一个经济的原则："辞达而已矣。"因此在语言运用中，在不影响语意明确的前提下，为了做到简练，我们常常使用一些省略句。

省略句，常见的是省略主语，其次是省略宾语，再次是省略谓语。

主语和宾语的省略有三种情况：

第一，对话省。例如：

①“邵同志，你们预备好了没？”

“〔〕正在预备。”（柳青）

②“谁读过《创业史》？”

“我读过〔〕。”

第二，承前省。例如：

③（美国反动派）他们已经在进攻美国人民了，他们从政治上、经济上压迫美国的工人和民主分子，〔〕准备在美国实行法西斯主义。（毛泽东）

④小芹去洗衣服，马上青年们也都去洗〔〕。（赵树理）

主语的承前省，一般是由于后面分句的主语和前面分句的主语相同。也有后面分句的主语承前面分句的宾语而省略的，但这是在关系很明显，不会引起误解的前提下才能出现的情况。例如：

⑤前天早上我上地去，才到岭上，碰上个骑驴媳妇，〔〕穿了一身孝。（赵树理）

第三，蒙后省。例如：

⑥〔〕想了半天，他想起春儿的爹吴大印。（孙犁）

⑦你别拿〔〕！怎么能随便拿别人的东西呢？

谓语的省略，比较罕见，一般只限于对话中。例如：

⑧“你身体好吗？”“还好。你〔〕呢？”

⑨“谁煎的？”“我〔〕。”（《曹禺选集》第244页）

从上面的说明中可以知道，省略是有条件的、有规律的。如果不具备省略的条件，违反了省略的规律，任意短少句子的成分，那就会造成句子的残缺。

缺主语的，例如：

*⑩英雄的可歌可泣的壮举，猛烈地拨动着观众的心弦，在极度的激动中受到了深刻的阶级教育。

第三个分句的主语和前面分句的主语不同，不能省略。应把“我们”“观众”之类补上去。

主语残缺，除了由于省略不当之外，还可能是由于句子组织得不好，没有把应该作主语的词语，放在主语的位置上。例如：

*⑪在他进城的时候，买了两条新毛巾。

主语显然不是“在……时候”。是什么？可能是“他”，也可能不是。如果是“他”，“他”就不应被套在“在……时候”这个介词结构里，因为介词结构只能作状语。改法：把“他”从介词结构中拿出来，放到“在”的前边，或放到“在……时候”的后边。

缺宾语的，例如：

*⑫唐老板抱着“做一天和尚撞一天钟”生活着。

*⑬这一期我们发表了批判右派分子陈修良的小说“不能遗忘的故事”，右派分子曹湘渠的小说“浪涛”，右派分子郑伯永的杂文“为什么”。

例⑫，“抱着”什么？少了一个宾语。应在“做一天和尚撞一天钟”后边添上“的态度”。例⑬，“发表了”什么？也少了个宾语。应在“为什么”后边添上“的文章”，或者在“发表了”后边添上“几篇文章”（“几篇文章”后边加逗号）。

缺谓语的，例如：

*⑭三毛已经幸福地生活在新社会。三毛勇敢、善良、经得起磨炼的好品质。

这个例子里的第二句，少了一个谓语。应在“三毛”后边添上“具有”，或者去掉“的好品质”，让“勇敢、善良、经得起磨炼”充当谓语。

思考与练习

（一）

*1．“碗打破了”和“碗他打破了”里的“碗”，有人说是倒装的宾语。你觉得这种说法好不好？请观察下列例子：

①碗，打破了。

②碗，早就打破了。

③碗，被打破了。

④碗，他打破了。

⑤碗，被他打破了。

*2. 有人认为动词或形容词充当主语（或宾语）就变成名词。你认为这种说法好不好？请观察：

①讨论很必要。

②热闹总比冷清好。

这里的“讨论”“热闹”变成名词了没有？为什么？

*3. 表示处所时间的词语也可以作主语。但能不能说凡是用在句首的处所时间词语都是主语？下面这几个句子里的处所时间词语是不是主语？

①第二天早晨，他就领了水生回去了。

②白天你值班，晚上我值班。

③一路上他们有说有笑。

④楼上下来一个人。

⑤星期三我们到华先生家里去过三次，华先生不在家。

*4. 在一定条件下，谓语（及其连带成分）可以倒装在主语（及其连带成分）的后边。下面这两个例子是否都是谓语倒装在主语前边的现象？

①出来吧，同志们！

②出来吧，你们！

*5. 谓语部分用“是”字时，不一定都是判断合成谓语。下列例子，哪些是判断合成谓语，哪些不是？

①斯大林问题，是一个世界范围内的问题，曾经引起了世界各国一切阶级的反响，至今还在议论纷纷。……但是，在国际工人阶级和革命人民范围之内，多数人的意见其实是相同的，他们不赞成全盘否认斯大林，而且越来越怀念斯大林。（《关于斯大林问题》）

②钟不敲是不响的。桌子不搬是不走的。……扫帚到了，政

治影响才能充分发生效力。我们的扫帚就是共产党、八路军和新四军。(毛泽东)

③我们的共产党和共产党所领导的八路军、新四军，是革命的队伍。我们这个队伍完全是为着解放人民的，是彻底地为人民的利益工作的。(毛泽东)

*6. “好是好，就是……”的句子里，“是”起什么作用？“是”和后边的成分是不是构成判断合成谓语？请观察下列例子：

①好是好的，……只是我们老倌子年纪大了……(周立波)

②有是有，不过我倒并不太害怕。(徐怀中)

③他教是教的，却不管你懂不懂。(艾芜)

④救急的办法有是有一个，……只是这个办法不很好。(艾明之)

⑤你错是并不错，不过，是太天真了点！(宋之的)

⑥是倒也是，可惜你伯伯没有给他说全。(赵树理)

*7. 语言里，常常遇见“谁”“谁”呼应着用的现象。例如：

①黑暗里，人们谁也看不见谁。(袁静)

②谁想要，就给谁。

例①是主谓词组作谓语，两个“谁”分别充当主谓词组里的主语和宾语。例②是复句，两个“谁”分别充当两个分句的主语和宾语。考虑一下，这两个例子里的“谁……谁”，在含义上是否完全一样。

*8. “开始辩论”里的“辩论”是宾语。考虑一下，为什么不说“开始”是“辩论”的状语，而说“辩论”是“开始”的宾语？

9. 按照下列的格式，各造一个句子。

①主语＋动词谓语

②主语＋形容词谓语

③主语＋能愿合成谓语

④主语＋判断合成谓语

⑤主语＋谓语＋宾语

⑥主语＋谓语＋近宾语＋远宾语

⑦主语+宾语+谓语

⑧谓语+主语[①]

10. 先用双竖线把下列句子的主语部分和谓语部分画开，然后指出主语、谓语、宾语。

①美帝国主义的手伸得太长了。

②桌上铺的布，白得像雪。

③汽车在望不到边际的高原上奔驰。

④走在前头的是一个体魄魁梧的人。

⑤以上是我们的不成熟的意见。

⑥这个失败深刻地教训了我们的党。

⑦它永远不再为某一个人或某几个人的高兴而唱了。

⑧母亲那种勤劳俭朴的习惯，母亲那种宽厚仁慈的态度，至今还在我心中留有深刻的印象。

⑨我们的知识分子出身的文艺工作者爱无产阶级是社会使他们感觉到和无产阶级有共同命运的结果。

⑩这种新产品的确式样新颖。

⑪我们的任务是团结一切抗日力量，反对投降分子，战胜一切困难，坚持全国抗战。

⑫有翼走进旗杆院，见前院北房里已经有很多人。

⑬宋师父本来没有病，可是村里人都以为他真病了。

⑭我在屋里什么也没看见。

⑮罗师长的话给了我很大的启示。

⑯为了教育人民，艺术家必须坚决排斥自然主义艺术方法，反对被动地、消极地记录现象。

⑰我们必须塑造比普通的实际生活更高、更强烈、更有集中性、更典型、更理想，因而更带普遍性的艺术形象。

⑱交通问题应该迅速解决，这三大问题尤其应该迅速解决。

---

① 各个格式里的主语、谓语、宾语都可带连带成分。

（二）

1. 指出下列例子里的谓语，说明它们（及其连带成分）对主语起什么样的陈述作用（叙述、描写、评议、说明）。

①讲一讲目前的时局问题。这是同志们所关心的问题。这一次，国共两党在重庆谈判，谈了四十三天。谈判的结果，已经在报上公布了。……已经达成的协议，还只是纸上的东西。纸上的东西并不等于现实的东西。（毛泽东）

②他们进攻的军队共计三万八千人，我们出动了三万一千人。他们的三万八千被消灭了三万五千，逃掉两千，散掉一千。这样的仗，还要打下去。（毛泽东）

③明朗的太阳，在天空照耀着。正当农忙月份，才半下午时候，这座川北的小县城的集市，就渐渐冷落下去了。城里的街道上，空荡荡的，分外萧条。（罗广斌、杨益言）

2. 指出下列句子里的宾语，并分别说明它们属于哪一类宾语（对象、成果……）。

①他们住了院，但是，其中七名在第二天就被苏联当局赶出医院。（《人民日报》）

②我孩子的时候，在斜对门的豆腐店里确乎终日坐着一个杨二嫂。（鲁迅）

③必须坚持干部参加集体生产劳动的制度。（《九评》）

④这一时期内，中国共产党领导的移到了西北的中国红军主力，改编为中国国民革命军第八路军。（毛泽东）

⑤九月一号，在大清泉、杨柳村等地区广大农民热烈要求的基础上，组成了“东风人民公社”，人们用自己的大手写下了光辉的一页。（邹荻帆）

⑥穿过这乱哄哄的街头，他一再让过喷着黑烟尾巴的公共汽车。（罗广斌、杨益言）

⑦这样包扎还不够结实，外面一定要捆上一道绳子。

⑧大树革命雄心，苦练过硬本领。（《人民日报》）

⑨很快就要离开渣滓洞了。刘思扬深深地感到依恋。（罗广斌、杨益言）

⑩天气冷了，窗户上破了的地方要糊上纸。

⑪火车站的月台上挤满了人。(邹荻帆)

⑫前天新来了一批看守人员，你们发觉了吗?（罗广斌、杨益言）

⑬许云峰渐渐舒开眉头。(同上)

⑭这一锅饭能吃三十人。

*3. “台上坐着主席团”里的“主席团”，有人说是倒装的主语。你认为这种说法好不好？请观察下列例子：

①台上坐着主席团。

②台上确乎坐着主席团。

③在斜对门的豆腐店里确乎终日坐着一个杨二嫂。

④河里长着很多芦苇。

⑤立刻又出来了一个很老的小生。

⑥在国民党统治时期，这里死过很多人。

*4. “他给了我一支钢笔”里的“我（一支）钢笔”是双宾语。“他给了一支钢笔和一个日记本”里的“钢笔”“日记本”是不是双宾语？为什么？

（三）

1. 下列“被”字句有什么毛病？怎样改正？

①该局赣县早已离职的职员，还驻在册子上，今年调他离职时才被发现该人早已离职。

②我好像被置身于木制的六角体中。

③这是为大家所不能被忘记事情。

④很多沟渠因年代久而被淤塞了。

⑤在火车上，我始终被林务局长的几句话兴奋着，不能平静下来。

2. 检查下列句子的主语、谓语、宾语的配搭情况，指出毛病，并加以改正。

①我们的歌声唱着“快投入战斗”和“赶上英国”。

②同学们的社会主义觉悟、学习、身体都有了很大的提高。

③凡是艺术团所到达的城市，都毫无例外地受到当地人民的热烈欢迎。

④一提起笔，我就好像看见你们的充满朝气的脸、发光的眼睛和响亮的快乐的声音。

⑤今后的《文汇报》将以它传统的风格，生动地报道国内外重要新闻，通信和文化、教育、科学等方面的消息和文章。

⑥这一期发表的戈宝权的《普希金和中国》，也是读者来信中提到的作家。

⑦领导人员要能真正从政治上去领导和衡量工作人员的优劣。

⑧全世界舆论同声欢呼，……千千万万人的眼睛都面向中国。

*3. 下列句子有没有主谓配搭不当的毛病？为什么？

①红眼睛原知道他家里只有一个老娘，可是没料到他竟会那么穷。（鲁迅）

②北房催他们开会。（赵树理）

③孩子们吃完豆，仍然不散，……孔乙己着了慌，……说道：不多了，我已经不多了。（鲁迅）

④圆规一面愤愤地回转身，一面絮絮地说，慢慢向外走……（鲁迅）

4. 检查下列句子结构，指出毛病（缺主语、缺谓语、缺宾语），并加以改正。

①从江山这一人物的创造，就足以驳倒右派分子和修正主义者的种种谰言。

②当孔子离开鲁国的时候，说：“我们慢慢地走呀。”

③他长期的城市生活，对农村的情况很不熟悉。

④殷代的社会，已经到达使用着大批奴隶，从事农业种植和畜牧的生产工作。

⑤当梅兰芳先生到达兰州时，受到了各界群众的热烈欢迎。

⑥全专区的撤区并乡工作，已经由重点试验进入分批向各地推广。

⑦他们批判了这篇宣扬了脱离群众、孤高自赏的个人主义，散布了对社会不满和敌对情绪。

⑧延安中学已从离城东十华里的桥儿沟搬到北门外原西北军区的地址，在绿林中安静地学习着。

⑨即使某些人错误性质比较严重，绝大多数是愿意改正错误的，是可以挽救他们的。

第四节 定语、状语、补语

一、定语、状语、补语的特点

前边说过，主语、宾语的修饰成分叫定语，谓语的修饰成分叫状语，谓语的补充成分叫补语。这样的解说，可以帮助我们大体上懂得什么是定语、状语、补语，但要能够全面认识和正确辨别这三类句子成分，还得分别掌握它们的特点。

这三类成分的特点都体现在四个方面：甲，中心词是什么；乙，用在什么位置上；丙，用什么材料充当；丁，用什么虚词作标志。下面分别介绍。

（一）定语的特点

【中心词】主语、谓语、宾语是句子的主干。对句子的主干来说，定语是修饰主语、宾语和判断合成谓语后一部分的成分。换句话说，定语的中心词是主语、宾语或判断合成谓语的后一部分。例如：

①毛主席的战士最听党的话。（歌词）

②毛泽东思想是不落的太阳。（歌词）

③广大官兵的阶级觉悟和战斗力有了显著的提高。（周恩来）

④他有五个儿子，当工人的是最小的一个。

⑤他说了些什么？

⑥他的爱唱歌是大家都知道的。

例①，主语是名词“战士”，“毛主席”是它的定语；宾语是名词“话”，“党”是它的定语。例②，主语是名词“思想”，“毛泽东”是它的定语；判断合成谓语后一部分是名词“太阳”，“不落”是它的定语。例③，主语是联合词组“阶级觉悟和战斗力”，“广大官兵”是它的定语；宾语是动词“提高”（名物化），“显著”是它的定语。例④，前一分句的宾语是名词“儿子”，“五个”是它的定语；后一分句的判断合成谓语后部是数量结构“一个”，“最小”是它的定语。例⑤，宾语是疑问代词“什么”，“些”是它的定语。例⑥，主语是动宾词组“爱唱歌”，“他”是它的定语。

不过，从偏正词组中也可以分析出定语和中心词：在偏正词组里，定语的中心词是名词。例如：

多好的条件啊！

这是个偏正词组构成的独词句，名词“条件”是中心词，“多好”是它的定语。再例如：

我们国家的力量日益壮大。（周恩来）

在这个句子里，主语是“力量”，“我们国家”是它的定语。就“我们国家”这个偏正词组来分析，名词“国家”是中心词，“我们”是它的定语。

总之，定语是主语、宾语等的修饰成分；在偏正词组里，定语是名词的修饰成分。

【位置】定语一般用在中心词的前边。上面所举的例子，都是定语用在中心词前边的。

有时，定语也可以倒装在中心词的后边。例如：

越南人民军击落入侵美机七架，活捉美国飞行员一名。（《人民日报》，1965年2月12日）

“七架”是“（入侵）美机”的定语，现在倒装在中心词的后边；“一名”是“（美国）飞行员”的定语，现在倒装在中心词的后边。

把定语倒装在中心词的后边，是为了突出地强调定语所表示的意义。能够倒装的定语，一般是修饰宾语的。另外，倒装的定语都可以还原，例如：“越南人民军击落七架入侵美机，活捉一名美国飞行员。”只是，还原以后，定语就不再被特别强调了。

【材料】形容词、物量结构、指量结构、名词和代词经常充当定语。例如：

正确的意见（形容词）
这种态度（指量结构）
三个战士（数量结构）
人民的军队（名词）
我们的学院（代词）

别的词语也可以充当定语。例如：

①参观的人多极了。

②中国人从来就是伟大、勇敢而勤劳的民族。

③中国人民的理想实现了。

④修正主义是麻醉人民的鸦片。（《列宁主义和现代修正主义》）

⑤斗争最艰苦的时候，也就是胜利即将到来的时候。（《雷锋日记》）

⑥我们讨论了关于绿化校园的问题。

⑦鱼鳞似的屋，螺髻似的山，白练似的江，明镜似的湖。（朱自清）

例①，动词作定语；例②，联合词组作定语；例③，偏正词组作定语；例④，动宾词组作定语；例⑤，主谓词组作定语；例⑥，介词结构作定语；例⑦，比况结构作定语。

【虚词】在书面上，结构助词“的”是定语的标志。也就是说，定语和中心词之间可以用“的”。在上面所举的例子中，许多定语都是带“的”字的。

当然，说“可以用”，并不等于说非用不可。用与不用，有一定的规律。简单说来，数量结构、指量结构作定语，一般不需要用“的”。形容词、名词、代词作定语，虽然有时带“的”，但有时也可以不带“的”，如“紧要关头、国家主权、我们学院”。至于动词和各类词组作定语，一般都需要“的”的帮助。

（二）状语的特点

【中心词】对句子的主干说来，状语是修饰谓语的成分。换句话说，状语的中心词是谓语。例如：

①当前的国际形势突出地证实了毛主席关于“东风压倒西风”的著名论断。

②我们的国际责任更加重大了。

③你才二十，我已经二十五了。

④你怎么样，我也怎么样。

⑤老队长以前体格挺棒。

例①，谓语是动词“证实”，“突出”是它的状语；例②，谓语是形容词“重大”，“更加”是它的状语；例③，谓语是数词“二十”“二十五”，“才”“已经”分别作它们的状语；例④，谓语是代词“怎么样”，“也”是它的状语；例⑤，谓语是主谓词组“体格挺棒”，“以前”是它的状语。

不过，从偏正词组中也可以分析出状语和中心词：在偏正词组里，状语的中心词是动词或形容词。例如：

⑥毛主席的这些话，……极大地鼓舞了世界人民的革命斗争。（周恩来）

⑦进一步贯彻毛主席“向雷锋同志学习”的号召。（《人民日报》）

例⑥，“极大”是谓语“鼓舞”的状语。就“极大”本身分析，形容词“大”是中心词，“极”是它的状语。例⑦，“向雷锋同志学习”是“号召”的定语。就“向雷锋同志”本身分析，动词“学习”是中心词，“向雷锋同志”是它的状语。

总之，状语是谓语的修饰成分。在偏正词组里，状语是动词或形容词的修饰成分。

【位置】状语一般用在中心词的前面。上面所举的例子，都是状语用在中心词前面的。

有时，状语也可以用在主语的前面。一般说来，把状语从谓语前面提到主语的前面，是为了强调状语所表示的意思，以便加深印象。请比较：

①周恩来总理在第三届全国人民代表大会第一次会议上作政府工作报告。

②在一九六四年二月二十一日和二十二日的第三届全国人民代表大会第一次会议上，周恩来总理代表国务院作了政府工作报告。

这两个例子皆见《中华人民共和国第三届全国人民代表大会第一次会议主要文件》第5页。例①是标题，例②是正文的第一句。例②把“在……会议上”这个状语提到主语的前边，跟例①比较起来，就显得特别强调了这个状语所表示的意思。再举几个例子：

③一九五九年，达赖集团勾结帝国主义和印度反动派，发动了叛国的反革命武装叛乱。(周恩来)

④慢慢地，他惊奇地发现，随着一封封信的来往，他和老人的心在一天天靠近。(王愿坚：《亲人》)

⑤路上，我遇见了一位老战友。

⑥也许他知道。

有时，状语还可以倒装在中心词的后边。例如：

①大家都来了，从东，从西，从南，从北。

②孩子们跑着、跳着、钻着，在圆筒上面，在圆筒里面。

③我们今天停下来休息，在这河边，在这被烧过的村子里。

④我漫步着，漫步着，在这少有的寂寞里。(鲁迅：《秋夜记游》)

⑤于是我只好等待着黄昏的到来，抑郁地。

这种用法可以更加突出地强调状语。倒装的状语往往具有补充全句意思的作用，因此整个句子往往显得意味深长。

状语倒装是有条件的：倒装的状语前边一定有停顿，并且在书面上用逗号表示。像“他坐在教室里”，就不应该认为是“他在教室里坐”的倒装。

【材料】副词、形容词和介词结构经常充当状语。例如：

①我们依靠人民公社的集体力量，充分发挥广大农民集体生产的积极性，迅速恢复和发展了农业生产。（周恩来）

②屹立在东方的中华人民共和国更加巩固，更加强大了。（周恩来）

③南京政府向哪里去？（毛泽东）

表示处所时间的名词、代词或方位结构，也经常充当动词谓语的状语。例如：

④这正是三九严冬，长城外刮着滚滚的西北风。（邹荻帆：《大风歌》）

⑤人们传说，当日落黄昏时，长城的烽火台上，还可以看到英雄的帅旗在雪花中飘动，银枪雪甲的队伍在长城上逡巡，当然，风里面还响着号角和马嘶声。（同上）

⑥下午开会。

⑦那边跑过来一群马。

作状语的表示处所时间的名词、代词、方位结构的前边，可以添上个介词（“在、从、到”等）。如例①可以说成：“在长城外刮着滚滚的西北风。”例⑦可以说成：“从那边跑过来一群马。”

除了副词、形容词、介词结构和表示处所时间的名词、代词等之外，别的词语也可以作状语。例如：

怎么办？（代词）

关心地问（动词）

一口一口地吃掉（数量结构的重叠式）

坚决、彻底、干净、全部地消灭反动派（联合词组）

衣服洗得干干净净地放着。（偏正词组）

有计划地进行（宾动词组）

手拉手地走进来（主谓词组）

他就不肯积蓄一点，水似的花钱。（鲁迅）（比况结构）

【虚词】书面上，结构助词“地”是状语的标志，状语和中心词之间可以用“地”。在上面所举的例子中，许多状语都是带“地”字的。

不过，状语和中心词之间也不是非用“地”字不可的。大体说来，表示处所时间的词语、介词结构和单音节的副词、形容词作状语，不用“地”；双音形容词、副词和代词作状语，虽然有时带“地”，但也可以不带“地”，如“坚决支持、忽然站起来、这样写”；至于动词、各类词的重叠形式和各类词组作状语，一般都要用“的”。

（三）补语的特点

【中心词】对句子的主干来说，补语是补充谓语的成分。也就是说，补语的中心词是谓语。例如：

①在这个伟大的革命风暴前面，帝国主义者和殖民主义者吓得发抖，全世界的革命人民鼓掌欢呼。（《新殖民主义的辩护士》）

②筐子装得满满，扁担压得弯弯。（民歌）

例①，“吓”是谓语，“发抖”是它的补语。例②，“装”“压”都是谓语，“满满”“弯弯”分别充当它们的补语。

从偏正词组中也可以分析出补语和中心词：在偏正词组里，补语的中心词是动词或形容词。例如：

③“好得很”和“糟得很”（毛泽东：《湖南农民运动考察报告》，小标题）

④他总是穿着一套洗得发白的军衣。

例③，这是个联合词组，包含两个偏正词组。就“好得很”“糟得很”本身分析，形容词“好”“糟”是中心词，“很”是它们的补语。例④，“洗得发白”这个偏正词组是“军衣”的定语。就“洗得发白”本身分析，动词“洗”是中心词，“发白”是它的补语。

总之，补语是谓语的补充成分。在偏正词组里，补语是动词或形容词的补充成分。

【位置】补语总是用在中心词的后边。

值得注意的是：动词带上宾语时，补语有时在宾语前边，有时在宾语后边。例如：

①主席摇了几次铃。

②人家没骂过我一声，没打过我一下。（老舍）

宾语和补语都可以用在谓语的后边，那么它们有什么区别呢？请参看后边的“附”。

【材料】形容词、动量结构和介词结构经常充当补语。例如：

打扫得干干净净（形容词）

看过三遍（动宾结构）

团结在党的周围（介词结构）

别的词语也可以作补语。例如：

吓得发抖（动词）

深得很（副词）

讲得又清楚又深刻（联合词组）

写得不好看（偏正词组）

柳喜儿嚷得哑了嗓子，魏大猛叫得岔了气儿，牛大水急得脑袋懵，杨小梅气得肚子痛。（袁静）（“哑了嗓子”“岔了气儿”都是动宾词组，“脑袋懵”“肚子痛”都是主谓词组）

【虚词】书面上，结构助词“得”是补语的标志，补语和中心词之间可以用“得”。在上面所举的例子里，许多补语的前边都是用“得”字的。

不过，“得”也不是非用不可的。大体说来，动量结构、介词结构和副词“极”作补语，前边不用“得”；动词、形容词作补语，有时前边可以不用“得”；形容词重叠式、副词“很”、代词“怎么样”和各类词组作补语，前面都要求用“得”。

下面，将定语、状语、补语的基本特点列成一表，以便掌握：

	定　语	状　语	补　语
中心词	主语、宾语等（一般是名词）	谓语（一般是动词或形容词）	谓语（动词或形容词）
位　置	中心词的前边	中心词的前边	中心词的后边
材　料	形容词、物量结构、指量结构、名词、代词等	副词、形容词、介词结构等	形容词、动量结构、介词结构等
虚　词	的	地	得

〔附〕宾语和补语的主要区别：

第一，宾语只能用在动词后边，一般由表示人或事物的词语充当，回答“谁、什么”之类的问题；补语能用在动词和形容词后边，经常由表示性状和动量的词语充当，回答“怎么样、多少次、多久”之类的问题。

第二，补语前边常用结构助词“得”，宾语前边不能用结构助词“得”。

第三，宾语在一定条件下可以出现在动词前边，补语只能用在动词后边。

第四，动词后边的数量结构，可以是宾语，也可以是补语。充当宾语的，是物量结构；充当补语的，是动量结构。例如：

①这种日记本很好，我买了三本。（宾语）

②这种日记本很好，我买了三次。（补语）

二、定语、状语、补语同中心词的关系

（一）定语同中心词的关系

根据定语同中心词的关系，可以把定语归纳为三类：

1. 领属性的：定语对于中心词，处在“领有”的地位；而中心词对于定语，处在“隶属”的地位。例如：

中国的领土

人民的意志

鲁迅的作品

我们的理想

谁的书

2. 修饰性的：定语表示事物的数量、范围、性质、状态、情况、内容等，或者说明事物存在的地方，表明跟事物有关的时间。例如：

三个农民（数量）

那些同学（范围）

正确的意见（性质）

美丽的风景（状态）

多年不见的战友（情况）

完全背离马克思列宁主义的路线（内容）

外面的衣服（存在的地方）

小说里的人物（存在的地方）

明天下午的座谈会（有关的时间）

以往的记录（有关的时间）

3. 同一性的：定语和中心词所指的事物是相同的，只是定语把事物的“含义”说得更清楚。例如：

①连两公婆吵架的小事，也要到农民协会去解决。（毛泽东）

②人们高呼着“打倒日本帝国主义”“参加八路军打鬼子去”“坚决不做亡国奴”的口号。

表示不同意义的定语可以连起来用，即一个中心词前边连用几个定语。例如：

③我不同意你这些荒谬的主张。

④《骆驼祥子》是老舍写的一部叙述洋车夫的一生的小说。

⑤（陶里亚蒂等）发表了许多违反马克思列宁主义根本原理的错误言论。（《再论陶里亚蒂同志同我们的分歧》）

例③，“主张”前边用了三个定语：“你”表所属，“这些”表范围，“荒谬”表性质。例④，“小说”前边连用了三个定语：“老舍写”表所属，“一部”表数量，“叙述洋车夫的一生”表内容。例⑤，“言论”前边也连用三个定语：“许多”表数量，“违反马克思列宁主义根本原理”表内容，“错误”表性质。

中心词前面的几个定语，它们都可以分别同中心词发生关系。但就语言的结构层次看，它们同中心词之间的关系应该是这样：靠近中心词的，限定中心词；后边的，同时限定中心词和前边的定语。作图表示：

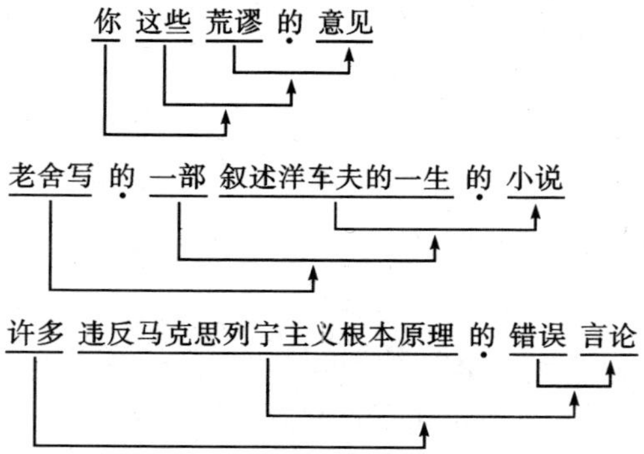

（二）状语同中心词的关系

根据状语同中心词的关系，可以把状语归纳为三类：

1. 主要修饰动词的：表示动作发生的处所、时间、频率、情态、方式，或者表示动作的对象、目的等等。例如：

里头坐（处所）

明天去（时间）

再三考虑（频率）

冷静地想（情态）

按毛主席的指示办事（方式）

把反动派消灭干净（对象）

对我说（对象）

他连衣服也不穿（就跑出去了）（对象）[①]

为人民的幸福生活进行斗争（目的）

2. 主要修饰形容词的：表示性状的程度。例如：

很勇敢

非常谦虚

比狮子还勇猛

3. 可以修饰动词形容词的：表示动作性状的范围，或者对动作性

① “把反动派”“对我”“连衣服”都是介词结构，用在动词谓语前边，作状语。（有时，“连”字只是起了强调主语的作用，如：“连张伯伯也没去。”）

状加以肯定或否定。例如：

都打开（范围）

都好（范围）

确实看过了（肯定）

确实好（肯定）

不去（否定）

不马虎（否定）

表示不同意义的状语也可以连起来用，即中心词前边连用几个状语。例如：

①鲁贵偷偷地由中门走进来。（曹禺）

②我昨天在图书馆里又仔细地对了一遍。

例①，“走进来”前边连用两个状语：“偷偷”表情态，“由中门”表处所。例②，“对”前边连用四个状语：“昨天”表时间，“在图书馆里”表处所，“又”表频率，“仔细”表情态。

中心词前边的几个状语，也都可以同中心词发生关系。但就语言的结构层次来说，也应该这样理解：靠近中心词的，修饰中心词；后边的，同时修饰中心词和前边的状语。作图表示：

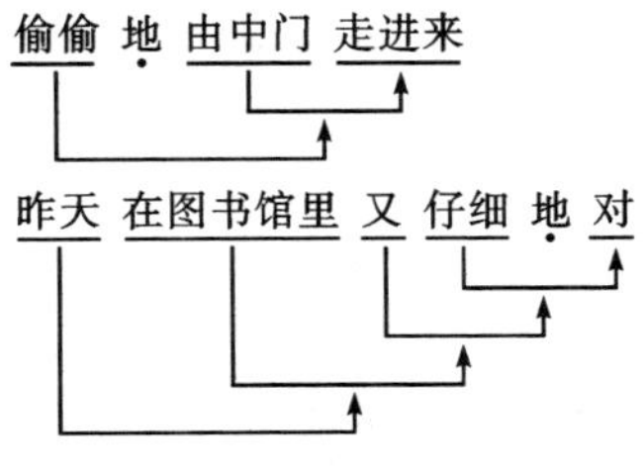

（三）补语同中心词的关系

根据补语同中心词的关系，可以把补语归纳为两类：

1. 补充动词的：表示动作的结果、可能（或不可能），或者表示动量、时段（时间的长短）、时点（时间的位置）和处所。例如：

问题说清楚了（表结果）

玉米长得又高又大（表结果，兼表情态）

你说得清楚吗？我说不清楚。（分别表示可能、不可能）

看了两遍（表动量）

工作了三年（表时段）

这件事情发生在唐代（表时点）

记在心里（表处所[1]）

必须指出：有的补语，如“写得好”，有时表结果，有时表可能。究竟是表结果还是表可能，要在具体的语言环境中辨别：

他写得好不好？他写得好。（表结果）

你们写得好写不好？他写得好，我写不好。（表可能）

表结果的，指已经证实的事情；表可能的，指尚未证实的事情。它们所回答的问题也不一样：表结果的，回答“他写得好不好”这样的问题；表可能的，回答“他写得好写不好”这样的问题。

2. 补充形容词的：表示程度。例如：

热得很

小得肉眼看不见

三、定语、状语、补语的运用问题

运用定语、状语、补语，要注意两个方面。一方面，注意结构助词的使用；另一方面，注意定语、状语、补语本身的表达效果。根据这两个方面，下面提出两个问题来谈谈。

（一）使用“的、地、得”的几个原则

第一，不用“的、地、得”就会改变关系或改变意思的，必须用。例如：

A
- 嫂嫂的弟弟（偏正）→嫂嫂弟弟（联合）
- 耕过的地（偏正）→耕过地（动宾）
- 我们的红军（偏正）→我们红军（复指）
- （他）说得一点也不差（偏正）→（他）说一点也不差（动宾）

① 表示处所的补语，由介词结构充当。

B
- 古巴的朋友（不是古巴人。如：“谁是古巴的朋友?”）
  →古巴朋友（古巴人。如：“我认得几个古巴朋友。”）
- 孩子的脾气（小孩的。如：“这孩子的脾气不好。”）
  →孩子脾气（大人的。如：“他这个人有点孩子脾气。”）
- 狐狸的尾巴（狐狸的。如：“狐狸的尾巴很大。”）
  →狐狸尾巴（可能不是狐狸的。如：“敌人的狐狸尾巴露出来了。”）
- 他写得不好（表示结果）→他写不好（表示可能）

A 组是不用就会改变结构关系的，B 组是不用就会改变意义的。遇到这样的情况，“的、地、得”非用不可。

第二，不用“的、地、得”就会念起来不顺口的，宜于用，有的必须用。例如：

A
- 弯弯的眉毛大大的眼（民歌）
- 快快乐乐地度过了春假

B
- 非常重大的任务
- 非常仔细地研究
- 红得像快要落下来的果子

A 里，宜于用；B 里，必须用。必须用的，一般是由于定语、状语或补语的结构比较复杂。

第三，用不用“的、地、得”没有什么不同的，宁可不用，使语言简洁些。例如：

工人的优秀的品质

工人的优秀品质

后一例少用一个“的”，显得简练、紧凑。

第四，定语后边不用“地、得”，状语后边、补语前边最好不用“的”。下面的例子是有毛病的：

①你看这闺女长的这么大得个子……（俞林《韩林半月》第 95 页）

②长长地高粱秆儿，像一枝红缨枪。（《蜜蜂》一九五九年第

11 期第 13 页)

③许多大冰块，前呼后拥的把他压起来，冷的他浑身发抖。(同上，第 21 页)

例①里，“的”应改为“得”，“得”应改为“的”；例②里，“地”应改为“的”；例③里，第一个“的”应改为“地”，第二个“的”应改为“得”。

不过，必须指出，“的、地、得”虽然已经在作用上有了明确的分工，它们已经各有自己的规范用法，但是，语言的规范化，需要一个比较长的时期才能做到彻底。现在还有许多著名的作家有时在状语后边用“的”。例如：

④我从此便整天的站在柜台里，专管我的职务。(鲁迅)

⑤翻来复去的告诉自己：我成功了！(老舍)

⑥远远的来了一个人，走近了才认得是小福。(赵树理)

从规范化的角度看，我们主张状语后边应该一律用“地”；但从目前语言运用的实际情况看，在关系很明显的场合，状语后边虽然用“的”，但我们也可以不必作为病句来分析。

毛主席是很重视“的、地、得”的用法规范的。《毛泽东选集》卷首的说明说：“选集中的各篇著作，都经著者校阅过，其中有些在文字方面著者曾作了一些技术性的修改。”我们将选集和解放社编的整风文献比较，就可以看到，原来在状语后边用“的”的，选集中都改为“地”。例如：

⑦一般地说……特殊地说……(《“农村调查”的序言和跋》，原作“的”。)

⑧上级机关也不要不分轻重缓急地没有中心地同时指定下级机关做很多项工作，……(《关于领导方法的若干问题》，原用“的”。)

毛主席这种重视语言规范的精神，是我们应该学习的。

(二) 运用定、状、补的几点要求

定语、状语、补语是句子的次要成分。这是从结构上说的，并不意味着它们是可有可无的成分。正像一棵树，有主干也有枝叶。没有主干，枝叶无所依附；但如果没有枝叶，只有主干，那也是不成的。

从表达上看，定语、状语、补语有极其重要的作用。结合它们的表达作用，下面提出几点要求来略加说明。

第一，明确。

在主语、谓语、宾语上面加上定语、状语、补语，首先一个目的，就是为了把话说得明确一些。比较：

①毛主席发出了号召。
②一九六二年九月，毛主席在党的八届十中全会上向全国人民发出了千万不要忘记阶级和阶级斗争的号召。(周恩来)

③挂着圆月，下面是沙地，种着西瓜。
④深蓝的天空中挂着一轮金黄的圆月，下面是海边的地，都种着一望无际的碧绿的西瓜。(鲁迅)

例①，毛主席在什么时候，在什么场合，向谁发出了号召？发出了什么样的号召？不明确。例②回答了这些问题，因此，显得非常具体、非常清楚。例③和例①一样，话说得不够具体。例④里用了一些定语状语，情况便完全不同了。在这个例子里，那“深蓝的天空中”，那“金黄的”圆月，那“一望无际的碧绿的”西瓜，配合成一幅色彩鲜明的图画，使我们好像亲眼看到了沿海农村的优美景色，让我们感受到大自然的美。

明确的反面是含糊。

定语状语的位置安排不当，就会产生含糊不清的毛病。例如：

*⑤七十六岁的康有为的女儿康同璧，这几天正忙着参加中国人民政治协商会议。

*⑥我们两个工厂于本月一日经组织批准合并。

例⑤，原意是“七十六岁的……康同璧”，但读者可能误解为“七十六岁的康有为”。“七十六岁”应移到“女儿”前边。例⑥，“本月一日”是“批准”的时间，还是“合并”的时间？不明确。按原意，是“合并”的时间，所以“本月一日”要用在“合并”的前边才明确。

应该说的话没有说出来，也会使语意含糊。例如：

*⑦早晨下地去做活，

楚里诺总把姑娘的粪加点在自己肩上。（一个下放干部的诗句）

（状） （补）

为什么要把“大便”放在“自己肩上”？这真叫人莫名其妙！按原意，“姑娘”后面应该添上“挑”字，“肩上”应改为“担子上”。

重复啰嗦，也会把语意弄得含糊不清。例如：

*⑧卫生工作是经常性的、不能间断的、天天要做的工作。

这个句子里的几个定语，意思相同，只要用一个“经常性的”就够了。初学写作的人，最容易犯这样的毛病。他们总怕别人看不懂自己的文章，因此同一个意思，总要用好些词语来反反复复地加以说明。结果，话说得不干净，要表达的意思反而不清楚、不明确了。

第二，贴切。

任何一个定语、状语或补语都要同中心词发生关系。它们对中心词的形容、描写或说明，一定要贴切。只有这样，才能发挥定语、状语、补语的作用。例如：

①他站住了，脸上现出欢喜和凄凉的神情；动着嘴唇，却没有作声。（鲁迅）

②后来全镇的人们几乎都能背诵她的话，一听到就烦厌得头痛。（鲁迅）

例①，二十年前，闰土是一个天真、活泼、纯洁的孩子，和“我”是好朋友；二十年以后，由于受到了残酷的剥削和压迫，他变成了一个麻木、愁苦的农民。见了儿时的好朋友，是高兴的；但那深刻的阶级隔阂又使他不能像过去那样跟“我”亲近。“欢喜和凄凉”这一定语，确切地把闰土当时那种复杂的矛盾的心情表达出来了。例②，祥林嫂反复地说“我真傻，真的，……”这些话，人们听得纯熟了，也就感到烦厌了。后来，烦厌到什么程度呢？“烦厌得头痛。”“头痛”这个补语，准确地反映了人们烦厌的心情，比用“很”“极”之类贴切得多。

写作时粗心大意，不注意定语、状语、补语同中心词的意义关系，就会产生不贴切的毛病。例如：

*③一双能说会讲的嘴巴，富有极大的鼓动力。

*④我从小出生在一个教师家里。

*⑤只要你稍微深思一下，你就会明白这是什么意思了。

*⑥他把房间打扫得干干净净、整整齐齐了。

例③，“嘴巴”哪里有“一双”？可改为“他那个”。例④，“出身”有什么“从小”不“从小”的？“从小”应删去。例⑤，“稍微”和“深思”意思有矛盾，可把“深思”改为“想”。例⑥，“整整齐齐”和“打扫”配搭不上，应删去。

没有确切地理解所用词语的意义和色彩，也会产生不贴切的毛病。例如：

*⑦我一直把你当成亲生的弟弟。

*⑧王有任的《朱家小店》是描写一个农村鳏寡孤独的老妇人——开小店的朱家奶奶的故事。

*⑨文件上用精彩的文字所表达的战斗语言，具有强烈的煽动力量。

*⑩这群小伙子都很坦白直率，有意见就明目张胆地提出来。

例⑦，“亲生”是“自己生”的意思，应改为“同胞”才贴切。例⑧，“老而无妻曰鳏”，“鳏”是不能形容“老妇人”的。“鳏寡孤独”可改为“寡居”。例⑨，“煽动”有贬义，用“鼓动”既现成，又贴切。例⑩，不掩盖地做坏事，才能用“明目张胆”；直率、大胆地提意见是好事，应用“直截了当”这样的词语来形容。

还有一点值得注意：有时，同一个词语既可以做状语也可以做补语，但意思不完全一样。要把意思表达得贴切，就要注意体会做状语时和做补语时的细微差别。例如：

A ｛你刚才那段话多说了（作状语）
　 ｛你刚才那段话说多了（作补语）

B ｛快一点说！（作状语）
　 ｛说快一点！（作补语）

C ｛你错听了他的话。（作状语）
　 ｛你听错了他的话。（作补语）

A，前一句是说“你刚才根本不必说话”，后一句是说“你刚才那段话太烦”。B，前一句有两个意思，一是马上开始，一是速度加快；后一句只有“速度要加快”一个意思。C，前一句有两个意思，一指字句有出入，一指不该听；后一句只有“字句有出入”一个意思。

第三，形象。

语言的形象化，不仅仅表现在定语、状语、补语的运用上。但定语、状语、补语的运用，却是构成形象化语言的重要方面。

请看下列例子：

①你们青年人朝气蓬勃，正在兴旺时期，好像早晨八九点钟的太阳。（毛泽东）

②可是在中国，那时确是无处写的，禁锢得比罐头还严密。（鲁迅）

③惟独共产主义的思想体系和社会制度，正以排山倒海之势，雷霆万钧之力，磅礴于全世界，而葆其美妙之青春。（毛泽东）

例①，光说“你们青年人……好像太阳”，不够贴切。主席在“太阳”前边加定语“早晨八九点钟（的）”，就使人产生了极为具体而形象的联想，使人感觉到青年人有旺盛的精力，有饱满的热情。主席的话，表达了革命导师对青年的莫大的期望，鼓舞着千千万万青年在毛泽东思想的红旗下满怀信心地前进。例②，一九三一年反动派杀害革命的青年作家，鲁迅也身受压迫。当时环境的黑暗和禁锢的严密，是众所周知的。在这句话里，鲁迅用具体感性的“比罐头还严密”来比况当时的环境。罐头有密封的属性，所以“比罐头还严密”这个补语能够极其形象地描绘出反动派统治下的暗无天日，显示出反动派的卑劣的暴行，表达了作者心头的积愤。例③，状语“正以排山倒海之势，雷霆万钧之力”用在“磅礴”前面，补语“于全世界”用在“磅礴”后面，定语“其”“美妙”用在“青春”前面，它们和句子的主干一起，构成了一幅共产主义运动正在全世界蓬蓬勃勃地发展着的壮丽图景，使人对共产主义事业的必然胜利满怀着信心。

不过，必须指出，只有恰当的形容和描写，才能增强语言的感染力。有的人，为描写而描写，不看需要，不考虑事物的特征，乱用修辞方式，或在中心词上面乱堆形容词，结果，不是以词害意，就是不伦不类。例如：

*④他用那
铁棍似的胳膊，
把她从自己的怀里推到前面；
…………
板着铁板似的脸，
读着铁球似的誓言；
…………

*⑤一个球好像原子弹似的向我头上打过来。

*⑥这东西小得简直像一条鱼。

*⑦我们同学们迈进了大饭厅，欢迎我们的是眉开眼笑的饭和高声欢呼的菜。

例④，这是胡克实同志在《为社会主义写出更多更好的作品来》一文中提到的一个比喻不恰当的例子。原作者用这些比喻定语来描写一对爱人分别时的情景，显然是不合情理的。例⑤，“好像原子弹似的”打过来是什么滋味？根本引不起人们具体形象的联想，使人感到别扭可笑。例⑥，鱼有大有小，这个比喻补语显然不能恰当地形容“这东西”小的程度。例⑦，定语用描述人的词语来描述事物，是拟人法。但这两个定语的内容，并不符合事物的特点，因此，不仅不能增强语言的表现力，反而使人感到作者只是在矫揉造作地玩弄词句。

鲁迅先生在《作文秘诀》中提倡“白描”，主张“有真意，去粉饰，少做作，勿卖弄”。(《鲁迅全集》第四卷第 474 页）这应该是我们运用语言的指导原则之一。

思考与练习

（一）

*1. 用在句首的表示人或事物的词语，是否都是主语？下列句子

里，用在句首的表示人或事物的词语，是什么成分？

①中国人民的艰苦抗战，已经取得了胜利。（毛泽东）

②人民的国家是保护人民的。（毛泽东）

③我们的民族将再也不是一个被人侮辱的民族了，我们已经站起来了。（毛泽东）

*2. 下列句子里有黑点的部分是否都是定语？为什么？

①在中国共产党领导下的中国人民取得了一个又一个的伟大胜利。

②在中国共产党领导下，中国人民取得了一个又一个的伟大胜利。

③最近几天是远东时局发生极大变动的时候。（毛泽东）

④现在蒋介石拒绝了这个主张，致使内战有一触即发之势。（毛泽东）

⑤第一次世界大战以后，世界有很大进步。（毛泽东）

⑥第二次世界大战以后的世界，前途是光明的。（毛泽东）

*3. 副词的主要功能是充当状语，是不是可以说充当状语的都是副词？

*4. 状语有时可以倒装在谓语的后边。倒装的状语会不会跟补语相混？为什么？

*5. 用介词“在”组成的介词结构，有时既可以作状语，也可以作补语；有时只能作状语，不能作补语；有时只能作补语，不能作状语。例如：

①在教室里坐
②坐在教室里

③在资料室里看
④看在资料室里（×）

⑤风吹在脸上
⑥风在脸上吹（×）

你能说明这个道理吗？

6. 指出下列句子里的定语、状语、补语，并说明它们的构成材料是什么。

①中共中央在三月十四日给联共中央的信中，已经系统地、全面地论述了这种分歧的实质。

②苏共中央公开信不敢把事实的真相告诉自己的党员和人民群众。

③人们对于苏共领导的修正主义路线的认识，也经历了一个逐步深入的过程。

④赫鲁晓夫在秘密报告中，捏造了大量的谎言，使用了恶毒的煽动性的语句。

⑤苏共第二十次代表大会的错误，在国际共产主义运动中引起了极大的思想混乱。

⑥在同中共代表团的会谈中，赫鲁晓夫完全拒绝中共代表团的批评劝告，甚至公然表示支持中共党内的反党分子。

⑦苏共第二十二次代表大会以后，苏共领导为了推行自己制定的完全背离马克思列宁主义的系统的修正主义路线，更加肆无忌惮地破坏兄弟党、兄弟国家关系的准则。

⑧许云峰站在铁门边，望着天边的繁星。

⑨老太婆接过华为手上的热茶，亲自递到江姐手上。

⑩我们的社会主义革命正在从胜利走向胜利。

⑪脚已经冻得又红又青了。

⑫解放前，他们家穷得锅底朝天。

⑬孟姜女不住地哭，直哭得积雪变色。

⑭我们从这篇作品中可以懂得中国工人阶级为什么那样积极地参加抗美援朝斗争的道理。

*7. 下列句子里有黑点的部分是主语还是状语？

①夜间比白天冷。

②大街上人声嘈杂、锣鼓喧天，十分热闹。

③门口站着几个人。

④小镇的十字街头，有座古庙。在庙前那棵快枯死的老槐树下，新搭起个芦席棚子。棚子门口，站着个不到三十岁的女人。

⑤铁门两边是一对圆形的洋灰柱子，顶上亮着两盏乳白色的球形灯，里面是三层楼房，所有的窗户里都透出明亮的光线。

*8. 下列例子里有黑点的部分是补语还是宾语或定语？

①坐车

②坐在车上

③更清楚一些

④买了一些

⑤她一冬天拈过一下针没有？纺过一寸线没有？

*9. 下列例子里的“到”是不是介词？有黑点的部分是什么成分？

①我们的同志在困难的时候，要看到成绩，看到光明，要提高我们的勇气。（毛泽东）

②但是我们想到人民的利益，想到大多数人民的痛苦，我们为人民而死，就是死得其所。（毛泽东）

*10. 下列例子里的“得”是不是结构助词？有黑点的部分是什么成分？

①我认得他。

②我晓得这个道理。

③我觉得他的意见很正确。

（二）

1. 指出下列句子里的定语，说明它们和中心词的关系。

①我们要坚持干部参加集体生产的制度。（周恩来）

②美帝国主义是世界上一切反动势力的最大支柱。（周恩来）

③各国人民反对帝国主义、新老殖民主义及其走狗的斗争，取得了一个又一个的伟大胜利。（周恩来）

④毛主席的这些话，高度地集中了世界人民的革命意志，极大地鼓舞了世界人民的革命斗争。（周恩来）

⑤长江、嘉陵江汇合处的山城，被浓云迷雾笼罩着。（罗广斌、杨益言）

⑥穿过这乱哄哄的街头，他一再让过喷着黑烟尾巴的公共汽车。（罗广斌、杨益言）

2. 指出下列句子里的状语，说明它们和中心词的关系。

①农业生产前两年连续增产，今年又获得了更好的收成，……（周恩来）

②所有社会主义国家，都远远没有完成无产阶级专政的任务。（《九评》）

③现在，在伟大的十月革命的故乡，在具有几十年建设社会主义历史的苏联，也发生了赫鲁晓夫修正主义集团篡夺国家领导的事件，也出现了资本主义复辟的严重危险。（《九评》）

④为了保证我们的党和国家不改变颜色，我们不仅需要正确的路线和政策，而且需要培养和造就千百万无产阶级革命事业的接班人。（《九评》）

⑤一九五一年，毛主席到天津参观展览会。李兆珍向毛主席汇报了工作上的困难。毛主席关切地对她说："要好好学习！"李兆珍按照毛主席的指示，在干部文化补习学校补习一年后，进入了工农速成中学。（《人民日报》）

⑥齐晓轩眼泪纵横，默默地把刘思扬正在冷却的手轻轻放下。（同上）

3. 指出下列句子里的补语，说明它们和中心词的关系。

①张金龙坏透了，咱们拾掇这家伙。（袁静）

②马克思生在一八一八年，死在一八八三年。

③农民的举动，完全是对的，他们的举动好得很！（毛泽东）

④谷苗出得很不赖，可惜锄不出来。（赵树理）

⑤两个耳朵冻得通红，红得像要落下来的果子。（老舍）

⑥她说到伤心的地方，一把眼泪一把鼻涕，哭得眼都红了。（袁静）

（三）

1. 在句子里，词语的次序是很重要的。词序不对，往往会引起歧义。请指出下列句子的毛病，并加以改正。

①“伊沙白·柯林案件”写一个未成年的工人的女儿被迫为妓女而被控告的案件。

②一九五六年，北京故宫博物馆展出了二千九百年前新出土的文物。

③……慎密保护这张唯一的祖先的遗像。

④这首诗在所有作者的诗里韵律是比较明显的……

2. 检查下列例子里定语、状语、补语的使用情况，指出毛病，并加以改正。

①有文化的知识分子必须进行思想改造。

②早晨起来，我洗完自己的脸，就拿起自己的书包上学去了。

③我们装饰了教室，准备欢度十月的国庆节。

④这一次的表演在汹涌澎湃的掌声中结束了。

⑤从半开的门缝里，露出一张头发雪白、皱纹密布的脸。

⑥看到了老战友，我非常高兴得很。

⑦缅甸掸邦官员在芒市同云南边境官员会见，并参观了芒市为两国边境人民举办的展览馆。

⑧广大的农村青年表现了无比地走社会主义道路的热情。

⑨她没发觉变工队的女伴们倾巢围上来……

⑩毛主席在他的著作中关于如何正确对待文化遗产的论述，据我的理解，简陋地说来就是：批判地继承，古为今用。

⑪革命故事影片对于我们青年很感兴趣。

第五节 复杂谓语

一、复杂谓语的定义和特点

动词谓语和动词谓语或者动词谓语和形容词谓语在一个谓语部分里连用的格式，叫作复杂谓语。

一个句子的谓语部分里，不能没有谓语。要是没有谓语，谓语部分便缺少了组织的中心，句子的结构便残缺不全。因此，每个谓语部分里都至少包含着一个谓语。

有时，谓语部分里包含两个以上的谓语，即动词谓语和动词谓语或者动词谓语和形容词谓语同时在一个谓语部分里出现。由于在一个谓语部分里出现了这种谓语和谓语连用的情况，这个谓语部分的结构就复杂了起来。因此，一般管这种谓语和谓语连用的格式叫复杂谓语。比较：

A
①人们聚集在商号的大院里。
②人们看热闹。
③人们纷纷聚集在商号的大院里看热闹。

B
①我们邀请他。
②他来武汉。
③我们邀请他来武汉。

C
①大家都批评他。
②他不老实。
③大家都批评他不老实。

这三组例子里，①②两例都是单一谓语，③例都是复杂谓语。A③和 B③都是动词谓语和动词谓语连用的格式，C③是动词谓语和形容词谓语连用的格式。

上述复杂谓语的定义，告诉我们复杂谓语有两个突出的特点：

第一，复杂谓语是两个以上的谓语在一个谓语部分里连用的格式。这就是说，如果不是在一个谓语部分里连用的，就不是复杂谓语。例如：

①田敬同志说到这里，喝了一口茶，点上了烟，接着又说。（符成珍）

②他站起来，看着我们，勉强地笑着。

这两个都是复句。有黑点的部分都是谓语。这些谓语并没有组织在一起构成复杂谓语。

第二，复杂谓语是动词谓语和动词谓语（或形容词谓语）连用的格式。这就是说，构成复杂谓语的动词或形容词都是作为谓语使用的，它们之间，不是“状语·谓语”“谓语·补语”“谓语·宾语”“主语·谓语”的关系，也不是联合起来组成联合词组。例如：

A｛关心地问道；来回走动

B｛吓得发抖；打扫干净

C｛我们十分重视分析；他喜欢热闹

D｛这样的讨论很必要；激烈的辩论开始了

E｛又唱又跳；讨论研究

这几组例子都是动词和动词或者动词和形容词连用的现象，但都不是复杂谓语。A 组，两个动词之间用“地”或能用“地”（来回地走动），是“状语·谓语”的关系；B 组，动词和动词（或形容词）之间用

“得”或能用“得”（打扫得干净），是“谓语·补语”的关系；C组，后一动词（或形容词）受前一动词的支配，可以移到句首充当受事主语（“分析，我们十分重视。”“热闹，他喜欢。”），它和前一动词之间是“谓语·宾语”的关系；D组，前一动词带上定语（名物化用法），它和后边的动词（或形容词）之间是主谓关系；E组，两个动词之间用或可以用表示联合关系的关联词（讨论和研究），是联合词组。

再例如：

①尼雷尔总统和夫人抵上海受到热烈欢迎。（《人民日报》）

②阿Q歪着头说。（鲁迅）

③各国人民支援南越人民赶走美帝国主义。（《人民日报》）

这三例都是复杂谓语句。在这三个例子的谓语部分里连用的动词，都是作为谓语使用的。如例①，可以说成“尼雷尔总统和夫人抵上海”“尼雷尔总统和夫人受到热烈的欢迎”。例②，可以说成“阿Q歪着头”“阿Q说”。例③，可以说成“各国人民支援南越人民”“南越人民赶走美帝国主义”[①]。

二、复杂谓语的种类

根据连用的谓语是否共同陈述全句的主语这一点，可以把复杂谓语分为两大类：连谓式、兼语式。下面分别介绍。

（一）连谓式

谓语部分里连用的谓语都直接陈述全句的主语的，叫连谓式[②]。

连谓式里，谓语和谓语之间有许多种关系。最常见的是：前一谓语（及其连带成分）表示方式或手段，后一谓语（及其连带成分）表示目的。例如：

---

① 有的句子，如“他的话使我们都笑了起来”，虽然不能单说“他的话使我们”（“我们都笑了起来”可以单说），但“使”和“笑了起来”之间没有状谓、谓补、谓宾或主谓的关系，也没有联合关系，所以也是复杂谓语句。

② 也叫“连动式”，或叫“谓语的连续”。

A ①朝日人民联合起来粉碎"日韩基本条约"。(《人民日报》)
②三仙姑坐在香案后唱，金旺他爹跪在香案前听。(赵树理)

B ③我们用什么方法报答党的恩情呢？
④长山老头笑着说。(李准)

C ⑤你买这种东西做什么？
⑥我买份报看。

A组，前一谓语（及其连带成分）表示后一谓语（及其连带成分）的方式、手段；后一谓语（及其连带成分）表示前一谓语（及其连带成分）的目的："联合起来"是"粉碎（日韩基本条约）"的手段，"粉碎（日韩基本条约）"是"联合起来"的目的；"坐（在香案后）"是"唱"的方式，"唱"是"坐（在香案后）"的目的（"跪〔在香案前〕"和"听"之间的关系也是这样）。B组，前一谓语（及其连带成分）表示后一谓语（及其连带成分）的方式："用（什么方法）"表示"报答（党的恩情）"的方式；"笑着"表示"说"的方式。C组，后一谓语（及其连带成分）表示前一谓语（及其连带成分）的目的："做（什么）"是"买（这种东西）"的目的；"看"是"买（份报）"的目的。

此外，还有别种关系，主要是：

第一，前一谓语（及其连带成分）表示后一谓语的可能性或必要性。例如：

①我们有办法解决这个问题。

②我们有义务帮助他。

③你没有理由不接受大家的批评。

例①表示"能够解决这个问题"的意思。例②表示"应该帮助他"的意思。例③表示"不应当不接受大家的批评"的意思。从这几个例子可以看出来，"有"（或"没有"）带上表抽象事物的名词作复杂谓语的前一部分，在意义上相当于某些能愿动词："有办法、有力量"相当于"能够"，"有权利、有理由"相当于"可以"，"有义务"相当于"应当"，"没有理由"相当于"不应当"。

第二，两个谓语（及其连带成分）分别从肯定方面和否定方面来说明同一种行为。例如：

①他怎么在这个忙时候，丢下活儿不干呢？（康濯）

②别人问他蹲在那里干什么，他瞒着不说。（叶圣陶）

例①，“丢下（活儿）”是肯定方面，“（不）干”是否定方面，它们指同一种行为。例②，“瞒着”是肯定方面，“（不）说”是否定方面，它们指同一种行为。“板起脸儿不笑”“坐着不动”“抓住他不放”“隐瞒不承认”等都是这一类。这一类复杂谓语，有互相补充、互相强调，使意思更加突出的作用。

第三，两个谓语（及其连带成分）合起来表示“在哪一方面怎么样”或“在什么时候怎么样”的意思。例如：

①这群年轻人办事太冒失。（浩然）

②他们学习毛主席著作都很用心。

③他看了很不舒服。（康濯）

例①表示“在办事这方面太冒失”的意思。例②表示“在学习毛主席著作这方面都很用心”的意思。例③表示“在看了以后很不舒服”的意思。这类连谓式的后一谓语，一般用形容词。

必须注意：谓语部分是连谓式的句子，才叫连谓式复杂谓语句。“连谓”结构有时也可以充当句子的其他成分，例如：

①组织起来走社会主义道路是毛主席的指示。（赵树理）

②又看了看那个仰脸望着我的妇女。（康濯）

例①是“连谓”结构作主语，例②是“连谓”结构作定语。它们都不是复杂谓语句。

（二）兼语式

连用的谓语不共一个主语，前一谓语的宾语同时又是后一谓语的主语的，叫兼语式[①]。

最常见的兼语式有两种：

---

① 也叫“递系式”，或叫“谓语的延伸”。

第一，“甲使乙怎么样”格式的。

这种兼语式，前一谓语用“使”，或用“叫、教、命令、要求、请、劝、逼”等等同“使”的意义有关的动词；后一谓语（及其连带成分）表示前一谓语的目的或结果。例如：

①伟大的中国共产党使中国人民重见天日。

②上级命令我们马上转移。

③我们请土专家李河顺讲了制造化肥的经验。

④大家都动员他参加宣传队。

例①，“（重）见（天日）”是“使”的结果。例②，“命令”有“使”的意思。“（马上）转移”是“命令”的目的。例③，“请”也有“使”的意思，不过表现在态度上是“请求”而不是“命令”而已。“讲了（制造化肥的经验）”是“请”的结果。例④，“动员”也有“使”的意义，不过带有“说服”的意思。“参加（宣传队）”是“动员”的目的。

有些动词本身并不具有“使”义，但在充当兼语式的前一谓语时却带上了“使”的意思。例如：

⑤他招呼我上去，我便连蹦带跳地上了楼。（老舍）

⑥她还组织了几个能歌善唱的下放干部到广播间广播。（邹荻帆）

“招呼”“组织”在这里都带有“使令”性。因此这两个句子也是“甲使乙怎么样”的兼语式句子。

第二，“甲怎么样乙（因为乙）怎么样”格式的。

这种兼语式，前一谓语用带有喜爱、憎恶、责备、感激等感情色彩的心理活动动词，后一谓语（及其连带成分）表示前一谓语的原因。例如：

①我喜欢他老实。

②〔她〕便痛恨有翼不争气。（赵树理）

③我们都批评他对工作不热心。

④谢谢你提醒了我。

例①，“老实”是“喜欢”的原因；例②，“（不）争气”是“痛恨”的原因；例③，“（对工作不）热心”是“批评”的原因；例④，“提醒了(我)”是“谢谢”的原因。

这种兼语式句子，都可以说成“甲怎么样乙，因为乙怎么样”，如“我喜欢他，因为他老实”。因此可以用“甲怎么样乙（因为乙）怎么样”的格式表示。

除了上述两种兼语式之外，还有下面两种兼语式值得注意。

第一，“有谁（什么）怎么样”格式的。

前一谓语用“有”或“没有”，后一谓语叙述前一谓语的宾语的情况。这类复杂谓语句，一般是无主句。例如：

①后面有人跑过来了。

②下滩麦地里有收割机在收割。

③没有人说话了。

也有不是无主句的。例如：

④我有个朋友在北京工作。

第二，“甲称乙做什么”格式的。

前一谓语用“称呼”“认定”等意义的动词，后一谓语是“做、当”之类动词或判断合成谓语。例如：

①中国人中间也有些人不加思索地称他们做朋友。（毛泽东）

②小伙子们都拜他做师傅。

③他……认白茹当个干女儿。（曲波）

④两年前七斤……骂过赵七爷是“贱胎”。（鲁迅）

这类兼语式里，被称呼的对象和所称呼的名目之间，必须用“做、当、是”之类；如果没有“做、当、是”之类，就或者不成话，或者构成双宾语句。例如：

⑤这位老太太因为年纪大、住在后院，年轻人都叫她“后院奶奶”。（赵树理）

这里的“她”和“后院奶奶”是双宾语，它们能分别回答“谁”和“什么”的问题。

必须注意：兼语式和主谓词组作宾语的格式很容易相混，要了解它们的区别。它们的区别主要表现在下列几个方面：

第一，经常带兼语的动词是：含有“使令”意义的动词和带有爱憎色彩的心理活动动词；经常带主语、谓语、宾语的动词是：“看见、听见、说”之类动词和不带爱憎色彩的心理活动动词。比较：

①我们要求他唱了一段京戏。
②我们听见他唱了一段京戏。

③大家都嫌她有些坏习气。
④大家都认为她有些坏习气。

⑤他劝你们早早想些办法。
⑥他说你们早已想好办法了。

例①③⑤是兼语式句。（“要求”“劝”有“使令”的意义，“嫌”是带感情色彩的心理活动动词。）例②④⑥是主谓词组作宾语。（“听见”可以支配“他唱了一段京戏”这件事；“说”可以支配“你们早已想好办法”这件事；“认为”是不带爱憎色彩的心理活动动词，它可以支配“她有些坏习气”这件事。）

第二，常见的兼语式里，两个谓语之间有一定的关系：后一谓语表示前一谓语的目的、结果或原因；主语词组作宾语的句子里，句子的谓语和主谓词组里的谓语之间，没有这种关系。如在例①里，“唱了（一段京戏）”是“要求”的结果；而在例②里，“唱了（一段京戏）”就不是“听见”的结果。在例③里，“有（些坏习气）”是“嫌”的原因（因此可以说成“大家都嫌她，因为她有些坏习气”）；而在例④里，“有（些坏习气）”就不是“认为”的原因（因此不能说成“大家都认为她，因为她有些坏习气”）。在例⑤里，“（早早）想（些办法）”是“劝”所要达到的目的；而在例⑥里，“（早已）想（好办法）”就不是“说”的目的。

第三，主语、谓语、宾语前边可以有停顿；兼语前边不能停顿，兼语后边才能停顿。比较：

我们要求他✓唱了一段京戏。
我们听见✓他唱了一段京戏。

大家都嫌她✓有些坏习气。
大家都认为✓她有些坏习气。

他劝你们✓早早想些办法。
他说✓你们早已想好办法了。

第四，兼语后边的谓语一般可以去掉，去掉以后仍然成话；主语、谓语、宾语里的谓语一般不能去掉。比较：

我们要求他唱京戏。——我们要求他。
我们听见他唱京戏。——我们听见他。（站不住）

大家都嫌她有些坏习气。——大家都嫌她。
大家都认为她有些坏习气。——大家都认为她。（站不住）

他劝你们早早想些办法。——他劝你们。
他说你们早已想好办法了。——他说你们。（站不住）（有时，“他在说你们”可以站得住，但这里的“说”有“讨论”之意，跟“他说你们早已想好办法了”里的“说”意思不同。）

还必须注意：谓语部分是兼语式的句子，才叫兼语式复杂谓语句。“兼语”结构有时也可以充当句子的其他成分。例如：

①这些同志的生命危在瞬间，营救他们脱险是一个刻不容缓的特急任务。（曲波）

②活儿做得叫人痛快。（赵树理）

例①，“兼语”结构作主语。例②，“兼语”结构作补语。这两个例子都不是复杂谓语句。

最后，关于复杂谓语的类型问题，有必要补充说明下面两种情况：

1. 有些复杂谓语，既像连谓式，也像兼语式。例如：

我也陪着他笑。

“陪着”“笑”都以“我”为陈述对象，从这方面看，是连谓式；“他”是“陪着”的宾语，同时又是“笑”的主语，从这方面看，又是兼语式。这类现象，我们认为它同时具有连谓式和兼语式的特点，应算连谓兼语混合式。请比较：

①（他下地去了，）我帮他带孩子。

②我帮他补习功课。

③我（一早就跟他一起下地，）帮他干活。

例①，“我”带孩子，“他”不带孩子，是连谓式；例②，“他”补习功课，“我”不补习功课，是兼语式；例③，“我”干活，“他”也干活，是连谓兼语混合式。

2. 有些复杂谓语，不能算连谓式，也不能算兼语式。例如：

〔宋（特务）：〕谁给饭吃，咱们给谁效力！（老舍：《茶馆》）

“给饭吃”不是连谓式，因为“给”和“吃”不共一个主语（跟“我买份报看”不同）；也不是兼语式，因为“饭”虽然是“给”的宾语，但不是“吃”的主语（跟“谁给我吃”不同）。我们认为，这种现象只能算是复杂谓语里的特殊类型。

三、复杂谓语的运用问题

运用复杂谓语，首先要了解复杂谓语的表达作用：

第一，复杂谓语含有比较多的组织中心，因此具有比较强的表现力。

我们知道，谓语是谓语部分里的中心词。它是谓语部分的组织中心，宾语、补语、状语等连带成分都是围绕着它加上去的。要是一个句子的谓语部分用的是复杂谓语，这个句子的谓语部分便含有两个以上的谓语，也就是说，便含有两个以上的组织中心。组织中心多了，句子的表现力当然也就强起来。例如：

①船长和助理船长沉着地指挥全体船员与狂风巨浪进行斗争。（《满载西非人民的友谊，“和平号”远洋轮胜利返航》）

这个句子的谓语部分里有两个谓语：“指挥”“进行”。它们各有自己的连带成分：“沉着（地）”是“指挥”的状语，“（全体）船员”是“指挥”的宾语（同时又是“进行”的主语）；“与狂风巨浪”是“进行”

的状语，“斗争”是“进行”的宾语。如果有必要，还可以围绕着这两个组织中心再添上一些连带成分。例如：

②那天晚上，在那茫茫的墨黑色的地中海里，船长和助理船长沉着地、果断地、全神贯注地指挥着全体船员以大无畏的精神勇敢地与狂风巨浪进行了坚决的斗争。

这样一来，仅仅一个单句，就表达了相当丰富复杂的内容了。

特别是，复杂谓语还可以进一步复杂化。即复杂谓语里连用三个或更多个谓语。这有三种情况：

1. 连谓式内部连用三个以上的谓语。例如：

①你去亲自打电话请丁医生。（茅盾）

②他用臂肘和膝盖紧紧贴着冰雪向前爬进。（立高：《小武》）

③你回去写封信告诉我。（丁西林）

④威尔科克斯同志和夫人乘船离开广州经深圳回国[1]。（《人民日报》）

2. 兼语式内部包含两个以上的兼语。例如：

⑤河内国际会议通过给越南南方人民的信/动员各国人民支援南越人民赶走美帝国主义（《人民日报》标题）

⑥美帝国主义指使蒋介石匪帮不断地派遣武装特务在我沿海地区进行骚扰活动。（《人民日报》）

⑦我请他叫一个人送这个孩子回家。（吕冀平）

⑧你要让他动员所有的人监督自己的子女好好学习。（吕冀平）

3. 连谓式和兼语式交错起来用。例如：

⑨（干部）叫他回去动员马多寿来参加会议。（赵树理）

复杂谓语进一步复杂化，组织中心就更多。组织中心越多，就越能从更多的方面去叙述说明事物，从而使仅仅一个单句（或分句）就能反映人物的一连串的行为变化。

① 这句话里的“经”是动词，不是介词。

第二，运用复杂谓语，可以言简意赅地揭示人们的种种行为（或状况）之间的内在联系。例如：

①美帝唆使和鼓励蒋匪帮窜犯大陆。（报纸）

②以心换心得知心。（报纸）

③毛主席使红光社大放红光。（报纸）

例①是兼语式句，它揭示了蒋匪帮的妄想窜犯大陆和美帝的侵略阴谋之间的内在联系，使人知道，奴才的行动是同主子的唆使和鼓励分不开的。句子不长，但语意明确，含义丰富。例②是连谓式。这是一个报纸上的标题。它报道的是这样的事实：中学校长傅仲肃，体贴入微地关心教师的思想、工作、生活和学习，深入教学实际，和教师们建立了亲密的友谊。“（以心）换（心）”是“得（知心）”的条件，而“得（知心）”是“（以心）换（心）”的必然结果。这个标题正是因为揭示了这样的辩证关系和内在联系，具有高度的概括力，所以耐人寻味，发人深思。例③是兼语式句，也是一个报纸上的标题。它报道的是这样的事实：毛主席到了川西的红光社，无微不至地关怀群众，使得社员们人人斗志昂扬，干劲冲天。这个标题言简意赅地揭示了领袖的关怀和人民群众发挥冲天干劲之间的必然的因果关系，对读者有很大的吸引力。

从上面的分析中可以知道，运用复杂谓语是很有好处的。但在运用复杂谓语的时候，有两点必须特别注意。

第一，如果用的是连谓式，就要注意避免引起别人这样的误解：后一谓语是说明前一谓语的宾语的。例如：

①让帝国主义看着我们发抖吧！

“让”后面的“帝国主义看着我们发抖”这一部分，按作者的原意，是“帝国主义看着我们”“帝国主义发抖”，可见是作为连谓式用的。但由于“发抖”也可以说明“我们”，就可能被误解为“我们发抖，让帝国主义看着”。这种意思含混的说法是应该避免的。整个句子可改为：“让帝国主义在我们面前发抖吧！”

第二，如果用的是兼语式，就应明确：后面的谓语是说明前面谓语的宾语，而不是说明全句的主语的。例如：

*②徐寅生的这篇文章令人耐看。

*③这个孩子令人可爱。

*④大水吼叫着，……天忽然放晴，太阳出来了。情景更使人可怕。

这三个都是“甲使乙怎么样”的兼语式。例②，后一谓语应该是说明“人”，而不应该是说明“文章”的；但“耐看”却只能说明“文章”而不能说明“人”。应把“耐看”改为“百读不厌”，或改为别的可以说明“人”的词语。例③、例④的毛病和例②一样。例③的“可爱”应改为“喜爱”或“感到可爱”，例④的“可怕”应改为“害怕”或“感到可怕”。

此外，运用复杂谓语时，也要注意主语和谓语是否配搭得当。例如：

*⑤实行公费医疗、预防，使我们的健康和疾病有了保障。

“健康和疾病”是“使”的宾语，同时又是“有了（保障）”的主语。“使健康有了保障”是好事，“使疾病有了保障”岂不糟糕？“和疾病”三字应删去。

思考与练习

（一）

*1. 下面的现象是不是复杂谓语？为什么？

①赵松筠赞成地说：“是啊！是啊！”（李准）

②她同意地点点头。（巴金）

③文琤深思地望着山下。（柯灵）

④虎妞还是翻滚地闹。（老舍）

⑤火红的钢坯像火龙似的在五座轧钢架中来回穿行。

⑥众人屏住了呼吸地望着克明。（巴金）

⑦他们穿得整整齐齐地走过来。

⑧蒋介石蹲在山上一担水也不挑，现在他却把手伸得老长老长地要摘桃子。（毛泽东）

⑨母亲还周济和照顾比自己更穷的亲戚。（朱德）

⑩村长一面送一面道歉。（成荫）

⑪矿洞又窄又低。

⑫我上午读书下午种地。（朱德）

⑬我们祖国多么辽阔广大。

⑭弼时同志特别注意调查研究。（李庄）

⑮阿Q两只手都捏住了自己的辫根，歪着头，说道："打虫豸，好不好？我是虫豸——还不放么？"（鲁迅）

2. 指出下列例子里的复杂谓语，并说明为什么是复杂谓语。

①帝国主义给自己准备了灭亡的条件。殖民地半殖民地的人民大众和帝国主义自己国家内的人民大众的觉悟，就是这样的条件。帝国主义驱使全世界的人民大众走上消灭帝国主义的伟大斗争的历史时代。（毛泽东）

②从前不去是对的，这次去也是对的，都是针锋相对。这一次我们去得好，击破了国民党说共产党不要和平、不要团结的谣言。他们连发三封电报邀请我们，我们去了，可是他们毫无准备，一切提案都要由我们提出。（毛泽东）

③为了自卫，为了保卫解放区人民的生命、财产、权利和幸福，我们就只好拿起武器和他作战。……谁要想轻轻易易地把人民已经得到的权利抢去或骗去，那是办不到的。（毛泽东）

④但是也有个别同志抱着错误的想法，不是想到那里有许多困难需要解决，而是认为那里的一切都很顺利，比延安舒服。……我劝这些同志改正自己的想法。（毛泽东）

（二）

*1. "有力量解决这个问题"相当于"能够解决这个问题"，但我们不说它是能愿合成谓语，而说是复杂谓语。为什么？你能说出理由来吗？

*2. 下面这两个句子的结构关系相同不相同？怎样分析才正确？

①日本无条件投降。

②我们有条件学好。

*3. “他们学习都很用心”表示“他们在学习方面都很用心”的意思，但我们不说“学习”是状语，而说它是复杂谓语的前一部分。为什么？你能说出理由来吗？

*4. 下面这几个句子的结构关系相同不相同？怎样分析才正确？

①他们打仗都很勇敢。（肖平）

②他干活很卖力。

③他说话很简短。（曹禺）

④昨天他上学很早。（易飞）

*5. “瞒着不说”“坐着不动”这类现象和联合词组有什么不同？请观察下列例子：

瞒着不说

不说不笑

边说边笑

边笑边说

顽而不固

多而不乱

6. 说明下列句子里的复杂谓语是连谓式还是兼语式，并说明构成复杂谓语的各个谓语（及其连带成分）相互间的意义关系。

①我们便挤在船头上看打仗。（鲁迅）

②毛主席笑着和我们握手。

③我们应该鼓励他勇敢地向错误进行斗争。

④小青抱怨他走得太慢了。

⑤苏共领导反斯大林的狂热运动，使早已成为政治僵尸的托洛茨基分子死灰复燃。（《关于斯大林问题》）

⑥我们订一份《人民日报》看。

⑦……这种力量将引导那已取得胜利的人民由胜利进入新的

胜利，同时也将引导那一切还在邪恶的资本主义旧世界压迫下呻吟的人们能够对于人民的敌人进行勇敢的冲击。（毛泽东）

⑧既是她的婆婆要她回去，那有什么话可说呢。（鲁迅）

⑨我师完全有力量担负解放峰山岛的任务。（陈其通）

⑩蒋介石蹲在山上一担水也不挑。（毛泽东）

⑪人民解放军横渡长江，南京的美国殖民政府如鸟兽散。司徒雷登大使老爷却坐着不动，睁起眼睛看着。（毛泽东）

⑫有一部分知识分子还要看一看。……正是这些人，他们对美国存着幻想。（毛泽东）

⑬他们已经利用时间完成了进攻的准备。（毛泽东）

⑭事实上他们既没有什么力量实行全面和平，也没有什么力量实行全面战争。（毛泽东）

⑮中国共产党领导中国人民解放军坚决地进行了爱国的正义的革命的战争，反对蒋介石的进攻。（毛泽东）

⑯你们的成绩不错哪，连省城里的报纸都在表扬你们创造了新纪录。（艾芜）

*7. 句子里用“来”和“去”，有的表示实在的意思，有的不表示实在的意思。只有单独表示实在意思的，才能算是复杂谓语里的一部分。分辨一下，下面这些句子里的“来”和“去”，哪些能算是复杂谓语的一部分，哪些不能算。

①大会以后，我们一定要用切实的办法来改善我们的工作，先进的地方应该更先进，落后的地方应该赶上先进的地方。（毛泽东）

②我们一定要拿出愚公移山的精神来干。（何礼鳌）

③比如一桶水，不是从地上去提高，难道是从空中去提高吗？（毛泽东）

④通讯员来打招呼，找我上队长窝棚里去。（大群：《小矿工》）

⑤我们将一年一年地更有生气，更有精力，愈战愈强，只有我们去压倒敌人，决不怕敌人来压倒我们。（毛泽东）

⑥如果我们按照教科书，找到什么是文学、什么是艺术的定义，然后按照它们来规定今天文艺运动的方针，来评判今天所发生的各种见解和争论，这种方法是不正确的。（毛泽东）

*8. 辨别一下，下面的例子哪些是兼语式，哪些是主谓词组作宾语。

①妈妈见雨来从外面进来。

②妈妈叫雨来快点进来。

③我们立刻派人调查。

④我明白我的问题提得很不妥当。

⑤他却让社员们选落后的王旦旦。

⑥你会忘记了汽车是在高原上行驶。

⑦他们知道她去送寒衣。

⑧她不相信万里长城就能压着她丈夫的身体。

⑨我疑心这是极好的文章。

⑩官府征万喜良去当差。

⑪大家都说你炼钢炼得又快又好。

⑫她就喜欢你炼钢炼得又快又好。

*9. 下面的现象算作连谓式可以不可以？为什么？

①他炼钢炼得又快又好。

②俺弹花弹了半辈子。

③咱给牲口铡草铡得圪节挺长。

④战士们追敌人追得很猛。

（三）

1. 说明下列复杂谓语各包含几个谓语，并指出哪些是连谓式，哪些是兼语式。

①三台镇动员青年参加八路军打鬼子。（符成珍）

②你要是先去的话，就请你帮我买买。（康濯）

③这么个人，谁有法儿像个朋友似的去劝告呢？（老舍）

④武震见他乏的像摊泥，吩咐人搀他回家。（杨朔）

⑤吴老太爷特嘱荪甫安插他到这戴生昌轮船局。(茅盾)

⑥小俊回到玉生家里取了绒衣往范登高家里去送。(赵树理)

⑦我们有什么理由不批准人家入社呢?

⑧咱们不妨推举一位先去看看情形。(叶圣陶)

⑨他从兜里掏出一本书来送给她看。

⑩缝好那一天,我争着让姥姥打发我送去的。(肖平)

⑪谈了差不多,管饭的户就打发小孩来叫何科长和张副区长吃饭来了。(赵树理)

⑫荪甫吩咐了当差们打电话去请秋律师来。(茅盾)

*2. 下列句子里用“使”字,行不行?请谈谈你的想法。

①在党的教育下,使我走上了革命的道路。

②从这件事情中,使我懂得了一些简单的道理。

③经过了这次教训,使我以后报道新闻的态度严谨了。

④由于这种错误的想法,使我走错了路径。

⑤听了王主任的报告之后,使我考虑了很多问题。

⑥今天能看见这条正路并踏上它,使我感到说不出的兴奋。

第六节 复指成分和独立成分

一、复指成分

（一）复指成分的定义和特点

用两个或几个不同的词语，指同一事物，作同一句子成分，叫做复指成分。“复指”是句子成分里的特殊情况，也叫“复说”。例如：

①交通员老李忙把墙角的缸搬开。

②这就是老英雄孟泰。

③党的好女儿向秀丽的光辉事迹，在全国人民中传扬着。

④资产阶级、小资产阶级，他们的思想意识是一定要反映出来的。（毛泽东）

⑤他秋夏两季总要到山上去找野生油料植物。

⑥他住在首都北京。

例①，“交通员老李”是复指成分，充当句子的主语。换句话说，这个句子的主语是复说主语。例②，“老英雄孟泰”是复指成分，跟“是”一起充当句子的谓语。换句话说，这个句子的谓语里包含着复说成分。例③例④，“党的好女儿向秀丽”“资产阶级、小资产阶级，他们”都是复指成分，它们都充当句子的定语。换句话说，在这两个句子里，它们都是复说定语。例③，“夏秋两季”是复指成分，作状语。这个状语，是复说状语。例⑥，“首都北京”是复指成分，跟“在”一起作补语。换句话说，这个句子的补语里包含着复说成分。

上述复指成分的定义，告诉我们复指成分有三个特点：

第一，用不同的词语构成。如“交通员”和“老李”，“老英雄”和“孟泰”，都是不同的词语。如果不是不同的词语，就不能构成复指成分。例如：

⑦小张，小张，你快来！

⑧牙山，伟大的牙山！（峻青）

例⑦是连呼两遍，例⑧是借用反复的手段来表现强烈缠绵的感情，它们都不是复指成分。

第二，两个以上的词语指同一事物。如例①的“交通员”和“老李”指同一个人；例⑥的“首都”和“北京”指同一个地方。如果不是指同一事物，就不能算是复指成分。例如：

⑨交通员和老李忙把墙角的缸搬开。

“交通员”“老李”指不同的人。这个句子的主语是联合词组，而不是复说主语。

第三，两个以上指同一事物的词语共同充当一个句子成分。如果不符合这个条件的，便不是复指成分。例如：

⑩《阿Q正传》的作者是鲁迅。

⑪坚决执行“百花齐放、百家争鸣”的方针。

例⑩，“《阿Q正传》的作者”和“鲁迅”虽然指同一事物，但前者是句子的主语部分，后者是句子的谓语里的一部分，因此它们不是复指成分。例⑪，“百花齐放、百家争鸣”是一种方针，但在这里“方针”是宾语，“百花齐放、百家争鸣”是“方针”的定语（“的”是定语的标志），因此它们不是复指成分。

（二）复指成分的种类

复指成分可以分为三类：

1. 叠用式复说：互相复指的两个或几个部分叠用在一起。整个复指成分可以成为一个语段。例如：

A
①工人张明友创造了惊人的奇迹。
②我回到故乡北京。（老舍）
③刘殿臣这个小伙子脾气最急，容易动火。（杨朔）
④鲁迅先生的房里只有床铺、网篮、衣箱、书案这几样东西。

B
⑤我胡锡泰做事，向来不亏心。（杨朔）
⑥我们朝鲜人民看见志愿军，从心眼里觉得亲。（杨朔）
⑦你同志也是庄稼人吧。（峻青）
⑧谁不记得人家老平的好处？

C
⑨要说赶车，咱们无茂屯四百户人家，老孙头我不数第一，也数第二呀。（周立波）
⑩现在只剩下老人自己。（峻青）
⑪爹妈他们都来了。

D
⑫咱们大家愿意帮忙。（赵树理）
⑬这是我们大伙儿的功劳。
⑭只要你们大家有意见愿意提，我可以打头一炮。（赵树理）

E
⑮志成和建华两个都是共产党员。
⑯你们二位挑沙子，你们俩挑水。（老舍）
⑰兄弟七八个围着桌子坐。

A组是两个名词或名词性词组叠用在一起的。B组是代词和名词、名词性词组叠用在一起的。C组是名词、名词性词组和代词叠用在一起的。D组是两个代词叠用在一起的。E组是名词、代词、名词性词组和数量结构叠用在一起的。叠用式复说的内部结构，常见的就是以上这几种。不管内部结构如何，叠用式复说都可以单独成为一个语段，如“工人张明友”“我们朝鲜人民”“爹妈他们”“我们大伙儿”“志成和建华两个”都可以独立地说出来。

有时，叠用式复说可以包含三个或更多的部分。例如：

①中共中央候补委员❶、中共中央西北局第二书记❷、中共陕西省委第一书记❸、中国人民解放军陕西省军区第一政治委员❹张德生❺同志❻，不幸于三月四日在西安病逝。（《人民日报》）

②我看着好像是小张❶和小刘❷他们一帮人❸。（峻青）

2. 称代式复说：一个词语放在句子头上，后边用一个代词来指称它。例如：

①中国共产党——这是多么亲切多么伟大的名字啊！（杨沫）

②买卖，这就是资产阶级体育运动的本质。

③金钱、利润，这就是资本主义国家体育运动的决定力量。

④建立一个强大的社会主义工业国，这是我国各民族的共同目标。

⑤东风压倒西风，这是当前国际局势的特点。

⑥天子的顽固分子，他们虽然今天顽固，明天顽固，后天顽固，但是不能永远地顽固下去。

⑦大理，它美，美得别致，有情趣。（曹靖华）

⑧狠心的恶霸冯兰池，他要砸古钟了。（梁斌）

⑨新型的电车，各式各样的汽车，轻巧灵活的自行车，它们穿梭般地奔驰在宽阔的新路上。

⑩飞沙像山一样压下来，那在大戈壁里是不稀罕的。

称代式复说总是由两个部分组成。两个部分之间要加逗号或破折号。

有时，构成称代式复说的两个部分不是紧紧相连，而是被别的词语隔开了，但它们仍然同指一样事物，同作一个句子成分。例如：

①共产党内正确思想和错误思想的矛盾，如前所说，在阶级存在的时候，这是阶级矛盾对于党内的表现。（毛泽东）

②一切主观主义、宗派主义、党八股的货色，我们都要抵制，使它们在市场上销售困难，……（毛泽东）

③真是现在就需要着手培养和训练的干部，也不能希望他们在无事可做或工作极少的岗位上成长。（《人民日报》）

④反动的东西，你不打，他就不倒。（毛泽东）

⑤这样的人，提他做什么？

例①是复说主语。例②是复说兼语（既是“使”的宾语，同时又是“在市场上销售困难”的主语）。例③是复说主语（主谓宾语里的主语）。例④也是复说主语。例⑤是复说宾语。

必须注意：代词所指称的词语如果不是单独用在句子前边，而是充当了前面分句里的成分，那就不能构成称代式复说。比较：

①你所说的那个人，他已经走了。

②你所说的那个人已经走了，他是刚刚才走的。

例①，“你所说的那个人”单独放在句子头上，它和“他”构成复说主语。例②，“你所说的那个人”是前一分句的主语部分，“他”是后一分句的主语，它们不是作同一句子成分，因此不是复指成分。

3. 总分式复说：先提出一个总说的部分，然后分开说，让分说部分各作一个分句的主语。例如：

①父子二人，爸爸是个全劳动力，儿子也能做些活。

②姚志兰和吴天宝，一个是电话员，一个是火车司机。

③门旁贴的两条标语，一条是冲锋陷阵顽强战斗，一条是鄙视困难干劲冲天。

总说部分后边往往要加逗号。但用“的”字结构或“一半”之类来分说的，总说部分后边可以不加逗号。例如：

①敌人倒的倒了，退的退了。

②他们有的被苏联当局赶出医院，有的在医院内又受到骇人听闻的迫害。(《人民日报》)

③这些人一半是老人，一半是小孩儿。

④参加旅行的人一大半是医生和护士，一小半是他们的家属和朋友。

必须注意：表示总说的词语，如果不是单独用在句子前面，而是充当了前边分句里的成分，那就不能构成总分式复说。例如：

①文艺批评有两条标准，一个是政治标准，一个是艺术标准。(毛泽东)

②这些同志都很进步，有的已经入党，有的正在积极争取入党。

例①，“(两条)标准”是前一分句的宾语，它和“一个”“一个”不是总分式复说。例②，“(这些)同志”是前一分句的主语，它和“有的”“有的”不是总分式复说。

(三) 复指成分的运用问题

运用复指成分，首先要了解复指成分的表达作用：

第一，增强语言的明确性。例如：

①张明山，这个创造反围盘的钳工，不太会闲扯。

光说“张明山”，有的人可能不知道这是什么人，他有什么贡献，加上了“这个创造反围盘的钳工”，意思就明显得多了。反过来说，光说“这个创造反围盘的钳工”也不行，因为有的人可能不知道这个钳工到底是谁。可见这个句子用复说主语，是很有必要的。

第二，突出地强调思想对象。例如：

②无怪中国法西斯头子独夫民贼蒋介石，在敌人尚未真正接受投降之前，又敢于“命令”解放区抗日军队“应就原地驻防待命”，束手让敌人来打。(毛泽东)

③谁是我们最可爱的人呢？我们的部队，我们的战士，我感觉他们是最可爱的人。(魏巍)

例②，用“中国法西斯头子”“独夫”“民贼”和“蒋介石”复指，就突出地说明了蒋介石这个帝国主义的走狗、中国大地主大资产阶级的政治代表，是一个极端残忍和极端阴险的家伙。例③，把“我们的部队，我们的战士”放到句首，而在句中用“他们”来指称它，就可以突出地说明我们最可爱的人是谁。

第三，增强造句的灵活性。比较：

④现在的反共顽固派，如果他们不进步，我看也不能逃此公例。(毛泽东)

⑤如果现在的反共顽固派不进步，我看也不能逃此公例。

例④用称代式复说，读起来顿挫有力，语气活泼，意思显豁。例⑤不用复说，意思没有变，但句子显得非常笨拙。再比较：

⑥这位同日本侵略者周旋了整整十年的老战士的作战经验是非常丰富的。

⑦这位同日本侵略者周旋了整整十年的老战士，他的作战经验是非常丰富的。

例⑥不用复说法。划线的部分是定语。这个定语过长，过于复杂，因此句子显得冗长累赘。例⑦用复说法。结构明晰，意思显豁。再比较：

⑧“闭塞眼睛捉麻雀”，“瞎子摸鱼”，粗枝大叶，夸夸其谈，满足于一知半解的极坏的完全违反马克思列宁主义基本精神的作风，还在我党许多同志中继续存在着。

⑨“闭塞眼睛捉麻雀”，“瞎子摸鱼”，粗枝大叶，夸夸其谈，满足于一知半解，这种极坏的作风，这种完全违反马克思列宁主义精神的作风，还在我党许多同志中继续存在着。（毛泽东）

例⑧不用复说法，“作风”的定语很长，看起来很费劲。例⑨用复说法，句子显得非常活泼，读起来节奏鲜明，朗朗上口。

可见，运用复指成分，可以使句式有变化，避免句子的呆板和冗赘。

第四，使句子结构严谨，条理清楚。例如：

⑩曾经留恋过别的东西的人们，有些人倒下去了，有些人觉悟过来了，有些人正在换脑筋。（毛泽东）

先总提，后分说，结构多么严谨，条理多么清楚。要是说成：“有些曾经留恋过别的东西的人倒下去了，有些曾经留恋过别的东西的人觉悟过来了，有些留恋过别的东西的人正在换脑筋。”这就太啰嗦拖沓了。

下面，再谈谈运用复指成分时还应该注意哪些问题。

第一，构成复指成分的各个部分之间，不要用结构助词“的”[①]。例如：

*⑪林则徐的电影文学剧本，曾在《人民文学》杂志发表过，这次搬上银幕，……

“林则徐”和“电影文学剧本”之间该是复指关系，中间用了

① 在根本不会引起误解的情况下，也有人在复指成分之间用“的”，如“那豆腐西施的杨二嫂”（鲁迅）。不过用了“的”之后，就不再是复指成分，而是“定语＋中心词”了。

个“的”，关系反而不清楚了：不知林则徐是谁的人，可能以为“林则徐的电影文学剧本”是“林则徐写的电影文学剧本”的意思。应改为“《林则徐》这个电影文学剧本”或“电影文学剧本《林则徐》”。

第二，不要用不是同指一样事物的词语来复说。例如：

*⑫红旗在前面引导，接着是锣鼓乐队，接着是穿着花红衣裳的祖国花朵——妇女和儿童。

*⑬……现在遗存的仅是墓前的一些石刻，其中有神道石柱、石麒麟、石天禄、石辟邪等奇禽异兽，它们的体积非常庞大，是一群既精致又宏伟的石雕艺术。

例⑫，“儿童”和“祖国花朵”可以复说，“妇女”和“祖国花朵”是不能复说的。例⑬，“神道石柱、石麒麟、石天禄、石辟邪等”和“奇禽异兽”复说。“神道石柱”既不是“禽”，也不是“兽”。“麒麟、天禄、辟邪”是“兽”不是“禽”。这样的复说是不妥当的。

第三，避免发生歧义。例如：

*⑭他们曾经动员杨克、杨洪、冯惠荣等七个孩子的妈妈退职。

动员退职的是“杨克等七人”，还是“杨克等七个人的妈妈”？不明确。按原意，是“杨克等七人”。应改为“……杨克、杨洪、冯惠荣等七个有孩子的女职工”。

二、独立成分

（一）独立成分的定义和特点

不跟主语、谓语等发生特定的关系，位置比较灵活的成分，叫做独立成分。

独立成分是一类特殊的句子成分，不属于主语、谓语、宾语、补语、定语、状语。这类成分有两个突出的特点：

第一，位置比较灵活，往往能够移动。例如：

①同志们，思想问题是必须解决的。
②思想问题是必须解决的，同志们。
③思想问题，同志们，是必须解决的。

④哼，他连义务劳动也不肯参加！
⑤他连义务劳动也不肯参加，哼！
⑥他，哼，连义务劳动也不肯参加！

⑦你看，这一片麦子长得多好！
⑧这一片麦子长得多好，你看！
⑨这一片麦子，你看，长得多好！

有黑点的都是独立成分。它们有时可以用在句子前面，有时可以用在句子后面，有时可以插在句子中间。

第二，不同别的成分发生特定的关系，换句话说，不是句子里有机的一部分；因此，去掉它不会影响句子的原有结构。如上面例子里的“同志们”“哼”“你听”都可以去掉，去掉以后，句子的基本结构不变。

（二）独立成分的种类和运用问题

独立成分可以分为三类。下面分别介绍这三类独立成分，并结合着谈谈这三类独立成分的运用问题。

1. 招呼成分：用来呼唤人物的名称[①]。例如：

①朋友们，为做一个祖国的英雄而奋发努力吧，不会比这再光荣的了。（魏巍）

人们在运用招呼成分时，往往借助于某些手段，使它带上某种感情色彩。例如：

---

① 不是附在句子上面，而是单独使用的，算独词句。例如：

几分钟以后，江姐确定没有丢失什么东西，才提起自己的布包，走了出来，慢慢向黑漆大门走去。

“江姐！”

一个熟悉的声音，在耳边响起。江姐一转眼，便瞥见一个瘦长的人影，闯进门来。（罗广斌、杨益言）

②同志们呀，你们太辛苦了！

③队长，队长，有人偷麦种！

例②，带上语气助词“呀”，显得语意深长。例③，反复地呼，显得感情急促。

有时，本来不必用招呼成分，但说话人却故意呼一下，以便使所说的话更富于情绪。例如：

④同志，你这种思想是非常错误的！

这是在对别人进行批评、劝导时所说的话。加个“同志”，显得语重心长。

值得注意的是：用在句子前面的招呼成分，它的后边必须用逗号(或感叹号)；用在句子后面的招呼成分，它的前面必须用逗号；用在句子中间的招呼成分，它的前后都必须用逗号（后面也可以用感叹号)。比较：

⑤主席，老张来了。(后边用逗号，“主席”是独立成分。)
⑥主席老张来了。(不用逗号，“主席”和“老张”是复说。)

⑦这就是王老师，爸爸。(前边用逗号，“爸爸”是独立成分。)
⑧这就是王老师爸爸。(不用逗号，“爸爸”是判断合成谓语后部，“王老师”是“爸爸”的定语。)

⑨就是为了这个，弟弟，我才提出这样的要求来的。(前后都用逗号，“弟弟”是独立成分。)
⑩就是为了这个弟弟，我才提出这样的要求来的。(前边不用逗号，“为了这个弟弟”是介词结构，“这个”是“弟弟”的定语。)
⑪就是为了这个，弟弟我才提出这样的要求来的。(后边不用逗号，“弟弟”和“我”是复说。)

2. 感叹摹声成分：用来表示感叹、应答的声音或者摹拟事物的声音[①]。例如：

---

① 不是附在句子上面，而是单独使用的，算独词句。“叹词的特点”部分有叹词用作独词句的例子。

①现在，他的翅膀也快长硬啦，嗨！（胡万春）

②嗯，是传达县委千人大会的精神，搞生产大跃进。（邹荻帆）

③有一个两颧突起的瘦子走过来，板着铁青脸，不声不响地走近傻权，“赏”了他脑瓜几颗“栗子”，发出清脆的响声：“咯咯咯”，……（陈残云）

例①是感叹成分。例②是应答成分。例③是摹声成分。

感叹成分可以帮助我们表达说话时的口气和心情。比较：

②哈哈，下雨了！

③唉，下雨了！

④哟，下雨了！

这三句话说的都是“下雨了”，但例①用“哈哈”，表示高兴的心情；例②用“唉”，表示沮丧的情绪；例③用“哟”，表示感到有点突然，带有料想不到的口气。

在诗歌里，恰当地运用感叹成分，可以收到很好的效果。请看下面这首诗：

酒　歌

峭　石

两位久别重逢的老将军，在一起碰杯——

老战友见老战友，
碰杯先饮一杯酒，

一杯热酒灌下喉，
满腹豪情涌出口，

当年一起投红军，
年龄正是十八九，

一把梭镖如闪电，

两肩担着风雷走！

头顶红旗照日月，
脚下强敌变死狗！

抡枪强攻娄山关，
挥刀硬取腊子口！

烽火燕山吹竹箭，
走马长江插杨柳，……

年年酣战复年年，
哪顾霜雪染白头！

鬓发白，意未休，
钢骨铁胆精神抖，

佘太君百岁挂帅印，
老黄忠八十不曾卸甲胄，

革命的战船朝前开，
哪能离开老水手！

老水手——老将军，
上阵先饮一杯酒，

挥手恶浪两边分，
喝令乌云往西走，

风拂银发映朝霞，
长征哪怕跋涉苦！

啊，人生无时不青春，
革命豪情浓似酒！……

（《甘肃文艺》一九六三年第十一期）

全诗共有三十行，在倒数第二行前边用了一个“啊”。这个感叹成分用得很妙，它使凝在诗里的感情更加高昂，让已经结束的诗作荡漾出袅袅不绝的余音，耐人寻味。

摹声成分在表达上也有很大的作用。准确地运用摹声成分，可以给人以真实的感觉，使人产生具体的音响形象。例如：

⑤唧唧喳喳，麻雀早早醒来了，站在枝头上，吵得好凶。随后，喜鹊出窝了，一跳，两跳，从这枝头跳到那枝头，喳喳，喳喳，喳喳喳喳，嘴里也自不消闲。（谢村：《春闹枝头》）

在那春天的早晨，鸟儿如何在枝头上喧闹，通过几个摹声成分的运用，逼真地表现出来了。

3. 附带插说成分：这种成分大都不是正文所需要，但可以使正文带上某种附加的意思或附加的感情。

现代汉语里，附带插说成分的作用是多种多样的，大体可以归纳为四种：

第一，提醒性的：用来引起听话人（或读者）的注意。例如：

①那西边，你瞅，绿油油的一大片，都是新法栽种的好庄稼。

②你听听，他真是个红旗手，人家想不到的他都想到了。

③你想想，要不是共产党来了，我们哪有今天？

④这样结实的东西，你尽管放心，一定是经久耐用的。

⑤中国大资产阶级的政治代表蒋介石，大家知道，是一个极端残忍和极端阴险的家伙。（毛泽东）

第二，按注性的：对正文起注释、补充的作用，或者帮助正文表达某种语气。例如：

①看样子，敌人是逼到中国大门口了。(杨朔)

②眼看要出门了，连针线都拿不起来，压得我给她操劳着赶嫁妆。(杨朔)

③就算能够这么做，那充其量也只能使出三十部犁呗，三十部犁又挡什么事？(徐怀中)

④参加这次大会的人，少说一点，总有六七千吧。

⑤依我看，早下种总比晚下种好。

⑥不瞒你说，这事我早知道。

⑦我国的民族资产阶级，包括大中小资本家和资产阶级知识分子在内，是我国社会上除开官僚资产阶级以外人数最少的一个阶级。(刘少奇：《八大政治报告》)

⑧在列宁诞生后的第二年，即一八七一年，出现了英勇的巴黎公社起义。(《列宁主义万岁》)

⑨在为工农兵和怎样为工农兵的基本方针问题解决之后，其他的问题，例如，写光明和写黑暗的问题，团结的问题，便都一齐解决了。(毛泽东)

⑩毫无疑义，我们党的这条社会主义建设总路线，是符合我国全体人民的愿望的。(刘少奇)

例①，表示对情况的推测。例②，表示事情不久就要发生。例③，表示对数量的估计，极言其多。例④，表示对数量的估计，极言其少。例⑤，表示自己的意见。例⑥，表明说话的态度。例⑦，“包括……在内”表包括，“除开……以外”表排除。例⑧，表示解释。例⑨，表示举例。例⑩，表示肯定的语气。

第三，引述性的：表示消息的来源。例如：

①听说那家伙是柳八爷手下的，……(冯德英)

②传说很多年以前这里是一片海水。

③据说热带有一种毒蛇，叫“响尾蛇”。

④我家后面有一个很大的园子，相传叫做百草园。

⑤据调查，全国疗养院床位的平均使用率仅达百分之七十多。(《人民日报》)

第四，关联性的：用在上下文之间表示某种关系[①]。常用“总而言之、换句话说、此外、再说、反之”等表示。例如：

①这时候，年轻的战士们，越发显得活泼起来，问这问那。有人问起天安门，有人问起东北的工厂，有人问起故乡的土地改革，有人问起学生的参军，有人问祖国去年庄稼的收成，有人问祖国某条铁路线的双轨到底铺到哪里，一直问到我平常毫不注意的一些问题。总之，他们在关心着我们祖国广大国土上的一切。(魏巍)

②如果只有伟大而高尚的理想，而没有实事求是的精神及切实的实际工作，那就不是一个好共产党员，那只能是空想家、空谈家或学究。相反如果只有实际工作，而没有伟大而高尚的共产主义理想，那也不是好共产党员，而是庸碌的事务主义者。(刘少奇)

例①，“总之”起了总结上文、引起下文的作用。例②，“相反”起了引出另一方面的情况的作用。

从以上的介绍中可以知道，附带插说成分虽然不是正文所需要的成分，但它是可以起多种多样的作用的。要是能够恰当地选用插说成分，就可以把自己的意思准确地表达出来。比较：

①今天天安门广场上料想一定很热闹。

②今天天安门广场上不用说一定很热闹。

句子的正文完全一样，但例①用“料想”，表示推测的语气。例②用“不用说”，表示十分肯定的语气。

毛主席非常善于运用插说成分。下面举几个例子来略加分析：

①民族斗争，说到底，是一个阶级斗争问题。(毛泽东)

②……八路军、新四军受尽了蒋介石和日本人夹击围攻的苦

---

① 关联性成分在句子里起关联作用，因此，在分析句子和句子或分句和分句之间的关系时，也可以把它们看作关联词语。

楚，现在抗战瞬将结束，蒋介石又在暗示日本人（加上他亲爱的伪军），叫他们不要向八路军、新四军缴枪，说是只能缴给我蒋介石。（毛泽东）

③……只有那些主观地、片面地和表面地看问题的人，不看事情的全体（事情的历史和全部现状），也不触到事情的本质（事情的性质及此一事和其他事情的内在联系），就自以为是地发号施令起来，这样的人是没有不跌跤子的。（毛泽东）

例①，不用“说到底”，意思仍然非常明确。但用了这个插说成分，就可以说明“民族斗争是一个阶级斗争问题”这个论断是透过了事物的表面，揭出了事物的本质。例②，用了“加上他亲爱的伪军”这个插说成分，既增强了表意的明确性，又增强了对蒋介石进行尖锐嘲笑和无情揭露的战斗性。例③，在“事情的全体”和“事情的本质”后边各加一个起注释作用的插说成分。有了这两个注释性成分，就使这段话更准确、更深刻。因为说到“事情的全体”，一般人是不大会想到也包括事情过去的历史在内的；同样，对于“事情的本质”，一般人可能只从这件事情本身着眼，而忽略了它和其他事情之间的联系。毛主席之所以加上这两个注释性成分，正是为了防止这种片面的理解。

思考与练习

（一）

*1. 有的语法书认为：“交通员老李忙把墙角的缸搬开”是复指成分充当主语，“我要跟他谈谈我们农民的事情”是复指成分充当定语。又认为：主语、谓语、宾语、定语、状语、补语是句子的一般成分，复指成分和独立成分是句子的特殊成分。考虑一下，这样的处理办法有没有什么毛病。

*2. 有人认为，互相复指的两个部分里，前一部分是复指成分，后一部分是一般成分。例如：

①按照实际情况决定工作方针，这是一切共产党员所必须牢
（复指成分）　　　　　　（主语）

牢记住的最基本的工作方法。

②昆明，我在那儿住过三年。

（复指成分）（状语的一部分）

相反，有人认为前一部分是一般成分，后一部分是复指成分，例如：

①按照实际情况决定工作方针，这　是一切共产党员所必须

（主语）　（复指成分）

牢牢记住的最基本的工作方法。

②昆明，　我在　那儿　住过三年。

（状语的一部分）　（复指成分）

你觉得这两种处理办法好不好？

*3. 从意义关系和结构特点这两个方面说明联合词组和叠用式复说的区别。

*4. 说明下列例子的结构关系，并说明怎样才能把它们改变成复指成分。

播种和施肥的事

劳动模范的称号

“中国共产党万岁”的口号

半工半读的教育制度

*5. 下列句子里有没有总分式复说？请说明理由。

①他们的服装很怪，有的像农民，有的是商人打扮。（杨朔）

②人们往四面跑，有的摔倒了，有的从旁人的肩上蹿出去。（叶圣陶）

③我的面前出现了两个强大的影子：一个是身上散发着泥土和汗味的冒冒失失的庄稼小伙子，一个是草绿色的军装上，挂满了耀眼的金星奖章的威武的营长。（峻青）

6. 指出下列句子中的复指成分，说明它们的类别（叠用、称代、总分），并说明它们充当句子的什么成分（主语、宾语……）。

①办好报纸，把报纸办得引人入胜，在报纸上正确地宣传党的方针政策，通过报纸加强党和群众的联系，这是党的工作中的一项不可小看的、有重大原则意义的问题。（毛泽东）

②那时候，官府是人家地主的，监狱是咱们穷人的。（峻青）

③只要你勇于斗争，勇于前进，你就当得起“战士”这个光荣的称号。（杨朔）

④部队在原地休息了。在这一直爬上来的山路上，战士们有的脸朝山下，坐在石子路上；有的脸朝左右的山谷，倚靠在路旁的岩石上；有的背靠背，有的四五个人围在一起。（孙犁）

⑤我们高山集邮政营业处里，共有四个人：徐主任、老马、我和高峰。（峻青）

⑥将来有一天，我们干交通的能在大天白日，带着文件公开的在地面上走来走去，那才好呢！（峻青）

⑦婆媳二人，儿媳顶个全劳动力，婆婆也一日不闲。（康濯）

⑧全河东几十万人的性命，就在咱们这几个人身上了。（峻青）

⑨为了实现社会主义改造这个根本任务，人民可以忍受这种暂时的不方便。（《人民日报》）

⑩芦花村的孩子们，雨来的小朋友铁头和小黑几个人，听到枪声，都呜呜地哭了。（管桦）

（二）

1. 指出下列句子中的独立成分，并说明它们的类别（感叹应答成分、招呼成分、附带插说成分）。如果是附带插说成分，要进一步说明是提醒性成分、按注性成分、引进性成分，还是关联性成分。

①“华为，你一个人来吗？妈妈呢？”“江姐，你好！妈妈没有下山。”华为边说，边迎着江姐亲切的招呼，走上前去。（罗广斌、杨益言）

②“啊，妈妈还叫告诉你，”华为补充着道：“情况紧急，原来约定今天在这里碰头的会议，她已经临时决定改期了。”“哦，

这就好了，”江姐早上听满脸胡须的老蓝同志在河东讲城里的情况时，还不知道出了什么事情，现在她已经肯定这里出现了便衣特务，……（同上）

③抬滑竿的是两个青年狙击队员——其中一个是华为。他们走到河边，停住了脚步。（同上）

④“当——啷，当——啷——”音节明朗的响声，在晨曦中，忽然顽强地从风门口传了进来。“当——啷，当——啷！”这声音出现在渣滓洞最宁静的早晨，……这声音好像是一个勇敢的战士，在弹奏着一支战斗进行曲。（同上）

⑤你看看，共产党一来，怎么人都像脱胎换骨似的，变了个样？（杨朔）

⑥姑妈是多么高明的人，你想。（丁西林）

⑦从前安徒生写过一篇故事，叫“皇帝的新衣”，想来看过的人很不少。

⑧说真的，高压电桥这个空白一天不填，我的心里就一天不能安定！（费礼文）

⑨究其实，天上也找不到这种好地方。（杨朔）

⑩车，不用说，当然是头等。（叶圣陶）

⑪毫无疑问，社会主义国家的存在，社会主义国家对于民族独立的同情和支持，大大地便利了这一些运动的发展和胜利。（刘少奇）

⑫嗒嗒嗒嗒，秒针慢慢响着，最后的一分钟似乎分外的长。（罗广斌、杨益言）

⑬这堆货物，充其量有十辆卡车就运走了。

⑭一般说来，人民内部的矛盾，是在人民利益根本一致的基础上的矛盾。（毛泽东）

⑮这件事天晓得小王他们怎么干的！

⑯据“泰国人民之声”电台五日广播，泰国独立运动二月十五日发表声明，强烈反对和谴责美帝国主义把侵略南越的战争扩大到越南北方，反对他侬政府把战火引进泰国。（《人民日报》）

⑰这个问题关联到我们国家和全民族的命运，关联到每一个人，包括每一个知识分子的切身利益。(《人民日报》)

⑱三个臭皮匠，合成一个诸葛亮，这就是说，群众有伟大的创造力。(毛泽东)

⑲看看，咱们连队上的共产党员都是些什么人啊！他们浑身是胆，在危险面前连眼也不眨。

*2. 在某些句子里，“特别是”“尤其是”“例如”是独立成分(关联性的)；在某些句子里，“特别是……”“尤其是……”“例如……”是独立成分（按注性的）。例如：

A
①有些新独立国家的资产阶级，特别是大资产阶级，随着国内社会矛盾和国际阶级斗争的尖锐化，越来越投靠帝国主义，实行反人民、反共、反革命的政策。(《关于国际共产主义运动总路线的建议》)
②一个自命为马列主义的革命作家，尤其是党员作家，必须有马列主义的常识。(毛泽东)
③一批大桃子，例如上海、南京、杭州等大城市，那是要被蒋介石抢去的。(毛泽东)

B
④苏共中央在三月三十日的来信中，就中苏两党会谈需要讨论的问题，系统地提出了自己的观点，特别是提出了关于国际共产主义运动总路线的问题。我们也愿意在这封信里，就国际共产主义运动总路线以及与此有关的一些原则性问题，谈谈我们的观点，作为我们的建议。(《关于国际共产主义运动总路线的建议》)
⑤他不但学习好，而且工作好，尤其是思想好。(林裕文)
⑥他们在各方面都采取这样的两面政策。例如：一面虽在抗日，一面又采取消极的作战政策，并且被日本侵略者经常选择为诱降的对象。……(毛泽东)

A组里，“特别是大资产阶级”“尤其是党员作家”表突出，“例如上海、南京、杭州等大城市”表举例。它们都是按注性成分。B组里，

“特别是”“尤其是”表示进一层的关系，“例如”表示后边的句子对前边的句子起解释的作用。它们都是关联性成分。

考虑一下，在什么样的场合应该把“特别是、尤其是、例如”算作关联性成分，在什么样的场合应该把“特别是……、尤其是……、例如……”算作按注性成分。

3. 指出下列句子当中的毛病，并加以改正。

①……也有时用前肢握住一块块的菜类如胡萝卜、青草等送到嘴中。

②美帝积极地准备战争，因为这样，资本家，尤其是军火生产的重工业，可以得到好处。

第七节 复　　句

一、复句的定义和特征

复句是由两个或几个在意义上有关系、在结构上相对独立的小句子组成的句法单位。(组成复句的每个小句子都叫做分句。)

仔细剖析这一定义，就可以从各个方面掌握复句的特征。

第一，复句是由两个或几个小句子组成的。小句子，可以是主谓句，也可以是无主句或独词句。这就是说，复句总是包含着两个或几个主谓句、无主句或独词句。例如：

①和谈失败了，欺骗不行了，战争揭幕了。(毛泽东：《别了，司徒雷登》)

②只有具体的人性，没有抽象的人性。(毛泽东：《文艺批评的标准》)

③晴朗的天空，灿烂的花朵，金黄的麦浪，丰饶的原野。

④下雨了，我们走吧。

例①包含三个主谓句。例②包含两个无主句。例③包含四个独词句。例④包含一个无主句和一个主谓句。

一个单句，不管在结构上、意义上多么复杂，都只包含一个主谓句或无主句、独词句。比如："美国出钱出枪，蒋介石出人，替美国打仗杀中国人，借以变中国为美国殖民地的战争，组成了美国帝国主义在第二次世界大战以后的世界侵略政策的一个重大的部分。"(毛泽东：《别了，司徒雷登》)这个句子包含将近四十个词，结构上、关系上都是够复杂的了。但它是一个单句，因为它只包含一个主谓句。（“……战争”是主语部分，“组成了……部分”是谓语部分。）

有时，一个复句和一个单句所表达的意思可以是基本上相同的。要辨别哪是单句，哪是复句，就得根据所包含的主谓句、无主句或独词句的数目。例如：

⑤老张和小梅回来了。

⑥老张回来了，小梅也回来了。

⑦我们热爱党和毛主席。

⑧我们热爱党，我们热爱毛主席。

⑨台上台下都站着许多人。

⑩台上站着许多人，台下也站着许多人。

例⑤和例⑥意思相同。但例⑤是单句，因为它只包含一个主谓句（主语是联合词组）；例⑥是复句，因为它包含两个主谓句。例⑦和例⑧意思相同。但例⑦是单句，因为它只包含一个主谓句（宾语是联合词组）；例⑧是复句，因为它包含两个主谓句。例⑨和例⑩意思相同。但例⑨是单句，因为它只包含一个无主句（状语是联合词组）；例⑩是复句，因为它包含两个无主句。

第二，复句是由两个或几个在意义上有关系的小句子组成的。换句话说，组成复句的各个分句在意义上有一定的关系。如例①，“和谈失败了”和“欺骗不行了”是解证关系（并列关系的一种）：“和谈”是为了“欺骗”，“和谈”失败了，当然也就等于“欺骗”不行了。“和谈失败了，欺骗不行了”和“战争揭幕了”之间，既有时间上的先后紧接的联系（可添上“于是”），也有事理上的因果关系（可添上“因此”）。不过这里主要强调时间上的先后紧接，说明“在助蒋作战的开头”，“曾演过一出……文明戏”，在这出戏演不成功之后，“战争”这幕野蛮戏就“揭幕”了。因此可分析为连贯关系。例②，两个分句之间是对照关系（也是并列关系的一种），它们说的是事情的正反两面。例③，四个分句说的是在某地某时有着实际联系的客观事物，它们平列着绘画出了一幅色彩鲜明的美景。例④，两个分句之间有着明显的因果关系。

第三，复句里分句与分句之间既然有一定的关系，那么，这些关系是怎样表示出来的呢？

分句与分句之间的关系，往往用关联词语来表示，有时，也可以用“意合法”表示。

关联词语，包括连词、关联副词以及作用同它们相当的词语。不同的关联词语表示不同的关系。例如：

因为……所以……，表示因果关系；

如果……就……，表示假设关系；

不但……而且……，表示递进关系；

不是……就是……，表示选择关系。

分句与分句之间的关系不是用关联词语表示出来的，叫做“意合法”。例如：

⑪雨水勤，梨儿挂得很密。（孙犁：《风云初记》）

这个复句的两个分句之间没有用关联词语，但它们之间的因果关系是可以意会的。我们也可以通过添加“因为”“所以”去确定它是因果句：“因为雨水勤，所以梨儿挂得很密。”

第四，复句是由两个或几个在结构上相对独立的小句子组成的。换句话说，组成复句的各个分句在结构上是相对独立的。

所谓“独立”，是指：各个分句彼此间没有谁包含谁、谁被谁包含的关系。也就是说，A分句不做B分句的成分，B分句也不做A分句的成分。即，是图1所表示的关系，而不是图2、图3和图4所表示的关系：

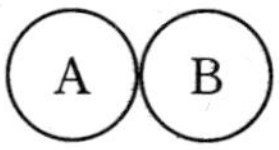

图1

图2

图3

图4

请比较：

⑫宋师父病了的消息，很快就传遍了全村。（马烽：《一架弹花机》）

⑬村里人都说宋师父病了。

⑭宋师父病了是事实。

⑮宋师父病了，我们都要去看看他。

例⑫里，“宋师父病了”作“消息”的定语，它被包含在“什么消息很快就传遍了全村”这个句子里面。例⑬里，“宋师父病了”是宾语，它被包含在“村里人都说什么”这个句子里面。例⑭里，“宋师父病了”作“是事实”的主语，而“是事实”作“宋师父病了”的谓语，这两部分是互相包含的。可见这三个句子都是单句，而不是复句。例⑮里，“宋师父病了”和“我们都要去看看他”之间就没有这种包含、被包含的关系，因此，它们组成了一个复句。

所谓“相对”独立，是指：各个分句都是复句的组成部分，它们彼此间有一定的依赖性。如例⑮，“宋师父病了”是因，“我们都要去看看他”是果，它们互相依赖，共同表达一个完整的意思。

正因为分句与分句互相依赖，所以有的分句可以省略跟别的分句相同的成分，省略以后并不影响语意的明确。例如：

⑯它是消极的东西，〔 〕客观上起着援助敌人的作用。（毛泽东：《反对自由主义》）

⑰〔 〕看着人们那样辛苦的劳动，老通宝觉得身上更热了。（茅盾：《春蚕》）

⑱〔 〕晚上得空，织女就指着星星，〔 〕给孩子讲些天上的故事。（《牛郎织女》）

例⑯，后一分句的主语承前省。例⑰，前一分句的主语蒙后省。例⑱，第一分句的主语蒙后省，第三分句的主语承前省。

在省略了某些成分的复句里，特别是在既省略了某些成分又用上了关联词语的复句里，分句的相对独立的地位就更加明显了。例如：

⑲邻近的绅士因为不肯缴鸦片枪，〔 〕被农民协会捉了去游乡。（毛泽东：《湖南农民运动考察报告》）

这个复句里，分句间用关联词语联结了起来，后一分句还省略了主语。这样，各个分句就根本没有单独表意的可能了。

我们之所以把复句里的各个小句子叫做分句，正是因为它们具有相对独立的地位：一方面，它们仍然具有“句”的某些特征；另一方面，它们只是复句的组成部分，并不是用来独立地表达意思的。

第五，复句是句法单位。具体些说，一个复句是一个句法单位。不管包含了多少分句，一个复句只能有一个统一全句的语调；每个复句，都只能在句末才有比较大的停顿（隔离停顿），书面上用句号、问号、感叹号表示。分句与分句之间也有停顿（连接停顿），书面上用逗号、分号、冒号或破折号表示。例如：

⑳闻一多拍案而起，横眉怒对国民党的手枪，宁可倒下去，不愿屈服。朱自清一身重病，宁可饿死，不领美国的“救济粮”。（毛泽东：《别了，司徒雷登》）

㉑这是人们的常识，难道我们的文艺工作者还有不懂得的么？（毛泽东：《文艺批评的标准》）。

㉒一手交钱，一手交货！（鲁迅：《药》）

㉓一方面，尽可能地保存自己的力量；另一方面，尽可能地消灭敌人的力量。（毛泽东：《抗日游击战争的战略问题》）

㉔这回翻山使部队开始养成了一种新的习惯：那就是用脸盆、饭盒子、茶缸煮饭吃。（陆定一：《老山界》）

㉕胡适博士对症发药——准备向日本帝国主义上条陈。（瞿秋白：《出卖灵魂的秘诀》）

例⑳，有两个复句，每个复句的末尾都用句号。这两个复句的分句之间都用逗号。例㉑，复句末尾用问号，分句间用逗号。例㉒，复句末尾用感叹号，分句间用逗号。例㉓，复句末尾用句号。由于分句本身已有了逗号，因此分句与分句之间用分号。例㉔，复句末尾用句号。分句间用冒号，表明前后分句之间有解证关系。例㉕，复句末尾用句号。分句间用破折号，表明前后分句之间有解证关系。

有时，一个复句内部可以同时运用逗号、分号和冒号，这是为了能够更清楚地表明这个复句所包含的结构层次。例如：

㉖你是资产阶级文艺家，你就不歌颂无产阶级而歌颂资产阶

级；你是无产阶级文艺家，你就不歌颂资产阶级而歌颂无产阶级和劳动人民：二者必居其一。（毛泽东：《文艺批评的标准》）

如上所说，句号、问号和感叹号是表示隔离停顿的。写文章的人（当然是指会运用标点符号的人），当他觉得在某个地方有隔离停顿时，就用上句号、问号或感叹号。这就是说，这些符号，客观地代表着停顿的性质。因此，它们可以作为辨别书面语里的句子的标志。我们在分析书面语的时候，在一般情况下，都可以把句号、分号或感叹号前面的言语单位看做句子，然后再分析它的内部结构，确定它是单句还是复句。例如：

㉗没有贫农，便没有革命。若否认他们，便是否认革命。若打击他们，便是打击革命。他们的革命大方向始终没有错。他们损伤了土豪劣绅的体面。他们打翻了大小土豪劣绅在地上，并且踏上一只脚。（毛泽东：《湖南农民运动考察报告》）

这个例子里有六个句号，表明有六个句子。第一个、第二个、第三个都是复句，第四个、第五个都是单句，第六个是复句。

不过必须指出：标点符号的运用情况相当复杂。问号和感叹号有时着重表示疑问的语气和感叹的语气，而不在于表示隔离，因此，要知道问号和感叹号前边是不是一句，还得从结构上去辨认。至于逗号、冒号等，我们说分句与分句之间常用它们，但并不等于说凡是用它们的地方都一定是分句与分句之间，它们前后的语言片段能不能算是分句，同样得从结构上去辨认。

二、联合复句和偏正复句

（一）联合复句

由两个或几个分句平等地联合而成的复句叫联合复句。

联合复句的分句与分句之间，有下列几种关系：

1. **并列**：表示平列、对照或解证的关系。常用“也……也”“又……又”“一面……一面”“不是……而是”“这就是说”等表示，也常用意合法表示，例如：

A组

①牛也舒服，自己也舒服。(《牛郎织女》)

②路正长，夜也正长。(鲁迅：《为了忘却的纪念》)

③（姑娘）又同情他，又爱惜他。(《牛郎织女》)

④我们是革命战争的领导者、组织者，我们又是群众生活的领导者、组织者。(毛泽东：《关心群众生活，注意工作方法》)

⑤（老人们、妇女们）一面激动地向他们说着安慰的话，一面拿出手巾来为他们擦汗。(陈立德：《前驱》)

⑥左翼是坚决的，中间派是摇摆的（这种摇摆和过去不同，是在新社会里的摇摆），右翼是反抗的。(毛泽东：《在中国共产党全国宣传工作会议上的讲话》)

B组

⑦美国共产党的一些人，在加勒比海危机问题上，不是把斗争的矛头指向侵略古巴的祸首美帝国主义，而是指向坚决支持古巴的中国。(《评美国共产党的声明》)

⑧日本帝国主义和汉奸卖国贼的任务，是变中国为殖民地；我们的任务，是变中国为独立、自由和领土完整的国家。(毛泽东：《论反对日本帝国主义的策略》)

⑨旧社会把人逼成鬼，新社会把鬼变成人。(贺敬之：《白毛女》歌词)

C组

⑩三个臭皮匠，合成一个诸葛亮，这就是说，群众有伟大的创造力。(毛泽东：《组织起来》)

⑪这种人在政治界、工商界、文化教育界、科学技术界里都有，这是一些极端反动的人。(毛泽东：《在中国共产党宣传工作会议上的讲话》)

⑫落花流水春去也，美国在资本主义世界称王称霸的时代已经完蛋了。(《联合国往何处去》)

A 组，平列两种或几种情况，是平列关系的并列句。前五句用关联词语，后一句用意合法。B 组，把两种情况加以对比，是对照关系的并列句。前一句用关联词语，后两句用意合法。C 组，一个分句对另一个分句起解说、注释的作用，是解证关系的并列句。前一句用关联词语，后两句用意合法。

2. **连贯**：几个分句一个接一个地说出连续的动作或连续的事件。常用“于是、然后、就、便、又”① 等表示，也常用意合法表示。例如：

①农民既已有了广大组织，便开始行动起来，于是在四个月中造成一个空前的农村大革命。（毛泽东：《湖南农民运动考察报告》）

②他诊过脉，在脸上端详一回，又翻开衣服看了胸部，便从从容容地告辞。（鲁迅）

③我们哪，第一天搜集英雄例子，第二天就编，第三天就排，第四天就演。（魏巍：《年轻人，让你的青春更美丽吧》）

④每个人都报告着形容着或吵嚷着自己的事，而后这些事成为大家的财产。（老舍：《骆驼祥子》）

⑤过了那林，船便弯进了叉港，于是赵庄便真在眼前了。（鲁迅：《社戏》）

⑥（门泽夫）放下手杖，打开包袱，拿出讲义。（吴天、荃默：《拍案颂》）

⑦我搁了盆，放下了罐，拿起钥匙，通开锁的屁股门，推开了门，拿起了盆，拿起了罐，进了门，搁下了盆，放下了罐，关上了门，拿起床来顶上了门，看你怎样进我的门！（京剧《乌盆记》）

例①至例⑤都用了关联词语。例⑥和例⑦用的是意合法。

并列关系和连贯关系不同。并列关系的各个分句是横的排列，形

① 表示连贯关系的“就、又、便”，作用相当于“于是、然后”。

成一字形的雁行式；连贯关系的各个分句是纵的排列，形成相继的鱼贯式。

有一种形式比较特殊的连贯句，值得提出来说一说。这种连贯句，邻近分句头尾蝉联，上递下接，即用前一分句的结尾来做后一分句的开头，使前后分句互相衔接起来。例如：

⑧指挥员的正确的部署来源于正确的决心，正确的决心来源于正确的判断，正确的判断来源于周到的和必要的侦察，和对于各种侦察材料的连贯起来的思索。（毛泽东：《中国革命战争的战略问题》）

⑨有翼的床头仿佛靠着个谷仓，仓前边有几口缸，缸上面有几口箱，箱上有几只筐。（赵树理：《三里湾》）

⑩……一见面是寒暄，寒暄之后说我“胖了”，说我“胖了”之后即大骂其新党。（鲁迅：《祝福》）

这样的句式，在修辞学上叫做联珠格。这种句式的运用，在很大程度上反映了客观事物之间的种种联系。适当地运用这种句式，可以使文章气势贯通，语意畅达，也可以使文章显得严谨、周密。发表议论、描写景物和叙述情况都可以用这种句法。例⑧是用来发表议论的。这个例子准确地揭示了部署与决心，决心与判断，判断与侦察、思索之间的关系，一环扣一环，结构严谨，十分流畅。例⑨是用来描写景物的。这个例子准确地说明了景物之间的关系位置，让我们能够依照所描述的次序去联想，最后在脑子里形成一幅鲜明的图画。例⑩是用来叙述情况的。这个例子叙述先后发生的几件事。采用这种句式，使人产生了一件事紧接着另一件事的感觉，整个句子显得非常紧凑，语气也很贯通。

3. **递进**：后一分句比前一分句有更进一层的意思。常用“不但（不仅、不只、不止、不光、不单）……而且（并且、就连、甚至、又、也、还、更）”表示。例如：

①这些论点不但在理论上是正确的，而且在实践中经受了反复的考验。（《再论陶里亚蒂同志同我们的分歧》）

②这不仅是幻想，而且是麻醉人民的鸦片。(《新殖民主义的辩护士》)

③他不但能说出五虎将姓名，甚而至于还知道黄忠表字汉升和马超表字孟起。(鲁迅：《风波》)

④社会经济的性质，不仅规定了革命的对象和任务，又规定了革命的动力。(毛泽东)

⑤不光他没有在月亮潭见过水，就是他爷爷也没有在月亮潭见过水。(李德复：《典型报告》)

⑥不但学校不收费，几个职员还为我的食宿操心。(鲁迅：《藤野先生》)

⑦在十月革命以前，中国人不但不知道列宁、斯大林，也不知道马克思、恩格斯。(毛泽东：《论人民民主专政》)

⑧我不但心里相信他，并且用实际行动支持他。(张志公例)

⑨不光月饼甜，心里更甜。(冯德英等：《女飞行员》)

有时，只在后一分句用“而且”“并且”“甚至”“更”等，也可以表示递进关系。例如：

⑩南斯拉夫的私人资本和私人企业是大量存在着，而且在迅速发展。(《南斯拉夫是社会主义国家吗?》)

⑪5月间，共产党开始整风，而且要求党外人士帮助党整风。(《不平常的春天》)

⑫柏油路晒化了，甚至于铺户门前的铜牌好像也要晒化。(老舍：《在烈日和暴雨下》)

⑬许多人都来向他致敬，有的甚至于失声痛哭。(周晔：《我的伯父鲁迅先生》)

⑭苦难的中国人民必须求得解放，并且他们坚信是能够求得解放的。(毛泽东：《全世界革命力量团结起来，反对帝国主义的侵略》)

⑮我爱北京，我更爱今天的北京。(老舍：《我热爱新北京》)

有时，“不但”“而且”“甚至”等可以连续使用，表示一层一层又一层地递进。例如：

⑯不但你知道，而且我也知道，甚至他也知道。（林裕文）

⑰他不但学习好，而且工作好，尤其是思想好。（同上）

⑱这些地区不愿意受帝国主义奴役的人们是极其广泛的。不仅有工人、农民、知识分子、小资产阶级，也包括爱国的民族资产阶级，甚至包括一部分的王公贵族。（《关于国际共产主义运动总路线的建议》）

以上所说的递进句，概括地说来，都是表示“由浅入深”（或“由小到大”）的关系的。

此外，还有两种递进句：

第一，表示“以反托正”的关系。用“不但不……反而”（或作用同它们相当的关联词语）表示。例如：

①多列士等同志对于这种错误的做法，不但不予谴责，反而称之为“明智的政策”。（《分歧从何而来》）

②（蒋介石）他上了台，非但不感谢人民，还把人民一个巴掌打了下去，把人民推入了十年内战的血海。（毛泽东：《抗日战争胜利后的时局和我们的方针》）

③帝国主义侵略势力不但没有从埃及的侵略中得到什么东西，反而遭到了沉重的打击。（《再论无产阶级专政的历史经验》）

这种递进句，以事情的否定方面来衬托事情的肯定方面，突出地强调了人物的坏行为、坏作风，或者突出地强调了不如意的结果。

第二，表示“以深证浅”的关系。用“尚且……何况”（或作用同它们相当的关联词语）表示。例如：

①小伙子们尚且搬不动，何况你呢？

②烧过的煤炭渣，还可以铺路，还可以填臭水坑，何况她还是个人呢？（陈登科：《风雷》）

③中国人死都不怕，还怕困难么？（毛泽东：《别了，司徒雷登》）

这种递进句，以深一层的意思来证明浅一层的意思，使所说的话富有说服力。请比较：

④不但力气小的搬不动，就是力气大的也搬不动。

⑤力气大的尚且搬不动，力气小的更搬不动了。

例④是由浅入深，说明东西很重。例⑤是以深证浅，使“力气小的搬不动”的结论具有充足的理由。

4. **选择**：表示在两种或几种情况中选择一种。选择关系又有三种情况：

第一，表示“或此或彼”。常用“或者……或者”“是……还是”表示。例如：

①或者你去，或者我去，或者咱俩都去，或者咱俩都不去。（杨欣安例）

②是你去，还是咱们俩一起去呢？

这种选择句，可以包含以上的分句，一般带有商量的口气，因此，可称为“商选”。

不过“是……还是”在用来表示明知故问，即表示反问或设问的时候[①]，往往没有“商选”的余地。例如：

③你是来帮助我呢？还是来拆我的台呢？

④人家吃了你的，还是喝了你的？（西戎：《纠纷》）

⑤（赫鲁晓夫）是把自己放在“凶手”“强盗”的同谋者的地位上呢？还是放在“混蛋”“白痴”一类人的地位上呢？（《关于斯大林问题》）

⑥这里所说的好坏，究竟是看动机（主观愿望），还是看效果（社会实践）呢？（《文艺批评的标准》）

例③是反问句，问句本身肯定后一分句的意思：你是来拆我的台。例④还是反问句，问句本身对两个分句的意思都加以否定：人家既没吃你的，也没喝你的。例⑤也是反问句，问句本身表示对两个分句的意见都加以肯定：既把自己放在“凶手”“强盗”的同谋者的地位上，也放在“混蛋”“白痴”一类人的地位上。例⑥是设问句，它的正确的答案是“必须使二者统一起来”。

---

① 关于反问和设问，请参看“语气·反问和设问”部分。

第二，表示“非此即彼”。常用“不是……就是”“要么……要么”等表示。例如：

⑦中国人不是倒向帝国主义一边，就是倒向社会主义一边。（毛泽东：《论人民民主专政》）

⑧沉默啊，沉默啊！不在沉默中爆发，就在沉默中灭亡！（鲁迅：《纪念刘和珍君》）

⑨要么我们麻痹大意让敌人来破坏我们，要么我们提高警惕去战胜敌人。（黎锦熙例）

⑩殖民地半殖民地的任何英雄好汉们，要就是站在帝国主义战线方面，变为世界反革命力量的一部分；要就是站在反帝国主义战线方面，变为世界革命力量的一部分。（毛泽东：《新民主主义论》）

这种选择句表示“二者必居其一”，口气肯定，没有商量的余地，可称为“限选”。

第三，表示“取此舍彼”。常用“宁可……也不”“与其……不如”表示。例如：

⑪宁可种白杨，也不种柳树。（吕叔湘例）

⑫与其种柳树，不如种白杨。（同上）

这种选择句，表示在“二者不可得兼”的情况下，作出决定，选择其一，口气更加肯定，可称为“决选”。

如果用A和B分别代表前后两个分句，那么，“宁可……也不”是表示取A舍B。这一格式，可以突出地表示人们的决心。例如：

⑬宁可将可作小说的材料缩成特写，决不将特写材料拉成小说。（鲁迅：《答北斗杂志社问》）

⑭闻一多……宁可倒下去，不愿屈服。朱自清……宁可饿死，不领美国的“救济粮”。（毛泽东：《别了，司徒雷登》）

例⑬，表示自己的决心，语气极为坚定。例⑭，表明闻一多、朱自清的决心，充分说明了他们“表现了我们民族的英雄气概”。

“与其……不如”是表示“舍A取B”。这一格式着重表示经过衡量得失，决定取舍；而不强调决心。例如：“散乱的头发与其说向后梳，不如说是在头顶上耸立着。”（吴天、荃默：《拍案颂》）这个句子如果改用“宁可……也不”，就很不合适了。

（二）偏正复句

两个分句中，一个是正意所在的正句，另一个是从种种关系上去说明、限制正句的偏句，这样的复句叫做偏正复句。

偏正复句的分句与分句之间，主要有下列几种关系：

1. **转折**：前后分句的意思有对立的方面，后一分句不是顺着前一分句的意思说下去，而是转了一个弯。

转折关系又有三种情况：

第一，容认：先承认甲事是事实，接下去指出乙事并不因甲事的存在而不成立。这种转折句，强调出甲事本来会影响乙事，但事实上乙事并未受甲事的影响。这是一种先放后收、欲擒先纵的句法，用“虽然（尽管）……但是（可是、却）”表示。例如：

①这篇讲演虽然到现在才发表，但是它的内容早已在社会各界人士中间传布了。（《不平常的春天》）

② 阿多虽然接连三日三夜没有睡，却还不见怎么倦。（茅盾：《春蚕》）

③虽然我一见便知道是闰土，但又不是我记忆上的闰土了。（鲁迅：《故乡》）

④这算不了什么，虽然是失败，然而是光荣的失败。（徐向前：《奔向海陆丰》）

⑤尽管美国还是资本主义世界中最大的财主，但是，它的经济地位正在下降。（丁兆力：《世界人民斗争的新形势》）

第二，急转：前面提出一个事实，后面突然说出一个相反或相对的事实，用“但是、然而、可是、却”表示。例如：

A
①他把挑战的条件事先写在一个本本上，但他没有接着念。（周立波：《山乡巨变》）
②这里的人照例相信鬼，然而她，却疑惑了。（鲁迅：《祝福》）
③古巴、中国相距那么遥远，可是精种距离又是那么亲近。（陈毅）

B ④第二个方向，结束抗战，代以投降。这是日寇、汉奸、亲日派的要求，但是遭到了中国大多数人的反对。（毛泽东：《上海太原失陷以后抗日战争的形势和任务》）
⑤我们的任务是过河，但是没有桥或没有船就不能过。（毛泽东：《关心群众生活，注意工作方法》）
⑥我喜欢打排球，可是他喜欢玩双杠。

A组急转句，可以改成容认句。它们和容认句的区别是：容认句里，上句预示下句将有转折，因此显得特别强调甲乙两事之间的对立关系；急转句里，上句不表示下句将有转折，因此显得转得急，转得突然。B组急转句，不能改为容认句。在这种急转句里，甲乙两事是对立的，不一致的，但甲事本来就不会影响乙事。这种急转句和容认句的区别就更大了。

第三，修补：前后分句的意思只是部分相反，后一分句是用来对前一分句加以修补的。常用“只是、就是、不过”表示。例如：

①你演得好，只是最后一场和敌人斗智时显得力量不够。（《羊城晚报》：《元帅们的关怀》）

②叫她说两句怕啥？有缺点还能怕人说？你这人，啥都好，就是脾气懒坏了事。（西戎：《纠纷》）

③矛盾是普遍存在的，不过按事物的性质不同，矛盾的性质也就不同。（毛泽东：《关于正确处理人民内部矛盾的问题》）

同容认句、急转句相比较，修补句是表示轻转的，而容认句、急转句是表示重转的。比较：

① 他虽然肚子里很明白，可是嘴里说不出。（这又有什么用呢？）

②他肚子里很明白，可是嘴里说不出。（还是不中用！）

③他肚子里很明白，只是嘴里说不出罢了。（你应该原谅他。）

2. **假设**：偏句表示假设，正句表示结果。

假设句又可分为下列两种：

第一，表示“假设·相承的结果”。即偏句提出一个假设，正句表示同这个假设一致的后果或结论。常用“如果（假若、倘若、若、要是、要不是）……（那么）就”表示。例如：

①我们如果不站在无产阶级的立场，就不能判定某人某人的好坏如何。（刘少奇：《人的阶级性》）

②若否认他们，便是否认革命。（毛泽东：《湖南农民运动考察报告》）

③如果共产党人沿着修正主义道路滑下去，那么，他们就堕落成为资产阶级民族主义者。（《关于国际共产主义运动总路线的建议》）

偏句有时可以省去“如果”；正句如果是问句，或者已用了表示肯定语气的副词，就可以不用“那么、就”。例如：

④没有贫农，便没有革命。（毛泽东：《湖南农民运动考察报告》）

⑤ 如果群众有意见不能畅所欲言，党和政府怎么能够这样迅速地发现和克服自己的缺点呢？（《不平常的春天》）

⑥农民若不用极大的力量，决不能推翻几千年根深蒂固的地主权力。（毛泽东：《湖南农民运动考察报告》）

要是仔细分析一下，我们又可以发现，“如果……（那么）就”的格式有下列三种具体的作用。

A. 用来推测事物的发展：举出假设的情况，推测会有什么样的后果。例①②③④都起这样的作用。

B. 用来分析事实：用已知的结果来证明事情不像假设的那样，从而强调假设部分说到的事情具有十分重大的意义。例⑤和例⑥都是这样的作用。

上述两种用法的不同，比较下面两组例子就可以看得更清楚：

⑦如果得到大家的帮助，这个工作就可以提前完成。
⑧如果没有得到大家的帮助，这个工作就不会完成得这么快。

⑨如果不兴修水利，一遇旱天就会成灾。（张志公）
⑩如果没有兴修水利，遇到这样旱天就会成灾了。（同上）

例⑦，“如果……”提出一个假设，后边接着提出一个由这个假设推测出来的后果，前后两个部分所说的都尚未成为事实。例⑧，事实上，已经得到了大家的帮助，工作已经很快地完成。现在，以这一已知的结果来说明事情并不像假设部分所说的“没有得到大家的帮助”，从而强调了是否得到了大家的帮助这一点非常重要。这样的用法，是以委婉的说法来加强肯定的意思，有“以退为进”的作用。(例⑨和例⑩的不同，跟例⑦和例⑧的不同完全一样。)

在表示假设的关联词语里，“要不是”总起B种作用。例如：

⑪我要不是来参加夜校，哪里会晓得那么多的事情啊！（比较：我要是参加夜校，就会晓得很多事情。)

C. 用来表示看法上的假设与结论：在假设关系中对照两种事实，用甲来证实乙，表明假如承认甲是事实，也得承认乙是事实。这样的用法，可以增强说服力。例如：

⑫如果一部分的商人、地主和官僚是中国资产阶级的前身，那么，一部分的农民和手工业工人就是中国无产阶级的前身了。(毛泽东：《中国革命和中国共产党》)

因为这类句子是表示看法上的假设与结论的，所以“如果”后边经常带个“说”字。例如：

⑬如果说，党的第八届全国代表大会第一次会议主要是总结了社会主义改造的经验，那么，第二次会议主要是总结了整风运动和社会主义建设的经验。(《人民日报》社论)

第二，表示“假设·相反的结果”。即偏句提出一个假设，正句表示同这一假设不一致的后果或结论。常用“即使（就算、哪怕、纵然）……也”表示。例如：

⑭（只有两条板凳，——其实，）即使有更多的板凳，这屋子里面也不能同时容纳三十个人吃粥。(夏衍：《包身工》)

⑮即使曾霆又待我好，我在这样的家庭也活不下去的。（曹禺：《北京人》)

⑯谷即使不贱，在帝国主义和封建势力双重压迫下，农也得伤。（叶圣陶：《多收三五斗》）

⑰ 就是筋骨变成灰，也还是百分之百的共产主义者。（陶承：《我的一家》）

⑱哪怕是很少的一点添置，他都要亲自过问。（黄既：《关向应在病中》）

⑲纵使时光流驶，洗成绯红，也会在微漠的悲哀中永存微笑的和蔼的旧影。（鲁迅：《纪念刘和珍君》）

偏句有时可以省去表示假设的关联词语；正句如果是问句就可以不用“也”（或作用同它相近的词语）。例如：

⑳你们倾伏尔加河之水，也无法洗刷你们给苏共和苏联带来的耻辱。（《苏共领导同我们分歧的由来和发展》）

㉑就算机器能弹，谁知道弹成个甚样子？（马烽：《一架弹花机》）

这种假设句也是擒纵句法的一种，能够突出地强调正句的语意。它和“虽然……但是”格式转折句的不同是：“虽然……”部分表示已经实现的事实，而“即使……”部分只是表示一种假设的情况。

至于上述两种假设句的区别，就表现在结果与假设是否一致这一点上。比较：

㉒如果她要我去，我就去。

㉓即使她要我去，我也不去。

“她要我去”是假设，“去”与“不去”是结果。“去”，是同假设一致的，因此例㉒用“如果……就”表示。“不去”是同假设相违背的，因此例㉓用“即使……也”表示。

有时，“如果”“即使”可以结合起来用，从而把意思表达得很周密。例如：

㉔统治阶级内部的矛盾，即使有时是狗咬狗，如果关系重大，也值得写。（郭沫若：《关于目前历史研究中的几个问题》）

㉕ 任何旧政府，如果不推翻它，即使在危机时期也不会倒的。（《关于国际共产主义运动总路线的建议》）

这两个例子都表示两种假设一种结果。例㉔，就“狗咬狗”来说，按理不值得写，所以前边用“即使”；就“关系重大”来说，值得写，所以前边用“如果”。例㉕，“不推它”和“不会倒”是相承的，所以用“如果”表假设；“在危机时期”而“不会倒”，前后违异，所以用“即使”表假设。

3. **条件**：偏句表示条件，正句表示结果。

条件句又可以分为下列两种：

第一，表示“特定条件”。即偏句提出一个特定条件，正句表示在这个条件下所产生的结果。常用“只有……才”“除非……才（不）”“只要……就”表示。例如：

① 一切被压迫人民和被压迫民族，只有依靠自己的坚决的斗争，才能取得胜利。（《关于国际共产主义运动总路线的建议》）

②只有充分地发扬先进的东西去克服落后的东西，才能使社会进步。（《关于所谓“舆论一律”》）

③除非是反革命文艺家，才有所谓人民是“天生愚蠢的”，革命群众是专制暴徒之类的描写。（毛泽东：《文艺批评的标准》）

④除非身体支持不住，他不离开工作岗位。（吕冀平例）

⑤只要对世界反动力量进行坚决的有效的斗争，新的世界大战就可以避免。（《在战争与和平问题上的两条路线》）

⑥只要公社在，我们的吃穿就不愁。（《还是办人民公社好》）

⑦只要努力，我们的事业是大有希望的。（毛泽东：《新民主主义的宪政》）

“只有……才”表示唯一条件，表明说话人对条件的看法很严。“除非……才（不）”也表示唯一条件，但不是从正面直接肯定唯一条件，而是从消极方面，通过排斥其他条件，来肯定唯一条件。在“除非……才”里，“除非”表示“除此皆非”；在“除非……不”里，“除非”表示“除……外”。请比较：

⑧除非他去，才能解决这个问题。
⑨除非他去，不能解决这个问题。

“只要……就”表示假设性的特定条件，而不表示唯一条件，因此并不排斥其他条件。这一格式，表明说话的人对条件的看法较宽。请比较：

⑩只有吃药，才能好起来！（不吃可不行！）
⑪只要吃点药，就会好的。（没什么关系！）

例⑩表示“只有”这个条件才行；例⑪表示“只要”这个条件就行。

必须指出，假设和条件的区别并不是绝对的。我们提出一个假设，然后推断它的结果，这假设本身也就意味着是条件；反过来说，我们提出一个条件，这条件总是指尚未实现的事情，它只是一种假设的情况。因此，可以说假设里有条件，条件里也有假设。“如果……就”和“只有……才”的不同，只在于强调的重点有所不同。至于“只要……就”，既表条件，又表假设，似乎“平分秋色”，很难说以哪种关系为重点。请比较：

⑫只有修正主义者放弃他们的修正主义言行，才可以停止论战。如果他们不这样做，我们将受到大损失。……（《人民日报》，一九六四年三月十七日）

⑬（国际共产主义运动当前的大论战是一所免费的世界马克思列宁主义大学。）如果人们错过机会，那将是很大的损失。只要我们坚持无产阶级立场、观点和方法，我们就能在这个时期比在“融洽”时期在学习马克思主义方面取得更迅速和更大的进步。（《人民日报》，一九六四年三月二十二日）

⑭只要它（帝国主义）存在，就没有没有战争和没有武器的世界。只有社会主义在全世界取得胜利，才能最后消除产生战争的一切根源。（《人民日报》，一九六四年三月十九日）

例⑫，“只有”提出一个条件，“如果”提出一种假设的情况，这是很明显的。例⑬，“如果”提出一个假设。“只要”也表假设，但同“如果”相比，又明显地表示了“取得更迅速和更大的进步”的条件。例⑭，“只有”明显地表示条件。“只要”也表条件，但同“只有”相比，又觉得它带有较重的假设意味。我们现在把“只要……就”算在条件关系里，但由于它带有较重的假设意味，因此说它表示假设性的特定条件。

有一种“连锁”句式（前后分句用相同的词互相呼应），作用相当于“只要……就”，也是用来表示假设性特定条件的。例如：

⑮谁走在生活的前面，谁就是生活的主人。（《检验工叶英》）

⑯（苏共领导有一个坏习惯）：谁批评他们，就给谁乱扣帽子。（《苏共领导同我们分歧的由来和发展》）

⑰美帝魔爪伸向哪里，哪里就掀起反美风暴。（《人民日报》）

⑱党越是关心群众的生活，群众的干劲就会越大。

⑲有一分热，发一分光。

有的句子，既用连锁句式，又用“只要……就”。例如：

⑳（主观主义是一个很顽固很狡猾的敌人），哪个地方、哪个同志只要对它放松了注意，它就会在哪个地方、哪些同志的头脑中出现。（《从实际出发》）

第二，表示“无条件”。即偏句排除一切条件，正句说出在任何条件下都会产生的结果。常用“无论（不管、不论、任凭）……都（总、也、还）”表示。例如：

㉑缺乏艺术性的艺术品，无论政治上怎样进步，也是没有力量的。（《文艺批评的标准》）

㉒无论天气怎么变化，他总按时在操场锻炼。（黎锦熙例）

㉓不论他们还要如何继续反对中国人民，中国人民总是有办法取得最后胜利的。（毛泽东：《在新政治协商会议筹备会上的讲话》）

㉔不管她信不信，事实总是事实。（赵树理：《田寡妇看瓜》）

㉕不管我在哪里，我还是拿北京作我小说的背景。（老舍：我爱新北京》）

㉖不管你叫他个甚，宋师父也应承。（马烽：《一架弹花机》）

㉗不管中国共产党怎样进行同志式的规劝，他们根本不放在心里。（《关于国际共产主义运动总路线的建议》）

㉘任凭你是谁，我也是不给开门的。（丁声树等例）

4. **因果**：两个分句分别表示事情的原因和结果。

因果句又可以分为下列三种：

第一，说明因果：一般是就既定的事实来说明因果。常用“因为……所以”“由于……因而”“所以”“因此”表示以原因说明结果（偏句表因，正句表果）；用“之所以……是因为”表示用结果说明原因（偏句表果，正句表因）。例如：

①贫农，因为最革命，所以他们取得了农会的领导权。（毛泽东：《湖南农民运动考察报告》）

②因为经过了这一番布置，所以有余见了菊英那样客气起来。（赵树理：《三里弯》）

③由于人们有着不同的对待革命事业的责任心和不同的进取心，因而也有着各式各样的对待困难的态度。（吴运铎：《我们对困难的回答是战斗》）

④她是那样不屈不挠地与困难搏斗，因此，胜利总是属于她的。（《崇高的品质，光辉的榜样》）

⑤辛亥革命没有这个变动，所以失败了。（毛泽东：《湖南农民运动考察报告》）

⑥续老所以对反动势力这样痛恨，正是因为他对人民有极深厚的感情。（黄既：《关向应同志在病中》）

⑦中国人民大众之所以信任共产党的领导，也就是因为他们根据事实看清楚了中国共产党是一个真正全心全意为人民服务的

工人阶级政党。(周恩来:《政府工作报告》)

⑧它之所以不平常，就是因为广大的工人阶级、劳动人民、革命知识分子和一切真正愿意走社会主义道路的社会人士的政治觉悟，广大的共产党员、共青团员的政治觉悟，都在争论中迅速地成长着，成熟着，用一种不平常的速度。(《不平常的春天》)

例①至例⑤都是以原因来说明结果，例⑥至例⑧都是用结果来说明原因的。顺便指出:“之所以……是因为”不是倒装句式，它有固定的顺序。“之所以”总是用在前一分句的主谓之间，预示后一分句将要说明原因；“是因为”用在后一分句的开头，表明它后面是说话的正意所在。

第二，推论因果：就一定的根据来推论因果。常用“既然……(那么)就”表示。例如:

⑨既然文艺工作是党的整个革命事业的一部分，它就当然必须接受党的领导和监督。(《更高地举起毛泽东文艺思想的红旗》)

⑩他既然晌午就赶到工地，准是天亮就从家里动身的。

例⑨是根据某些原因去推论结果(偏句表因，正句表果)；例⑩是根据某种结果去推论原因(偏句表果，正句表因)。

“可见、可知”也可以表示由结果推论原因。例如:

⑪现在大家纪念他，可见他的精神感人之深。(毛泽东:《纪念白求恩》)

⑫周围的黑暗只是浓，可知已经到了深夜。(鲁迅:《社戏》)

必须注意：一种原因可能产生几种结果；一种结果的产生，也可能有好几种原因。因此，根据一定的原因去推论结果或者根据某种结果去推论原因的时候，要注意推论得合理。例如:

⑬因为走路不小心，丢掉了一支钢笔。

⑭既然走路不小心，就一定会丢掉一支钢笔。

⑮因为收到了二哥的来信，妈妈高兴得流下了眼泪。
⑯既然收到了二哥的来信，妈妈就一定会高兴得流下眼泪。

⑰汽车之所以到现在还没有回来，是因为桥梁被洪水冲坏了。
⑱（桥梁要是被洪水冲坏了，汽车就很难准时回来）；汽车既然到现在还没有回来，就一定是桥梁被洪水冲坏了。

例⑬和例⑮是对的，因为它们都是以事实去说明事实；例⑭和例⑯是不对的，因为所说的原因不见得准会产生所说的结果。同样，例⑰是对的，因为说的都是事实；例⑱是不对的，因为这一结果不见得就是由于这一原因而产生的。

第三，叙述结果：前面的分句叙述行为或情况，后面的分句说明行为或情况所引起的结果。常用“以致”“弄得”表示。例如：

⑰十六年来，国民党自己违背了这个声明，以致造成今天这样困难沉重的局面。（毛泽东）

⑱在我们注意这些生活上的技术上的问题的时候，往往就忽略了重大的问题，以致产生是非不分、轻重倒置的错误。（《批评和自我批评》）

⑲他是那样地聚精会神，以致周围的一切似乎全被摒除于意识之外了。（吴天、荃默：《拍案颂》）

⑳他是这样地全神贯注，以致额上渗出一粒一粒的汗珠。（同上）

㉑共产党主张成立联合政府，就为制止内战。现在蒋介石拒绝了这个主张，致使内战有一触即发之势。（毛泽东：《评蒋介石发言人谈话》）

㉒任依群突然进来，弄得春芳非常难为情。（陈登科：《风雷》）

“以致”“弄得”之类所表示的结果，大都指不好的事情或不正常的情况；好的积极方面的结果，一般不用这一句式来表达。

5. **目的**：前后分句分别表示行动和行动的目的。

目的句又可以分为两种：

第一，积极目的句：表示采取某种行动时的目的是要得到什么。常用“以使、以、用以、好让”等表示。例如：

①目前根据地的情况已经要求我们褪去冬衣，穿起夏服，以便轻轻快快地同敌人斗争。(毛泽东：《一个极其重要的政策》)

②他们总想找到一个能够合于他们理想的地方和工作，以便他们能顺利地去“改造世界”。(《共产主义事业是人类历史上空前伟大而艰难的事业》)

③不可不注意团结我们的真正的朋友，以打击我们的真正的敌人。(毛泽东：《中国社会各阶级的分析》)

④我们希望说服这一部分人，以利于推进革命事业。(《关于斯大林问题》)

⑤美帝国主义者十几年来采取了核讹诈的政策，企图用以实现它的奴役全世界人民和称霸世界的野心。(《关于国际共产主义运动总路线的建议》)

⑥在人民内部，允许先进的人们和落后的人们自由利用我们的报纸、刊物、讲坛等等去竞赛，以期由先进的人们以民主和说服的方法去教育落后的人们，……(《关于所谓“舆论一律”》)

⑦他无意识地用手指轻轻拨弄，借以帮助思考。(吴天、荃默：《拍案颂》)

⑧他们……请求稍稍减轻他们的痛苦，好让他们勉强活下去。(《高尔基》)

第二，消极目的句：表示采取某种行动的目的是要避免什么。常用“以免、免得、省得”等表示。例如：

⑨有些好心的、胆小的亲友们，劝她把儿子从矿山找回来，以免吃亏。(玛拉沁夫：《路》)

⑩请同志们都写上自己的名字，以免退还的时候发生错误。

⑪农活紧张的时候，炊事员还把饭菜和开水送到工地和田间，免得社员们来回跑路。(《公共食堂无限好》)

⑫我要搬进城里去，省得天天两头跑。(北京大学《现代汉语》)

⑬把这次宴会取消了也使得，省得你太忙累了。(冰心：《第一次宴会》)

目的跟原因相通，比如“省得天天两头跑”也可以理解为是“我要搬进城里去”的原因，因此有的语法书把目的句归入因果句。不过，目的毕竟不同于原因：原因大都是既定的事实，而目的则只是行动者的意欲，正如吕叔湘先生所指出：“来自外界者为原因，存于胸中者为目的。”[①] 为了能够更加准确地理解语言事实，我们觉得立“目的”一类是必要的。

* * *

偏正复句，一般是正句在前，偏句在后；但有时也可以让偏句倒装在正句的后边，使偏句对正句起补充说明的作用，或者使偏句的意思显得突出。例如：

①他不想打架，虽然不怕打架。(老舍：《骆驼祥子》)

②我一定来，要是明天不下雨。(丁声树等例)

③我们一定要坚守在这个阵地上，即使只剩下最后一个人。(《汉语课本》例)

④我们决不可拒绝继承和借鉴古人和外国人，哪怕是封建阶级和资产阶级的东西。(但是继承和借鉴决不可以变成替代自己的创造，这是决不能替代的。)(毛泽东：《在延安文艺座谈会上的讲话》)

⑤到哪里都行，只要是给党办事。(陶承：《我的一家》)

⑥亚非人民决不会容忍帝国主义占领他们的领土，不管是多小的一块领土。(《人民日报》，一九六四年三月三十日)

⑦我们主张积极的思想斗争，因为它是达到党内和革命团体内的团结使之有利于战斗的武器。(毛泽东：《反对自由主义》)

⑧只有社会主义国家才需要给车站留出这样广大的空间，因

① 《中国文法要略》第409页。

为社会主义国家经常有波澜壮阔、欢声震天的群众集会场面。(陈登鳌:《北京车站》)

下面,把以上所说的种种复句列成一表,以便于掌握:

- 复句
  - 联合复句
    - 并列
      - 平列(又……又、也……也、一边……一边)
      - 对照(不是……而是)
      - 解证(这就是说)
    - 连贯(于是、然后、就、便)
    - 递进
      - 由浅入深(不但……而且)
      - 以反托正(不但不……反而)
      - 以深证浅(尚且……何况)
    - 选择
      - 或此或彼(或者……或者、是……还是)
      - 非此即彼(不是……就是、要么……要么)
      - 取此舍彼(宁可……也不、与其……不如)
  - 偏正复句
    - 转折
      - 容认(虽然……但是)
      - 急转(但是)
      - 修补(只是)
    - 假设
      - 假设·相承的结果(如果……就)
      - 假设·相反的结果(即使……也)
    - 条件
      - 特定条件(只有……才、只要……就)
      - 无条件(无论……都)
    - 因果
      - 说明因果(因为……所以、之所以……是因为)
      - 推论因果(既然……就)
      - 叙述结果(以致)
    - 目的
      - 积极目的(以便)
      - 消极目的(以免)

三、复句的扩展和紧缩

前面所谈的复句都是基本复句。基本复句可以扩展或紧缩。扩展的结果，便是多重复句；紧缩的结果，便是紧缩复句。

（一）多重复句

具有两个或几个结构层次的复句叫多重复句。举例来说：

①如果苏共领导真要团结，｜那么，他们就必须忠实于马克
假设（相承结果）
思列宁主义的基本原理。

这是一个基本复句，只有一个层次，表示一种关系——假设关系。

②如果苏共领导真要团结❶，‖而不是假要团结❷，
并列（对照）
｜那么，他们就必须忠实于马克思列宁主义的基本原理❸，
假设（相承结果）
‖而绝不允许用阶级合作或阶级投降代替阶级斗争❹。
并列（对照）

这一复句是由前一复句扩展而成的。它包含不只一个层次，表示不只一种关系。它的组织结构是：

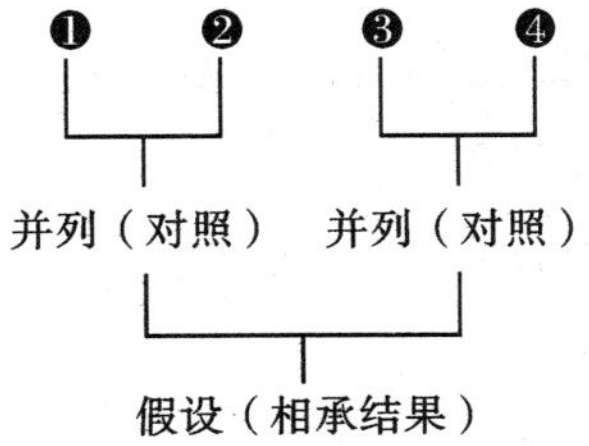

③如果苏共领导真要团结❶，‖而不是假要团结❷，｜那么，
并列（对照）　　假设（相承结果）
他们就必须忠实于马克思列宁主义的基本原理❸，‖就必须忠实于
并列（解证）
马克思列宁主义关于阶级和阶级斗争的学说，关于国家与革命的学说，特别是关于无产阶级革命和无产阶级专政的学说❹，‖而绝不
并列（对照）
允许用阶级合作或阶级投降代替阶级斗争❺，‖绝不允许用社会
并列（平列）
改良主义或者社会和平主义代替无产阶级革命❻，‖绝不允许用
并列（平列）
这种或那种借口取消无产阶级专政❼。（《苏共领导是当代最大的分裂主义者》）

这一复句是由前面的复句进一步扩展而成的。它包含更多的层次，表示更复杂的关系。它的组织结构是：

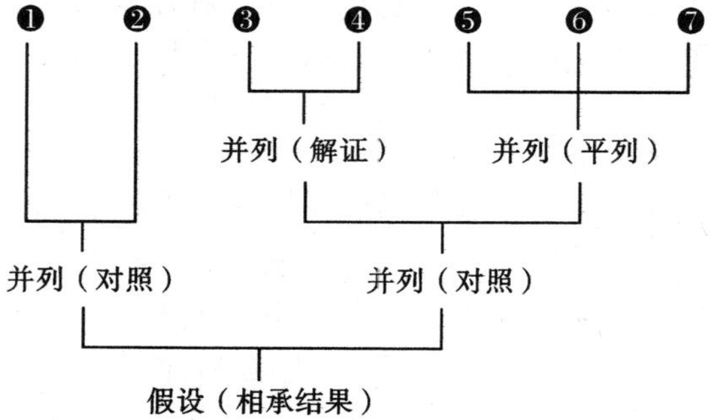

例②和例③都是多重复句。

学习多重复句，有两个要点：

第一，要对“重”有正确的理解。重〔chóng〕，就是层次；多重，就是不止一个层次。具有两个结构层次的复句就叫二重复句（如例②），具有三个结构层次的复句就叫三重复句（如例③），具有四个结构层次的复句就叫四重复句……

分句多，并不等于层次多。一次就能分析完的复句，不管它包含多少分句，都不是多重复句。例如：

④这里有爱人分手时连夜做成的手帕，｜（并列（平列））有一参军就背着的绣花袜底，｜（并列（平列））有家传几代的瓷碗，｜（并列（平列））有姐妹的绣花荷包，｜（并列（平列））有洞房花烛之夜的合欢杯，｜（并列（平列））还有未婚妻用红毛线织成的腰袋。（魏巍：《依依惜别的深情》）

这个句子包含六个分句，但它不是多重复句。可见不能根据分句数目的多少来判定是不是多重复句。

关系种类的多少，也不能作为判定是不是多重复句的根据。要知道，包含多种关系的复句肯定是多重复句，但只包含一种关系的复句不一定就不是多重复句。例如：

⑤因为下了一场雨，‖庄稼长得很好，｜所以大家都很高兴。
因果(说明因果)　因果(说明因果)

这个复句只包含一种关系——因果关系，但它是个二重复句，因为它具有两个结构层次：

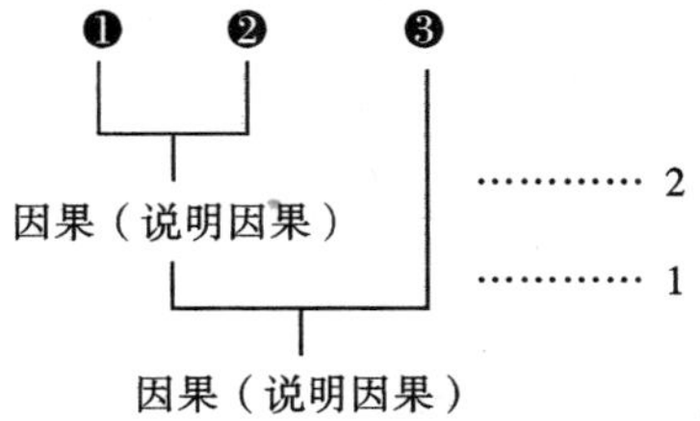

第二，要掌握分析多重复句的方法。

分析多重复句，有两把钥匙：一是总观全局，逐层剖析；一是抓住关联词语，结合意念关系。第一点指的是分析的过程，即首先应该全面地看，确定整个句子表示什么关系，然后再步步深入，一层一层地往里解剖、分析。第二点指的是分析过程中应该注意的事项。抓住关联词语，就是抓住特征，抓住标志，根据特征、标志来确定关系（没有用关联词语的，也要看看能添加什么关联词语）；结合意念关系就是要分析得合情合理。

下面举出一些例子来分析。

⑥由于系统地提出了正确地处理人民内部矛盾的方针❶，‖由于透彻地说明了百家争鸣、百花齐放的方针❷，‖由于在这个基础上开始了党的整风运动❸，｜我国的政治生活在过去一个时期内进行得特别活泼起来了❹。(《不平常的春天》)

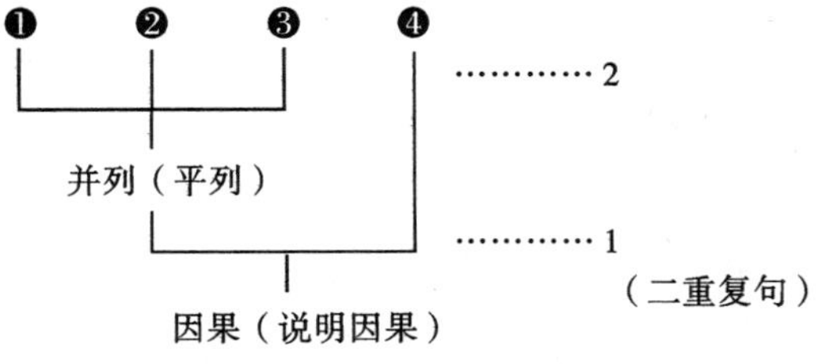

⑦干这种职务的人，大半是带工头的亲戚❶，‖或者是在“地方上”有一点势力的流氓❷，｜所以在这种地方，他们有生杀自由的权力❸。(夏衍：《包身工》)

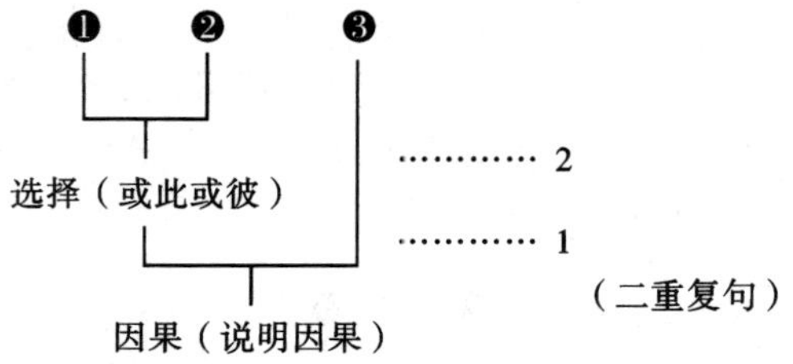

⑧我赞美白杨❶，｜就因为它不但象征了北方的农民❷，‖尤其象征了今天我们民族解放斗争中所不可缺少的朴质坚强、力求上进的精神❸。（茅盾《白杨礼赞》）

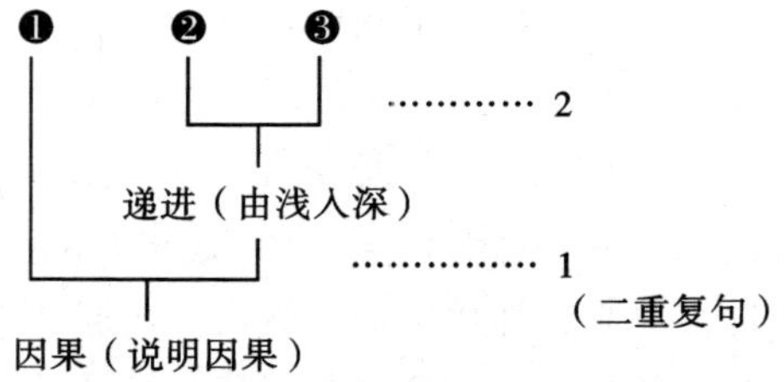

⑨凡走狗，虽或为一个资本家所豢养❶，‖其实是属于所有的资本家的❷，｜所以它遇见所有的阔人都驯良❸，‖遇见所有的穷人都狂吠❹。（鲁迅：《“丧家的”“资本家的乏走狗”》）

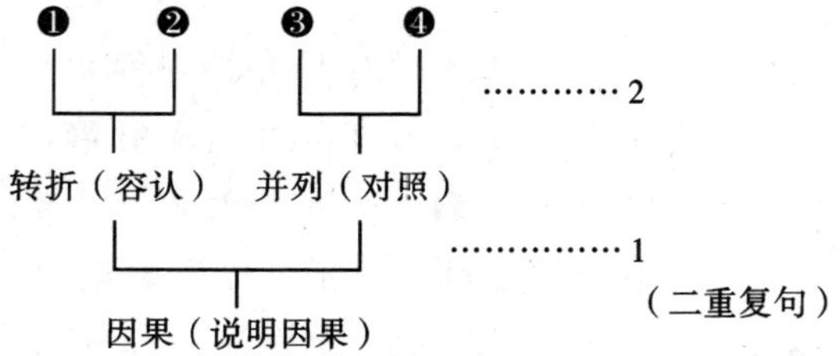

⑩空洞干燥的教条公式是要破坏创作情绪的❶，｜但是它不但破坏创作情绪❷，‖而且首先破坏了马克思主义❸。（毛泽东：《文艺批评的标准》）

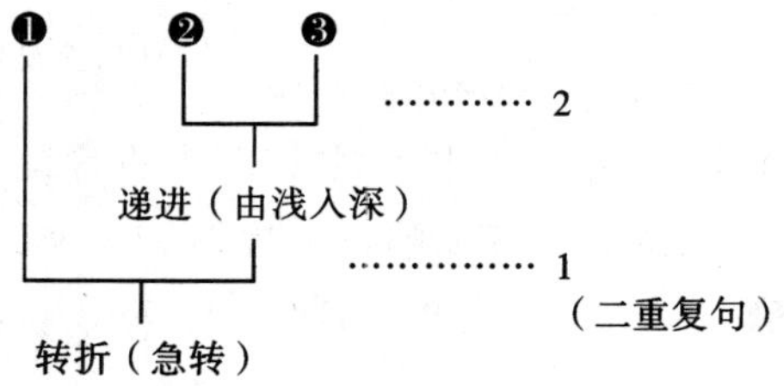

⑪过去的一切统治阶级喜欢提倡这个东西❶，‖许多所谓圣人贤人也喜欢提倡这个东西❷，｜但是无论谁都没有真正实行过❸，‖因为它在阶级社会里是不能实行的❹。（毛泽东：《文艺批评的标准》）

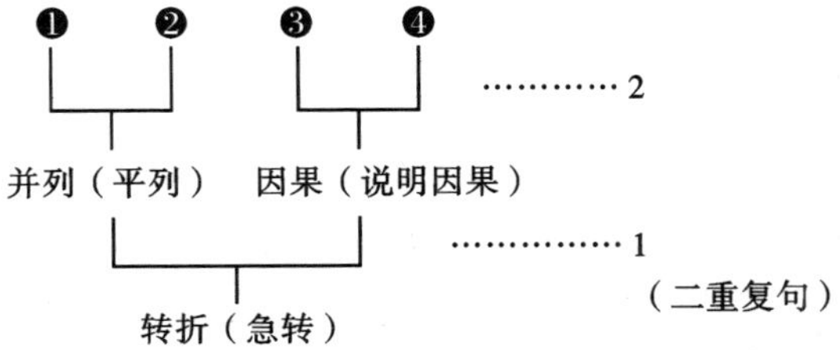

⑫各国共产党人和各国革命人民需要认真地思考和研究这些成功的经验和失败的经验❶，｜以便从中得出正确的结论❷，‖吸取有益的教训❸。（《关于国际共产主义运动总路线的建议》）

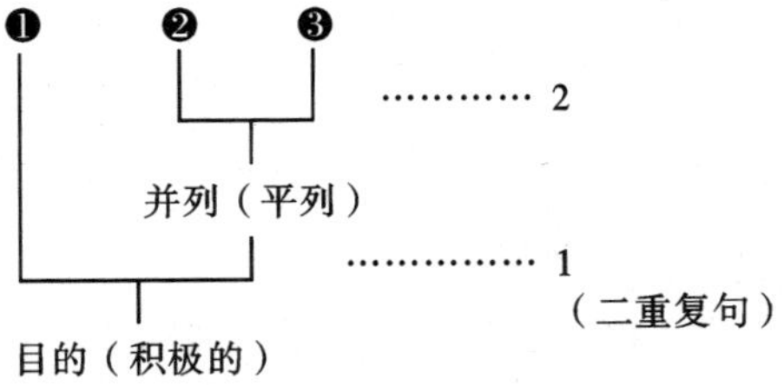

⑬不管在怎样困难的情况下❶，‖不管革命遭受怎样的牺牲和失败❷，｜无产阶级革命家都应当用革命精神教育群众❸，‖都应当坚持而不应当抛弃革命的旗帜❹。（《关于国际共产主义运动总路线的建议》）

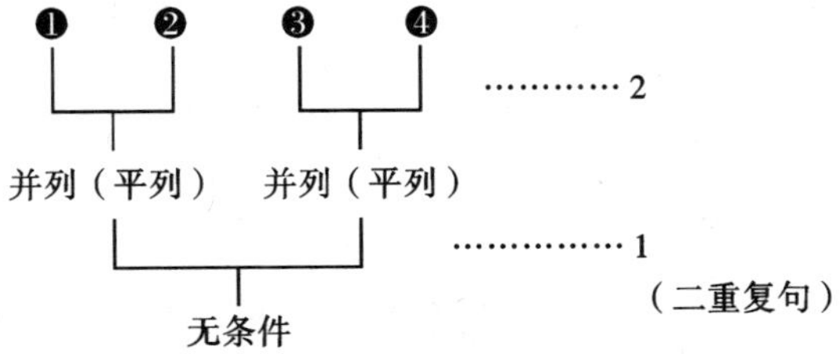

⑭只有坚持马克思列宁主义的革命学说❶，‖只有坚持十月

革命的共同道路❷，｜才能正确地认识和对待宣言和声明的革命原则❸。（同上）

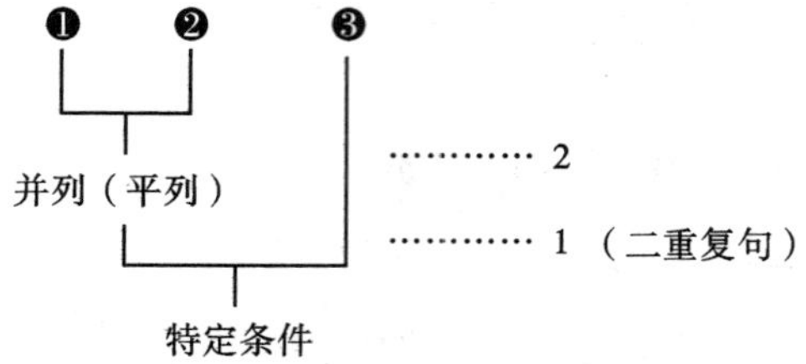

⑮如果把国际共产主义运动的总路线片面地归结为“和平共处”“和平竞赛”“和平过渡”❶，｜那就是违反一九五七年宣言和一九六〇年声明的革命原则❷，‖那就是抛弃无产阶级世界革命的历史使命❸，‖那就是背离马克思列宁主义的革命学说❹。（同上）

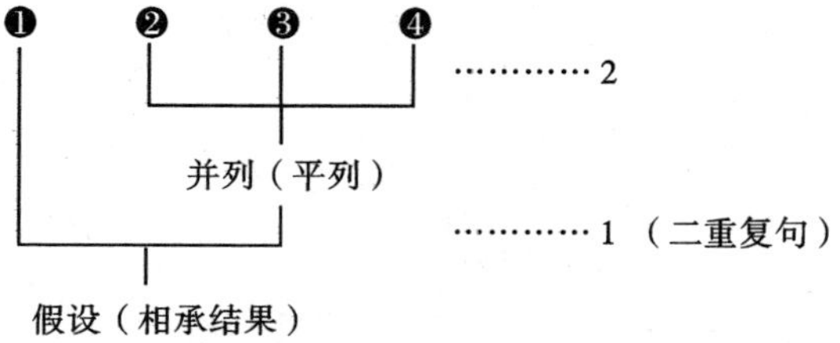

⑯有几种讽刺❶：｜有对付敌人的❷，‖有对付同盟者的❸，‖有对付自己队伍的❹。（《文艺批评的标准》）

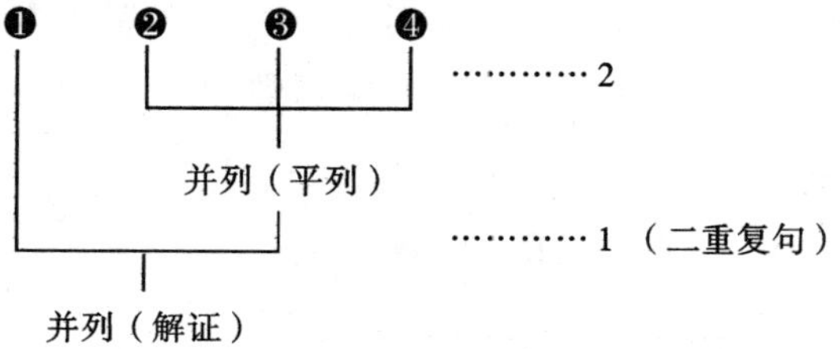

⑰只有严格遵守这两个文件❶，‖才能加强团结❷，|||才能有真正的团结❸；｜违背这两个文件❹，‖就只能损害团结❺，|||只能是假的团结❻。（《在莫斯科宣言和莫斯科声明的基础上团结起来》）

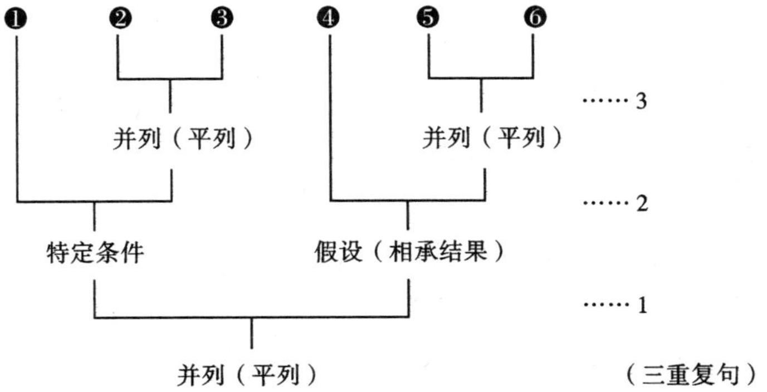

⑱他们赞成马克思主义❶，｜但是不准备实行之❷，|||或不准备完全实行之❸，‖不准备拿马克思主义代替自己的自由主义❹。（毛泽东：《反对自由主义》）

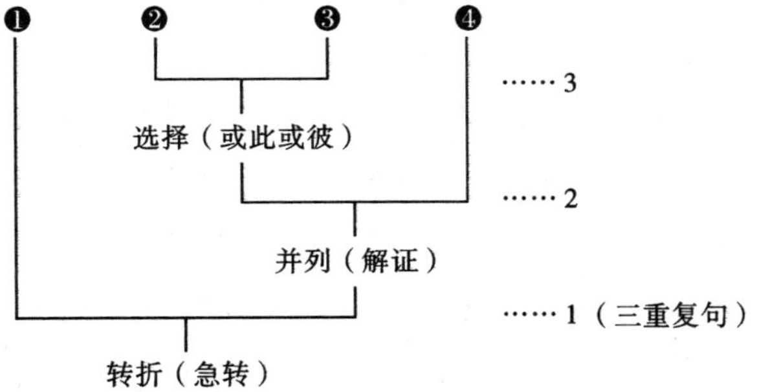

⑲这些人，马克思主义是有的❶，‖自由主义也是有的❷：｜说的是马克思主义❸，|||行的是自由主义❹，‖对人是马克思主义❺，|||对己是自由主义❻。（同上）

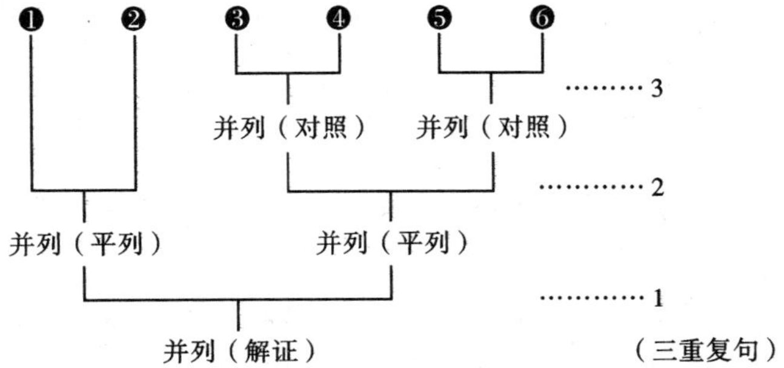

⑳这样的螺丝钉，就一方面来说，如果脱离了整个机器❶，||| 就会一事无成❷，|| 因此没有什么值得自我吹嘘的❸；| 但就另一方面来说，又并不是渺小卑微的❹，|| 因为它是从属于那个具有伟大生命力的机体上的一个分子❺。（胡绳：《又红又专的问题是世界观的问题》）

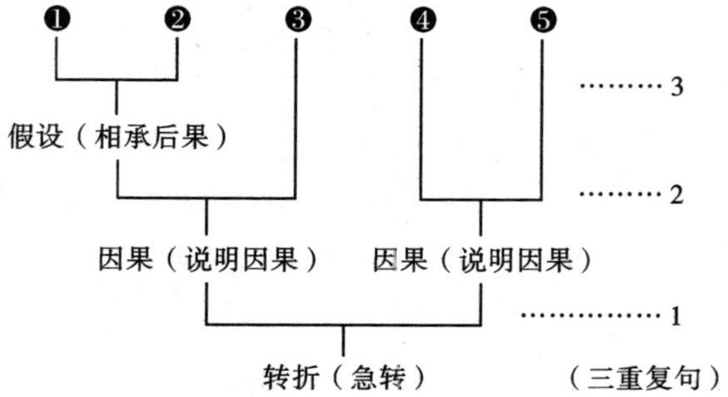

㉑任何思想，如果不和客观的实际的事物相联系❶，|| 如果没有客观存在的需要❷，|| 如果不为人民群众所掌握❸，| 即使是最好的东西❹，||| 即使是马克思列宁主义❺，|| 也是不起作用的❻。（毛泽东：《唯心历史观的破产》）

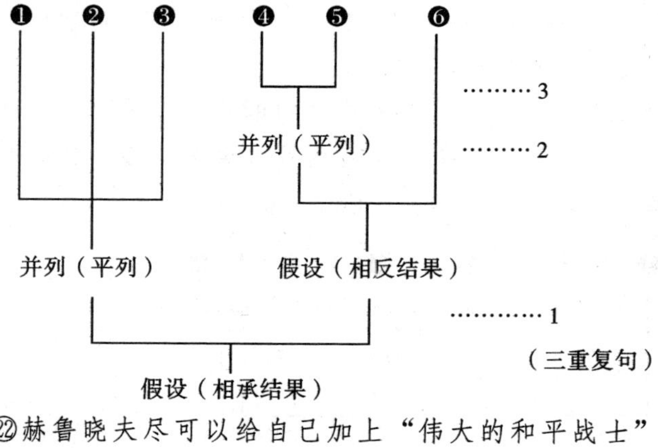

㉒赫鲁晓夫尽可以给自己加上“伟大的和平战士”之类的称号❶，|| 给自己颁发“和平奖金”❷，|| 给自己戴上英雄的勋章❸，| 但是，不管他怎样自吹自擂❹，|| 都不能掩盖他轻率鲁莽地玩弄核武器的危险作法❺，||| 都不能掩盖他在帝国主义的

核讹诈面前卑躬屈节的形象❻。(《在战争与和平问题上的两条路线》)

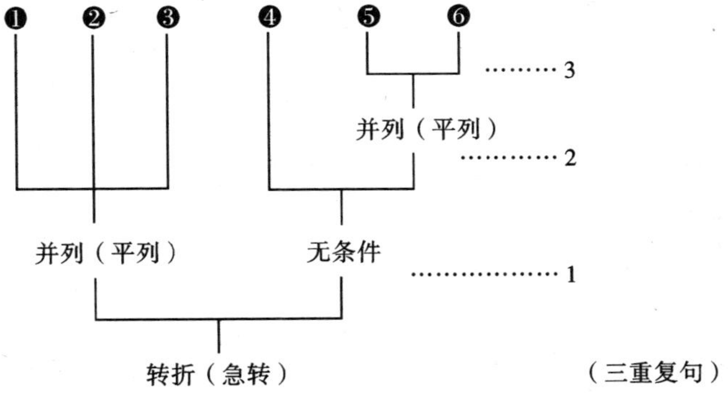

㉓尽管社会主义国家坚持实行和平的外交政策❶，| 但是，帝国主义总是不愿意同社会主义国家和平共处❷，‖ 总是要利用一切可能❸，|||| 抓住一切机会❹，||| 来反对以至消灭社会主义国家❺。(《两种根本不同的和平共处政策》)

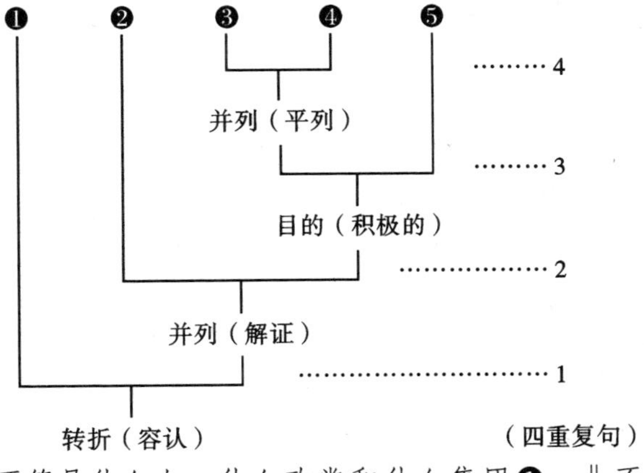

㉔不管是什么人、什么政党和什么集团❶，‖ 不论在工人运动中曾做过多少工作❷，| 只要一旦离开了马克思列宁主义的道路❸，||| 走上了修正主义的道路❹，|||| 并且顺着这条道路滑下去❺，‖ 那就会变成资产阶级的奴仆❻，||| 受到无产阶级的唾弃❼。(《再论陶里亚蒂同志同我们的分歧》)

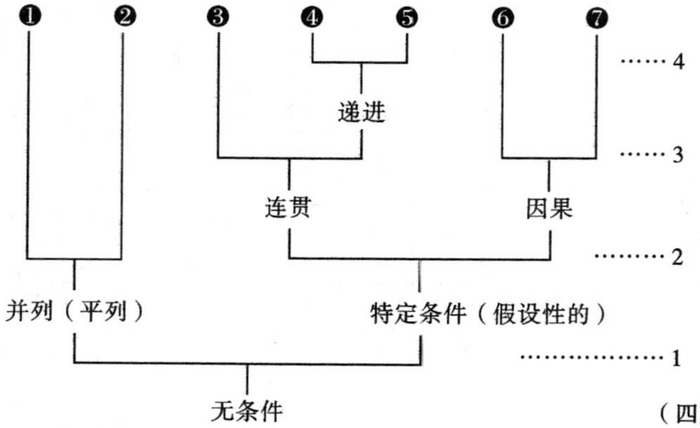

（四重复句）

㉕即使无人豢养❶，||| 饿得精瘦❷，|||| 变成野狗了❸，|| 但还是遇见所有的阔人都驯良❹，||| 遇见所有的穷人都狂吠的❺，| 不过这时它就愈不明白谁是主子了❻。（《“丧家的”“资本家的乏走狗”》）

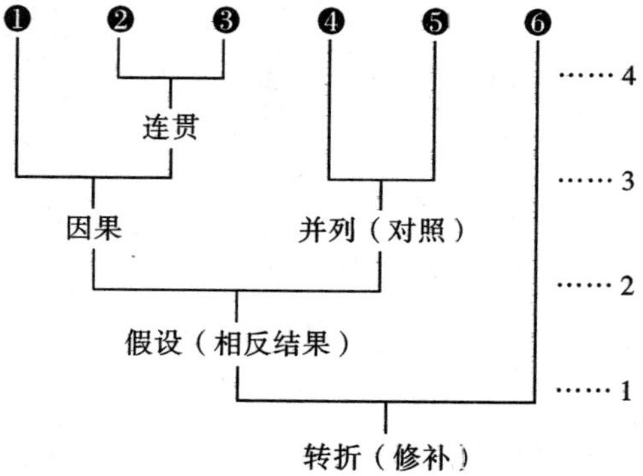

（四重复句）

㉖如果苏共领导真要团结❶，|| 而不是假要团结❷。| 那么，他们就必须划清敌我界限❸，||| 就必须联合所在社会主义国家❹，||||| 联合所有马克思列宁主义兄弟党❺，||||| 联合所有被压迫人民和被压迫民族❻，||||| 联合所有爱好和平的国家和人士❼，|||| 反对世界人民的主要敌人美帝国主义及其走狗❽，|| 而绝不允许颠倒敌我关系，认敌为友，以友为敌❾；||| 绝不允许从苏美两大国主宰世界的幻想出发，联合美帝国主义、各国反动派和叛徒铁托集团，反对兄弟国家、兄弟党和各国革命人民❿。（《苏共领

导是当代最大的分裂主义者》)

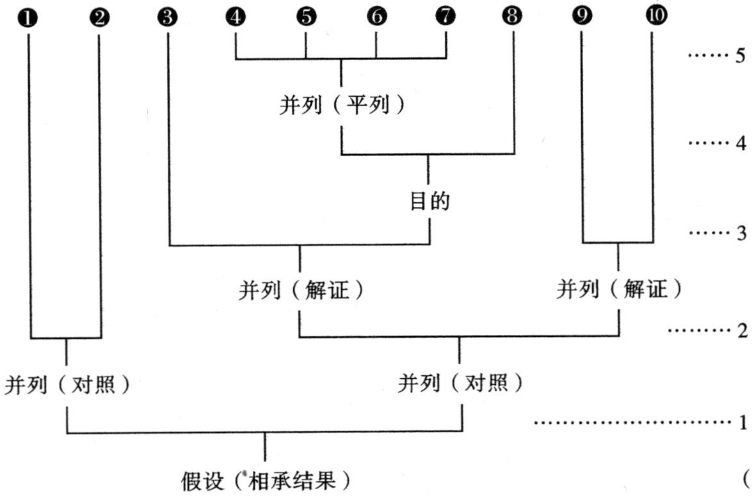

(五重复句)

(二)紧缩复句

紧缩复句指的是复句的紧缩形式。

复句的紧缩有两种情况:

1. 分句与分句粘在一起,分句之间没有明显的语音停顿,书面上不用逗号隔开。例如:

①山在欢呼人在笑。(《光荣啊! 十三陵水库》)

②雨罢天青太阳红。(民歌)

③你为难我更为难。(贺敬之:《白毛女》)

④明天你去呀我去?(赵树理:《三里弯》)

⑤肉烂骨头在。(柳青:《铜墙铁壁》)

⑥你怕丢人你走开!(赵树理:《传家宝》)

⑦谁收了人家东西谁跟人家去!(赵树理:《小二黑结婚》)

⑧闺女大了咱管不了。(同上)

⑨有马必有人!(《红楼梦》第 47 回)

例①表并列,例②表连贯,例③表递进,例④表选择,例⑤表转折,例⑥表假设,例⑦表假设性的特定条件,例⑧表因果(说明因果),例⑨表因果(推论因果)。这种紧缩复句,紧凑干脆,能反映说话的急速情况。

有许多成语是由两个分句采取这样的办法凝固而成的。例如："兵荒马乱""头昏眼花""日久天长"（并列）"水落石出"（连贯）"你死我活"（选择）"藕断丝连"（转折）"人多口杂"（因果）等等。这种成语和其他成语一样，言简意赅，生动有力，用来形容或描写事物，能增强感染力，给人以深刻的印象。例如：

⑩……德军猛攻不克，整个德奥土保阵线再也找不到出路，从此日益困难，众叛亲离，土崩瓦解，走到了最后的崩溃。（《毛泽东选集》第679页）

2. 分句与分句一般通过特定的关联词语紧缩在一起，没有语音停顿，但仍然表示假设、条件等关系。这是最典型的紧缩复句，即通常所说的紧缩句。

要知道，所谓"紧"，是指：本来有个距离，现在粘在一起了；所谓"缩"，是指：本来有些词语，现在略去不说了。这种紧缩复句，之所以说它是典型的紧缩复句，就因为它是既"紧"又"缩"的；而前一种紧缩复句，则是只"紧"不"缩"的。

造成这种紧缩复句的特定的关联词语，常见的有下列几种：

第一，"不……不"。例如：

⑪这个人不问不开口。

⑫衣服不干净不穿。

⑬我不说不痛快。

⑭番茄不红不熟。

这些紧缩句表示假设关系，可以改为"如果……就"格式的复句。如例⑪可以改为："这个人，你如果不问他，他就不开口。"

必须注意，"不……不"结构只有在表示假设关系的时候才是紧缩句。像"不高不矮""不长不短"之类，是一般的联合词组，不是紧缩句。

第二，"不……也"。例如：

⑮这个道理不说也懂。

⑯红书不便宜也要买。

⑰这种小毛病，不医也会好。

⑱冬天，风不大也冷。

这些紧缩句表示假设关系，可以改为“即使……也”格式的复句。如例⑮可以改为：“这个道理，即使你不说，我也懂得。”

第三，“再……也”。例如：

⑲你再说得好听也不给你。

⑳工作再难也不怕。

㉑我们再穷也别学他。

这些紧缩句也表示假设关系，可以改为“即使……也”的复句。如例⑲可以说成：“即使你说得再好听，我也不给你。”

第四，“非……不”。例如：

㉒我非做完练习不休息。

㉓他非红书不看。

这两个紧缩句都可以改为“除非……不”格式的复句，可见是表示条件关系的。如例㉒可以说成：“除非做完练习，他不休息。”例㉓可以说成：“除非是红书，他不看。”

第五，“一……就”。例如：

㉔这种绳子一拉就断。（有什么用？）

㉕树叶一黄就落。

㉖他一进门就叫大叔。

㉗我一清早起来就开门。

这些紧缩句，有的表示假设性的特定条件，相当于“只要……就”格式的复句。如例㉔可以说成“……只要一拉就断”，例㉕可以说成“……只要一黄就落”。有的表示连贯关系，说明前后两个动作在时间上是紧接着的。如例㉖和㉗都是表示连贯关系的。

第六，“越……越”。例如：

㉘（就别夸他了，跟孩子一样，）越夸越发疯。（老舍）

㉙语言越精练越好。

㉚生姜越老越辣。

这些紧缩句表示假设性的特定条件，也相当于“只要……就”格式的复句。如例㉘可以说成：“只要越夸他，他就越发疯。”

除了用成对的关联词语之外，单用“就、才、也、又、再、还、总、却、可”等也可以构成紧缩句。例如：

㉛养花房的气温可以调节，要高就高，要低就低。

㉜组织起来才有力量。

㉝我死了也不走的。(《曹禺选集》第334页)

㉞怕看又不能不看。(叶圣陶：《稻草人》)

㉟有本事再自动地献给我一双新鞋！(老舍：《方珍珠》)

㊱不走还不是死在这里！(同上)

㊲有事没事总想跟小芹说句话。(赵树理：《小二黑结婚》)

㊳（阿Q要画圆圈了，）那手捏着笔却只是抖。（《阿Q正传》）

例㉛表假设（相当于“如果……就”）；例㉜表特定条件（相当于“只有……才”）；例㉝表假设（相当于“即使……也”）；例㉞表转折；例㉟和例㊱都表假设（相当于“如果……就”）；例㊲表无条件（相当于“不管……总”）；例㊳表转折。

也有不用关联词语的紧缩句。例如：

㊴搬得不快打嘴巴！(鲁迅：《阿Q正传》)

㊵声名不好为什么还给我写介绍信？(赵树理：《登记》)

例㊴表假设（相当于“如果……就”）；例㊵表因果（相当于“既然……就”）。

紧缩句的好处是紧凑精炼，言简意赅，口语里经常运用这一句型。

四、复句的运用问题

运用复句，要从下列三个方面去注意。

（一）注意意念关系

1. 分句与分句之间必须有密切的联系。

前面说过，复句里各个分句在意义上是有联系的。如果所说的几个意思没有什么联系，就不能放在一个复句里说。如“打雷了”“他是学生”“我要睡觉”这三个意思，“风马牛不相及”，它们不能组成一个复句。反过来说，如果所说的几个意思有着紧密的、不可分割的关系，就应该放在一个复句里说。例如“虽然他不让我去”和“我却偏要去”这两个意思，就不能说成：“虽然他不让我去。我却偏要去。”

当然，像上述这样明显的错误不会有人犯，但类似的毛病却是常常可以看到的。那就是：

第一，把联系不怎么密切的几层意思放在一个复句里说。例如：

①技术改革是技术问题，也是思想问题，要使技术改革取得胜利，就无论如何不应该忘记政治思想的统帅作用。

②平原地再也没有受淹现象了，鸠山终于被当地劳动人民征服了，现在做到了“水不下山，土不出川”，人们实现了“叫山变样，向水要粮”的理想。

例①有两层意思：第一层指出技术改革属于什么性质的问题，第二层指出要使技术改革取得胜利必须怎么样。这两层意思虽然有联系，但不怎么密切，应该分成两个独立的句子：把加“ ”号的逗号改为句号。例②有四层意思：第一层说平原地怎么样，第二层说山地怎么样，第三层说改造自然的成效，第四层说人们怎么样。这四层意思虽然也有关联，但并不是一贯到底的。有“ ”号的地方都要改为句号。

再例如：

③一个黄金的鸟笼里，养着一只画眉，明亮的阳光照在笼栏上，放出耀眼的光辉，赛过国王的宫殿，盛水的罐儿是碧玉做的，把里边的清水照得像雨后的荷塘，鸟食罐是玛瑙做的，颜色跟栗子一模一样。（初中《汉语》第五册练习第 297 页）

这个例子里包含着好几个意思，如果只是用逗号，各个意思之间的界限就很不明显，因而就会影响读者对文意的理解。其实，这个例子是从叶圣陶先生的《画眉》里引来的。在原文里，凡有“ ”号的地方都用句号。这是非常正确的。

第二，把相互间有着紧密联系的几层意思分割成几个独立的句子。例如：

④下午，下了一场雨。凉快多了。

⑤虽然立秋已经很久了。天气还很热。

⑥这件事情很使我感动。虽然这是件很小的事情。

⑦虽然，伦勃朗由于《夜巡》事件的打击，和前妻莎斯卡的逝世，隔断了他和上层社会的联系。以致造成他晚年的贫困、孤独，乃至赤贫而死。然而资产阶级这种背信弃义的行为，却愈加引起伦勃朗的深恶痛绝。

例④⑤⑥，两层意思有着不可分割的联系，这是很明显的。应把中间的句号改为逗号。例⑦，如果用❶代表“伦勃朗由于《夜巡》事件的打击和前妻莎斯卡的逝世，隔断了他和上层社会的联系”，用❷代表“以致造成他晚年的贫困、孤独，乃至赤贫而死”，用❸代表“资产阶级这种背信弃义的行为愈加引起伦勃朗的深恶痛绝”，那么，分析起来，❶❷和❸之间是转折关系（“虽然”和“然而”互相呼应表现了这一关系），❶和❷之间是因果关系（叙述结果）。可作下图表示：

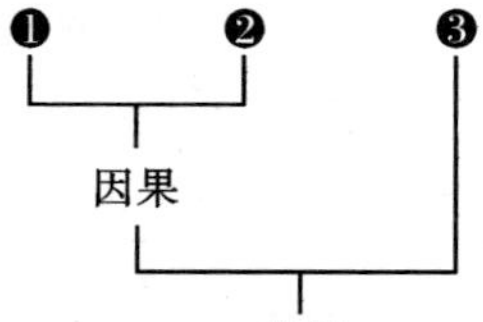

可见，这几层意思可以合起来组成一个二重复句。当然这个例子里还有别的毛病，限于篇幅，不一一指出，试将它改为：

⑧虽然伦勃朗由于《夜巡》事件的打击和前妻莎斯卡的逝世，隔断了他和上层社会的联系，以致造成他晚年的贫困和孤独，但是资产阶级这种背信弃义的行为，却愈加引起他的深恶痛绝。

2. 分句与分句之间必须有合乎逻辑的联系。许多有毛病的句子，就各个分句本身看，词义上、色彩上、词性上、语法结构上可能都没有什么毛病，但是一把各个分句连起来考察，就会发现在事理上是说不通的。这种毛病的产生，大都是由于写作时粗心大意，写到后面忘记了前面；或者由于对事物的观察不真切、不周密。略举几例：

⑨在炎热的太阳下，在冰天雪地中，不间断地行军作战，以致把他的手指甲和脚指甲都冻掉了。

⑩我曾经想写一篇批评的稿件在黑板报上刊登，结果也没被采用。

⑪今天可能下雨，如果你不带雨衣出去，一定要挨淋的。

⑫他特别喜欢打球，他的功课决不会好。

⑬在科学技术上有发明创造的人，所以能有那些成就，就因为他们读书多，知识广。

例⑨，“在炎热的太阳下，在冰天雪地中，不间断地行军作战”是第一个分句，没问题；“以致把他的手指甲和脚指甲都冻掉了”是第二个分句，也没问题。可是两个分句连起来看，问题就来了：究竟何时何地有这样的能够“冻掉”人们的指甲的“炎热的太阳”？例⑩，前面的分句说“想写”，后面的分句说“没被采用”。想写就是还没写出来。还没写出来怎么可能有被采用没被采用的结果呢？例⑪，前面说“可能下雨”，既是“可能”，就不一定“下”，因此后面就不能说“一定挨淋”。例⑫，这种说法，用三段论式来表示，就很容易看出它的错误：凡是特别喜欢打球的人功课都不会好（大前提），他特别喜欢打球（小前提），因此他的功课不会好（结论）。这个大前提是错误的，因而结论也是错误的。例⑬，这句话的论证因果，是不符合客观真理，因而也就是不合事理的。这句话的大前提是：凡在科学技术上有发明创造的人都读书多、知识广。这显然不能成立。没有读过很多书的人也可以有惊人的发明创造，这是有大量的事实佐证的。

（二）注意结构

1．做到每个分句的主语都很明确。

前面说过，后面分句的主语可以承前省略。这是在“辞达而已”的要求下讲求言语的简洁精炼的一种手法。它不会影响语意的明确，相反，可以提高语言的表现力。

有时，后面的分句和前面分句的主语并不相同，但作者却没有把后一分句的主语写出来，结果，造成了“暗换主语”的毛病。被暗换了主语的分句，它的主语不明确，因而影响了整个句子语意的明确。例如：

⑭斯大林同志的逝世是和平民主阵营的巨大损失，是人类的巨大损失，是应当难过的。

⑮一个警察搀扶着一位八十多岁的老太太上车来，显然不能支持了。

⑯（拿出她的相片……）她那圆黑的一双眼睛乞怜地望着我，便扑簌簌地掉下几颗泪来。

例⑭有三个分句。一、二两个分句的主语都是“（斯大林同志的）逝世”，第三个分句的主语是否也是“（斯大林同志的）逝世”呢？显然不是。原来这个分句的主语已经换了，只是作者没有写出来。这就使得意思不够清楚了。可见这个分句是不能不用主语的。应把“我们”之类补上去。例⑮，第二个分句的主语是什么呢？按原意，是“（这位）老太太”；但根据句子本身，简直没法断定是“老太太”还是“警察”，因为也可以认为这位警察由于搀扶那位老太太过久，“显然不能支持了”呀！可见“这位老太太”是非要写出来不可的。例⑯，第二个分句的主语如果是承前省略，那就应该是“（她的）眼睛”。但“她”是相片里的人，怎么可能流眼泪？原来这个分句的主语已经换成了“我”，而这个“我”是不能不写出来的。

暗换主语的毛病是要注意避免的。写作的时候用到复句，最好站到读者的立场上去，检查一下每个分句的主语，看看是否都很明确，意思是否已经表达清楚。如果觉得可能引起歧解，就不要随便不用主语。

2. 避免句意夹缠、结构混乱的毛病。

复句里每个分句都有自己的结构成分，每个分句的结构成分都应该连在一起，如果把不同分句的结构成分交错起来用，就会造成句意夹缠、结构混乱的毛病。例如：

⑰我看了电影《祝福》以后，描写旧社会的黑暗生活非常真

实，感动极了。

⑱即使用“历史主义观点”来看待这种赤裸裸的描写，我们得出的结论也只能是糟粕，而不是别的。

例⑰，《祝福》“描写旧社会的黑暗生活非常真实”是一个分句，而“我看了……以后”“感动极了”又是另一个分句，不能把后一分句劈成两半用在前一分句的前后。应改为：

⑲电影《祝福》描写旧社会的黑暗生活非常真实，我看了以后感动极了。

例⑱，什么“是糟粕而不是别的”？就这个例子本身分析，是“我们得出的结论”，然而实际上却是“这种赤裸裸的描写”。为了避免误解，必须改成：

⑳即使用“历史主义观点”来看待，我们得出的结论也只能是：这种赤裸裸的描写是糟粕，而不是别的。

（三）注意关联词语

1. 有必要用才用，没有必要用就不用。

那么，什么时候有必要用呢？

第一，不用就会使得结构松懈、关系不明的时候，要用。例如：

㉑如果列宁所说的前两个时期在苏联已经成为历史，那么，在他们那里，国家就应当消亡了，又何来一个“全民国家”呢？如果国家还没有消亡，那么，这只能是无产阶级专政，而绝不能是什么“全民国家”。（《关于赫鲁晓夫的假共产主义及其在世界历史上的教训》）

这里用了两对“如果……那么（就）”。“如果……”部分提出一个假设，“那么……”部分表示由这个假设得出的结论。要是不用这两对关联词语，假设与结论的关系就不能清楚地表示出来，整个句子的结构就会显得松懈。

㉒我本来想借几本杂志来看，听到同学说《红岩》好，我把《红岩》借回来了。

㉓我对他的学习是关心的，对他的思想关心不够。这是应该

作检讨的。

这两个例子，由于没有用必要的关联词语，致使句子的结构显得松懈。要是在“听到”前边添上“可是”，“我把《红岩》”前面添上“所以”，“对他的思想”前面添上“可是”，结构就会紧凑起来，关系也就会更加明确。

㉔革新技术以后，不但加快了生产的速度，提高了产品的质量。

㉕展览会里陈列的产品不仅式样新颖，品种很多。

㉖他虽然年纪很小，志气很高。

这三个例子，由于没有用必要的关联词语，使得分句与分句之间关系不明。例㉔和㉕，都要在后一分句的前边添上“而且”。例㉖，要在后一分句的前边添上“但是”。要知道，有些成对呼应的关联词语，在一般情况下，后面那一个是不能不用的。

第二，某种关系需要着重表示出来的时候，要用。例如：

㉗我应该去，你也应该去。

如果我们认为两个分句之间有“更进一层”的关系，需要着重表示出来，就有必要用上“不但……而且……”说成：

㉘不但我应该去，而且你也应该去。

这样一来，递进关系就明确地表示出来了。

那么，什么时候不必用呢？

第一，在口语里，如果句子本身的逻辑关系已很明显，一般不用。例如：

㉙“你怎么断定我是坏人？”

“不是坏人，你为啥弄得噼噼啪啪一片响？”（雷萌：《路遇》）

后一句是一个老农民的问话。这句话的两个分句之间有假设关系，这种关系是可以用“如果……那么……”表示的。但在这里如果把“如果……那么……”添上去，反而显得生硬、别扭，不符合老农民说话的口吻。

第二，某种关系无需着重表示出来的时候，也不用。例如：

㉚三仙姑也暗暗猜透大家的心事，衣服穿得更新鲜，头发梳得更光滑，首饰擦得更明，宫粉搽得更匀。（赵树理：《小二黑结婚》）

三仙姑之所以“衣服穿得更新鲜，……”，是因为她“暗暗猜透大家的心事”，可见两者之间有因果关系。但是这里只着重表明三仙姑心里怎么活动，外表上怎么打扮，而不着重强调这种因果关系，所以不必用“因为……所以”“因此”之类关联词语。

不用关联词语的复句，它的分句与分句之间的关系是用“意合法”来表示的。在口语里，或者在关系明显而又不必着重强调出来的时候，用意合法，可以使语言显得干净利落。

2．根据分句与分句之间的联系选用关联词语。

一定的关联词语表示一定的关系。用了表示某种关系的关联词语，就必须是句子里有着这种关系。我们经常发现这样的情况：用了表示某种关系的关联词语，实际上却没有这种关系。这是应该注意避免的毛病。例如：

㉛胡适用的是彻头彻尾的反动的实用主义的方法，可是在五四以后的学术界中，却起了很恶劣的影响。

㉜她对落后事物的斗争非常坚决，可是，对新事物却特别敏感。

“可是”“却”是用来表示转折关系的。两个分句的意思确实有转折，才能用这一类关联词语。这两个例子里的前后分句之间都没有这种关系，因此，例㉛，“可是”“却”都要删去，例㉜，要删去“可是”，并把“却”改为“也”。

㉝……任何品种的生物不仅跟亲体相似，而且有些差异。

㉞我也爱吹笛子，而且吹得很蹩脚，……。

“不仅……而且”“而且”是用来表示递进关系的。用这类关联词语，必须确实有一层进一层的关系。这两个例子的前后分句之间并没有这种关系，所以，应把例㉝的“不仅”改为“都”，“而且”改为“不过也”，把例㉞的“而且”改为“可是”“只是”之类。

3. 成套的关联词语要成套地用。

我们的语言里，关联词语非常丰富，而许多是成双配对的，用起来总是一套套一套套的。例如“因为”和“所以”相配，“虽然”和“但是”相配，不能随便把它打乱。下列各例的毛病都在于用关联词语用乱了套。

> ㉟杨子荣把匪徒带到自己的联络点以东，为了怕暴露自己刻在树上的南向记号，所以他把匪徒们安排在那棵杈枝上搁着黑石头的树的侧背面。

> ㊱我和周明坐在跑道上，背靠着起动车拉起呱来。虽然有时一两阵冷风刮过，像刀子一样刺人脸皮，和阳光晒到身上却很暖和舒服。

> ㊲本书的“修辞部分”不仅仅拘泥于“几种修辞格”的分析，而是对文章的主题思想、全篇布局结构、句式的选择等等皆予以全面的论述。

例㉟，“为了”表示目的，“因为”表示原因。“因为”才能同表示结果的“所以”配成一对。应把“为了”改为“因为”。如果保留“为了”，就要去掉“所以”，并把“怕”改为“不”。例㊱，没有“虽然……和……”的格式。应把“和”改为“但”。例㊲，“不是……而是……”“不仅仅……而且……”各自成对，意思不同：前一对表示否定前一层意思，承认后一层意思；后一对表示两层意思都承认，并表示两层意思之间有进一层的关系。这两对关联词语不能混用。按作者原意，是首先否定这本书“拘泥于……的分析”，然后承认“对文章的主题思想……予以全面的论述”。可见应该用前一对。即把“不仅仅”改为“不是”。

4. 关联词语的位置要摆对。

关联词语在句子里的位置要摆对，这样才能把分句与分句之间的关系清楚地表示出来。比较：

> ㊳他不但经常关心我，而且经常具体地帮助我。

㊴不但他经常关心我，就连别的小组的同学也经常关心我。

这两个例子的前一分句是相同的，可是“不但”的位置却不一样。这是因为在例㊳里，“经常关心我”和“经常具体地帮助我”之间有更进一层的关系，所以“不但”“而且”要分别用在它们前面；在例㊴里，“他经常关心我”和“别的小组的同学也经常关心我”之间有更进一层的关系，所以“不但”“就连”要分别用在它们的前面。如果把例㊳的“不但”移到“他”的前面，把例㊴的“不但”移到“他”的后面，关系就表达得不够清楚了。

从上面的分析中，可以悟出一条道理：用某一对关联词语的时候，要明确这一对关联词语所关联的两层意思是什么。不了解掌握这一点，就会出错。例如：

㊵反革命分子张德才虽然有严重的历史罪恶，负有血债，并且在解放后，隐瞒历史，伪装好人，混藏在农村和工厂达十年之久，坚持与人民为敌。一九五八年这个反革命分子被查出后，政府本着对过去的罪行从宽处理的政策精神，只判处了他三年管制，希望他悔罪向善，重新做人，但是这个怙恶不悛的反革命分子反而对革命和人民更加仇恨。

“虽然……但是……”所关联的两层意思之间必须有转折关系。“有严重的历史罪恶，……”和“这个怙恶不悛的反革命分子反而对革命和人民更加仇恨”之间没有这种关系，而“政府……只判处了他三年管制，……”和“这个怙恶不悛的反革命分子反而对革命和人民更加仇恨”之间才有这种关系。可见，“虽然”应移到“政府”的前面来才对。

思考与练习

（一）

*1. 下面的句子，许多人认为是复句，但也有些人认为是单句。你认为把它们算作单句好些，还是算作复句好些？

①他们爱祖国，爱人民，爱科学，爱和平。（杨朔）

②孙中山欢迎俄国革命，欢迎俄国人对中国人的帮助，欢迎中国共产党和他合作。（毛泽东）

③他看见了台上面挂着的“比先进，赶先进”的横幅，看见了大会主席的兴奋的面容，看见了讲台上的一盆花、一只盛有白开水的玻璃杯……（胡万春）

④尤老二在八仙桌前面立了一会儿，向大家笑了笑，走进屋里去。（老舍）

⑤ 林部长走下公共汽车，解下脖子上的毛巾把脸上的汗擦了擦，便急急扛起行李往工地上走。（王愿坚）

*2. 用“只有……才”“除非……才”或“无论……都”的句子，有时也可以是单句。在下面这些句子里，哪些是单句？为什么是单句？

①只有你意识到这一点，你才能更深刻了解我们的战士在朝鲜奋不顾身的原因。

②只有具有这种革命风格的人，才能写出反映这样的人的诗来。

③只有千百万群众自觉地起来一齐奋斗，才能取得胜利。

④除非他，才能把这件事办好。

⑤除非你把缺点改正了，你才会进步。

⑥除非身体支持不住，他才离开他的工作岗位。

⑦无论山多高，他都上得去。

⑧无论什么人，都得承认这个真理。

3. 下列句子是单句还是复句？为什么？

①一九二四年至一九二七年的革命，一九二七年至现在的土地革命，一九三一年至“九一八”事变以来的反日浪潮，证明了中国工人阶级和农民阶级是中国的坚决的力量。

②我看见他在对李书记说话的时候，左手好像摸起一点什么东西。

③声明避而不谈达赖喇嘛给谭冠三将军的三封信，证明了写

这封信的人不敢面对事实。

④坚决捍卫一九五七年宣言和一九六〇年声明的革命原则，已经成为国际共产主义运动重要的迫切的任务。

⑤各国共产党和工人党在制定本国的具体路线和政策的时候，坚持马克思列宁主义的普遍真理同本国革命和建设的具体实践相结合的原则，是十分重要的。

⑥实现这一要求，社会主义阵营就会对人类历史进程发生决定性的影响。

⑦实现这些要求，是社会主义阵营和各国共产党和工人党对本国人民应尽的义务。

⑧在帝国主义国家中，在资本主义国家中，要解决资本主义社会的矛盾，必须实现无产阶级革命和无产阶级专政。

⑨在帝国主义、资本主义国家中，无产阶级政党在领导革命斗争的时候，必须在思想上、政治上和组织上保持自己的独立性。

⑩为了实现这种称霸世界的野心，美帝国主义在第二次世界大战结束后的十八年来，连续不断地在世界各地进行侵略战争和反革命武装干涉，并且积极准备新的世界战争。

⑪为了有效地保卫世界和平、防止新的世界战争，全世界的马克思列宁主义者，全世界爱好和平的人民，不能不拒绝和反对赫鲁晓夫的错误路线。

4. 下面这段话里有几个句子？哪几个是单句？哪几个是复句？

我们正在建设社会主义。有几亿人口进入社会主义的改造运动。全国各个阶级的相互关系都在起变化。农业和手工业方面的小资产阶级和工商业资产阶级，都发生了变化。社会经济制度变化了，个体经济变为集体经济，资本主义私有制正在变为社会主义公有制。这样的大变动当然要反映到人们的思想上来。存在决定意识。在不同的阶级、阶层、社会集团的人们中间，对于这个社会制度的大变动，有各种不同的反映。广大人民群众热烈地拥护这个大变动，因为现实生活证明，社会主义是中国的唯一的出路。（毛泽东：《在中国共产党全国宣传工

作会议上的讲话》）

（二）

1. 下列复句属于联合复句还是偏正复句？它们的分句与分句之间有什么关系？

①广州起义前的几小时，工人赤卫队第六联队秘密地集合在几个工人的家里，紧张地进行着战斗准备工作。

②我们已经派人领武器去了，但是可以料到，武器是不会多的。

③领不来武器，就夺取敌人的！

④大家早有了思想准备，没嫌少。

⑤大家一面学着使用，一面等着起义的信号。

⑥我们对战争贩子一定要提高警惕，不管他们说的话怎么漂亮。

⑦我虽然比他多干了一个活，红旗也应当给他呀！

⑧尽管当地的气候条件极端不利，探险队员终于胜利地完成了自己的任务。

⑨他们见我回来，都高兴得不得了。

⑩哪儿有共产党，哪儿就可得到解放。

⑪以后这些大小汉奸，谁干了恶事，就给他写个白纸帖。

⑫既然组织上这样决定了，那我就先留下来再说。

⑬只要我们时刻遵守党的指示，我们就一定胜利。

⑭如果说，上一世纪末期和本世纪初期马克思主义者对伯恩斯坦和考茨基之流的修正主义展开理论批判是不可避免的话，那末，现在我们对于新伯恩斯坦主义的批判更加是必要的了。

⑮共产主义星期六义务劳动所以宝贵，因为它是共产主义的实际开端。

⑯寒暑表上的水银柱已经升高，可见室内气温升高了。

⑰文如其人，就是说什么样的人，就写什么样的文章。

⑱我看到未来的祖国盛开着花朵，所以我说：我是幸福的。

⑲农村人民公社成立的时间虽然不久，但是广大农民已看到了它所带来的显著利益。

⑳要么我们把洪水挡住，要么让洪水把我们淹死。

㉑孩子们飞也似地跑，或者蹲在乌桕树下玩石子。

㉒由于我们没有学习语言，古人语言中的许多有生气的东西，我们就没有充分的合理的利用。

㉓老大娘尽管擦了又擦，眼泪还是流个不干。

㉔我宁可先把自己的工作搁一搁，也不能不先帮助他。

㉕敌人从哪里进攻，我们就把他们消灭在哪里。

㉖美帝国主义千方百计地分裂中苏团结、社会主义阵营团结和全世界革命人民的团结，以便各个击破。

㉗那时候日本鬼子年年征收我们的家畜，弄得大伙儿穷到没吃没穿的地步。

*2. “而”字用来连接分句，可以表示好几种关系。下列句子里，“而”所连接的分句之间有什么关系？

①共产主义的理想是美丽的，而今天的资本主义世界是丑恶的。（刘少奇：《共产主义事业是人类历史上空前伟大而艰难的事业》）

②既然他们厂能赶上英国，而我们厂为什么不能赶上英国？（《揭开了活性染料的秘密》）

③要提高劳动生产率，就得消除饥饿；而要消除饥饿，又得提高劳动生产率。（《伟大的创举》）

④惟独共产主义的思想体系和社会制度，正以排山倒海之势，雷霆万钧之力，磅礴于全世界，而葆其美妙之青春。（毛泽东：《新民主主义论》）

⑤长得结实肥胖的，往往会像折断一根麻梗一般很快地死去，而像“芦柴棒”一样的，却偏能一天天地磨难下去。（夏衍：《包身工》）

⑥人民内部的团结将比以前更为加强；而社会主义制度也将

比以前更为巩固。(《不平常的春天》)

⑦攻击点选在敌人阵地的某一翼，而那里正是敌人的薄弱部，突击因而成功，这叫做主观和客观相符合……(毛泽东：《中国革命战争的战略问题》)

⑧下下木人每逢三、六、九，从山里把木炭、生熟草药、兽皮、红糖、猪、牛、鸡、鸭运出，而从外地来的客商也在这个时候把大米、盐巴、咸鱼、布匹、日用百货运进，互通有无……(司马文森：《风雨桐江》)

*3. 前一分句用“固然”的复句，可以表示不只一种关系。分析一下，下列句子的分句与分句之间表示什么关系。

①去年秋天固然还好，可是地主、债主、正税、杂捐一层一层地剥削来，早就完了。(茅盾)

②文化艺术事业固然要用钱，然而一出戏的服装费就花掉五千元，也实在到了骇人听闻的地步。(《人民日报》)

③(尼姑待他们走了之后，定了神来检点，)龙牌固然已经碎在地上了，而且又不见了观音娘娘座前的一个宣德炉。(鲁迅)

④(朝花社不久就倒闭了，……)力气固然白花，此外还得去借一百块钱来付纸账。(鲁迅)

⑤(这个“材料”且有极大的尖锐性和鲜明性，十分引人注意。)反革命分子固然注意它，革命人民尤其注意它。(《关于胡风反革命集团材料》)

⑥良药固然苦，假药也苦，毒药更苦。(《中国工人》)

⑦社会主义大厦固然需要钢材，我们都愿望作颗小小的螺丝钉。(《最崇高、最光荣和最可爱的》)

⑧(如果日本陛下大发慈悲，居然采用胡博士的条陈，那么，所谓“忠孝仁爱信义和平”的中国固有文化，就可以恢复，因为日本不用暴力，中国民族就没有了仇恨，因为没有仇恨心，自然更不抵抗，因为不抵抗，自然更和平更忠孝……)中国的肉体固然出卖了，中国的心灵也被征服了。(瞿秋白：《出卖灵魂的秘

诀》)

*4. 下面的复句都用“既……也”这一对关联词语。观察一下，这几个复句是否表示同样的关系。

①我们既反对冒险主义，也反对投降主义。(《评美国共产党的声明》)

②既要群众要求，组织上也只有支持。(司马文森：《风雨桐江》)

③苦茶既无心喝酒，也无心吃茶。(同上)

④她既认定来人不是坏人，也就冲口说出：“我们当家的，不是被人请去做工，是被人用绳子拉出去坐牢！”(同上)

(三)

1. 分析下列多重复句(划出层次，说明关系)。

①由于当时赫鲁晓夫的修正主义还处于开始阶段，同时苏共领导也还没有挑起公开论战，因此，我们在一段时间内，对于赫鲁晓夫“议会道路”的错误，没有进行公开的揭露和批判。

②如果不发展农业，不但影响最大多数人的生活，影响工农联盟和人民的团结，而且也不能迅速地发展工业。

③我们共产党员，不论到哪里，也不应该把党忘了，而且越到危险的时候，越要拿出骨气来。

④青年是努力的，是热心的，但是因为理想不够，工作经验不多，常常容易犯错误。

⑤各国无产阶级和各国人民的革命斗争，都要经历不同的阶级，都会具有自己的特点，但是都不会越出世界历史发展的总规律。

⑥如果避开具体的阶级分析，或者随便找一些表面的现象，作出主观的臆断，就必然不可能得出关于国际共产主义运动总路线的正确结论，必然滑到同马克思列宁主义根本不同的另一条轨道上去。

⑦如果无产阶级在革命中成为地主资产阶级的尾巴，那么，

民族民主革命要取得真正的彻底的胜利是不可能的，即使取得某种胜利，要巩固也是不可能的。

⑧只要认真研究赫鲁晓夫修正主义集团在苏联实行“和平演变”的教训，并且采取相应的措施，已经胜利的社会主义国家和将来走上社会主义道路的国家，将不仅能够打败敌人的进攻，而且能够防止“和平演变”。

⑨如果不作这样的准备，就会麻痹无产阶级的革命意志，在思想上解除自己的武装，在政治上和组织上陷于完全无准备的被动局面，以致葬送无产阶级革命事业。

⑩它（美帝）在准备打一切类型的战争，不仅准备打全面核战争，准备打有限战争，而且已经在打着“特种战争”。

⑪有些同志因为灵魂深处还沾染着资产阶级的思想意识，而自己并不自觉，所以，虽然口头上也说要从无产阶级和劳动人民的利益出发，但是总是不能实现，总是容易为资产阶级的思想观点所俘虏。

⑫不管哪一个资产阶级政党上台，它执行的，必然是代表美国大垄断资本利益的政策，有时强调军事威胁，有时强调政治欺骗，但总的说来都是威胁和利诱双管齐下的两手政策，都是侵略政策和战争政策。

2. 指出下列例子里的紧缩句，并说明是什么关系的紧缩句。

①苏醒了的荒湖荡里，人喊马叫，声势如同排山倒海。（陈登科：《风雷》）

②咱的缺点咱知道，心直口快，肚里存不住半句话，有啥也敢往外倒！（西戎：《纠纷》）

③孟姜女又是怕，又是恨，心慌意乱，一时也不知道怎么样才好。（《孟姜女》）

④只是我总以为没有春和秋；冬初和夏末衔接起来，夏才去冬又开始了。（鲁迅：《鸭的喜剧》）

⑤闺女大了咱管不了，就请区长替咱管教管教！（赵树理：

《小二黑结婚》)

⑥都是素日你爹把你惯的，越惯越不像样！(杨朔：《三千里江山》)

⑦李秀英就是这么个钢性子，硬折不弯。(西戒：《纠纷》)

⑧我们是红军！缴枪不杀！(《大渡河畔英雄多》)

⑨这哪有准儿呢？说远就远，说近就近。(《小英雄雨来》)

⑩雕刻家的意思，随随便便雕一个石像不如不雕，要雕就得把这位英雄活活地雕出来。(叶圣陶：《古代英雄的石像》)

⑪没有个领头的，人再多力量再大也不管（没用）啊！(陈登科：《风雷》)

*3. 紧缩句和复杂谓语有什么区别？请把“紧缩句”部分所举的例子和“复杂谓语”部分所举的例子相比较，说明紧缩句和复杂谓语的不同。

(四)

1. 从分句间的意念关系看，下列句子有什么毛病？怎样改正？

①他睁大了眼睛，咬紧牙关，大声唤着：“中国共产党万岁！”(……就这样英勇牺牲了)

②同志们挑起担子，挺起胸脯，飞一样地跑向堤坝。

③绿油油的麦子一大片，齐大爷一家四口下地拔麦干得欢。

④他对各学科同样重视，因此数学成绩一直是特别好。

⑤开车以前半点钟，同学们就到齐了，只有王芬同学因病没有到。

⑥由于我在学习上犯冷热病，所以一年来没有提高，但是老师和同学们的热心帮助使我获得不少成绩。

⑦这本书已经出版了好几年，所以作者最近作了较大的修改。

⑧汉字比较难学，因此，有些人直到中学毕业还常写错别字。

⑨已经过了五分钟了，他一定不会来了，因为他从来不迟到。

2. 下列句子在关联词语的运用上有什么毛病？怎样改正？

①我们在各项工作中，首先要有冲天的干劲，然后要有科学

分析的精神。

②我们不但要把翻译工作放在科学的基础上进行，还要反对过去一套手工业的方式。

③储蓄工作不仅能使我们养成计划开支的良好习惯，而是积累资金扩大生产的手段之一。

④如果抓住了整风，各项工作都获得显著的改进，出现了生动活泼的新气象。

⑤尽管你有多大的本领，也不能阻止历史车轮前进。

⑥如果路比较远，可是坐汽车去还是很快就可以到的。

⑦他不但很瘦，而且精神也很饱满。

⑧只有这样做去，我们美满的明天，一定会出现在我们的跟前。

3. 指出下列句子在结构上的毛病，并加以改正。

①同学们认识了美帝国主义的侵略本质，产生了仇恨美帝、蔑视美帝、鄙视美帝的感情以及美蒋匪帮的勾结对中国人民的危害性。

②好不容易，她辛辛苦苦地终于把我养到九岁的那年，日寇侵略上海。

③我生在大连，自从记事那天起，知道自己过着牛马的生活，看到了日本人如何欺负中国人民被压迫得感到非常愤怒。

第八节　语　　气

语气可以用语调表示，也可以用语气助词表示。这一节主要谈谈语气助词的使用情况。此外，谈谈“反问和设问”“肯定和否定”这两个问题。

一、陈述：的、了、呢、罢了、嘛、啊

陈述句常用语气助词“的”和“了”。这两个词都表示确定的语气，但作用不完全相同。

“的”表示“本来如此”或“的确如此”。例如：

①这个人我认识的。

②他虽然照样办，却总是睡不着，——当然睡不着的。（老舍）

“了”表示事情变化的情况。例如：

③水离堤面只一尺了。（袁静）

④不多了，我已经不多了。（鲁迅）

“只一尺了”“不多了”都表示出现了新的情况。

“的”和“了”的不同，就在于前者表本然，后者表变化。比较：

⑤治不好了，我知道治不好的。（杨朔）

“治不好了”表示才出现的情况；“我知道治不好的”表示我知道本来如此。

“呢、罢了、嘛、啊”也可以用在陈述句的末尾。

“呢”表示情况还在持续之中，而说话人对于这种情况的持续带有一定的情绪（赞美、着急、不同意等）。例如：

⑥星星他也摘的下呢。(杨朔)(赞美)

⑦已经过午了,雨还在下呢。(着急)

⑧你这么大的人,还不如小妞子呢!(抱怨)

"罢了"表示"不过如此"。例如:

⑨月亮对着陈士成注下寒冷的光波来,当初也不过像是一面新磨的铁镜罢了。(鲁迅)

"罢了"和"呢"的作用是不相同的:"呢"字往往是把事情往大处说,带夸张的口气;"罢了"则是把事情往小处说,含有"仅此而已"的意思。例如:

⑩甲:哎呀,你的脸烫得很呢!

乙:没关系,有点发烧罢了。

"嘛"(么)表示一种申明的语气,强调事情显而易见,或者表示无可奈何。例如:

⑪双喜笑着说:"你知道共产党是干什么的?"大水说:"那还不知道!共产党是抗日的么。"(袁静)

⑫咱是个团员嘛,首先应该服从组织。(杨朔)

⑬旁人笑他:"娶媳妇儿还带个枪?"大水说:"上级说的:枪不离人,人不离枪嘛!"(袁静)

⑭他不相信嘛,叫我有什么办法。

陈述句用"啊"[①],通常带点提醒的意味。例如:

⑮ 小梅急得泪汪汪地说:"就是走,我也得跟班上说一声啊。"(袁静)

---

① 语气助词"啊"经常附在感叹句之后,但也可以附在陈述句、疑问句、祈使句之后。"啊"用在句子末尾,念的时候,它会受它前边那个字的尾音的影响。如:

来啊(lai a)→ai ya(呀)

别哭啊(bie ku a)→bie ku wa(哇)

快穿啊(kuai chuan a)→kuai chuan na(哪)

书面上有时把"啊"写成"呀、哇,哪",就是想分别表示 ya、wa、na 的音。

⑯我不是故意的啊。

二、疑问：吗、呢、吧、啊

疑问句常带语气助词“吗”和“呢”。

“吗”（么）只能用在是非问句，不能用在特指问句、选择问句；“呢”只能用在特指问句、选择问句，不能用在是非问句。比较：

①你查过哨了吗？（是非问，要求给予肯定或否定的问答。）

②谁查过哨了呢？（特指问，要求就疑问代词部分回答。）

③你去不去查哨呢？（选择问，要求选择其中一项回答。）

④你去呢，还是我去呢？（选择问，要求选择其中一项回答。）

例①的“吗”不能换成“呢”，例②③④的“呢”不能换成“吗”。再比较：

⑤他讲过什么话呢？

⑥他讲过什么话吗？

例⑤用“呢”，是特指问句，只要求回容“什么”的问题。例⑥用“吗”，是是非问句，等于说“他讲过话吗?”这是对整个事情的疑问，因此要求回答：“嗯，他讲过……话”，或回答：“没有，他没有讲过什么话。”

是非问句有时也用“吧”（罢），表示疑信之间的语气，或者表示商量的语气。例如：

⑦人都到齐了吧？

⑧你听谁说的？别是谣言吧？（老舍）

⑨您别是受了暑，我给您拿一杯冷水吧？（曹禺）

例⑦和例⑧都表示介乎疑信之间。例⑨把自己的主张说出来征求对方的意见，带商量语气。这些用“吧”的句子，都用下降的语调。

“啊”（呀）各种问句都可以用。用“啊”的疑问句，语气显得比较活泼。例如：

⑩写信的时候，介绍人也得去呀？（赵树理）（是非问）

⑪你都到过哪儿呀？（老舍）（特指问）

⑫你到底去不去呀？（选择问）

⑬是小麦呀，还是大麦呀？（选择问）

三、祈使：吧、了、啊

祈使句常带语气助词“吧”和“了”。

在请求、催促、命令别人做什么的时候，用“吧”（罢）。例如：

①请你谈下去吧！（请求）

②时候不早了，快点走吧！（催促）

③回去吧！童养媳没处养，就算成你的闺女！（赵树理）（命令）

在要求别人不做什么的时候，也就是在表示禁止、劝阻的时候，用“了”。例如：

④别再胡闹了！（禁止）

⑤火车停两分钟就开，别下车了！（劝阻）

有时“了”“吧”在前后分句同时并见，一个表示要求别人不做什么，一个表示要求别人做什么。例如：

⑥你们快走吧，别耽搁了！

⑦别闹了，上课去吧！

“啊”（呀）也可以用在祈使句末，表示嘱咐敦促的语气。例如：

⑧你要小心啊！

⑨别那么想啊！

⑩雪征，有话说吧，说呀！（《女飞行员》）

四、感叹：啊

语气词“啊”（呀）的主要作用是附在感叹句的末尾表示感叹的语气。例如：

①中朝两国人民的友谊是用鲜血结成的啊！

感叹句句尾用了“啊”，句中常用跟“啊”呼应的“多么、多、真、好”等词。例如：

②人走在沙漠里，忽然看见树，看见水，心里多激动啊！

③这道题真难啊！

④天气好冷啊！

五、停顿：吧、么、呢、啊等

“吧、么、呢、啊”等词都可以用在一句话中间表示语意未完，略有停顿。这有三种情况：

第一，把问题提出来说，引起对方注意。例如：

①以各种鼓词来说吧，它们的文字虽是韵文，须有腔有调地唱出，可是主要的还是叙说一个故事。（老舍）

②农民们相与议论，谈到都团总，则愤然说：“那班东西么，不作用了。”（毛泽东）

③打从一解放啊，给咱们抓土匪，平物价，还给咱们修茅房，我真得说共产党好！（老舍）

④马呢，不是让给病号骑，就是替大家驮干粮。（杨朔）

这些句子中用语气助词，都有引起对方注意的作用。但仔细观察，又可以知道：例①，用“吧”停顿，是举例的性质。例②，用“么”停顿，有“论到”或“至于”的意思。例③，用“啊”停顿，让人注意以下的话。例④，用“呢”停顿，使所要说明的事物特别引起别人的注意。

第二，用在假设分句之后，表示假设的语气。例如：

①就算你的是“阳春白雪”吧，这暂时既然是少数人享用的东西，群众还在那里唱“下里巴人”，那末，你不去提高它，只顾骂人，那就怎样骂也是空的。（毛泽东）

②他非成班不可呢，得算我一份儿。（老舍）

③你早说呀，我早就预备好了。（曹禺）

有时，假设分句带“吧”或“呢”，表示犹豫不定或左右为难。例如：

④天佑太太心中极难过：说话吧，没的可说；不说吧，又解决不了问题。（老舍）

⑤这两个主意虽然不同，可是结果一样：不去呢，她必不会善罢甘休；去呢，她也不会饶了他。（老舍）

第三，列举。例如：

⑥最近一个时期，苏共新领导在口头上讲了不少漂亮话，这次分裂会议的公报也拣了许多好听的、虚伪的话写在上面，什么“反对帝国主义”哟，什么“支持各国人民革命”哟，什么“团结对敌”“共同行动”哟，等等。（《评莫斯科三月会议》）

⑦（老婆，老头，女人，孩子）哭呀叫呀，一拥拥到街口上，喘的上气不接下气。（杨朔）

⑧黑蛋婶婶也不知道拿的是绳呀是线，尽管在她那脖子上乱缠。（赵树理）

六、反问和设问

反问和设问是两种作用比较特殊的问句。

反问是用问句的形式来表示肯定什么或否定什么。运用反问句，可以强调所要表达的意思，使所说的话显得不可辩驳。例如：

①谁不知道蒋介石是个最无信义的大流氓？谁不知道美帝国主义在支持蒋介石政府挑动中国的内战？（方纪：《挥手之间》）

②中国人民坚决支持古巴人民反对国际视察、维护主权的斗争，怎么说得上是反对和平共处呢？怎么说得上是我们要把别人推入热核战争呢？难道要中国也去向古巴施加压力，迫使他们接受国际视察，才符合所谓“和平共处”吗？如果有些人口头上也表示支持古巴的五项要求，而实际上却又反对中国人民支持古巴，

那么，这岂不正是暴露了他们自己支持古巴五项要求的虚伪性吗？（《陶里亚蒂同志同我们的分歧》）

例①，用两个反问句，肯定蒋介石是个最无信义的大流氓，美帝国主义在支持蒋介石政府挑动中国的内战。语气强烈，显得不可辩驳。例②，用四个反问句，强调说明我们支持古巴人民的斗争根本说不上是反对和平共处，说不上是要把别人推入热核战争，否定要古巴接受国际视察才是“和平共处”的说法，肯定现代修正主义者的做法暴露了他们的虚伪性。这四个反问句，多么有力量！它们像连续射出的四颗子弹，一颗、一颗又一颗，颗颗击中了现代修正主义者的要害，锐不可当。

设问是写文章的人故意在文章中虚设的问题。运用设问句，可以启发读者去思考，吸引读者去求知，同时，可以使文章波澜起伏，活泼有力。例如：

③什么是知识？……此外还有什么知识呢？……他们（学生们）的状况是怎么样呢？……像这样的人是否可以算得一个完全的知识分子呢？……什么是比较完全的知识呢？……学生们的书本知识是什么知识呢？……有什么办法使这种仅有书本知识的人变为名副其实的知识分子呢？……（毛泽东）

毛主席在谈“什么是知识”时连续使用了这七个设问句。这些问题是系统思维过程中必然出现的问题。提出这些问题，逐一解答，就完整地、清楚地说明了道理。由于连用了这几个设问句，文章波澜起伏，鲜明生动，具有极大的吸引力和感染力。

反问和设问都是明知故问，但二者并不相同：设问句本身并不表示肯定什么、否定什么，而反问句本身则总是表示肯定什么、否定什么的。这两种问句，在说理时往往结合起来用。例如：

④中国面对着印度反动集团的狂妄的领土要求和大规模的武装进攻，到底应当怎样做才是有“道理”的和不“荒唐”的呢？难道中国只有在印度反动集团的无理要求和军事进攻面前屈服，才是有“道理”的和不“荒唐”的吗？难道社会主义的中国只有

把自己的大片领土拱手让人，才是有“道理”的和不“荒唐”的吗？（《陶里亚蒂同志同我们的分歧》）

这个例子里有三个问句。第一问是设问，第二问和第三问是反问。

七、肯定和否定

陈述句有肯定形式和否定形式的区别。如“他来了”是肯定形式，“他没有来”是否定形式。

有时，同一个意思可以用肯定形式来表示，也可以用否定形式来表示，但一般说来，否定形式比肯定形式语意轻些，口气和婉些。比较：

①他脾气坏。（肯定形式）
②他脾气不好。（否定形式）

③这个人思想落后。（肯定形式）
④这个人思想不进步。（否定形式）

有时，肯定的意思可以用双重否定的形式来表示。例如：

⑤从前线回来的人说到白求恩，没有一个不佩服，没有一个不为他的精神所感动。（毛泽东）

“没有一个不佩服”就是“谁都佩服”，“没有一个不为他的精神所感动”，就是“谁都为他的精神所感动”。

一般地说，用双重否定的形式表示肯定，要比直接肯定的语气更坚决、更着重。但有时用双重否定表肯定，语气比直接肯定要委婉些。例如：

⑥街上的情形，你不是不知道。（杨朔）

⑦我知道，你不会不帮助我的。

⑧这样做没有什么不可以。

运用双重否定形式时，要注意不要把意思说反了。请看这个例子：

⑨谁也不能否认《红岩》这部书没有很大的教育意义。

作者本想说《红岩》这部书有很大的教育意义。但“谁也不能否认”是双重否定，表示“谁都得承认”的意思。“谁都得承认”什么呢？——“《红岩》这部书没有很大的教育意义”。看，意思完全反了！这句话应改为：“谁也不能否认《红岩》这部书有很大的教育意义”；或者改为：“谁也不能说《红岩》这部书没有很大的教育意义”。

一般的疑问句（反问句除外），表面上也有肯定形式和否定形式的分别，但实质上并没有对事物加以肯定或否定。例如：

①他去吗？

②他不去吗？

祈使句也有肯定形式和否定形式的分别。但否定形式的祈使句和否定形式的陈述句在表达方式上有区别：陈述句用“不、没有”，祈使句用“不准、不许、不得、别、甭”等。例如：

①他不去开门。（陈述句）

②你别去开门！（祈使句）

感叹句也有肯定形式和否定形式的分别，但有时肯定形式和否定形式所表示的意思完全一样。例如：

①好热闹！

②好不热闹！

另外，由叹词构成的感叹句，无所谓肯定和否定。

思考与练习

1. 指出下列句子里的语气助词，并说明它们的作用。

①没那么容易抢的！他抢，我们就来个反抢秋！（江峻风：《小武工队员》）

②你不是说已想好了一个暗夺智取的办法吗？说说吧！（同上）

③这时候，小凤儿剥完了苞米，踏着“牛背”喊道：“铁星哥，待会儿来吃新玉米饼子呀！”铁星不客气地答应一声，就钻进林子不见了。（同上）

④爷爷又说："拿饭来吃吧！""小凤啊了一声，挨近爷爷说："爷爷别生气，我忘了作呢！"（同上）

⑤铁星哥，……睡在山里，会得病的呀！（同上）

⑥铁星哥，饿坏了吧？快吃点儿吧！（同上）

⑦看样子，这麦子虽不多也有二百多斤，可这屯底怎么不费大劲就搬得动呢？铁星用手把麦子抄了一下，哦呵！下面尽是麦糠呢！（同上）

⑧陈三怪捋着小胡，很生气似地训斥道："哪能呢？兄长如父嘛！回去看看，说说你在里边的情形，你哥也好放心……"铁星明知陈三怪这是黄鼠狼给鸡拜年——没安好心；因想念哥哥，便含糊地答应着。（同上）

⑨铁匠说："这是孙虎同志要你搞的吗？"铁星说："别紧着问啦，快收拾起来呀！"王铁匠埋怨说："以后可不能胡来！弄出漏子，要坏大事的呀。"（同上）

⑩…………

胜利的花朵，
在烈士的血泊中蓬勃开放。
去年今日——
满天乌云弥漫在祖国天空，
今年今日呀，
人民的军队早已飞渡黄河，
扫荡着敌人的残兵败将。
不会等到明年的今天，
解放的红旗呀，
飘扬在中国的每一寸土地，
飘扬在你的墓前，
飘扬在这黑牢的门口，
……

（罗广斌、杨益言：《红岩》）

*2. 在每个空白处填上一个语气助词，并说明填上这个语气助词的理由。

①乡亲们，老铁匠师傅的为人，咱们都知道，他人穷，可忠厚老实一辈子，……他怎么死的________？大家想想还不明白________？他是个多么有骨气的老人________！……杨爷爷几句话，讲得大家点头说有理。几个妇女想起这几日鬼子汉奸横行霸道，害得老师傅死得这样惨，抽抽搭搭哭起来________。

②他认真听着，听到这里，格格笑道："哦！我知道________，你是想让我去跟鬼子打打交道________？好，我会完成任务________。"

③他见北墙上有个关着的小窗户，便走过去拉开木闩，想看看后边的情景。小凤忙说："开不得，窗口儿正对着山顶上的炮楼子________！"

④不行，别的炮楼上没有咱的人，你快些下去________，别耽搁________！

*3. 下列句子在表达作用上有什么不同之处？你自己揣摩揣摩。

你知道吗？

你不知道吗？

你难道不知道吗？

你到底知道不知道呢？

你不知道吧？

你不会不知道吧？

*4. 甲："现在什么时候了？"

乙："现在什么时候吗？十点一刻。"

——这个用"吗"的句子是特指问还是是非问？为什么？

5. 下列例子里的问句，是反问，还是设问？为什么？

①看到人家手里拿着东西了，我们就要调查一下。他手里拿的是什么？是刀。刀有什么用处？可以杀人。他要拿刀杀谁？要杀人民。（毛泽东）

②赫鲁晓夫咒骂斯大林是“混蛋”。这岂不是等于说，在过去几十年中进行着英勇革命斗争的苏联共产党曾经是以一个“混蛋”为其领袖的政党吗？苏联共产党人和全世界的马克思列宁主义者绝对不能同意这种诬蔑！（《关于斯大林问题》）

③今天是八月一日，我们在这里开追悼大会。为什么要开这样的追悼会呢？因为反动派杀死了革命的同志，杀死了抗日的战士。现在应该杀死什么人？应该杀死汉奸，杀死日本帝国主义者。但是，中国和日本帝国主义者打了两年仗，还没有分胜负。汉奸还是很活跃，杀死的很少。革命的同志，抗日的战士，却被杀死了。什么人杀死的？军队杀死的。军队为什么杀死了抗日战士？军队是执行命令，有人指使军队去杀的。有什么人指使军队去杀？反动派在那里指使。（毛泽东）

④先生们，请想一想，当着你们幸辛苦苦地派出代表团和我们讨论惩办战犯问题的时候，战犯们已经跑了，那末，还谈什么呢？你们的代表团先生们的脸上还有什么光彩呢？你们那样多的“和平诚意”从何表现呢？怎么可以证明先生们是真的愿意“缩短战争时间”“减轻人民痛苦”“以拯救人民为前提”，而没有一点儿假呢？（毛泽东）

6. 改正下列句子里的错误，并说明理由。

①我想应该是不必叙述，没有谁不会想象不出的。

②谁能否认，苏伊士运河不是在埃及国土上？

③计划早已定好了，大概不久就会动工吗？

④好多天没有见面啦，你的腿好了些呢？

附录：图解法

分析句子的结构，可以直接在句子的各个成分下面加某种符号，并作简单的说明。例如：

①任何骗人的东西 都 骗 不了我们。（毛泽东）
（定）（定） （主）（状）（谓）（补）（宾）

②张排副以前的确体格挺棒。
（主）（状）（状）（谓）

③虚心 使 人 进步。
（主）（谓）（兼）（谓）

④三仙姑 坐 在香案后 唱。
（主）（谓） （补） （谓）

⑤交通员老李回来了。
（主·复指）（谓）

⑥据说，今天的晚会 不 举行了。
（独立）（定） （主）（状）（谓）

这种方法容易掌握，不必多说。

下面，从各个方面简单地介绍一下图解法。

（一）图解法的基本形式

1. 主 ‖ 谓 例如：

①东方红，太阳升。

东方 ‖ 红，太阳 ‖ 升。

②我明白了。

我‖明白（了）。

③今天星期日。

今天‖星期日。

2. 主‖谓|宾。

主‖谓|宾·宾 例如：

④我们热爱毛主席。

我们‖热爱|毛主席。

⑤爸爸给我锄头，(让我去参加劳动。)

爸爸‖给|我·锄头，

3. 主‖谓|宾
定| 定|

主‖谓|宾
定| 定|
定| 定| 例如：

⑥中国人民站起来了。

人民‖站起来（了）。
中国|

⑦连长发下一道命令。

连长‖发下|命令。
一道|

⑧中国的孩子们过着幸福的生活。

孩子们‖过着|生活。
中国|的 幸福|的

⑨秃山变成了一片葱郁的绿林。

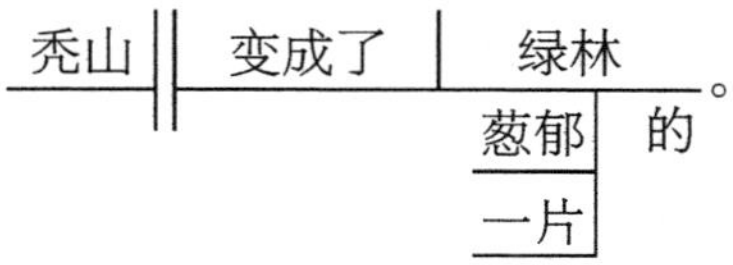

⑩英勇的越南人民击落了几百架美国飞机。

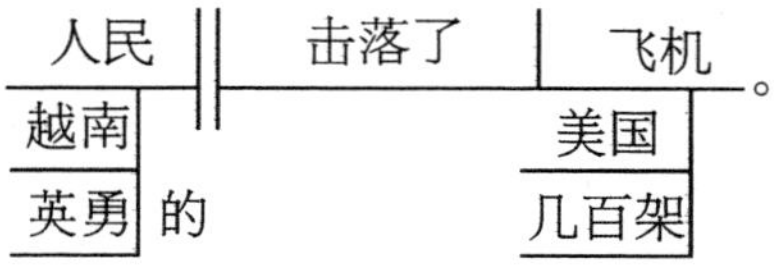

4. 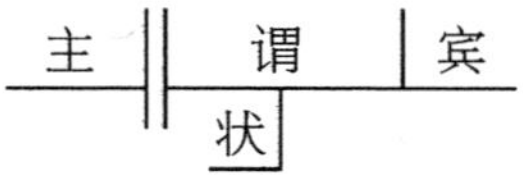

例如：

⑪毛主席很健康。

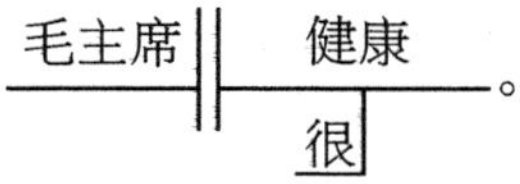

⑫我们热烈地欢迎他。

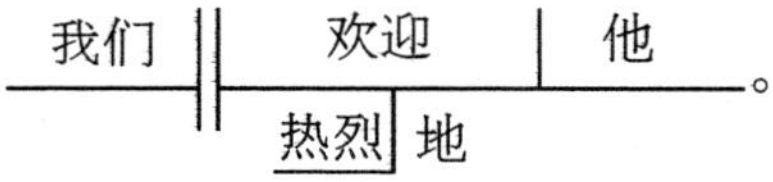

⑬大家都很积极。

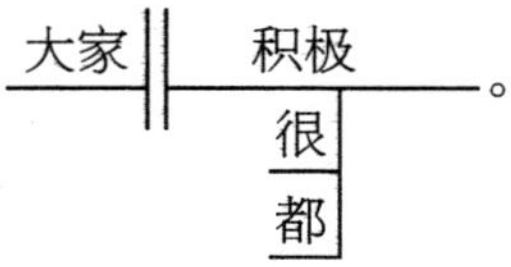

⑭美帝国主义正在疯狂地侵略越南。

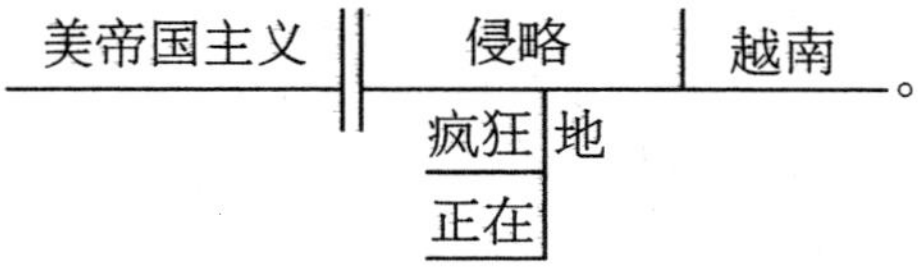

5. 

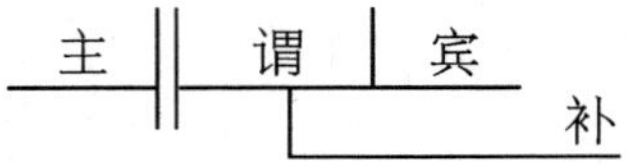

例如：

⑮帝国主义吓得发抖。

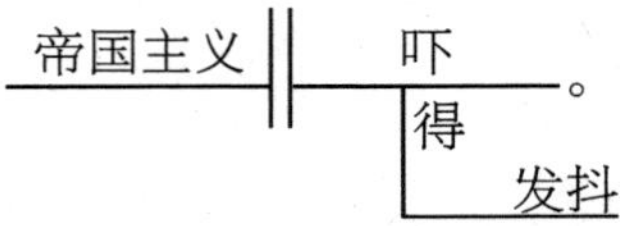

⑯主席摇了几次铃。

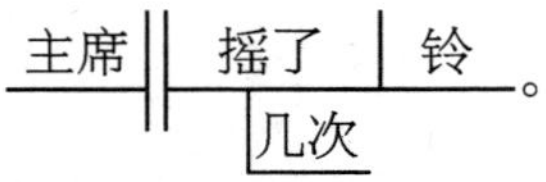

⑰徐琴说过我三次了，(我老是记不住。)

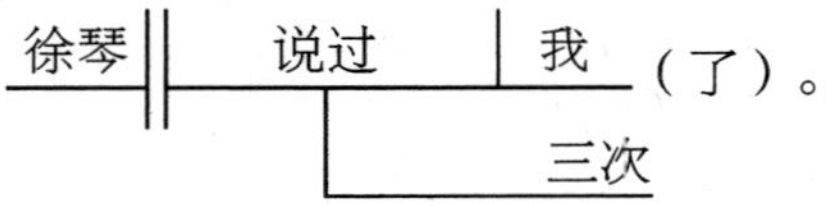

6. 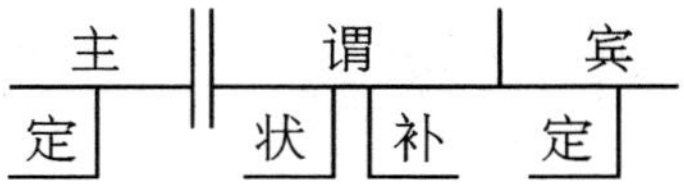

例如：

⑱我的弟弟已经看得懂毛主席的著作。

（二）合成谓语

1. 能愿合成谓语。例如：

①你应该去。

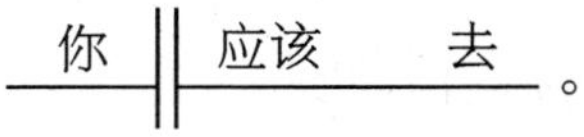

②他们愿意立刻就下工地。

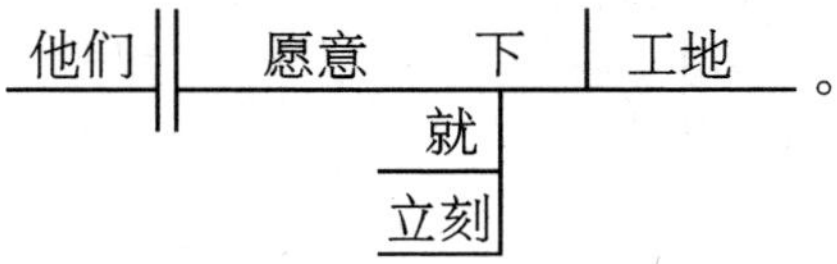

2. 判断合成谓语。例如：

③这是事实。

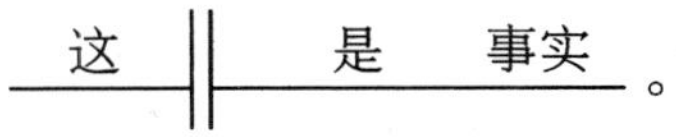

④武震是个爽朗人。

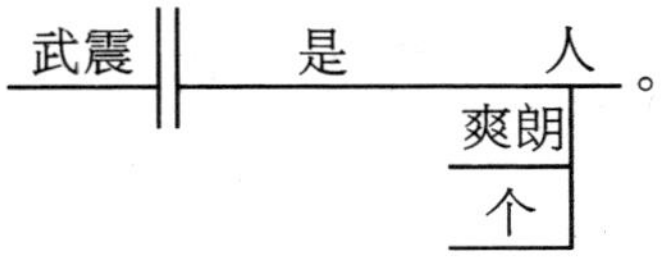

（三）前置和倒装

1. 主语倒装在谓语的后边。例如：

①出来吧，你们！

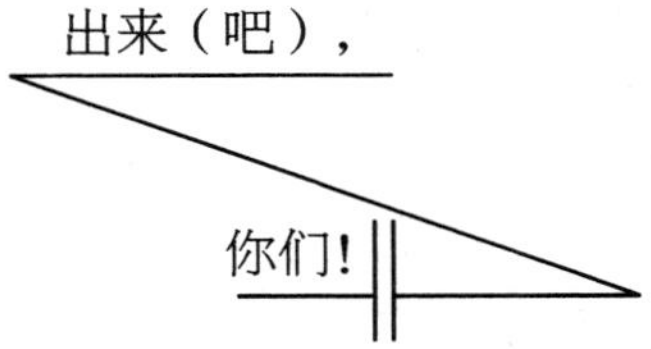

②多么幸福啊，新中国的儿童！

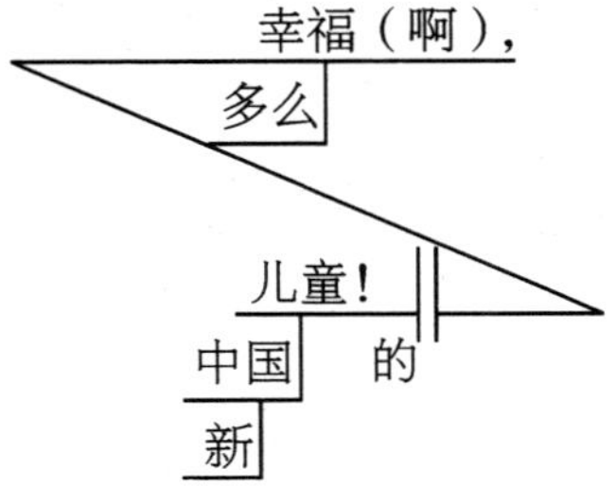

2. 前置宾语。例如：

③他什么都懂。

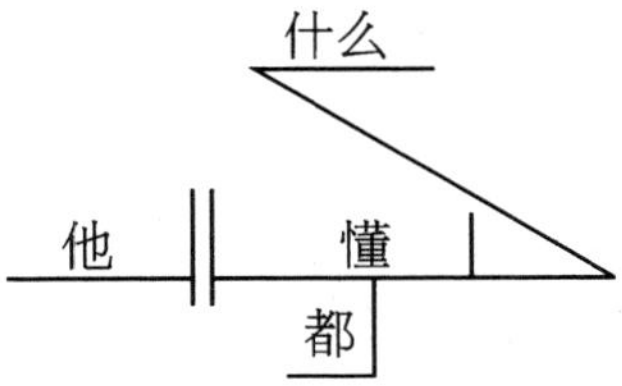

④这篇文章一点意义也没有。

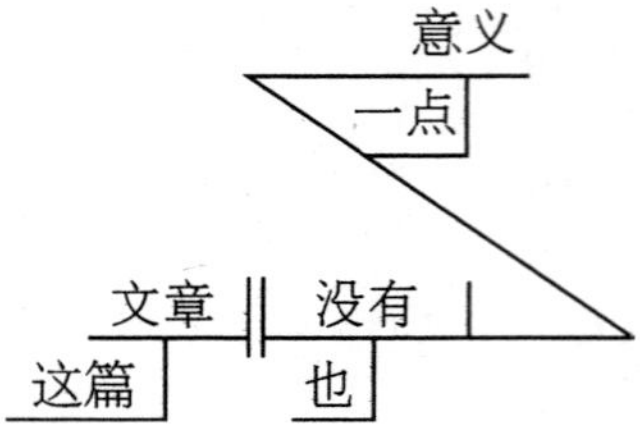

3. 定语倒装在中心词的后边。例如：

⑤他们击落了美机几十架。

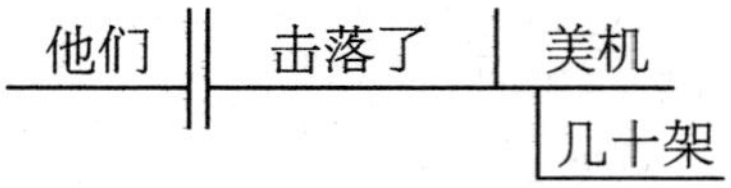

4. 状语用在主语的前边。例如：

⑥下午我值班。

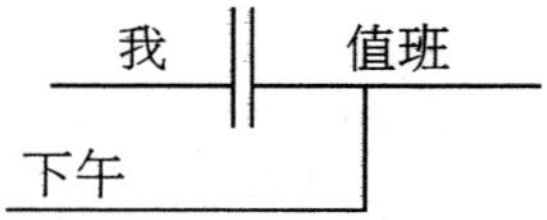

5. 状语倒装在中心词的后边。例如：

⑦她坐在那里，静静地。(《五四以来汉语书面语言的变迁和发展》)

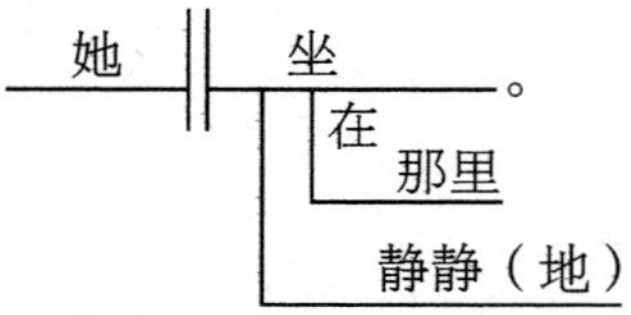

（四）联合词组充当句子成分

1. 联合词组作主语。例如：

①爱与恨要分明。

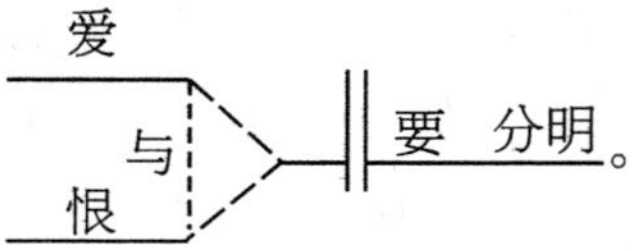

2. 联合词组作谓语。例如：

②家具简单而朴素。

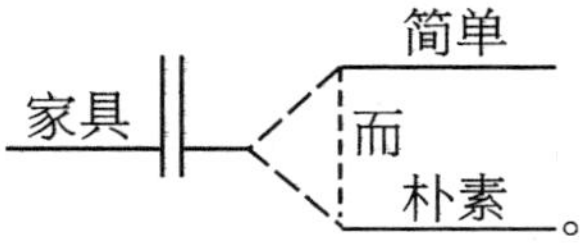

③大会讨论并通过了这个方案。

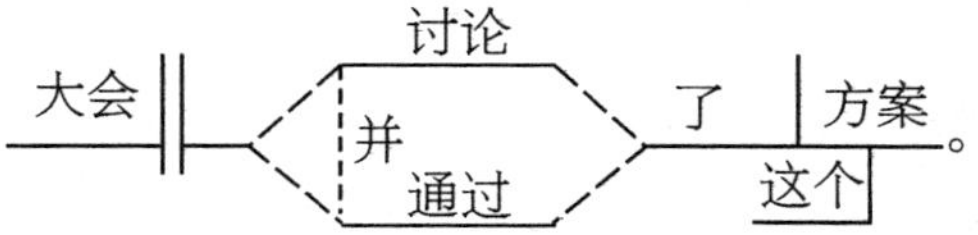

3. 联合词组作合成谓语的某一部分。例如：

④鲁迅是伟大的文学家、思想家和革命家。

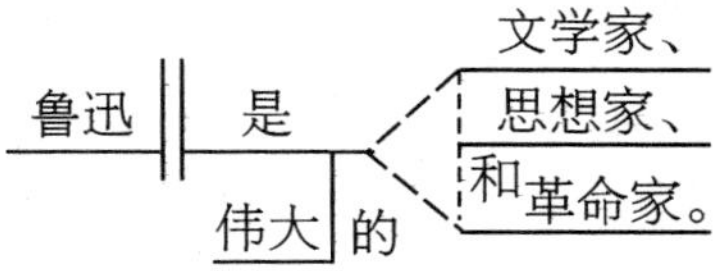

⑤他是不是党员？

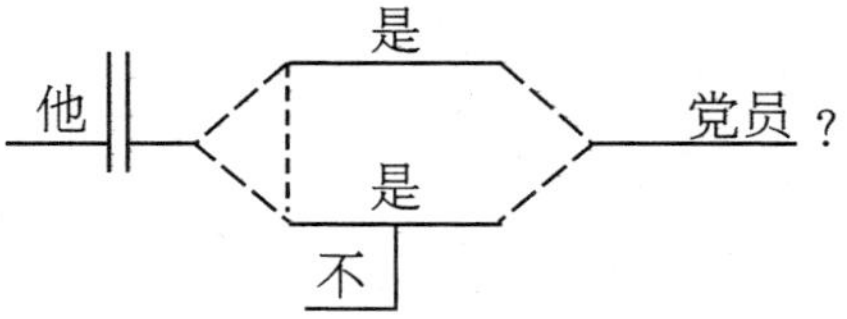

⑥我们要永远纪念和感谢他们。

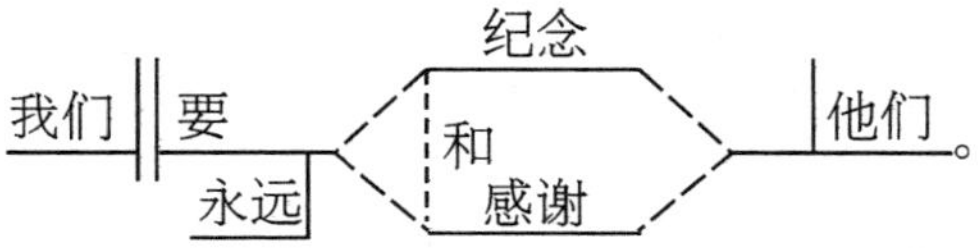

⑦我们能够而且必须解决这些问题。

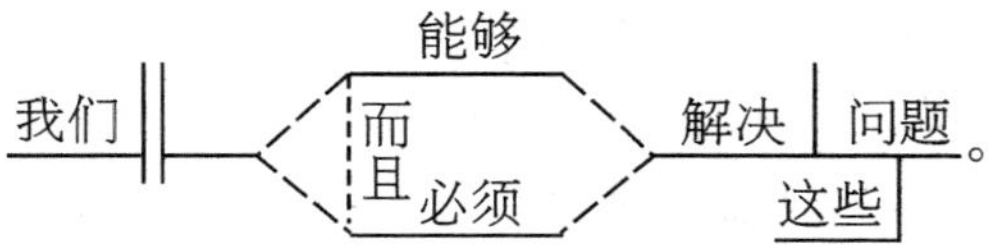

4. 联合词组作宾语。例如：

⑧我们学习《实践论》和《矛盾论》。

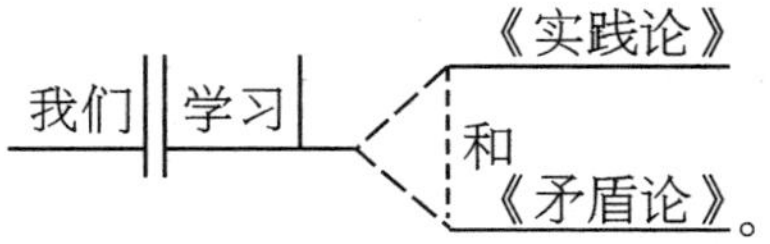

⑨我们不怕艰难困苦。

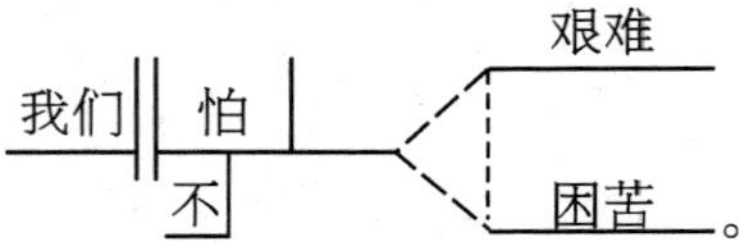

5. 联合词组作定语。例如：

⑩我们听党和毛主席的话。

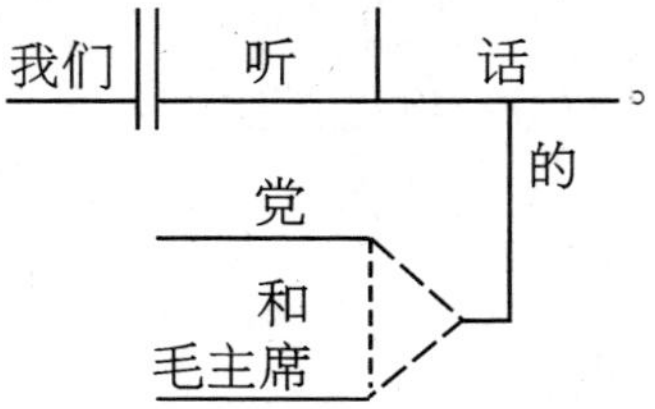

6. 联合词组作状语。例如：

⑪我们多快好省地建设社会主义。

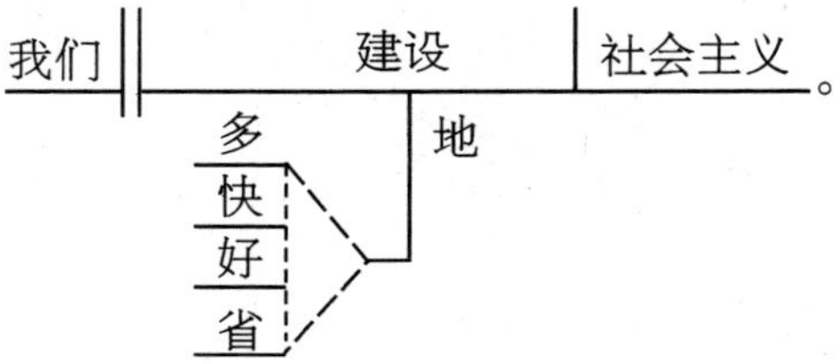

7. 联合词组作补语。例如：

⑫宋师父弹得更匀更细了。

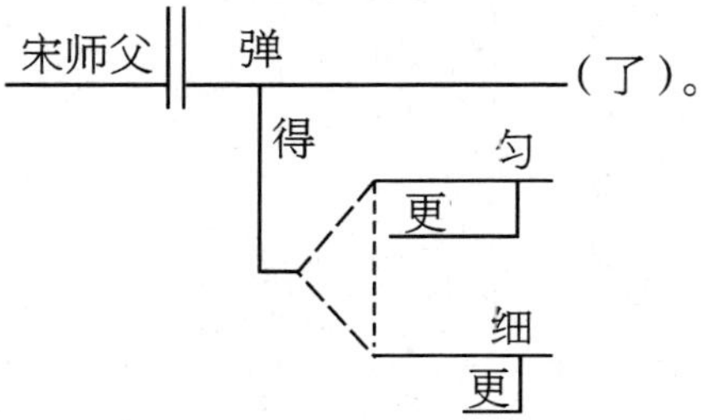

（五）偏正词组充当句子成分

1. 偏正词组作定语。例如：

① 孔乙己显出极高兴的样子。

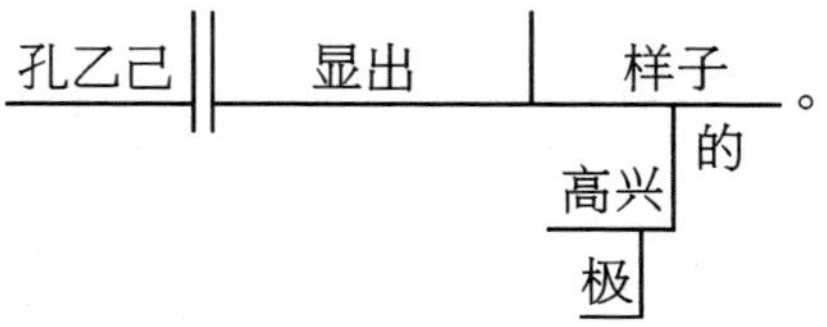

②他穿着洗得发白的军衣。

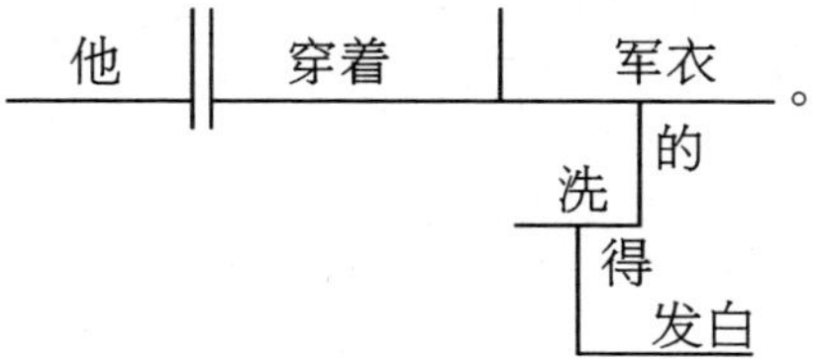

2. 偏正词组作状语。例如：

③我们明天早上出发。

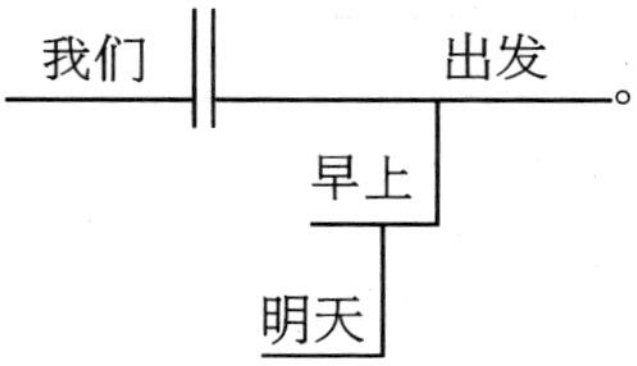

④衣服洗得干干净净地放着。

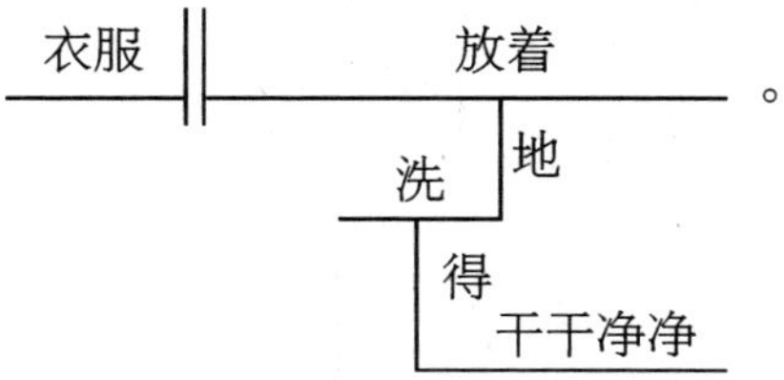

3. 偏正词组作补语。例如：

⑤玉米长得很高大。

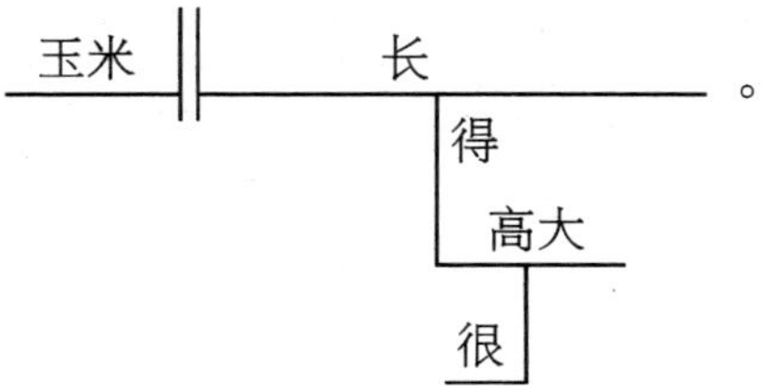

⑥她唱得好听极了。

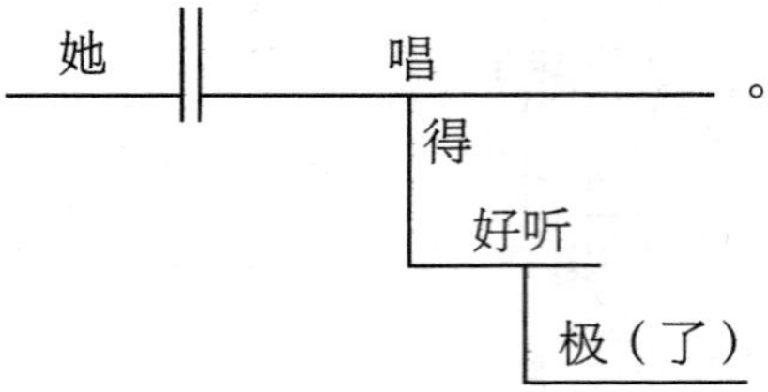

4. 表示“状语＋中心词”的关系的偏正词组作主语或宾语。例如：

⑦毛主席的非常健康，是全国人民最大的幸福。

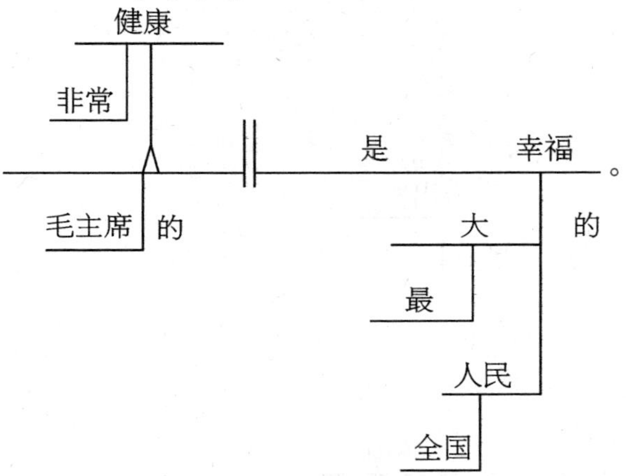

⑧大家都感到责任的非常重大。

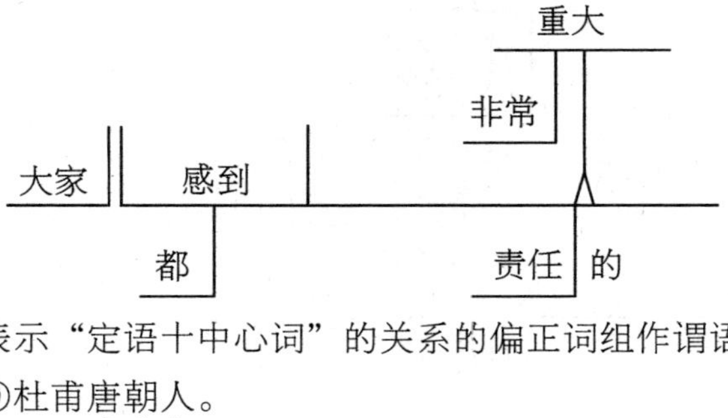

5. 表示“定语＋中心词”的关系的偏正词组作谓语。例如：

⑨杜甫唐朝人。

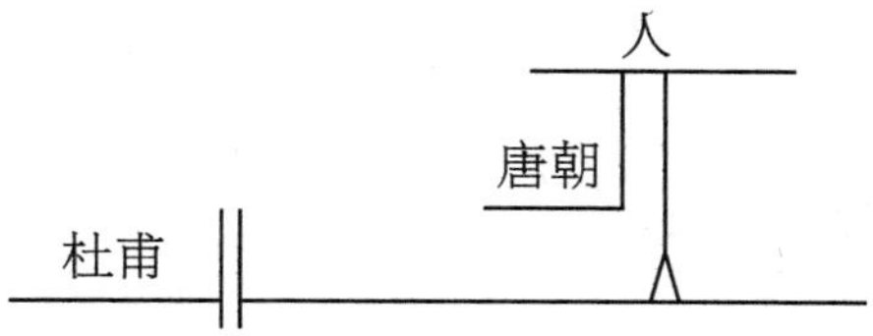

⑩这个人黄头发。

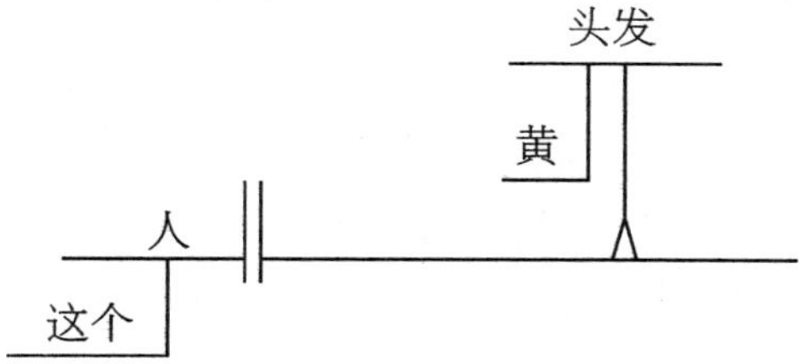

（六）动宾词组充当句子成分

1. 动宾词组作主语。例如：

①依靠别人不能解决问题。

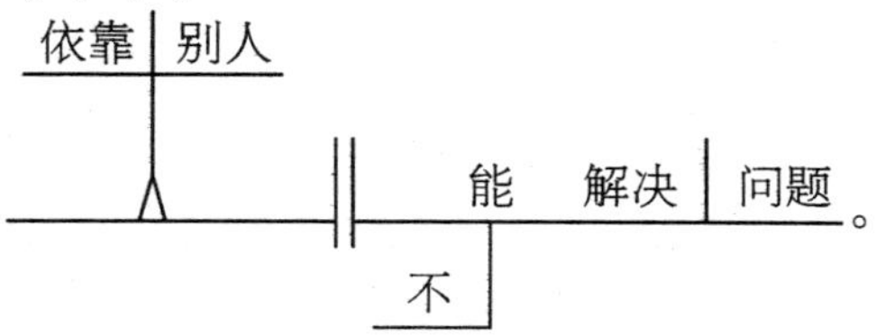

2. 动宾词组作判断合成谓语的后一部分。例如：

②我们的任务是占领一〇五高地。

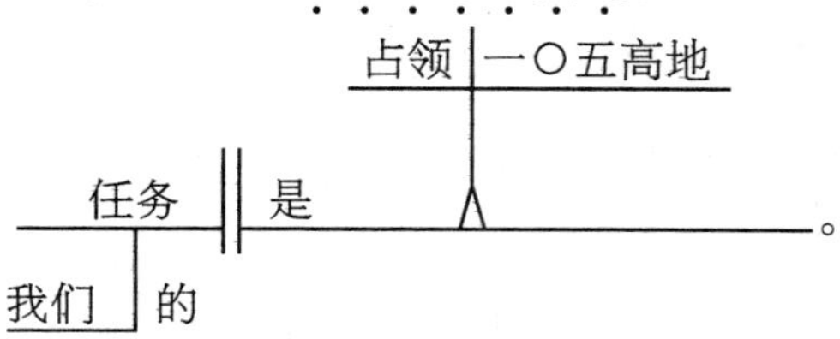

3. 动宾词组作宾语。例如：

③我在学习开拖拉机。

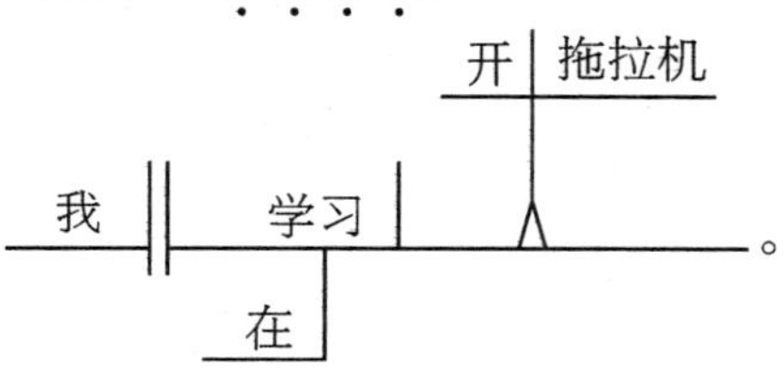

4. 动宾词组作定语。例如：

④他举起拿着锉刀的手。

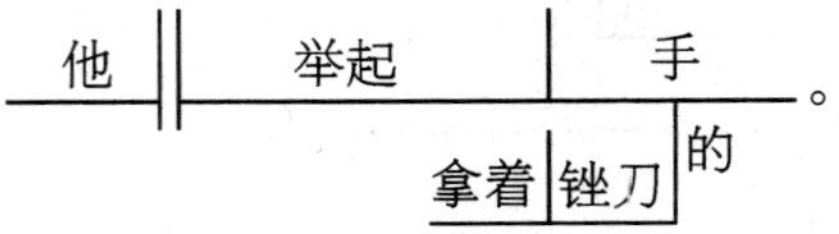

5. 动宾词组作状语。例如：

⑤工作要有计划地进行。

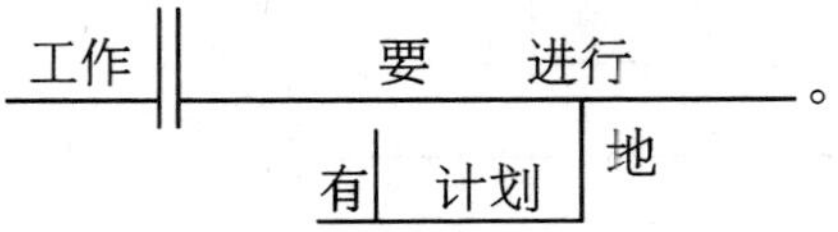

6. 动宾词组作补语。例如：

⑥柳喜儿嚷得哑了嗓子。

（七）主谓词组充当句子成分

1. 主谓词组作主语。例如：

①内容正确是说服读者的基本条件。

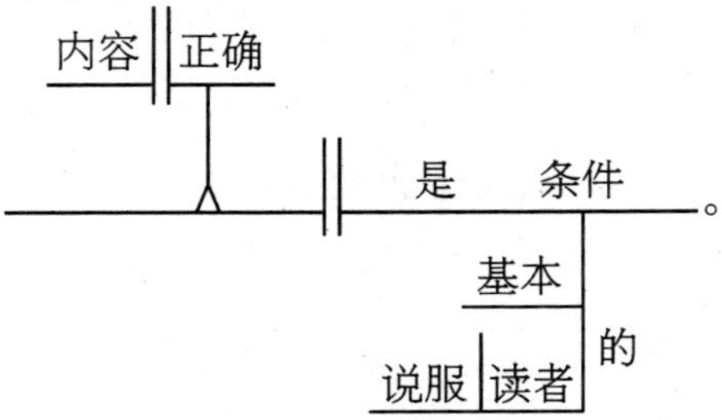

2. 主谓词组作谓语。例如：

②我们的敌人眼光短浅。

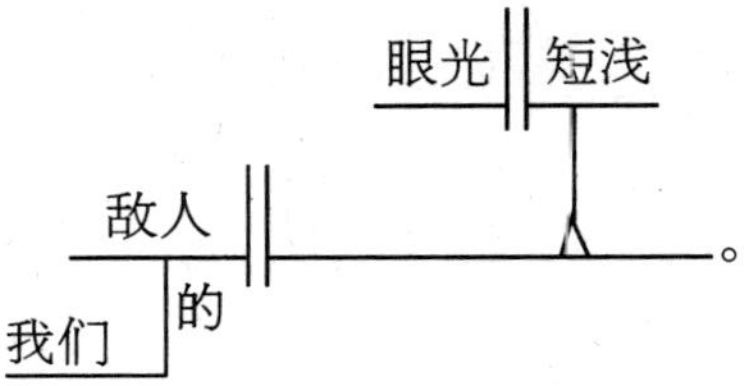

③这我不能告诉你。

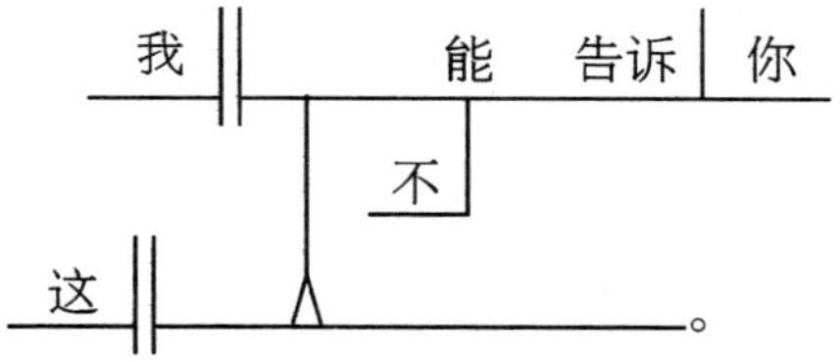

④我们以后谁也不能不管谁。

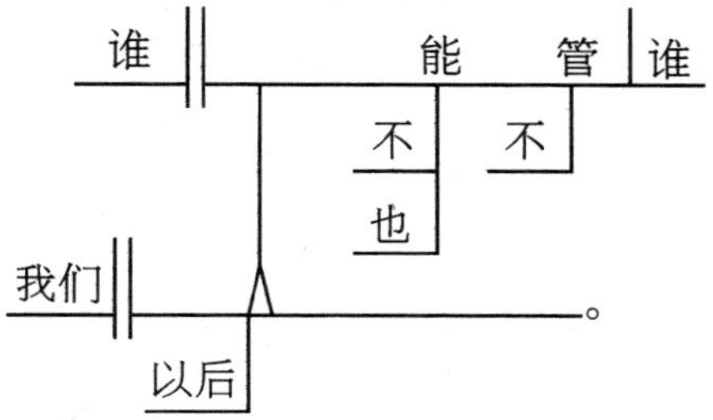

3. 主谓词组作合成谓语的后一部分。例如：

⑤结果是反动派完全崩溃。

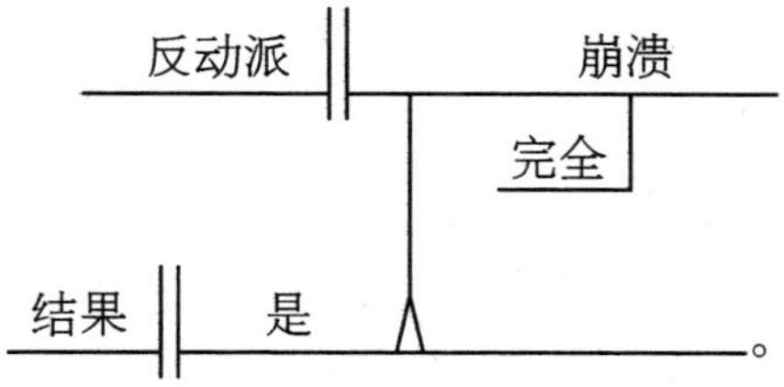

⑥一个人必须思想纯正。

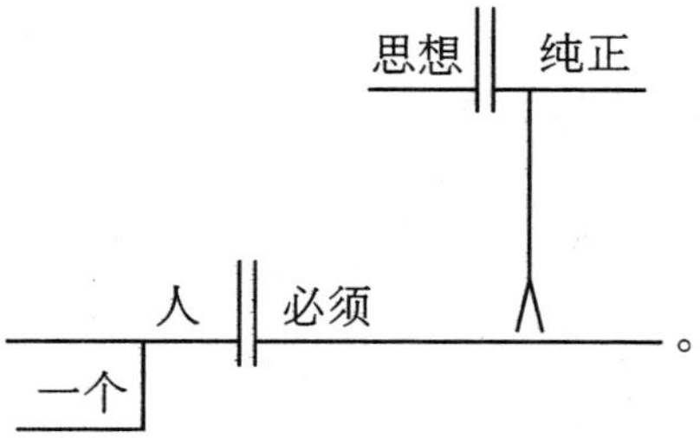

4. 主谓词组作宾语。例如：

⑦我知道他爱劳动。

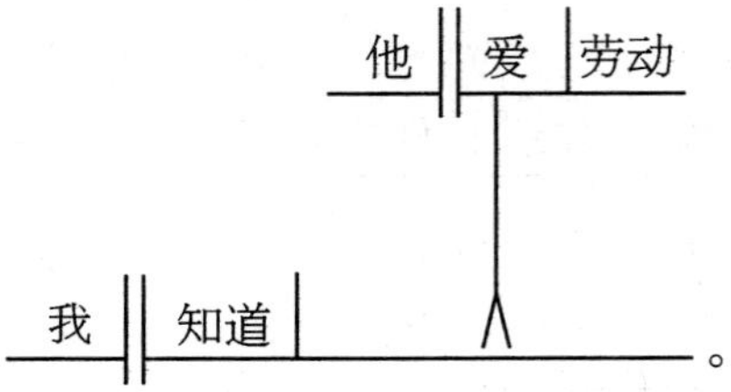

⑧这篇小说清清楚楚地告诉了我们宋师父是怎样一个人。

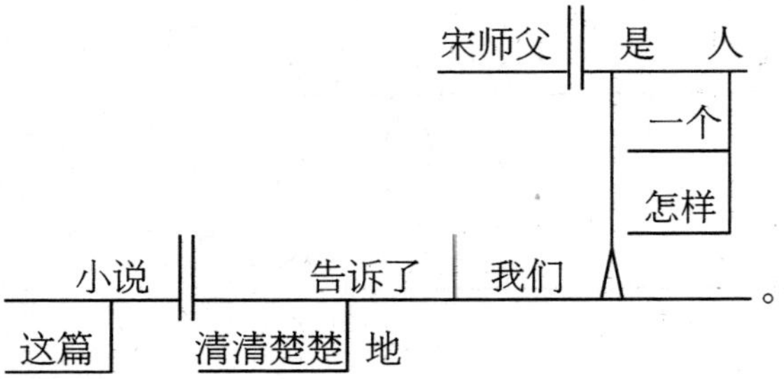

5. 主谓词组作定语。例如：

⑨这是我们时代所需要的杂文。

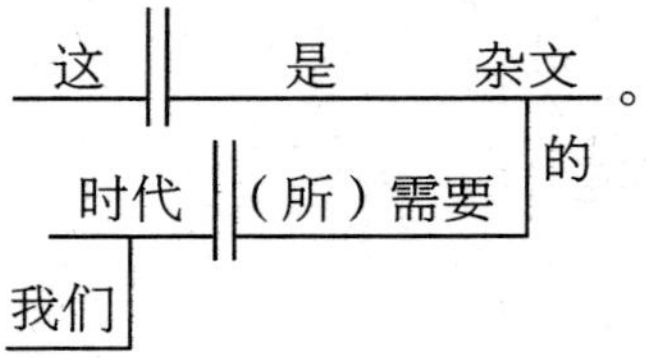

6. 主谓词组作状语。例如：

⑩两个人手拉手地出去了。

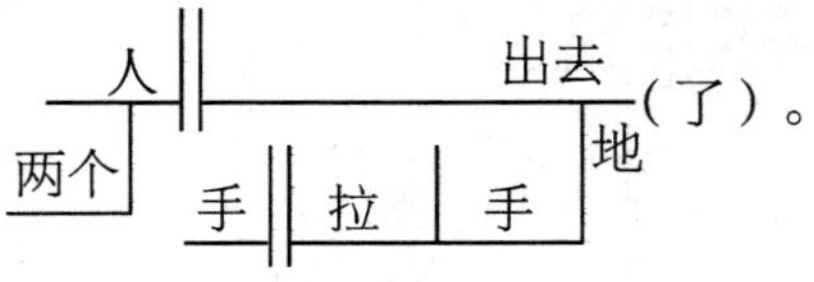

7. 主谓词组作补语。例如：

⑪杨小梅气得肚子痛。

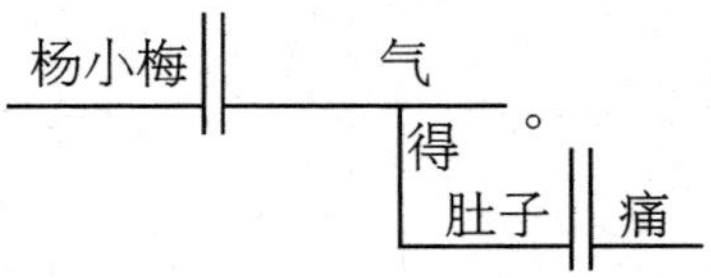

（八）介词结构充当句子成分

1. 介词结构作状语。例如：

①火车往北京开。

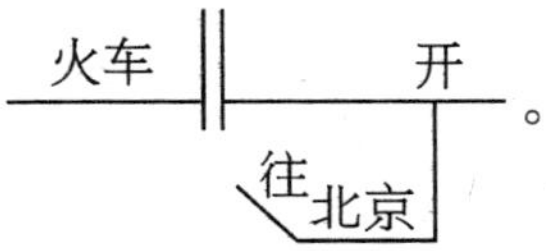

②我们把反动派消灭干净。

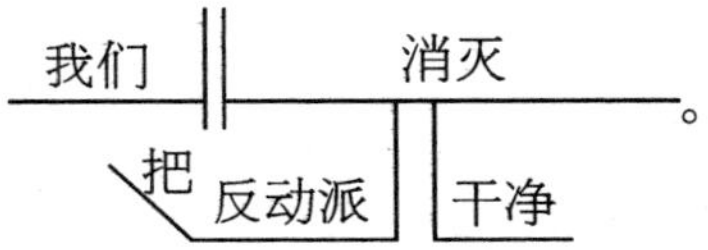

2. 介词结构作补语。例如：

③我们紧紧地团结在一起。

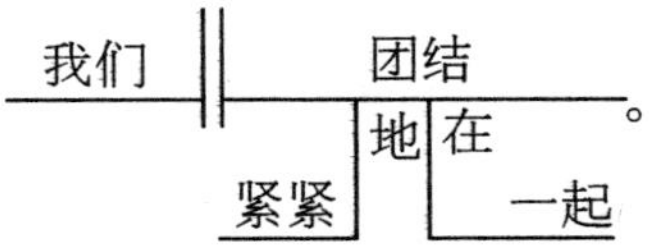

3. 介词结构作定语。例如：

④我们讨论了关于绿化校园的问题。

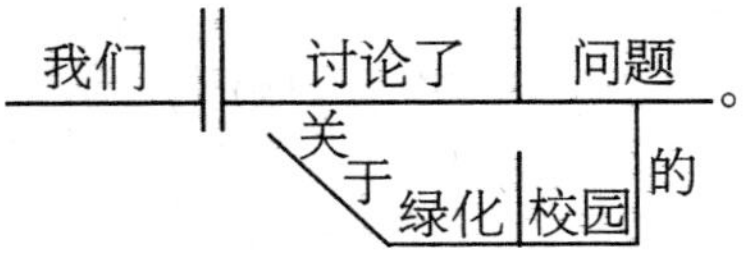

4. 介词结构作谓语。例如：

⑤我们的这个会为了什么呢？

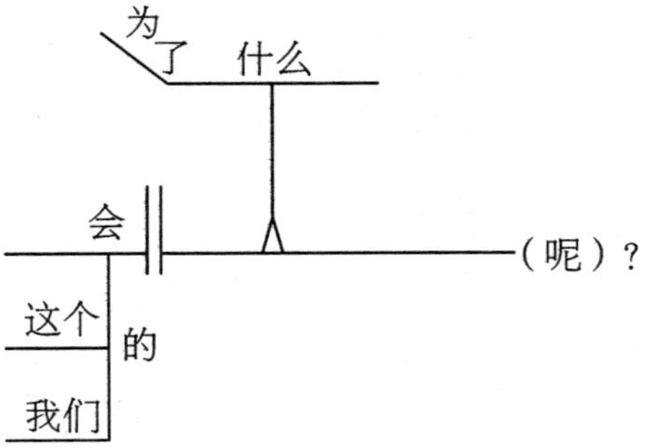

（九）"的"字结构充当句子成分

1. "的"字结构作主语、宾语。例如：

①先进的要带动落后的。

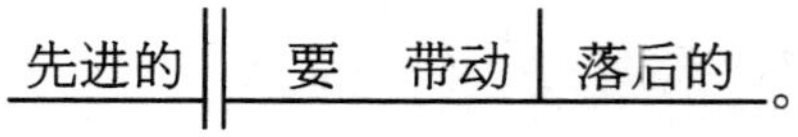

②走在前头的是一个体魄魁梧的人。

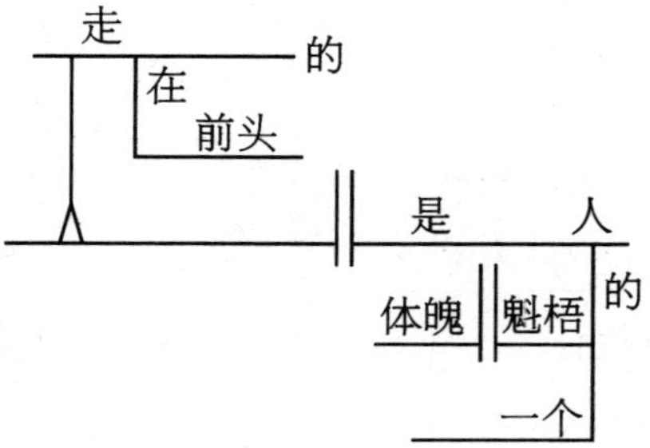

③旁边围着许多看热闹的。

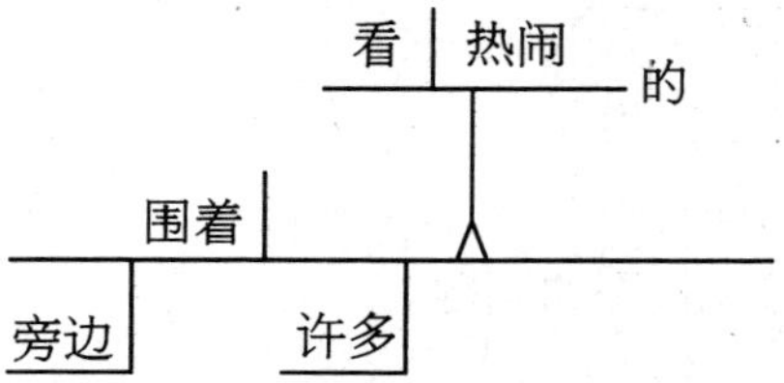

2. "的"字结构作判断合成谓语后一部分。例如：

④这把锄头是谁的？

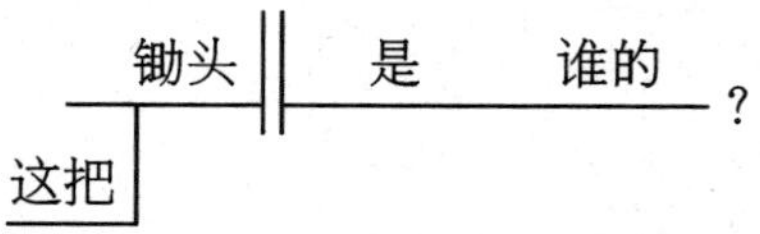

⑤这个果子是刚刚从树上摘下来的。

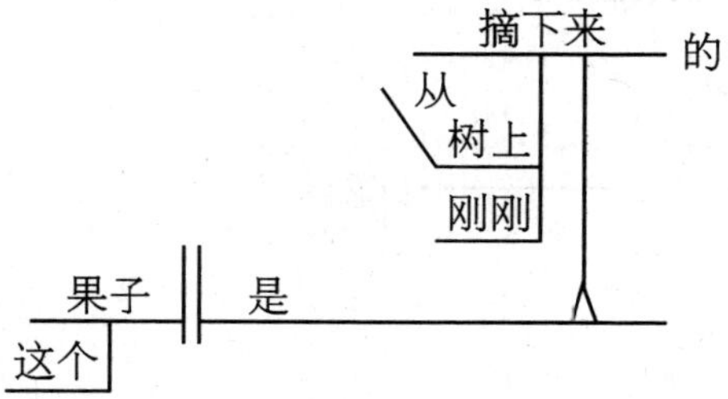

（十）方位结构充当句子成分

1．方位结构作主语、宾语。例如：

①黄河以北是玉蜀黍的重要产地。

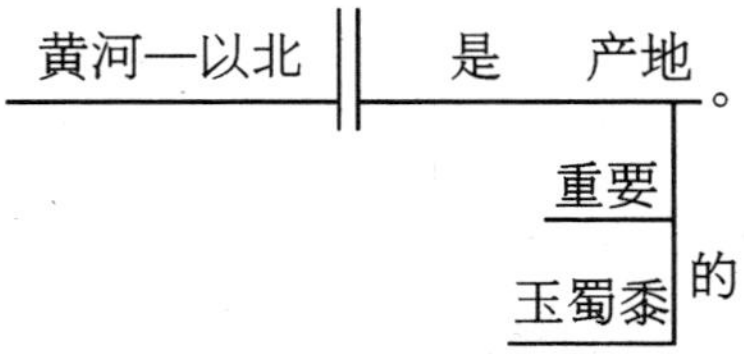

②县上的训练班在一所大宅院里。

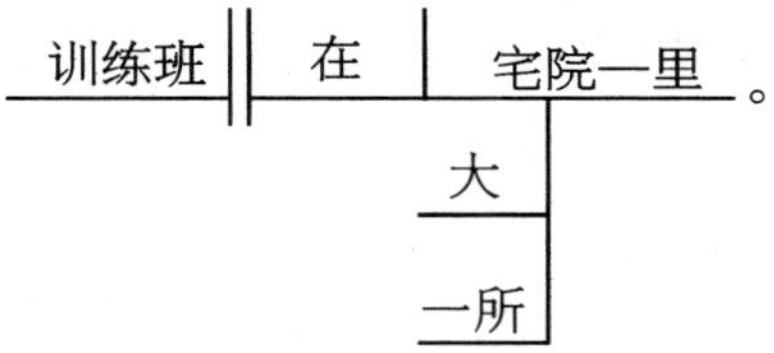

2．方位结构作判断合成谓语的后一部分。例如：

③那时正是清明前后。

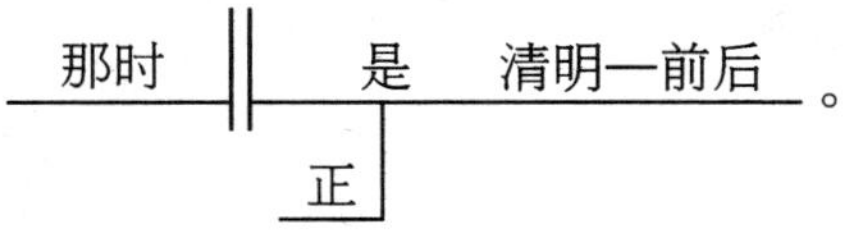

3．方位结构作定语。例如：

④教夜课的是东庄学堂里的女老师。

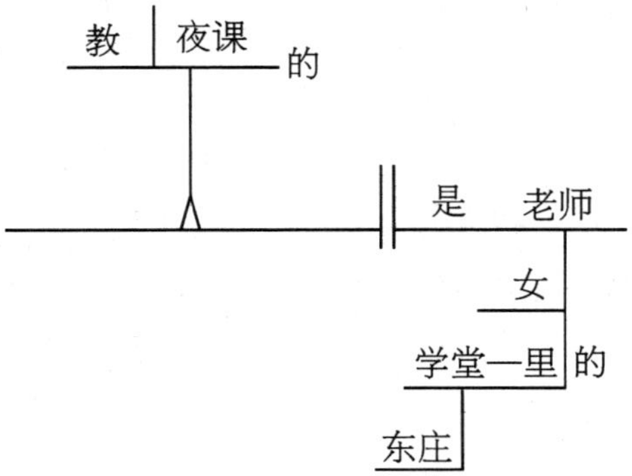

4．方位结构作状语。例如：

⑤我们开会之前谈谈。

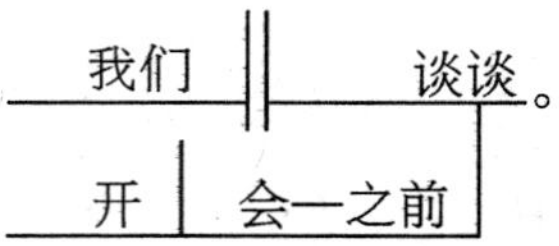

（十一）复杂谓语

1．连谓式。例如：

①三仙姑坐在香案后唱。

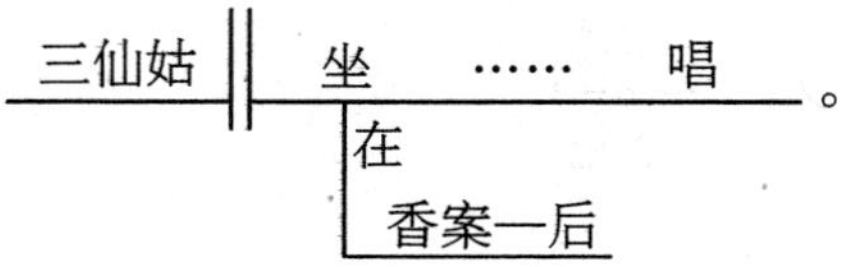

②他听了很高兴。

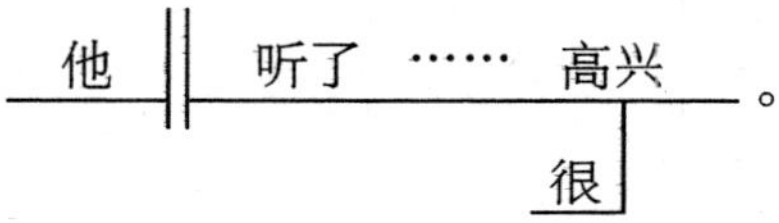

③战士们用脸盆煮稀饭吃。

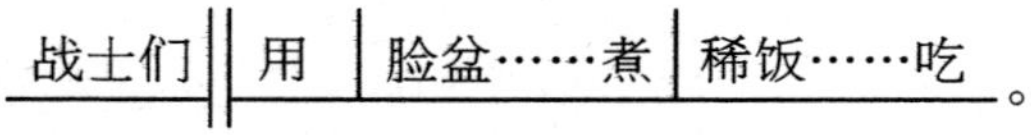

2．兼语式。例如：

④虚心使人进步。

⑤我喜欢他老实。

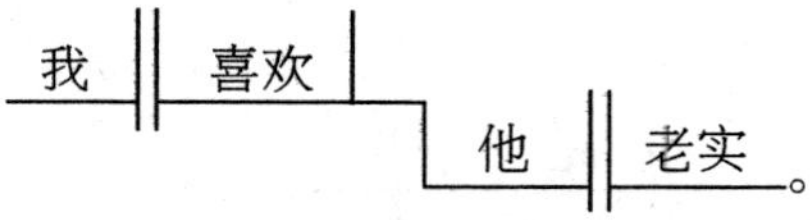

⑥美帝国主义指使蒋匪不断地派遣武装特务在我国沿海地区进行骚扰活动。

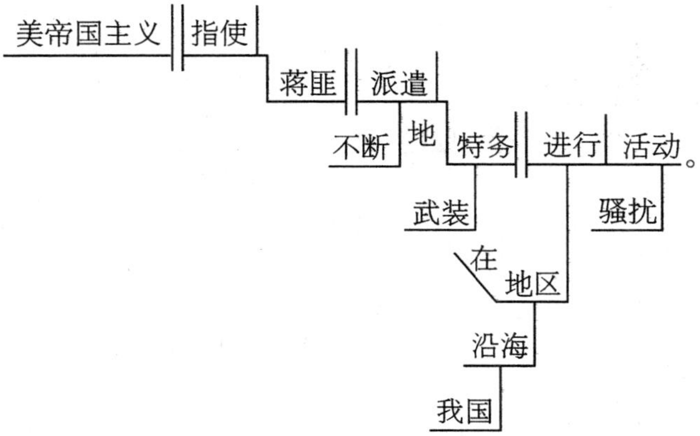

3. 连谓式和兼语式交错。例如：

⑦干部叫他回去动员马多寿来参加会议。

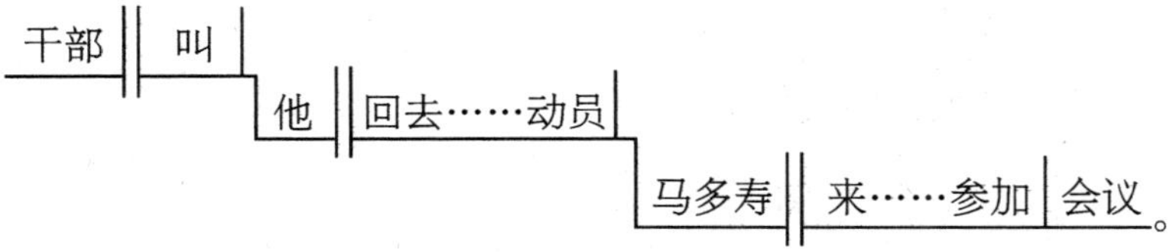

（十二）“连谓”结构或“兼语”结构充当主语、宾语等。例如：

①组织起来走社会主义道路是毛主席的号召。

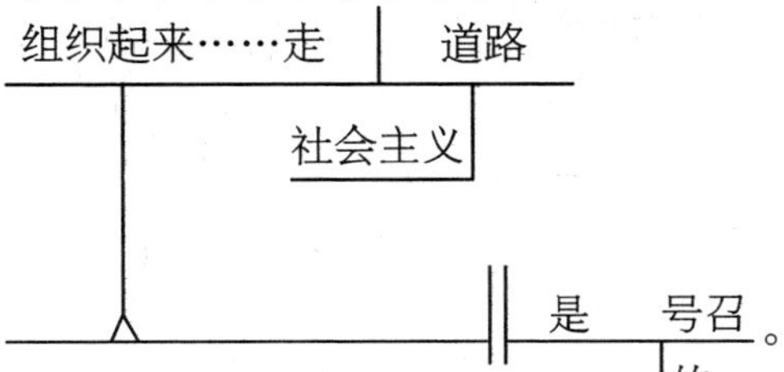

②他听见有人讲过厂长一些情形。

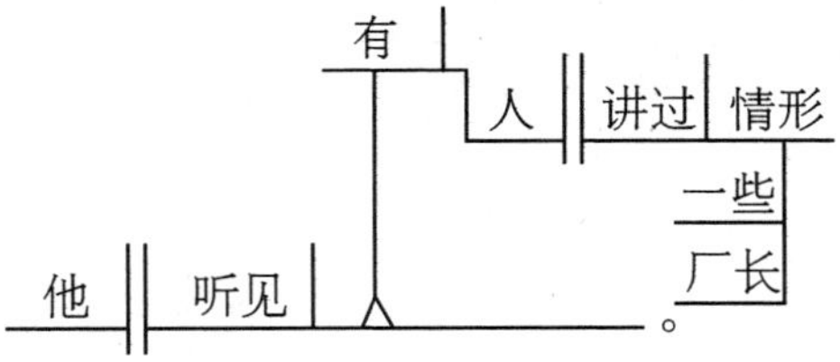

③又看了看那个仰脸望住我的妇女。

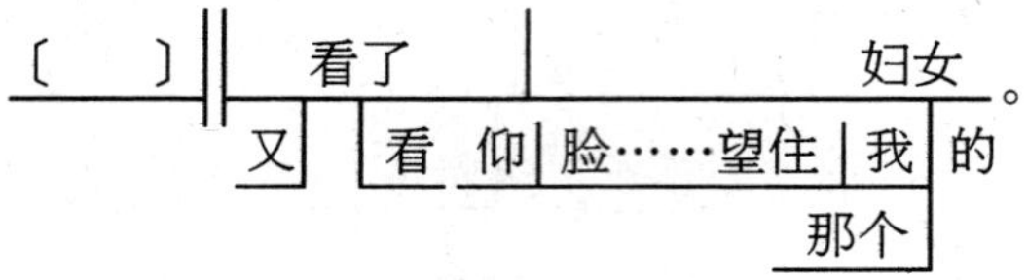

④这是多么叫人羡慕的一件事情!

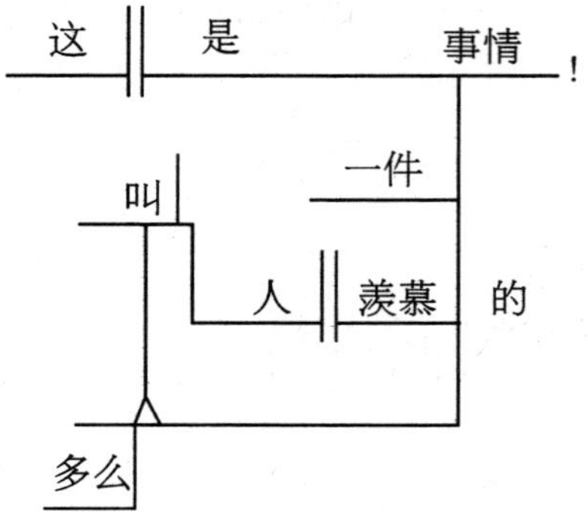

⑤活儿做得叫人痛快。

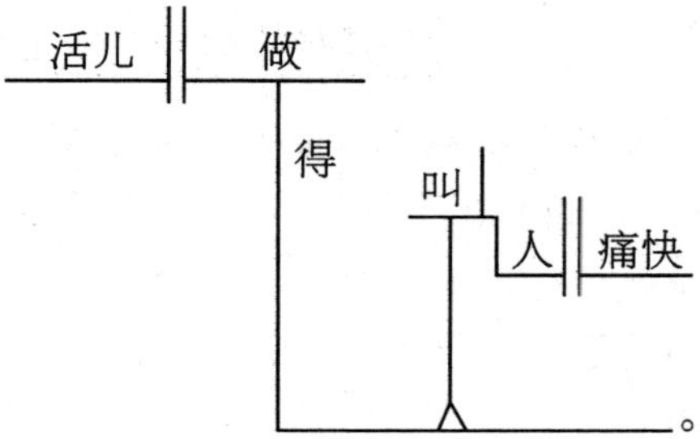

(十三) 复指成分

1. 叠用式。例如:

①交通员老李回来了。

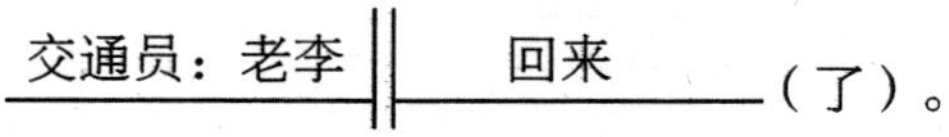

②最重要的是"把心献给党"五个字。

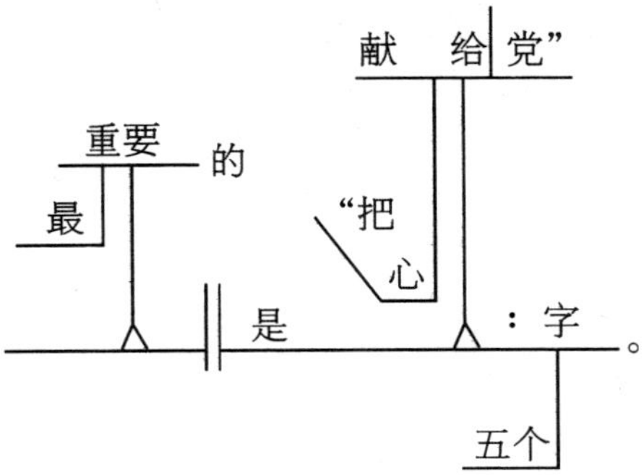

③李悦嫂、丁古嫂、秀苇、小季儿四个睡在里屋。

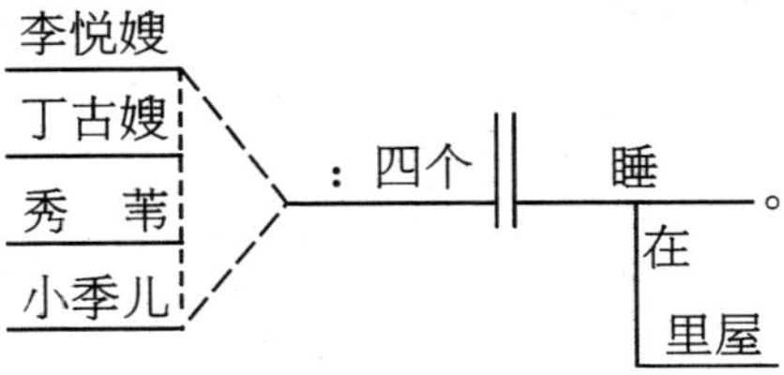

2. 称代式。例如：

④买卖，这就是资产阶级体育运动的本质。

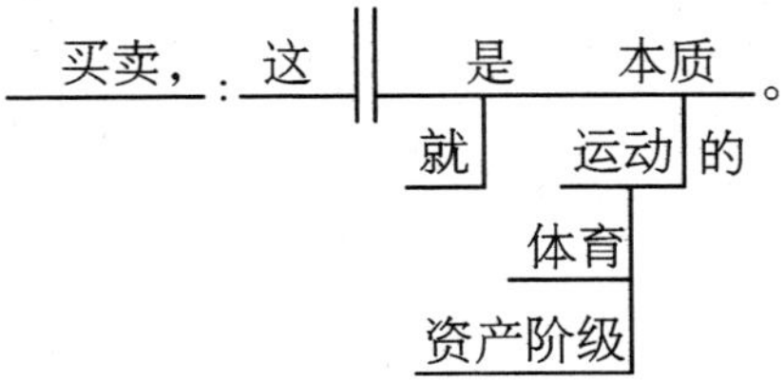

⑤东风压倒西风，这是当前国际局势的特点。

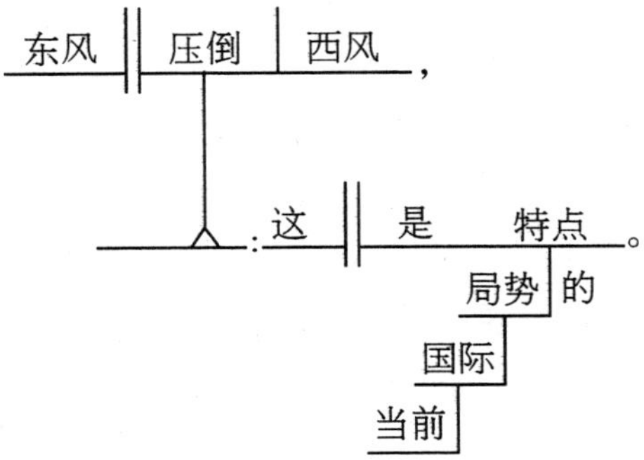

3. 总分式。例如：

⑥这些人一半是老人，一半是小孩儿。

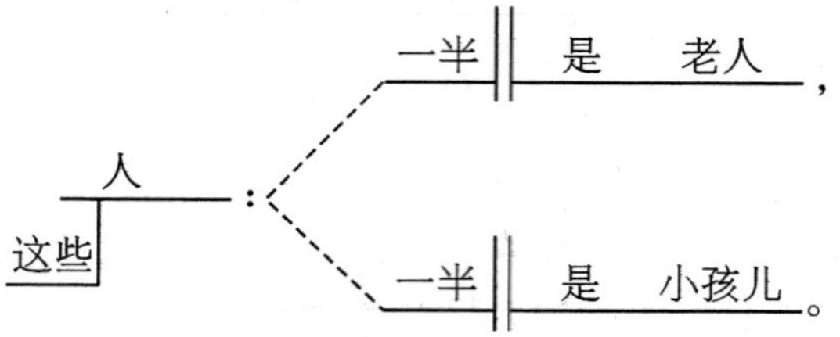

⑦姚志兰和吴天宝，一个是电话员，一个是火车司机。

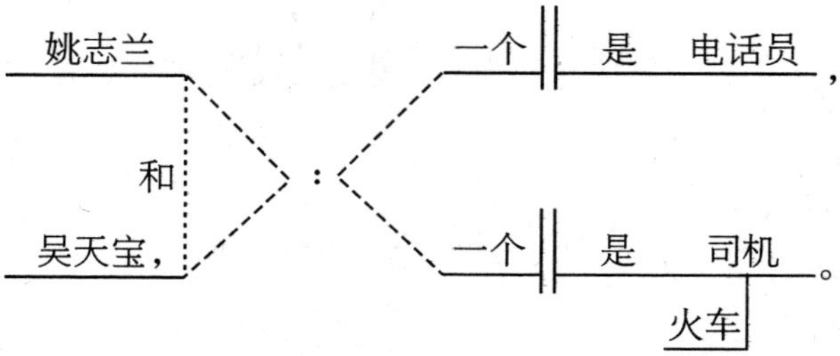

（十四）独立成分。例如：

①我们不能耽误时间，同志们！

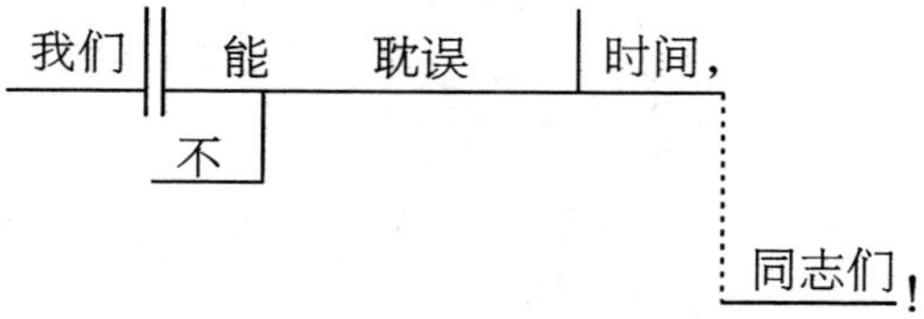

②哈哈，太阳出来了！

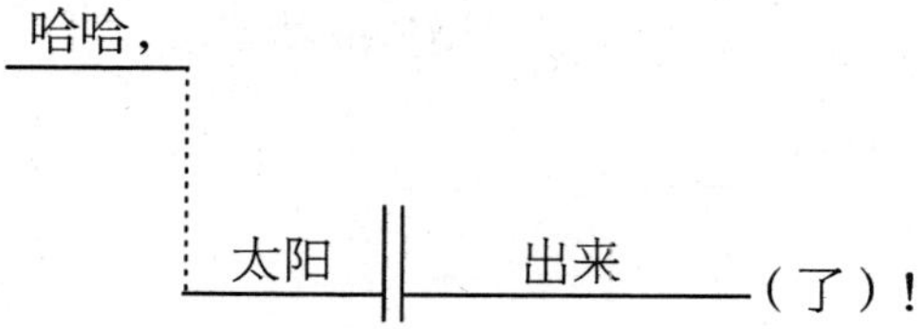

③这件事情照我的意见应该快点儿办理。

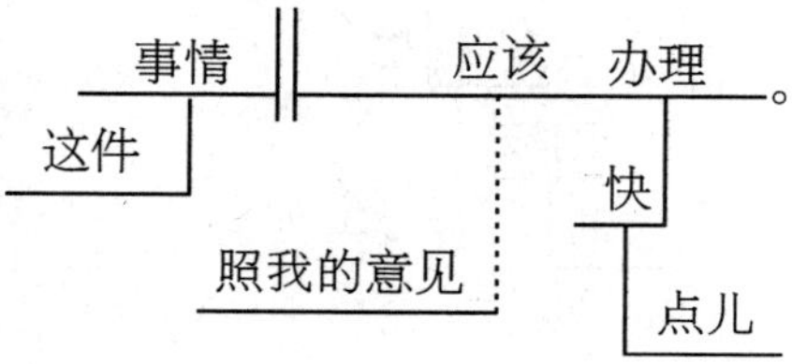

④据说，今天的晚会不举行了。

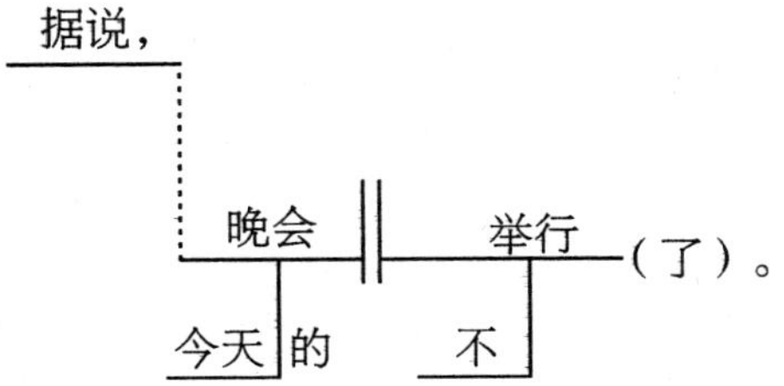

现代汉语语法知识

引　言

现代汉语语法，是指现代汉语里词语的搭配和排列的规则。

我们说话，是一句一句地说的。每句话都有一定的结构。每句话里，词语怎样搭配，怎样排列，搭配和排列的结果是什么样子，都是遵循一定的规则的。举个例子来说：

①小红把教室打扫得非常干净。

观察这个句子，我们可以知道：

在这个句子里，“教室”和“把”搭配起来修饰“打扫”，“干净”和“非常”搭配起来补充“打扫”。能够同“把”搭配的，必须是表示人或事物的词语；能够同“非常”搭配的，必须是表示性质状态的词语。比如，可以说“把教室”怎么样，却不能说“非常教室”怎么样；反之，可以说“非常干净”，却不能说“把干净”。可见，词语能否搭配，是有规则的。

在这个句子里，“把教室”用在“打扫”的前边，“非常干净”用在“打扫”的后边。“把教室”不能放到“打扫”的后边，比如不能说“打扫得非常干净把教室”；“非常干净”虽然也可以放到“打扫”的前边，比如可以说“非常干净地（把教室）打扫了一遍”，但显然是有条件的，这就是：首先，去掉“得”，并带上“地”；其次，在“打扫”后边再添加别的词语（如“了”“一遍”）。可见，词语怎样排列，也是有规则的。

这个句子是运用词语按照“甲把乙动得怎么样”的句式造出来的。根据实际需要，我们还可以按照这个句式造出许许多多的句子。例如：

②各国代表把苏联的侵略阴谋揭露得非常深刻。

③战士们把任务完成得实在漂亮。

④文章的作者把问题提得相当尖锐。

⑤记者把情况了解得十分清楚。

⑥大娘把小赵他们照顾得很好。

可见，按照某一特定的格式，是可以造出某种类型的句子的。

总之，词语能否搭配，怎样排列，它们按什么样的格式构成句子，都必须遵循一定的规则。现代汉语里，词语搭配和排列的各种各样规则的总和，便是现代汉语语法。

在语言运用中，“语法”一词有两个含义。第一，指语法规则本身。比如：“说话、写文章要合乎语法。”这里的“语法”就是指的语法规则本身。第二，指对于语法事实加以研究的成果，即语法学著作或语法学知识。比如：“上午我买了一本语法。”这里的“语法”是指语法学著作。又如：“上学期我们学语音，本学期我们学语法。”这里的“语法”是指语法学知识。在一般情况下，所谓“学习语法”，就是指学习语法学知识。

学点语法学知识，可以培养和提高我们的语法分析能力和语言运用能力。一方面，能分析句子结构，准确地理解文意，从而能准确地理解和宣传马列主义、毛泽东思想，准确地理解和宣传党的方针政策，准确地运用理论于实践，为把祖国建设成为现代化的社会主义强国作出贡献；另一方面，能辨别正误，有效地改正病句，从而能正确地运用语言来表达思想、阐述事理，为祖国语言的纯洁和健康而斗争。

一　句子、句子成分、造句单位

（一）什么是句子

句子是能够表达一个完整意思的言语单位。

人们说话，是为了表达思想感情，达到交际和交流思想的目的。人们所说的每一句话，都是交际和交流思想的一个基本单位。因此，一个句子，不管是告诉别人一件事，问别人一个问题，要求别人做什么，还是对某种事实发出自己的感慨，都得体现说话人的某个意图，能够表达一个完整的意思。例如：

①蜜蜂这东西，最爱劳动。（杨朔：《荔枝蜜》）

②一只蜜蜂能活多久？（同上）

③咱们到堤上去！（管桦：《暴风雨之夜》）

④这是多么令人钦佩的高尚品质啊！（峻青：《秋色赋》）

例①告诉别人一个事实；例②向别人提一个问题；例③向别人提一个要求；例④就事实抒发内心的感触。它们都独立地表达了一个完整的意思，体现了一个特定的意图。这些都是句子。

有的句子，可以很长，长到包含一两百个字；有的句子，可以很短，短到只有一两个字。不管是长句还是短句，都是表达一个完整意思的言语单位。如果不能表达一个完整的意思，那么，不管多长，都不能算是句子，或者只能算是残缺不全的病句。

在书面上，句末一般用句号。由于表达疑问、祈使、感叹等语气的需要，也可以用问号或感叹号。

（二）句子的分类

句子可以从不同的角度进行分类。

从作用着眼，可以把句子分为陈述句、疑问句、祈使句和感叹句。如前一部分里的四个例子，分别是陈述句、疑问句、祈使句和感叹句。又如：

①你可以走了。

②我可以走吗？

③你快走吧！

④我多么想快点走啊！

例①是陈述句；例②是疑问句；例③是祈使句；例④是感叹句。

从结构着眼，按照主谓的有无，可以把句子分为主谓句、无主句和独词句。例如：

⑤你扫雪了？

⑥下雪了？

⑦雪！

例⑤是主谓句；例⑥是无主句；例⑦是独词句。

从结构着眼，按照句意的单复，又可以把句子分为单句和复句。例如：

⑧他和你都应该去。

⑨他应该去，你也应该去。

例⑧是单句。例⑨是复句，包含两个分句。

以上三种，是语法教学中最常提到的句子的类别。句子还可以进行各种各样的分类，这里不一一说明了。

（三）句子成分

句子里有着各种不同的组成部分，它们分别担任着不同的职务，起着不同的结构作用。我们一般管它们叫句子成分。以房屋来作比，句子就像房子，句子成分就像屋顶、墙壁、门窗、地板等等房屋的组成部分。

汉语的句子，一般是主谓句，具有主语部分和谓语部分。主语部分是句子里表示陈述对象的部分，能回答“谁”“什么”这一类的问题；谓语部分是句子里起陈述作用的部分，能回答“怎么样”“是什么”这一类的问题。例如：

①你们的责任更重了！

②矿山的唐矿长先简单地讲了一下全国的工业生产形势。

例①里，“你们的责任”是主语部分，“更重了”是谓语部分。例②里，“矿山的唐矿长”是主语部分，“先简单地讲了一下全国的工业生产形势”是谓语部分。

对主语部分、谓语部分作进一步的分析，又可以划分出主语、谓语、宾语、定语、状语、补语等六种成分。比如例①，在主语部分“你们的责任”里，“责任”是主语，“你们（的）”是定语；在谓语部分“更重了”里，“重”是谓语，“更”是状语。这个句子包含着主语、谓语、定语、状语等四种成分。又如例②，在主语部分“矿山的唐矿长”里，“唐矿长”是主语，“矿山（的）”是定语；在谓语部分“先简单地讲了一下全国的工业生产形势”里，“讲了”是谓语，“形势”是宾语，“先”和“简单（地）”是“讲了”的状语，“一下”是“讲了”的补语，“全国（的）”和“工业生产”是“形势”的定语。这个句子包含着主语、谓语、宾语、定语、状语、补语等六种成分。

除了主语、谓语、宾语、定语、状语和补语，还有两种特殊的成分——外位成分和独立成分，后面有专节介绍。

另外，句子里还有一些纯粹起语法作用的词语，如“的”“地”“得”“着”“了”“过”“因为”“所以”“呢”“吗”“也罢”等等，它们只是辅助性的语法成分，不算句子成分。当它们明显地附着在某个句子成分上面时，可以将它们划入那个句子成分。比如在例②“矿山的唐矿长先简单地讲了……形势”里，“了”明显地附着于“讲”，所以

“讲了”一起算谓语。

（四）句子成分的图示和标明

主语部分和谓语部分，主语、谓语、宾语、定语、状语和补语，它们在句子里的结构地位、基本次序和相互关系，可用下图表示：

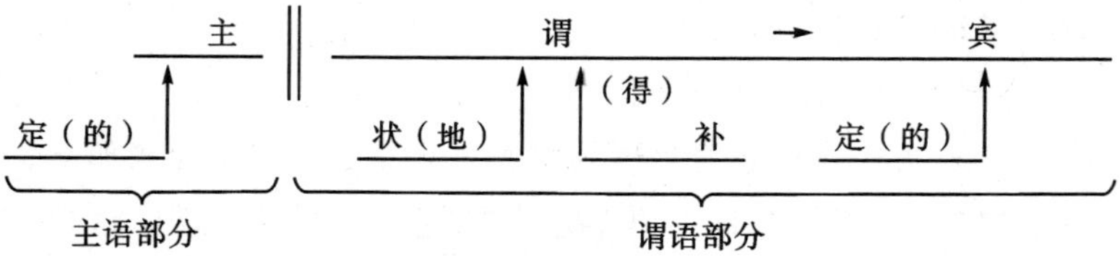

现在，我们按照这个图的表示法，分析一下下列句子：

①你们的责任更重了！

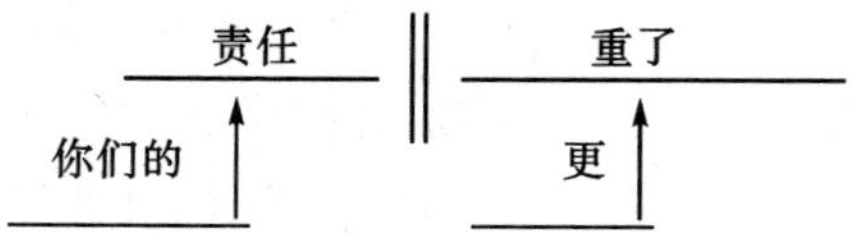

②您来得正好。

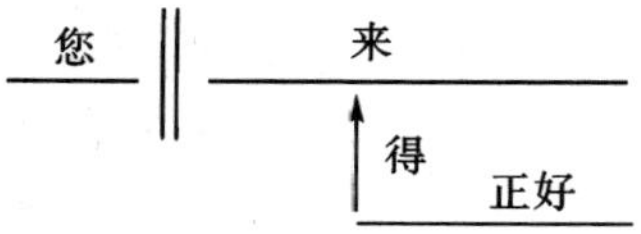

③刘胡兰镇定地逼视敌人。

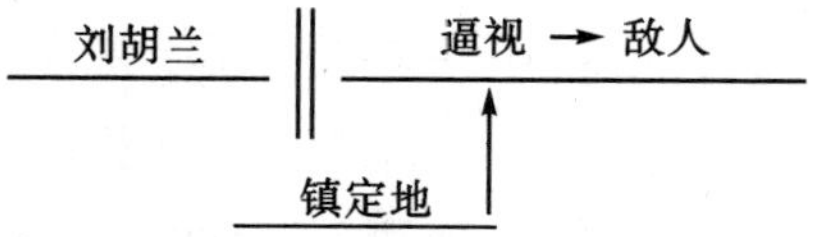

④矿山的唐矿长先简单地讲了一下全国的工业生产形势。

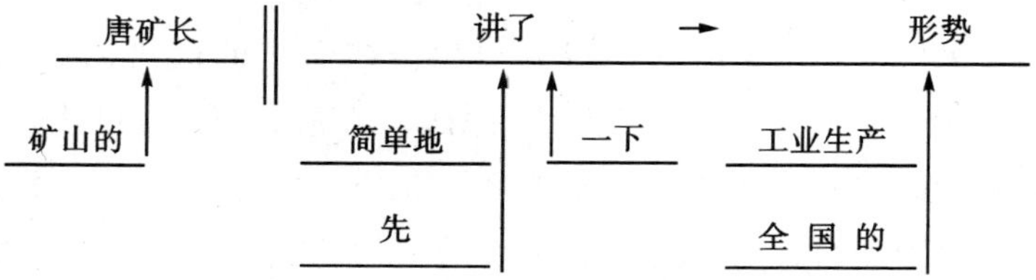

这样的表示法，可以帮助我们清晰地看出哪是句子的主干，哪是

枝叶，主干和枝叶之间怎样搭配。不过，在一般情况下，分析句子成分，只要用加符号的办法就行。例如，可以用______表示主语，用______表示谓语，用~~~~~~表示宾语，用（　）表示定语，用｛　｝表示状语，用〔　〕表示补语：

①（你们的）责任｛更｝重了！

②您来得［正好］。

③刘胡兰｛镇定地｝逼视敌人。

④（矿山的）唐矿长｛先｝｛简单地｝讲了［一下］（全国的）（工业生产）形势。

分析句子成分，不管是用什么样的表示法，目的都是：第一，为了把句子结构的内部关系搞清楚，从而能够正确地理解句子的内容。这一点，对分析结构复杂的句子说来，特别有意义。第二，为了检查句子是否完整，各成分的搭配是否恰当，从而能够有效地改正病句。例如：

*⑤一千多双热烈的眼光望着这位满头白发的老人。[①]

让我们来检查一下这个句子的结构关系：

在主干的搭配上，有问题：“眼光”的中心是“光”，“光”只有“射、照”之类的属性，而不具有“望”的属性，因此不能说成“……眼光望着……老人”。在枝叶与主干的搭配上，也有问题：“眼睛”才是成双配对的，“眼光”却不是成双配对，因此不能说“一千多双”眼光。这个句子应改为：

⑤（一千多双）眼睛｛热烈地｝望着（这位）（满头白发的）老人。

① 加*号的是有毛病的句子，下同。

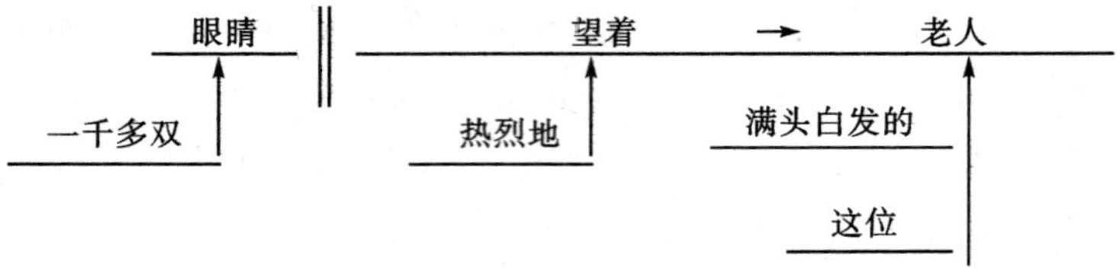

（五）造句单位

词和词组都是造句的单位。词是最小的能自由运用的造句单位；词组是由词和词组合而成的比词大的造句单位，也叫“结构”或“短语”“仂语”。词和词组通常统称为“词语”。造句时，可以一个词一个词地独立运用，也可以一个词组一个词组地成块运用。以造房子来作比，单词好像单件的建筑材料，而词组则像成片的建筑材料。

词和词组同句子成分和句子是从不同的角度划分出来的概念。它们之间的关系可以用下图表示：

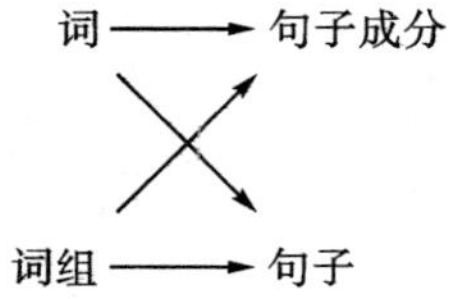

词和词组是“材料”，句子成分或句子是运用这些材料的结果——“成品”。一个词，可以充当一个成分，也可以成为一个句子。比如“狼”这个词，在“大家都来打狼”里，作宾语；单说：“狼!”这就成为一个句子。同样，一个词组，可以充当一个成分，也可以成为一个句子。比如“下雨了”这个词组，在“你知道不知道下雨了”里，作宾语；单说：“下雨了!”这就成为一个句子。所以，词和词组之间，句子成分和句子之间，才有量的关系；词组和句子之间，是不存在量的关系的。当我们说“下雨了”是由动宾结构的词组充当的句子的时候，词组和句子只有着眼点的不同，却不存在量的区别。

二　主语、谓语、宾语

就句子的结构组织来说，主语和谓语或者主语、谓语和宾语，是句子里的主要成分，核心成分。因此，一般把“主语—谓语”或者“主语—谓语—宾语”看成句子的主干。

先说主语和谓语，再说宾语。

（一）主语和谓语

主语是主语部分里的中心词。有时，主语同时就是主语部分，表示陈述的对象，能回答“谁”“什么”之类的问题。

谓语是谓语部分里的中心词。有时，谓语同时就是谓语部分，起陈述的作用，能回答“怎么样”“是什么”之类的问题。

例如：

①汽车的马达声清晰地传来。（方纪：《挥手之间》）

②我们敬爱的周总理永远活在亿万人民的心里。（朱敏：《深情忆念周伯伯》）

③暖国的雨，向来没有变过冰冷的坚硬的灿烂的雪花。（鲁迅：《雪》）

例①，“汽车的马达声”是主语部分，“马达声”是主语；“清晰地传来”是谓语部分，“传来”是谓语。例②，“我们敬爱的周总理”是主语部分，“周总理”是主语，“永远活在亿万人民的心里”是谓语部分，“活”是谓语。例③，“暖国的雨”是主语部分，“雨”是主语；“向来没有变过冰冷的坚硬的灿烂的雪花”是谓语部分，“变过”是谓语。

再如：

④飞雪过去，春天来临。（徐迟：《地质之光》）

⑤战马奔驰。（梁信：《从奴隶到将军》）

⑥官司怎么样？（杨沫：《青春之歌》）

例④，“飞雪”是主语部分，同时也是主语；“过去”是谓语部分，同时也是谓语。同样，“春天”是主语部分，同时也是主语；“来临”是谓语部分，同时也是谓语。例⑤、例⑥情况跟例④一样：“战马”“官司”既是主语部分又是主语，“奔驰”“怎么样”既是谓语部分又是谓语。

主语，在它同时也是主语部分的时候，才能单独回答“谁”“什么”之类的问题；在它只是主语部分里的中心词的时候，就往往单独起不了这样的作用。比如，例⑤的主语是“战马”，它同时也是主语部分，因此能单独回答“什么”的问题：“什么飞奔？——战马。”这样的回答符合原句的意思。然而，例③的主语“雨”只是主语部分里的中心词，它就不能单独回答“什么”的问题：“什么向来没有变过冰冷的坚硬的灿烂的雪花？——雨。”这样的回答是不符合原句的意思的。又如：

⑦生产力的基本因素是生产资料和劳动力。（邓小平：《在全国科学大会开幕式上的讲话》）

“生产力的基本因素”是主语部分，它的中心词“因素”是主语。单独一个“因素”，是回答不了“什么是生产资料和劳动力”中“什么”的问题的。

谓语，在它同时也是谓语部分的时候，才能单独回答“怎么样”之类的问题；在它只是谓语部分里的中心词的时候，就很难单独起这样的作用。比如，例⑤的谓语是“奔驰”，它同时也是谓语部分，因此能单独回答“怎么样”的问题：“战马怎么样？——奔驰。”这样的回答符合原句的意思。然而，例③的谓语“变过”只是谓语部分里的中心词，它就单独回答不了“怎么样”的问题：“暖国的雨怎么样？——变过。”这样的回答站不住脚。又如：

⑧镶嵌在正门顶上的国徽老远就射出闪闪的金光。（孙世恺：《雄伟的人民大会堂》）

⑨人们的心情很不平静。（方纪：《挥手之间》）

例⑧，“老远就射出闪闪的金光”是谓语部分，它的中心词“射出”是谓语。若单用“射出”来回答“镶嵌在正门顶上的国徽怎么样”的问题，站不住脚。例⑨，“很不平静”是谓语部分，它的中心词“平静”是谓语。若单用“平静”来回答“人们的心情怎么样”的问题，意思全反了。

总之，能回答“谁、什么”和“怎么样、是什么”之类问题的，是主语部分和谓语部分。能起这样的作用的主语和谓语，是同时也是主语部分和谓语部分的主语和谓语。

（二）宾　语

宾语是动词谓语后边表示人物、事件的成分，能够回答“谁”“什么”之类的问题。请看梁信《从奴隶到将军》中的几个句子：

①宾客们围着新娘。

②马伕点点头。

③队伍出城。

④你当县长了！

⑤我算老几呀！

⑥他没有泪。

这里的“新娘”“头”“城”“县长”“老几”“泪”都是宾语。

宾语和动词之间的关系是多种多样的，不能说宾语就是表示动作对象的成分。有的宾语，确实是“受事宾语”，表示动作行为的对象（如例①的“新娘”）；有的宾语，则只是表示动作行为所关涉到的人物或处所，其中包括“施事宾语”（如例②的“头”，例③的“城”，例④的“县长”；又如“来客了”中的“客”，“里屋可以住人”中的“人”，“洗冷水”中的“冷水”，“照 X 光”中的“X 光”，等等）；还有的宾语，跟动作行为并没有明显的关系，只是表示为甲事物所领有的乙事物或跟甲事物有联系的乙事物（如例⑤的“老几”，例⑥的“泪”；又如“我是教师”中的“教师”，“朝霞似火”中的“火”，等等）。

不管跟动词谓语之间的具体关系如何，各种宾语都具有两个共同特点。其一，用在动词谓语后边；其二，或指人，或指物，或指事情，或指处所，总之都具有事物性，能回答“谁”“什么”“什么地方”等问题。

汉语的句子，不论长短，一般都有主语和谓语。在一般情况下，句子如果缺少主语或谓语，结构就不完整，意思因而也不完备。因此，主语和谓语是句子的主要成分。在动词作谓语的句子中，宾语往往也是不可缺少的；如果缺少宾语，也会造成句子结构的残缺，使句子不能表达完整的意思。因此，从这个意义上说，也可以认为宾语是句子的主要成分之一。

（三）双宾语

有时，一个动词后边可以连用两个宾语。靠近动词的，叫近宾语；离动词远一些的，叫远宾语。近宾语和远宾语的连用格式，叫做“双宾语”。例如：

①党中央给了他们一封回信。（肖兵：《太行青松》）

②这个时期母亲教给我许多生产知识。（朱德：《母亲的回忆》）

③在他（朱德委员长——编者）生病期间，组织上没告诉他总理病重的消息。（朱敏：《深情忆念周伯伯》）

④（刘勋苍）力大过人，人们都称他“坦克”。（曲波：《林海雪原》）

⑤我问你一句话。

“他们”和“回信”，“我”和“知识”，“他”和“消息”，“他”和“坦克”，“你”和“话”，都是双宾语。近宾语只能是一个词，远宾语则可以是个比较复杂的结构。例如：

⑥他告诉我他已经参加足球队了。

“我”是近宾语，“他已经参加足球队了”是远宾语。

近宾语一般指人，能回答“谁”的问题；远宾语一般指事物或称号，能回答“什么”的问题。指人的宾语一般在前，指事物或称号的宾语一般在后。不过，在“致电某某人”“致函某某人”“复电某某人”“复信某某人”这样的用法中，指物的宾语在前，指人的宾语在后。这样的用法显得典雅庄重，多见于报纸的标题。例如：

⑦华国锋、叶剑英、邓小平同志致电南斯拉夫党政领导人沉痛哀悼铁托同志逝世（《人民日报》1980年5月6日，标题）

⑧我驻联合国代表陈楚致函安理会主席（《人民日报》1979年2月18日，标题）

⑨齐亚·哈克总统复信乔森潘主席（《人民日报》1979年2月9日，标题）

带双宾语的动词，是含有“给予、告诉、称呼、请教”等意义的动词。动词含有“给予、告诉、称呼”的意义时，整个句子表示指人宾语从主语那儿得到了什么，或没得到什么。如例①表示“他们”从党中央那儿得到了一封信，例③表示“他”从组织那儿没得到总理病重的消息，例④表示“他”从人们那儿得到“坦克”这个称号，例⑨表示“乔森潘主席”从齐亚·哈克总统那儿得到“信”。动词含有“请教”意义时，整个句子表示主语从指人宾语那儿得到什么，或没得到什么。如例⑤“问”有“请教”的意思，整个句子表示“我”从“你”那儿得到“（一句）话”的答案。如果说成“我没问他什么话”，便是“我”从“他”那儿没得到“（什么）话”的答案。

（四）主语、谓语、宾语的搭配

造句时，要注意主语、谓语、宾语之间的搭配，避免主谓搭配不当、谓宾搭配不当的毛病。

先看主谓搭配不当的例子：

*①她的脸色阴沉沉地绷着。

*②清晨，参加长跑的同学们在公路上飞快地驰骋着。

例*①，“（她的）脸”才能“（阴沉沉地）绷着”，“（她的）脸色”是不具有“（阴沉沉地）绷着”的属性的。应去掉“色”。例*②，“驰骋”通常用来述说马跑的情况，这里用来述说跑着的人显然不恰当，应改为“奔跑”。

再看谓宾搭配不当的例子：

*③在旧社会，工人们挣得的工资无法养活一家人的生活。

*④我们必须彻底摧毁“四人帮”散布的流毒。

*⑤机床厂展开了社会主义劳动竞赛的新高潮。

例*③，“生活”不能“养活”。应去掉“的生活”，让“（一家）人”作“养活”的宾语。例*④，“流毒”不好说“摧毁”。应改“摧毁”为“肃清”。例*⑤，“高潮”不能“展开”。应改“展开”为“掀起”。

有时，主谓宾的搭配是否恰当，要把三者联系起来看。例如：

*⑥每个工人（都拿出冲天干劲，）争取做个先进单位。

把这个句子的主谓宾连起来考察，才可以看出它的毛病：“（每个）工人”怎么能“做个先进单位”？应该说“争取做个先进生产者”，或者说“争取本厂成为先进单位”。

改正主谓宾搭配不当的病句，经常采用三种办法：

一是改换词语。如例*②*④*⑤，分别把谓语“驰骋”“摧毁”“展开”改为“奔跑”“肃清”“掀起”；又如例*⑥，把宾语“单位”改为“生产者”。再如：

*⑦这个重要讲话，进一步坚定了我们走社会主义道路的勇气。

“勇气”无法“坚定”，应改换为“信心”。

二是增减词语。如例*①减去主语里的“色”字，例*③减去原来的假宾语“（的）生活”。又如：

*⑧鸽子长途飞行，是经过主人逐渐训练获得的。

*⑨这个刊物的出版，是在全国人民向着四个现代化的目标胜利前进的大好形势下诞生的。

*⑩他光荣地加入了共青团员。

例*⑧，“……逐渐训练获得的”是“能力”，应在“鸽子长途飞行”后边加上“的能力”，使句子出现真正的主语。例*⑨，“在……大好形势下诞生的”是“（这个）刊物”，而不是“（这个刊物的）出版”，应去掉假主语“（的）出版”。例*⑩，“加入”的是“共青团”，不是“共青团员”，应减去宾语中的“员”字。

三是变易词语次序。例如：

*⑪报晓的雄鸡就是我们集合的信号。

*⑫风夹着豆大的雨点哗哗地落了下来。

例*⑪，应把“报晓的雄鸡”变易为“雄鸡的报晓”。因为，“（雄鸡的）报晓”才能成为“信号”，“（报晓的）雄鸡”是不能成为“信号”的。例*⑫，“哗哗地下了起来”的是“雨”，而不是“风”。应变易词语次序，并略加改动：“豆大的雨点顺着风势哗哗地落了下来。”

顺便指出：主谓搭配实际上是指主语部分和谓语部分的搭配，而不仅仅是主语部分的中心词和谓语部分的中心词之间的搭配。比如，“玉春她娘三十岁上死了丈夫”，这是个正确的句子。如果仅就中心词来谈搭配关系，就成了玉春她娘“死了”。这样，岂不使句子的基本意思走了样？我们在检查主谓搭配时，通常把中心词强调出来，这只是为了更好地看出主谓的搭配是否恰当，而不等于说主谓搭配的关系就仅仅是两个中心词之间的搭配关系。

三 定语、状语、补语

围绕着主语、谓语和宾语，可以添加定语、状语和补语。它们是主语、谓语、宾语的附加成分。如果说，主谓宾是句子的主干，那么，定状补便是句子的枝叶。

（一）定 语

定语是主语、宾语的修饰成分。它在句子里是附加于主语、宾语的枝叶。它用在主语、宾语的前边，表示“谁（的）”“什么样（的）”“多少”等意思，常带“的”。例如：

①我爱我母亲。（朱德：《母亲的回忆》）

②意外的喜讯传来了。（杨尚武：《追匪记》）

③他们带了十七斤马肉。（同上）

例①，“我”是定语，可加“的”，修饰宾语“母亲”，表示“谁（的）”。例②，“意外（的）”是定语，修饰主语“喜讯”，表示“什么样（的）”。例③，“十七斤”是定语，修饰宾语“马肉”，表示“多少”。

为了从不同的角度对事物加以修饰描绘，定语可以连用两个或两个以上。例如：

④昏暗的灯光照着那张亲切的长方脸。（巴金：《杨林同志》）

“灯光——照着——脸”是主干。主语“灯光”前用一个定语“昏暗”，描写状态；宾语“脸”的前边，用“那张”“亲切（的）”和“长方”三个定语，“那张”指点事物，“亲切”描写神情，“长方”说明形状。

在以名词为中心的偏正结构里，也可以分析出定语来。这就是，一个偏正结构的中心词如果是名词，定语就是名词的修饰成分。比方“我国地质界”这个偏正结构，“地质界”是名词，“我国”是定语。

必须进一步指出的是，偏正结构在进入句子以后可以充当各种成分，包括充当定语。分析句子的六种成分时，应把它们看作一个造句单位。例如：

⑤李四光总结了我国地质界的三十年经验和教训。（徐迟：《地质之光》）

“经验和教训”是宾语，“我国地质界（的）”和“三十年”都是定语。在分析这个句子时，应把“我国地质界”看成一个整体，整个儿算一个定语；至于“我国”是“地质界”的定语，这是“我国地质界”这个偏正结构内部的事。当然，如果分析“我国地质界取得了许多振奋人心的成果”这样的句子，就应认为“我国地质界”是主语部分，其中“地质界”是主语，“我国”是定语。

（二）状　语

状语是谓语的修饰成分。它在句子里是附加于谓语的枝叶。它用在谓语的前边，表示“怎么样（地）”“几时”“哪里”“多么”等等意思，或者表示肯定或否定，常带“地”。例如：

①总理仔细地听取了李四光的理论要点。（徐迟：《地质之光》）

②春雨刷刷地下着。（柳青：《梁生宝买稻种》）

③我的朋友已经回来了。（冰心：《小桔灯》）

④风，更猛了。（杜鹏程：《夜走灵官峡》）

⑤我一定记住。（巴金：《杨林同志》）

⑥她不在家。（冰心：《小桔灯》）

这些例子里，“仔细（地）”“刷刷（地）”“已经”“更”“一定”“不”都修饰谓语，分别表示情态、声响、时间、程度、肯定和否定，它们都是状语。

状语也可以连用两个或两个以上，借以从不同的角度对动作性状加以修饰描绘。例如：

⑦我曾经多次幸福地见到过周伯伯。（朱敏：《深情忆念周伯伯》）

谓语“见到过”的前边，连用了“曾经”“多次”和“幸福（地）”三个状语，它们分别表示了时间、次数和情态。

状语有时用在主语的前边，实际上起着修饰全句的作用，但在具体关系上，还是跟谓语更直接、更密切。例如：

⑧晚上，毛主席下达了命令。（徐海东：《奠基礼》）

状语“晚上”用在主语前边，实际上对“毛主席下达了命令”起修饰作用，表明时间；但从具体关系上说，它跟谓语“下达了”的关系更直接、更密切，因而可以移到谓语“下达了”的前边，说成：“毛主席晚上下达了命令。”

有时，谓语前边和主语前边都可以同时出现状语。它们互相配合，从不同的侧面起修饰作用。例如：

⑨午后，三个人都疲倦地睡觉了。（杨沫：《坚强的战士》）

这里有三个状语：“午后”用在主语前边，表示时间；“都”和“疲倦（地）”用在谓语前边，表示范围和情态。

在以动词、形容词为中心的偏正结构里，也可以分析出状语来。这就是，一个偏正结构的中心词如果是动词或形容词，状语就是动词或形容词的修饰成分。比如“很仔细”这个偏正结构，“仔细”是形容词，“很”是状语。

进入句子以后，以动词、形容词为中心的偏正结构也常常作为一个单位充当状语。分析时，应把它看成一个整体。例如：

⑩他在饭桌上很仔细地打开红布小包。（柳青：《梁生宝买稻种》）

“打开”是谓语，“在饭桌上”和“很仔细”都是状语。在分析这个句子时，应把“很仔细”整个儿分析为一个状语。只有在进一步分析

“很仔细”这个偏正结构的内部关系时，才说“很”是“仔细”的状语。至于“这个同志很仔细”这样的句子，“很仔细”是谓语部分，当然可以分析为：“仔细”是谓语，“很”是状语。

（三）补　语

补语是谓语的补充成分。它在句子里是附加于谓语的枝叶。它用在谓语的后边，表示“怎么样”，或者表示程度、次数和“多久”等意思。谓语和补语之间常用“得”。例如：

①煤汽灯照得通亮。（吴伯箫：《歌声》）

②这小家伙精得很哪！（杜鹏程：《夜走灵官峡》）

③这时，祖冲之已经去世将近一千年了。（中学课文《祖冲之》）

④焦裕禄一连问了几遍。（中学课文《鞠躬尽瘁》）

例①“通亮”是“照”的补语，表示“怎么样”；例②“很”是“精”的补语，表示程度；例③“将近一千年”是“去世”的补语，表示“多久”；例④“几遍”是“问了”的补语，表示次数。

同是谓语的枝叶，状语从前边附加于谓语，补语从后边附加于谓语，这就是所谓“前状后补”。比较：

⑤小车子飞快地开。

⑥小车子开得飞快。

“飞快”在前边修饰“开”，是状语；在后边补充“开”，是补语。

同是用在谓语后边的成分，宾语表示独立于动作行为之外的人物、处所等，而补语则表示性质状态的程度，表示动作行为的结果状态或次数、时量等等。在一个动词谓语的后边，可以同时出现宾语和补语。有时补语在前，宾语在后；有时宾语在前，补语在后。例如：

⑦焦昆打量一眼俞立平。（李云德：《沸腾的群山》）

⑧唐黎砚打量了他一眼。（同上）

例⑦，补语“一眼”在前，宾语“俞立平”在后；例⑧，宾语“他”

在前，补语“一眼”在后。

在以动词形容词为中心的偏正结构里，也可以分析出补语来。这就是，一个偏正结构的中心词如果是动词形容词，补语就是动词形容词的补充成分。比方“好极”这个偏正结构，“好”是形容词，“极”是补语。

补语也可以由“好极”这一类偏正结构充当。析句时，应把它们看成一个整体，算一个补语。例如：

⑨这副对子写得好极了。

这里，“写”是谓语，“好极”是补语。只有进一步分析“好极”的内部关系时，才有指出“极”是“好”的补语的必要。至于“这个同志好极了”这样的句子，“好极了”是谓语部分，“好”是其中的谓语，“极”当然应该分析为补语了。

（四）“枝叶”和“主干”的搭配

在结构上，定语、状语、补语是句子的附加成分，是“枝叶”，但从表达上说，它们绝不是可有可无的成分；相反，它们在加强语言的准确性、鲜明性、生动性上往往起着重要的作用。例如：

①我们还要学习古人语言中有生命的东西。（毛泽东：《反对党八股》）

②在社会主义社会中，基本的矛盾仍然是生产关系和生产力之间的矛盾，上层建筑和经济基础之间的矛盾。（毛泽东：《关于正确处理人民内部矛盾的问题》）

例①，宾语“东西”前边用了“古人语言中”和“有生命（的）”这两个定语，这就明确地排除了那些僵死的语汇和典故，准确地阐明了“古为今用”的原则。例②，谓语“是”前边用了状语“仍然”，这就准确而清楚地说明，生产关系和生产力之间的矛盾、上层建筑和经济基础之间的矛盾，在旧社会就有，不仅仅是社会主义社会中的基本矛盾。

然而，既然是“枝叶”，就要注意它们跟“主干”的搭配。只有搭配得当，才能真正发挥作用。习作中，常见“枝叶”和“主干”搭配不当的病例。比如：

*③一双能说会讲的嘴巴，富有极大的鼓动力。

*④他们呀，总在热火朝天地学习。

*⑤我们对你们照顾得太不周全了。

例*③，“嘴巴”哪有“一双”？可改为“他那个”。例*④，“热火朝天”形容群众性运动或工作达到热烈高涨的境界，用作“学习”的状语不恰当，应改为“孜孜不倦”之类。例*⑤，“周全”有全面、完整的意思，用作“照顾”的补语不恰当，应改为“周到”。

有时，“枝叶”和“主干”的搭配是否恰当，要把整个句子的各个部分联系起来考察。例如：

*⑥两天两夜没停的牛毛细雨又下起来了。

这个句子，单看主语部分里定语和主语的关系，没什么问题，但把谓语部分连起来看，问题就来了：既然是“又下起来了”，怎么可能是“两天两夜没停”呢？应把“两天两夜没停的”改为“断断续续地下了两天两夜的”。

改正“枝叶”和“主干”搭配不当的病句，经常采用三种办法：

一是改换词语。如以上各例。

二是增减词语。例如：

*⑦他利用业余时间读完了初中、高中和大学的全部课程。

这句话里，应增添“有关专业的”，说成“……读完了初中、高中和大学里有关专业的全部课程”。这样，才能准确地说明事实。

*⑧他头上的头发已经白了。

*⑨我从小出生在一个教师家庭里。

例*⑧，“头发”不会长到脸上、手上、脚上，定语“头上”是废话，应删去。例*⑨，“出生”有什么“从小”不“从小”的？状语“从小”是废话，应删去。

三是移动词语位置。例如：

* ⑩七十六岁的康有为的女儿康同壁，这几天正忙着参加中国人民政治协商会议。

* ⑪他们交换了广泛的意见。

例*⑩，应移动“七十六岁的”的位置，说成“康有为的七十六岁的女儿……”，不然，读者可能误解为“七十六岁的康有为”。例*⑪，应把“广泛的”改为“广泛地”，移到“交换”的前边，使之成为状语。任何“意见”都有某种特定的内容，不能用“广泛（的）”来限定。

四　倒装成分和受事主语

倒装成分和受事主语都有特殊作用，值得特别谈一谈。

（一）主谓倒装

在包含主语部分和谓语部分的句子里，一般次序是主语部分在前，谓语部分在后。改变这一次序，把主语部分倒装在谓语部分后边，使谓语部分地位突出，这便成为主谓倒装的句式。

主谓倒装，是为了强调谓语部分所表达的意思。具体些说，又有下面几种情况。

1. 突出说话人的疑问或要求。例如：

①怎么啦，你？

②说呀，你！

例①突出了疑问，例②突出了要求。说话人急于寻求答案，或者急于促使对方行动，因此先说谓语部分，然后再把主语部分补上。

2. 突出说话人陈述事实时的注重点。例如：

③过去了，那黑暗的日子！

④又来了，昨天来过的那个人！

这两例都是陈述事实时的主谓倒装。说话人对“过去了”“又来了”的事实特别关注，因此首先说出，然后再补上主语部分。

3. 突出说话人咏叹事物时的特殊感受。例如：

⑤多么雄壮有力啊，中国人民跃进的步伐！（初中课本例）

⑥多么好，祖国！多么好，生活！多么好啊——物理！

（柯岩：《奇异的书简》）

这两例都是咏叹事物时的主谓倒装。说话人对事物的某种属性具有特殊的感觉，感受极深，因此脱口而出，首先加以咏叹，然后再补上主语部分。

诗歌里使用主谓倒装的句式，往往是为了押韵。不过，同时也具有强调谓语部分的作用。略举几例：

⑦多么幸运啊，我家乡的小河，
千里迢迢来此汇合，
假如我是粒水珠，
愿永远在大海里欢歌。

（《北京文艺》1979 年第 5 期第 65 页）

⑧美啊，我们这一代人的理想！
她是瑰丽的壮锦、壮美的诗章，
她是彩色的天桥、灿烂的霞光。

（《山花》1979 年第 5 期第 25 页）

⑨队长呵，你闭一会嘴吧！
你的嘱咐，我们记在了心上。
怎么，你还不放心吗？
看，冲上来了，一员员虎将。

（《北京文艺》1978 年第 5 期第 64 页）

例⑦，“河”“合”“歌”押韵；例⑧，“想”“章”“光”押韵；例⑨，“上”“将”押韵。同时，由于使用主谓倒装句式，“多么幸运啊”“美啊”“冲上来了”都显得特别突出。可见，在诗歌里使用这种倒装句式，可以收到增加美感和强调谓语部分的双重效果。

主谓倒装的句式，有两个条件：

第一，“谓·主”之间有比较明显的停顿，书面上用逗号（有时用破折号）隔开；可以无条件地还原为“主·谓”，还原以后主谓之间可以不用逗号。不符合这个条件的，不是主谓倒装的句式。例如：

⑩在斜对门的豆腐店确乎终日坐着一个杨二嫂。（鲁迅：

《故乡》）

⑪车上跳下周恩来同志和王若飞同志，…… （方纪：《挥手之间》）

这两例都不是主谓倒装的句式。例⑩，“杨二嫂”是宾语。“在斜对门的豆腐店确乎终日坐着”和“一个杨二嫂”之间没有明显的停顿，不能用逗号；不能说成“一个杨二嫂在斜对门的豆腐店确乎终日坐着”。(要说，只能说成“有一个杨二嫂在斜对门的豆腐店终日坐着”，添了“有”字，可见不是无条件。）例⑪，“周恩来同志和王若飞同志”是宾语。“车上跳下”和“周恩来同志和王若飞同志”之间没有明显的停顿，不能用逗号；不能说成“周恩来同志和王若飞同志车上跳下”。(要说，必须在“车上”前添“从”字，可见不是无条件。）

第二，倒装的主语部分，不能是呼语。谓语部分后边用呼语的句子，不是主谓倒装的句式。例如：

⑫回去吧，乡亲们，有工夫再来看望你们。（魏巍：《东方》上）

“回去吧”的主语是“你们”，在当面对话中省略了。“乡亲们”是呼语。“回去吧，乡亲们”不是主谓倒装的句式。同理，“起来，不愿做奴隶的人们!”之类，也不是主谓倒装的句式，其中的“不愿做奴隶的人们”是呼语。可以这么说：在当面提出要求或疑问的句子里，倒装的主语部分由代词“你、你们”等充当，可以还原，直接移到谓语部分前边；如果在谓语部分后边接着用个表示称谓的名词或词组，那就只能是呼语，把它移到谓语部分前边之后，句子还可以补出一个代词主语。比较：

⑬过来吧，你们！

⑭过来吧，小伙子们！

例⑬用代词“你们”，是倒装的主语。还原为“你们过来吧”，其中的主语显然是“你们”。例⑭用表示称谓的“小伙子们”，是呼语。可以说成：“小伙子们，过来吧！”也可以说成：“小伙子们，你们过来吧！”“小伙子们，大家过来吧！”可见，其中的“小伙子们”是呼语而不是主语。

（二）定语倒装

在运用定语的句子里，一般次序是定语在前，中心词（主语或宾语）在后。改变这一次序，把定语倒装在中心词后边，使它居于特殊的地位，这便成为定语倒装的句式。

定语倒装，既有补充说明的作用，又有强调突出的作用。具体说来，可分为两种情况。

1. 补说和突出事物的数量。例如：

①革命军在四号公路沿线多次袭击越寇，……击毁军车五辆，缴获各种武器一百多件。（《人民日报》1979年5月2日）

②我一个人就打死打伤敌人二十多名。（《光明日报》1979年5月1日）

“五辆”“一百多件”“二十多名”分别是“军车”“（各种）武器”“敌人”的定语。倒装在后边，有补充说明的意味，同时，所表示的数量显得突出，引人注意。

2. 补说和强调事物的类型。例如：

③我们曾和党内的机会主义倾向作斗争，右的和“左”的。（初中课本例）

④天空变成了浅蓝色，很浅很浅的。（巴金：《海上的日出》）

⑤那种布，带点小花的，我要！

“右的和‘左’的”是“机会主义倾向”的定语，“很浅很浅的”是“浅蓝色”的定语，“带点小花的”是“布”的定语。倒装在后边，有补充说明的意味，同时，显得特别强调事物的类型。

凡是倒装的定语，都可以无条件地还原，不需添字，不需减字。如：例①“军车五辆”→“五辆军车”；“各种武器一百多件”→“一百多件各种武器”；例②“敌人二十多名”→“二十多名敌人”；例③“党内的机会主义倾向……右的和‘左’的”→“党内的右的和‘左’

的机会主义倾向”；例④“浅蓝色，很浅很浅的”→“很浅很浅的浅蓝色”；例⑤“那种布，带点小花的”→“那种带点小花的布”。

必须注意识别不是定语倒装的现象：

第一，有的同位结构，跟数量定语倒装现象很相似，但实际上并不相同。例如：

⑥恰好花铃儿、柳条儿两个都不在跟前。（《儿女英雄传》）

⑦原来这是胡区长藏起来后，婆媳两个故意搅弄的。（杨朔：《狮子头》）

⑧你们二位挑沙子，你们俩挑水。（老舍：《不成问题的问题》）

⑨他两个一边锄一边谈。（赵树理：《李有才板话》）

这里的“花铃儿、柳条儿两个”“婆媳两个”“你们二位”“你们俩”“他两个”都是同位结构。“花铃儿、柳条儿两个”不能说成“两个花铃儿、柳条儿”；在“花铃儿、柳条儿两个”里，“两个”不是倒装的定语。其他类推。

第二，有的词语具有形容、描写的作用，可以作定语，也可以作谓语。作谓语时，不能说是定语的倒装。比如“大大的眼睛”，“大大（的）”是定语；说成“眼睛大大的”，“大大（的）”便是谓语，不能说是倒装的定语。再说成：“眼睛大大的，亮极了。”这是复句，“大大（的）”是第一分句的谓语，不能说是倒装的定语。分析句子时，凡是具有描写性的、可以分析为谓语的成分，都不应算是倒装的定语。再如：

⑩来林县的前一个晚上，有位同志送来一兜苹果，又大又鲜，红艳清香。（肖兵：《太行青松》）

“又大又鲜”“红艳清香”不应算倒装的定语。它们可以分析为谓语，它们的主语“苹果”承前省略。

（三）状语倒装

在运用状语的句子里，一般次序是状语在前，中心词（谓语）在后。改变这一次序，把状语倒装在中心词后边，使它的地位特殊化，这便成为状语倒装的句式。

状语倒装，可以强调突出状语所表达的意思，并且使所说的话富于情绪。例如：

①这叫声，留在堂林嫂心里，永远永远。（艾之明：《火种》）

②祝福吧，为那些平凡的妻子和母亲。（同上）

③我漫步着，漫步着，在这少有的寂寞里。（鲁迅：《秋夜记游》）

④在硝烟弥漫的岁月里，他慢慢成长了，从班长、排长到连长。（武剑青：《云飞嶂》）

例①倒装“永远永远”，强调时间，突出地说明了“这叫声”对堂林嫂影响极深。例②倒装“为那些平凡的妻子和母亲”，强调目的，充分地表达了对“那些平凡的妻子和母亲”的深情厚意。例③倒装“在少有的寂寞里”，强调心境，突出地表明了一种“寂寞”情绪。例④倒装“从班长、排长到连长”，强调过程，带上了“好不容易”的赞叹情味。

倒装的状语可以表达多种多样的意思。能够充当倒装状语的，可以是形容词，可以是副词，可以是介词结构，还可以是两个或几个介词结构的连用。有必要特别提出来讲一讲的，是下面两点。

其一，状语倒装的句子可以用于一篇文章的末尾。由于状语倒装可以使所说的话富于情绪，把它用于文章结尾处，可以使文章意味深长，耐人寻味。例如：

⑤他生下来的时候，并没有玫瑰花，他反而取得成绩。而现在呢？应有所警惕了呢，当美丽的玫瑰花微笑时。（徐迟：《哥德巴赫猜想》）

⑥这里就不说我喜欢的那首唱遍世界的歌《东方红》了。那是标志着全国人民对伟大领袖衷心爱戴的歌，又是人民群众自己创作的歌。谁不喜欢呢？从心里，从灵魂深处。（吴伯箫：《歌声》）

《哥德巴赫猜想》和《歌声》都用倒装的状语结尾。这样的用法，既强调了状语本身的意思，又使文章荡漾出袅袅不绝的余音，启人深思，引人入胜。

其二，倒装的状语可以很长，有的甚至长到占据好几个段落。这说明状语倒装的用法大大地增强了造句的灵活性，提高了句子的表现力。例如：

⑦科学家是不哭的吗？不！他们泪下如雨，有的白发苍苍的老科学家几乎像孩子一样地哭了：

当他们……的时候；

当他们……的时候；

当他们……的时候；

当他们……的时候；

当他们……的时候；

当他们……的时候……

（柯岩：《奇异的书简》，载《人民文学》1978年第4期）

这里的倒装状语，连用了六个“当他们……的时候”。（由于文字很多，全部引出太占篇幅，所以我们用了省略号。）从作用上说，这种排比的倒装使意思得到了特别的强调，使感情得到了充分的表现。从安排上说，六个“当他们……的时候”各占一段，十分醒目，十分突出。这样的安排，只有在倒装的情况下才能出现；在一般次序中，为了避免句子肚子过大，是不宜用这么多、这么长的状语的。

凡是倒装的状语，都可以无条件地还原；它的前边，一定有停顿，并且在书面上用某种标点——一般是逗号——表示出来。如例①，“永远永远”前边用逗号，可以还原为“这叫声永远永远留在堂林嫂心里”；例⑤，“当美丽的玫瑰花微笑时”前边用逗号，可以还原为“当美丽的玫瑰花微笑时应有所警惕了呢”；例⑥，“从心里，从灵魂深处”前边，由于语气的需要用了问号，可以还原为“谁不从心里、从灵魂深处喜欢呢”。《奇异的书简》中，六个“当他们……的时候”前边，由于标明关系的需要，用了冒号。它的六个“当他们……的时候”，从修辞上看，为了避免句子过度臃肿，不宜用在谓语前边；但就结构而论，“有的白发苍苍的老科学家，当他们……的时候，当他们……的时候，当他们……的时候，几乎像孩子一样地哭了”这样的句式，是存在的。

有的词语，既可以作状语，也可以作补语。作补语时，不能说是状语的倒装。比如，“我们永远在一起战斗”，“在一起”是状语；说成“我们永远战斗在一起”，“在一起”是补语，它的前边没有明显的停顿，书面上不用逗号隔开。

（四）受事主语

在动词作谓语的句子里，有的主语是施事主语，表示主动者；有的主语是受事主语，表示被动者。当然，有的主语既不是“施事”，也不是“受事”，而是“中性”的。先看两个例子：

①我知道这件事。

②这件事我知道。

例①，“我”是施事主语；例②，“（这件）事”是受事主语。至于在“我没有什么事”这样的句子里，“我”便是中性主语了。

用受事主语，可以强调突出被动者。在用受事主语的句子里，主动者有时出现，有时不出现。这可以分为两种情况：

其一，被动者居于陈述的主体的地位，而主动者则被包含在说明被动者“怎么样”的谓语部分里。如例②，“（这件）事”回答“什么”的问题，是陈述的主体；“我知道”回答“怎么样”的问题，起陈述“（这件）事”的作用，“我”被安置在谓语部分里面。

有时，主动者前边加“被”字。这就使主动者作为陈述对象的资格完全丧失。例如：

③宾客们被士兵赶走。（梁信：《从奴隶到将军》）

这里，“士兵”是主动者，前头加了“被”字。如果说，在例②里，主谓结构“我知道”内部，主动者“我”还是“知道”的陈述对象，那么，在例③里，主动者“士兵”由于前头加了“被”字，便完全丧失作为陈述对象的资格了。

其二，主动者不必说明，或无法说明。在这一情况下，被动者显得特别突出。例如：

④我调回来了。（梁信：《从奴隶到将军》）

⑤淑彬的病也要彻底治好。（徐迟：《地质之光》）

⑥村子笼罩在一片浓雾里。

“我”由谁调回来，“淑彬的病”由谁治好，不是表述的重点，不必说明，所以省去。至于“笼罩”的主动者是谁，这是无法说明的。在这些例子里，由于主动者没有出现，被动者“我”“淑彬的病”“村子”也就显得特别突出，受到注意。

可见，在用受事主语的句子里，被动者被强调突出，而主动者则处于次要的、有时是可有可无的地位。

能不能把受事主语分析为提前的宾语或倒装的宾语呢？有的人是这么分析的，而事实上，就一部分现象来说，的确也像“提前”或“倒装”。但是，只要全面地考察一下语言现象，就可以知道，分析为受事主语才是恰当的。

首先，汉语重词序。不管是主动者还是被动者，只要出现在动词谓语前边，便成为陈述的主体，回答“谁”或“什么”的问题，取得主语的资格。比较：

⑦雨淋了他们了。

⑧他们淋了雨了。

例⑦，“雨”是主动者，用在前边，是主语；例⑧，“他们”是被动者，用在前边，是主语。由此可知，不能以主动、被动来划分主语、宾语。

其次，受事主语的存在，无法否认。用“受事主语”的说法，可以解释所有的语言现象；用“宾语提前”或“宾语倒装”的说法，则在分析许多语言事实时会碰壁。比较：

⑨碗，他打破了。

⑩碗，早就打破了。

⑪碗，被打破了。

⑫碗，被他打破了。

这几句，意思相同，基本关系相同，“碗”的句法地位当然不应有什么不同。

用“受事主语”的说法来分析，所有的现象都解释得了：“碗”是主语，回答“什么”的问题；后面的部分尽管稍有变化，但都回答“怎么样”的问题，它们都是谓语部分。

用“宾语提前”或“宾语倒装”的说法来分析，便会出现无法克服的矛盾：例⑨的“碗”确乎可以说是“提前”或“倒装”，因为可以还原为“他打破了碗”；例⑩的“碗”就很难说是“提前”或“倒装”了，因为若还原为“早就打破了碗”，这样的话已经站不住了；至于例⑪、⑫，由于用了“被”字，“碗”根本无法分析为“宾语提前”或“宾语倒装”，因而不能不承认它是受事主语。这就是说，“宾语提前”或“宾语倒装”的说法不能全面地、合理地解释同类的事实，是不宜采用的。

总之，应该看到受事主语有强调突出被动者的作用，但是，不宜把用受事主语的句子当作倒装句式来分析。

五　词　类

根据同句子成分的关系，可以把现代汉语的词分为实词和虚词两大类。这一节，把各类实词和各类虚词作个简略的介绍。

（一）各类实词

实词能够充当句子的一般成分，即能够充当主语、谓语、宾语、定语、状语或补语，一般表示某种具体概念。

实词包括名词、动词、形容词、数词、量词、副词、代词等七类。

1. 名　词

名词表示人或事物的名称。如“国家、政党、核心、党员、工人、群众、政策、策略、任务、人民、土地、北京、边疆、明年、星期日”等等。

2. 动　词

动词表示行动变化。如“看、学习、指导、相信、依靠、调查、爱、恨、有、无、存在、发展、增加、开始、进行、持续、使、让、像”等等。

3. 形容词

形容词表示性质或状态。如“英明、伟大、光荣、正确、勇敢、谦虚、谨慎、红、绿、魁梧、灵活、整齐、愉快、快、慢”等等。

4. 数　词

数词表示数目的多少和次序的先后。表示数目多少的，如“零、半、一、二、两、十、百、千、万、亿、十三、五十、三百、四千、五万、十亿”等等；表示次序先后的，如“第一、第二、第三、第一百零八”等等。

5. 量 词

量词是表示计算事物或行为的数量时所用的单位。表示计算事物数量时所用的单位的，叫物量词。如：“寸、尺、码、丈、里、亩、斤、升、斗、磅、个、位、件、本、间、条、根、句、张、只、批、堆、群、伙、帮、队、班、点、些”等。表示计算行为数量时所用的单位的，叫动量词。如：“次、回、趟、遭、下、遍、番”等。有的量词，有时是物量词，有时是动量词。如“一顿饭”里，“顿”是物量词；“打了一顿”里，“顿”是动量词。

6. 副 词

副词经常修饰动词形容词，表示程度、范围、时间、频率、否定或语气。副词一般不能修饰名词。

表示程度的有：最、很、非常、十分、极、特别、格外、太、更、越发、稍、略、稍微、略微、较等；

表示范围的有：都、全都、统统、一齐、一概、总共、只、仅仅等；

表示时间的有：正在、立刻、马上、刚、已经、曾经、向来、一直、渐渐、往往、常常、始终、终于、忽然、偶尔等；

表示频率的有：再、又、还、屡次、一再、再三等；

表示否定的有：不、没、未、别、勿、莫、未必、不用（甭）等；

表示语气的有：必、必定、当然、准、的确、也许、大概、偏偏、果然、居然、竟然、幸亏、其实、索性、难道等。

7. 代 词

代词起指代人物、行动、性状、数量、程度等的作用。主要的代词有：

我、咱、你、您、他、她、它、自己、人家、大家——用来称代已知的人或事物，叫作人称代词。

这、那、这儿、那儿、这会儿、那会儿、这么样、那么样、这么些、那么些、这么、那么、这样、那样——用来指代已知的人物、行动、性状、数量、程度等，叫作指示代词。

谁、什么、哪、哪儿、几时、怎么样、什么样、多少、多——用来询问未知的人物、行动、性状、数量、程度等，叫作疑问代词。

（二）各类虚词

虚词不能充当或不能单独充当句子的一般成分。它们的主要作用是在句子里配合实词造句，协助实词表达意义，帮助句子成分或分句表达关系。

虚词包括介词、连词、助词和叹词等四类。

1. 介　词

介词用在名词或别的词语前边，一起组成介词结构，表示处所、时间、方向、对象等意义。如“对反革命分子实行无产阶级专政”，“对”是介词，“反革命分子”是名词，“对反革命分子”是介词结构，表示“实行无产阶级专政”的对象。下面是几种主要的介词：

处所、方向——从、自、往、朝、向、到、在、于、沿着、顺着

时间——自、自从、到、在、当、于

状态、方式——按照、依照、以

目的——为、为着、为了

对象、关联——把、对、对于、向、同、跟、关于

比较——比、跟、同

排除——除了

被动——被

介词不能单独充当句子成分。由介词和名词等组成的介词结构才能充当句子成分。

2. 连　词

连词用来连接词语和词语、分句和分句，帮助表达它们之间的各

种关系。如“教师和学生”“教师或学生”，用“和”，表示二者并列；用“或”，表示二者择一。又如：“不但教师参加了，而且所有的学生都参加了。”“因为教师参加了，所以所有的学生都参加了。”用“不但……而且……”，表示在范围上进了一层；用“因为……所以……”，表示二者之间有因果关系。

经常连接词语的连词有：和、与、同、跟、及、以及、而、并且、或、或者等。

经常连接分句的连词有：不但……而且、或者……或者、要么……要么、与其……不如、虽然……但是、因为……所以、因此、如果、即使、只有、只要、无论、不管、以便、以免等。

有些连词，如“但是、因此、所以”等，还可以用来连接句子与句子或者句群与句群。

连词有时单个儿起连接作用，有时跟别的连词或有关联作用的其他词语配成对儿起连接作用。不管是单个儿还是配对儿，连词都只有连接作用，在句子里出现时总要关涉到两个或两个以上的单位或方面，总会有它所关涉到的两个以上的单位或方面出现。

3. **助　词**

助词附着在词语或句子上面，表示某种语法意义，一般轻读。主要的助词有：

(1) 结构助词：的、地、得

结构助词是用来标明词语之间的结构关系的。“的、地、得”都读 de。书面语里，“的”是定语的标记，定语后边常用“的”；“地”是状语的标记，状语后边常用“地”；“得”是补语的标记，补语前边常用“得”。

“的”有时跟它前边的词语组成“的”字结构。“的”字结构相当于名词。如“说的”“做的”“好样的”“大家选的”。

(2) 时态助词：着、了、过

时态助词是用来表示动作变化的时态的。一般地说，“着”表示正在进行，如“看着”；“了”表示已经完成，如“看了、打扫了”；“过”

表示曾经进行过，即表示有过某种经验，如“看过、去过”。

“着、了、过”也可以附着在词组后边，如“发展和演变着”“讨论并通过了”“慰问和帮助过”。它们附着在词后边时，可以看作词尾。

(3) 语气助词：吧、吗、啊、嘛、呢、罢了……

语气助词附着在句子末尾，表示陈述、疑问、祈使、感叹等语气。各种语气，后边有专节介绍。

除了结构助词、时态助词、语气助词，还有其他一些助词，如“所、们、等、似的、看、连”等等。

“所”的主要用途有两种：第一，用作定语的标记。如“所说的话”，“所”用在“说”前边，表示“说”是定语。又如“他所提的建议”，“所”用在“他”和“提”之间，表示“他提”是定语；第二，跟“为”呼应表示被动。如“这种产品一向为群众所欢迎”。

“们”附着在表示人的名词或词组后边，或者附着在人称代词后边，表示多数，如“工人们、妇女和儿童们、他们”。“们”附着在词后边时，可以看作词尾。

“等”附着在名词或词组的后边，表示列举未尽，如“北京、上海等地”；或者表示总括，如“访问了法国、英国、德国和意大利等四个西欧国家”。“等”有时说成“等等”，用来强调未列举出来的事项很多。

“似的”附着在词或词组后边，一起组成比况结构，如“匕首似的”“飞也似的”“像尖刀似的”。“似的”和可以替换为“似的”的“一样”“一般”等，都是“比况助词”。

“看”附着在动词重叠式或词组后边，表示“试试”的意思。例如：“走走看！”“让我叫一声看。”“大家再动动脑筋看。”

“连”附着在名词或其他词语的前边，起强调作用，后边常用“都、也”之类呼应。例如：“连老太太们都来了。”“他笑得连嘴也合不拢来。”

跟介词、连词相比较，助词语法意义最明显，附着性最强，独立性最差。

4. 叹 词

叹词表示感叹声、呼应声和某种音响。

表示感叹的有：啊、唉、咦、哼、哎哟等；

表示呼应的有：喂、嗯等；

摹拟音响的有：砰、叮当、哗啦、唧唧等。

叹词是一类特殊的虚词。它独立在句子结构之外，不跟任何词发生结构上的关系。例如：

①哟！你怎么能不入党！（王汶石：《新结识的伙伴》）

②快申请吧，啊！（同上）

③我错了，唉，错了……（王子硕：《评工会上》）

“哟、啊、唉”都是叹词。它不管在什么位置上出现，不管是用在句首、句后还是句中，都是独立的，书面上总要用标点符号将它同别的词语隔开。

叹词也可以借用作名词、动词、形容词。如“咦了一声”（借用作动词），“打几个哈哈”（借用作名词），“哗啦哗啦的音响”（借用作形容词）。

“啊”有时是叹词，有时是语气助词。它们的区别是：语气助词“啊”附着于句子或句子成分，叹词“啊”独立使用。例如：

④啊，那天夜里啊，那回我跟黄河上的恶浪斗了二十多里，最后，在河东上岸了。（王汶石：《通红的煤》）

⑤四龙啊！行船要隐蔽，千万别让任何人看见，啊！（京剧《沙家浜》）

例④，前一个“啊”是叹词，后一个“啊”是语气助词；例⑤，前一个“啊”是语气助词，后一个“啊”是叹词。

六　实词及其造句功能（一）

名词、动词、形容词是三大实词。它们数量最多，能产性最强，是构造句子、形成主干的最基本的材料。

（一）名　词

名词有下面两个突出的特点。

(1) 一般能受表示物量的数量结构的修饰，而不能受副词的修饰。例如：

一个学生	不学生（×）
两位客人	都客人（×）
三头牛	很牛（×）
四匹马	刚马（×）
五棵树苗	已经树苗（×）
六架飞机	忽然飞机（×）
七个假日	不假日（×）
八座图书馆	都图书馆（×）

有几种名词一般不受数量结构的修饰：第一，专有名词。如“鲁迅、北京”等等。只在有特殊需要时，它们才可以带上数量定语。如：“三个臭皮匠，抵得一个诸葛亮。”（这是为了同前面的“三个”对举）“哪能有几个北京？”（这是为了强调）“千千万万个雷锋在成长。”（这里的“雷锋”已经借用来表示雷锋式的一类人）。第二，泛指性名词。如泛指人或事物的“人群、马匹”等等，泛指时间的“当年、平时”

等等。第三，方位词和具有明显方位意义的处所名词。前者如“前、后、东边、西边”等等，后者如“桌上、乡下、国外”等等。

(2) 能直接在介词后边出现，跟介词组成介词结构。例如：

跟学生（谈话）
向客人（招手）
从牛（谈起）
被马（吃了）
把树苗（栽下）
比飞机（快）
在假日（写作）
到图书馆（借书）

别类的词也可以直接出现在介词后边，但普遍性不大。如“从生到死”，动词“生、死”出现在介词后边；“从小到大”，形容词“小、大”出现在介词后边。在这种情况下，我们可以联系别类词的特点来判别它们不是名词。如“从生到死”可以说成“从生下到死去”，“从小到大”可以说成“从很小到很大”，用在介词后边的名词不能这么办。

名词可以分为人物名词和时地名词两种。要比较全面地了解名词的造句功能，必须把这两类名词分开来说。

1. **人物名词**

人物名词是表人名词和表物名词的总称。

表人名词后边一般可以带上“们”表多数，如“学生们、客人们”。“们”不能跟表示确定数目的定语并用，如不能说“三个学生们、四个客人们”；但可以跟表示不定多数的定语并用，如呼语中常有“诸位代表们、各位先生们”的说法，正文中也常有“一群……们”之类的说法。例如：

①各位代表先生们，各位同志们，共产党的这个同党外人士实行民主合作的原则，是固定不移的，是永远不变的。（毛泽东：《在陕甘宁边区参议会的演说》）

②诸位朋友们：今天让我来说个新故事。（赵树理：《登记》）

③他笼络着一群他所认为可以做喽啰的大夫们。（曹禺：《明朗的天》）

专用的表人名词后边一般不能用“们”。有时带上“们”，是表示“以某某为代表的人”的意思。例如：

④艾奇逊们的欺骗做法在中国还有一层薄薄的社会基础。（毛泽东：《丢掉幻想，准备斗争》）

⑤总括先生来信的意思，大概有两点，一是骂史太林先生们是官僚，再一是斥毛泽东先生们的“各派联合一致抗日”的主张为出卖革命。（鲁迅：《答托洛斯基派的信》）

表物名词后边一般不能用“们”。有时带上“们”，使事物人格化，这是一种“拟人”用法。例如：

⑥目下的办法，是凡遇猫们捣乱，至于有人讨厌时，我便站出去，在门口大声叱曰：“嘘！嘘！”（鲁迅：《狗·猫·鼠》）

在句子里，人物名词的基本功能是充当主语和宾语。例如：

⑦全国人民学解放军，解放军学全国人民。（华国锋：《团结起来，为建设社会主义的现代化强国而奋斗》）

⑧科学需要社会主义，社会主义更需要科学。（郭沫若：《科学的春天》）

例⑦，表人名词“人民”“解放军”既充当了主语，又充当了宾语。例⑧，表物名词“科学”“社会主义”既充当了主语，又充当了宾语。

人物名词也经常充当定语。充当定语时，主要表示物主或属性。例如：

⑨人们的心情很不平静。（方纪：《挥手之间》）

⑩全国科协和自然科学各学会要积极开展学术活动。（方毅：《在全国科学大会上的报告》）

⑪总理仔细地听取了李四光的理论要点。（徐迟：《地质之光》）

例⑨，“人们”作定语，表物主；例⑩，“学术”作定语，表属性；例

⑪，“李四光”“理论”作定语，分别表示物主和属性。同一个词，在不同的场合，可能起不同的作用。例如：

⑫雷锋的精神值得学习。

⑬要大力发扬雷锋精神！

上一句里“雷锋”表物主，下一句里“雷锋”表属性。

少数人物名词也可以充当状语。这有两种情况：

一是某些能够表明事情性质的名词可以作状语。例如：

⑭社会的发展到了今天的时代，正确地认识世界和改造世界的责任，已经历史地落在无产阶级及其政党的肩上。（毛泽东：《实践论》）

这里，“历史”是名词，表示事情的性质。像“逻辑”“教条主义”等，也常带“地”作状语，都属这一用法。至于“科学地阐明了……”，可以说成“十分科学地阐明了……”，“科学”已具备形容词的特性，应归形容词。

二是某些能够表明人的出身、学历等的名词可以作状语。例如：

⑮他工人出身，她农民出身。

⑯他师范毕业，她小学毕业。

“工人、农民、师范、小学”表明人的出身、学历，它们直接作状语，不带“地”。

2. 时地名词

时地名词是时间名词和处所名词的总称。如“中国、湖北、武汉、今年、春天、早晨”等等，就是时地名词。

时地名词还包括一类表示方向和关系位置的词，即“方位词”。

单纯的方位词有“上、下、前、后、东、西、南、北、左、右、里、外、中、间、内、旁”等十六个。在单纯方位词的基础上，可以构成一些合成的方位词。如：“以、之＋单纯方位词”→“以上、以下、之前、之后”等等；“单纯方位词＋边、面、头”→“东边、西边、南面、北面、里头、外头”等等；“单纯方位词＋单纯方位词”→“上下、前后、左右、里外、中间”。此外，“当中、底下”也是合成方位词。

方位词在单独充当句子成分时相当于时间名词或处所名词。如“以前、之后”单用，是时间名词；“东、北、里头”单用，是处所名词。

方位词有时附着在别的语言单位的后边。这有两种情况：(1) 单音词后边附上单纯方位词，合成一个时地名词，如“晚上、夜里、夜间、桌上、乡下、国外”等等。(2) 词或词组后边附上方位词，组成方位结构，如“屋子里、操场上、上大学之前”等等。

在句子里，时地名词的基本功能是充当动词谓语的状语，表示动作发生的时间、地点。例如：

⑰明天还下雪？（杜鹏程：《夜走灵官峡》）

⑱山岭蒙上一层绒毡似的雪，天空还在下。（周而复：《截肢和输血》）

⑲青骒马开春下了崽，马驹子归你。（周立波：《暴风骤雨》）

⑳咱们北京见！

“明天、天空、开春、北京”都作状语。

时地名词也可以充当宾语或定语。充当宾语时，表示动作行为所涉及的时间、地点；充当定语时，表示跟人物有关的时间、地点。例如：

㉑一九三五年十一月下旬，陕北已经进入了寒冬。（徐海东：《奠基礼》）

㉒原来我已经爬上南天门，走上天街。（杨朔：《泰山极顶》）

㉓秋天的阳光越暖和，桂子的香气也越浓。（刘澍德：《拔旗》）

㉔井冈山的竹子，是革命的竹子。（袁鹰：《井冈翠竹》）

前两例里，“寒冬、南天门、天街”作宾语；后两例里，“秋天、井冈山”作定语。

时地名词有时也作主语，但受到许多条件的限制。主要的条件是：(1) 时间处所是变化的主体；(2) 时间处所是受事；(3) 时间处所是判断的对象；(4) 时间处所是描写的对象。例如：

㉕校园变了样了。
假日快到了。

㉖校园打扫干净了。
假日都充分利用了。

㉗校园是我们早晚活动的场所。
假日是我搞业余创作的时间。

㉘这个校园真美！
这个假日太热！

这里的“校园、假日”都是主语。

在谈日子或谈天气的句子里，少数时间名词也可以单独充当谓语。例如：

㉙今天星期日，明天中秋。

㉚昨天阴天，今天晴天。

这里的“星期日、中秋、阴天、晴天”都直接充当了谓语。

（二）动　词

动词有下面两个突出的特点。

(1) 许多动词能带上“着、了、过”。例如：

听着　听了　听过

讨论着　讨论了　讨论过

进行着　进行了　进行过

能不能带“着、了、过”，一般跟动词本身的意义有关。例如：

遗失着（×）　遗失了　遗失过

逝世着（×）　逝世了　逝世过（×）

认为着（×）　认为了（×）　认为过（×）

“遗失”一词表示已经结束、不再持续的动作，因此不能带“着”。“逝世”一词表示不能持续的动作，因此不能带“着”；它又表示不能成为经验的动作，因此不能带“过”。“认为”一词，本身已有明显的持续意义，因此不能带“了”，也不需带“着”；它又表示不能成为经验的动作，因此不能带“过”。此外，像助动词“能、应当”等等，由于它们表示可能性、必要性和意愿性，谈不上动作的进行、完成或成为经验，因此自然不能带“着、了、过”。

某些介词也带有“着、了”，如“沿着、为了”，但介词所带的“着、了”只是构词成分，不表示时态。

(2) 动词一般能进入“X 不 X”的格式，并且大多数能带宾语。例如：

听报告	听不听？	听不听报告？
讨论问题	讨论不讨论？	讨论不讨论问题？
进行实验	进行不进行？	进行不进行实验？

有的动词只能说成“X 没 X”，不能说成“X 不 X”，这跟动词本身的意义有关。比如“有、听见”，本身包含“已经有、已经听见”的意思，因此可以说：“有没有？听见没听见？”却不能说：“有不有？听见不听见？”

有的动词具有绝对的内向性，不能带宾语，但可以进入“X 不 X”的格式。如“睡觉、咳嗽”，不能带宾语，但可以说“睡觉不睡觉？咳嗽不咳嗽？”

动词包括一般动词和性质比较特殊的三小类：判断词、趋向动词和助动词。下面分开来说。

1. **一般动词**

一般动词主要包括下列几组：

表示行动变化的——看、调查、增加、变为等等；

表示心理活动的——爱、怕、想念、轻视等等；

表示开始、进行、停止的——开始、进行、继续、停止等等；

表示使令的——使、令、叫、教、让等等；

表示有无的——有、没有（无）；

表示像、似的——像、似、仿佛、如同等等。

根据意义和带宾语情况的不同，一般动词可以分为自动词和他动词。他动词动作外向，能带宾语；自动词动作内凝，有的不能带宾语（如“睡觉”“游泳”），有的只能带处所宾语和施事宾语（如“睡地板”“里屋睡着一个人”）。

在句子里，一般动词的基本功能是充当谓语。例如：

①为什么要学习战争规律？因为要使用这些规律于战争。（毛泽东：《中国革命战争的战略问题》）

②母亲同情贫苦的人。（朱德：《母亲的回忆》）

这里的“学习、使用、同情”都作谓语。

一般动词也可以充当定语、状语和补语。作定语的，除了“学习计划、研究方法”等凝固性说法之外，要求带“的”，如“讨论的问题很重要”，“讨论”是定语，如果不带“的”，说成“讨论问题很重要”，意思就变了。作状语的，只有“同情、注意、关心、赞赏”等几个，而且要求带“地”，如“同情地说、注意地看、关心地问道”。作补语的，主要表示结果，如“打死”“吓得发抖”。

一般动词有时也充当主语、宾语，大都是动词的名物化用法。例如：

③学习不是容易的事情，使用更加不容易。（毛泽东：《中国革命战争的战略问题》）

④参加大会的同志们进行了认真的讨论，一致表示热烈的拥护。（华国锋：《提高整个中华民族的科学文化水平》）

“学习、使用”作主语，“讨论、拥护”作宾语，它们都是名物化用法。

2．判断词

判断词只有一个“是”。

“是”主要用来表示判断，说明甲、乙两种事物之间相等或相属的关系。它在句子里充当谓语，带宾语。例如：

⑤这少年便是闰土。（鲁迅：《故乡》）

⑥母亲是一个平凡的人。（朱德：《母亲的回忆》）

例⑤“是”表示相等的关系，作谓语，带宾语“闰土”；例⑥“是”表示相属的关系，作谓语，带宾语“（一个）（平凡的）人”。

有时“是”并不表示相等或相属的关系，但从造句功能上说，“是”还是谓语，它后边的名词或名词性词语还是宾语。如“他满身是泥”，“是”表示“存在”或“有”的意思，作谓语，“泥”是它的宾语；又如“正是时候”，“是”表示合适的意思，作谓语，“时候”是它的宾语。

“是”有时用在动词、形容词的前边，表示强调、肯定的语气，可以用“的确”之类去替换。这种“是”是语气副词，而不是判断词。例如：

⑦刚才我就看你有点面熟，好像见过。唔，对，是见过。（马烽：《我的第一个上级》）

⑧春子是落后，你就得顺着她的道慢慢地来。（杨朔：《春子姑娘》）

⑨错了，是错了。问问心，没有愧。（李准：《耕云记》）

3. ***趋向动词***

趋向动词是表示动作趋向的词。包括下列三组：

(1) 表示向背的：来、去

(2) 不表示向背的：上、下、进、出、回、过、开、起

(3) 表示复合趋向的：上来、上去、下来、下去、进来、进去、出来、出去、回来、回去、过来、过去、开来、开去、起来、起去

第一组，“来”表示移动的方向向着“我”，“去”表示移动的方向背着“我”。它们表示“向背”。第二组，“上”表示由低到高，“下”表示由高到低，“进”表示由外到里，“出”表示由里到外，“回”表示移向原地，“过”表示经过某地，“开”表示从原位移开，“起”表示从下向上。它们不表示“向背”，而表示跟“我”以外的另一地点或事物有关的趋向。第三组，“上来”是由“上”和“来”复合而成的，既表示由低到高，又表示向“我”移动，所以是表示“复合趋向”。其他类推。

趋向动词可以单独用。单用时句法功能跟一般动词相同。

趋向动词还经常附着在动词的后边，充当趋向补语。有的趋向补

语表示实在的趋向，如“跑过来、走进去、拿起来、放下去”。有的趋向补语只表示抽象的趋势，如“制造出来”，“出来”帮助表示从无到有的趋势。还有的趋向补语，只表示某种时态，如“干起来吧”，就是“开始干吧”，“起来”表示动作的开始；又如“请你说下去”，就是“请你继续说”，“下去”表示动作的往下持续。

两个音节的“动词＋趋向动词”的结构，接近于合成词，析句时也可以看作一个成分。比如“他走进了教室”，“走进”两个音节，带“了”，可以一起算谓语。

4．**助动词**

助动词是用在动词或形容词前边起辅助性作用的动词。包括下列三组：

(1) 表示可能性的：能、能够、会、可以、得（dé）

(2) 表示必要性的：应、该、应该、应当、要、得（děi）

(3) 表示意愿性的：要、敢、肯、愿、愿意

助动词一般不仅能进入“X不X”的格式，而且能进入“不X不”的格式。如：“能不能去？不能不去！”

在句子里，助动词的基本功能是充当辅助性谓语。例如：

⑩北方的荒山应当绿化，也完全可以绿化。……南方的许多地方也还要绿化。（毛泽东：《农业合作化的一场辩论和当前的阶级斗争》）

⑪你要坚强些，梅嫂子。（陶承：《我的一家》）

例⑩，动词“绿化”是谓语，助动词“应当、可以、要”分别充当辅助性谓语，说明“绿化”的可能性、必要性。例⑪，形容词“坚强”是谓语，助动词“要”充当辅助性谓语，说明“坚强”的必要性。“辅助性谓语＋谓语”，可以叫合成谓语。

作为“辅助性”的谓语，助动词在句子里的作用接近于状语；但是，它毕竟具有“谓语”的性质，不同于状语。首先，它本身可以带上各种状语，例如：“应当绿化”→“都应当绿化、完全应当绿化、不应当不绿化”。其次，在谓语不出现的场合，“辅谓”便成了谓语。例

如："绿化完全应当。""谁可以去？——我可以。"

（三）形容词

形容词有下面两个突出的特点。

（1）一般能受程度副词的修饰，不能带宾语。例如：很英明、最伟大、非常光荣、十分正确、特别勇敢、极其谦虚、比较谨慎、格外愉快。这里受程度副词"很、最"等修饰的都是形容词，它们都不能带宾语。

形容词也能进入"X 不 X"的格式（如"正确"→"正确不正确"），但它一方面能加"很"，另一方面不能带宾语，不会同动词相混。

少数动词如"喜欢、重视"等，前头可以加"很、最"之类（"很喜欢、最重视"），但又可以带宾语（"喜欢这个青年""重视这个情况"），所以它跟形容词也不相同。

（2）许多形容词能按 AA 或 AABB 的方式重叠，重叠后表明度量，有"很"或"相当"的意思。例如：高→高高，长→长长，大→大大，小→小小。这是单音形容词按 AA 式重叠。又如：清楚→清清楚楚，规矩→规规矩矩，老实→老老实实，漂亮→漂漂亮亮。这是双音形容词按 AABB 式重叠。在"高高举起"这样的说法里，"高高"有很高的意思；在"高高的鼻子"这样的说法里，"高高"有相当高、高得令人喜爱的意思。此外，某些表示人们不喜爱的性状的形容词，包括"麻烦、马虎、慌张、肮脏、邋遢、啰嗦、荒唐、浪荡"等等，还可以按 A 里 AB 式重叠，表示"很"的意思。如：麻烦→麻里麻烦，马虎→马里马虎。

有的动词也可以重叠，但跟形容词的重叠有所不同。动词的重叠方式是 AA 或 ABAB，重叠后是表示动量，有"一下"或"多次反复"的意思。如：想→想想，笑→笑笑，摇→摇摇。这是单音动词的重叠。又如：讨论→讨论讨论，研究→研究研究，练习→练习练习。这是双音动词的重叠。在“快休息休息”这样的说法里，“休息休息”有休息一下的意思。在“他摇摇头”这样的说法里，“摇摇”有多次反复的意思。

“说说笑笑、吹吹打打、来来往往”之类是两个单音动词重叠连用的格式，表示动作的不断反复，也跟形容词的AABB重叠式不同。

在句子里，形容词经常充当谓语、定语、状语和补语。以“清楚”一词为例：

①路上留下了清楚的脚印。（作定语）

②情况很清楚。（作谓语）

③他清楚地说明了情况。（作状语）

④情况一定调查得清楚。（作补语）

再看几例：

⑤我们爱韶山的红杜鹃，韶山的杜鹃遍地开放。（毛岸青、邵华：《我们爱韶山的红杜鹃》）

⑥革命的烈火映红了长江，映红了安源，映红了井冈，映红了草地雪山，映红了陕北、华北、中原、江南。（同上）

⑦那颜色真红得可爱。（巴金：《海上的日出》）

例⑤里“红”作定语，例⑥里“红”作补语，例⑦里“红”作谓语。又如：

⑧穿过一丛密密的垂柳，眼前顿时出现了一幅别致的水彩画。（谢璞：《珍珠赋》）

⑨渠道两岸密密地种着千姿百态的绿树。（同上）

⑩小树栽得密密的。

例⑧里“密密”作定语（“别致”也是形容词作定语），例⑨里“密密”作状语，例⑩里“密密”作补语。

形容词有时也充当主语、宾语，大都是形容词的名物化用法。例如：

⑪海霞，骄傲不好，你的谦虚也未免过分了。（黎汝清：《海岛女民兵》）

⑫党中央很关心我们这些革命后代的安全。（朱敏：《深情忆念周伯伯》）

例⑪里“骄傲、谦虚”作主语，例⑫里“安全”作宾语，它们都是名物化用法。

（四）“同形异类”

所谓“同形异类”，是指词的形式相同，但实际上属于不同的词类：在甲语法环境中，是甲类；在乙语法环境中，是乙类。例如：

工作：
- 在边疆工作过几年。
- 这几项工作都很重要。

困难：
- 这几种困难我们都能克服。
- 行动很困难。

麻烦：
- 这件事很麻烦。
- 麻烦了您了！

“工作”，有的是动词，有的是名词。“困难”，有的是名词，有的是形容词。“麻烦”，有的是形容词，有的是动词。“工作、困难、麻烦”都是“同形异类”。

“同形异类”的词，有的使用频率大些，有的使用频率小些。例如：

车：
- 一辆车
- 车水。

死：
- 死得光荣
- 把问题看得太死

热：
- 天气很热
- 加点儿热

“车”，有的是名词，有的是动词。名词“车”的使用频率比动词“车”大。“死”，有的是动词，有的是形容词。动词“死”的使用频率比形容词“死”大。“热”，有的是形容词，有的是名词。形容词“热”的使用频率比名词“热”大。

一个词，究竟属于哪一类，在进入句子以后就确定了下来。就是说，在某个句子中，一个词要么属甲类，要么属乙类，不可能是“异类”的。因此，要善于结合具体的语法环境来判定词的归属。例如：

①这是性质完全不同的两类矛盾。（毛泽东：《关于正确处理人民内部矛盾的问题》）

②在阶级社会中战争与和平这样矛盾着的事物，在一定条件下具备着同一性。（毛泽东：《矛盾论》）

③我心里很矛盾。

例①的“矛盾”受表示物量的数量结构的修饰，是名词；例②的“矛盾”带“着”，是动词；例③的“矛盾”受程度副词“很”的修饰，不能带宾语，是形容词。

（五）“名物化”和“动态化”

“名物化”和“动态化”是动词或形容词的词性临时发生某些变化的现象。

1. “名物化”

“名物化”，即动词、形容词的名物化，是指动词、形容词充当主语或宾语，取得了名词的一部分特点，但并未完全转化为名词。这是动词、形容词在性质上向名词临时转移的现象。

“名物化”的情况，主要有四种。

(1) 由动词或形容词充当谓语的主谓结构，在“主·谓”之间加“的”，成为偏正结构，用于主语部分或宾语部分，其中的动词、形容词便成为句子的主语或宾语，能回答“什么”的问题。这是第一种。例如：

①人喊叫→

这确是人的喊叫（管桦：《暴风雨之夜》）

②他迂→

我心里暗笑他的迂。（朱自清：《背影》）

“喊叫”是动词，“迂”是形容词，“人喊叫”和“他迂”都是主谓结构。主谓之间加“的”，说成“人的喊叫”“他的迂”，便成为偏正结构。在“这确是人的喊叫”里，“喊叫”作“是”的宾语，回答“什么”的问题，带定语“人（的）”，这是动词名物化；在“我心里暗笑他的迂”里，“迂”作“暗笑”的宾语，回答“什么”的问题，带定语“他（的）”，这是形容词名物化。再比较：

③总理逝世，一开始也不敢告诉他。（朱敏：《深情忆念周伯伯》）

④总理的逝世，在老一代革命家的心里，就是这样地引起了深深的悲痛。（同上）

例③“总理逝世”，“总理”是主语，“逝世”是谓语；例④“总理的逝世”，“逝世”是中心词，作主语，“总理（的）”是定语。例④的“逝世”是名物化用法。

（2）由动词或形容词充当中心词的“状语（地）·中心词”的偏正结构，在前后两部分之间加“的”，或把“地”换成“的”，就成为“定语（的）·中心词”的偏正结构。这种偏正结构充当主语部分或宾语部分，其中的动词或形容词便是主语或宾语，能回答“什么”的问题。这是第二种。例如：

⑤在对立面的斗争中发展→

这是在对立面的斗争中的发展

“在对立面的斗争中发展”是“状语·中心词”的偏正结构；加“的”，说成“在对立面的斗争中的发展”，便成为“定语（的）·中心词”的偏正结构。在“这是在对立面的斗争中的发展”里，“发展”作“是”的宾语，带定语“在对立面的斗争中（的）”。这是动词名物化。

⑥深深地悲痛→

引起了深深的悲痛（朱敏：《深情忆念周伯伯》）

“深深地悲痛”是“状语（地）·中心词”的偏正结构；把“地”换成“的”，说成“深深的悲痛”，便成为“定语（的）·中心词”的偏正结构。在“引起了深深的悲痛”里，“悲痛”是“引起了”的宾语，带定语“深深（的）”。这是形容词名物化。再比较：

⑦我们热烈欢呼这次大会的圆满成功！

⑧我表示衷心的拥护和热烈的欢呼。（郭沫若：《科学的春天》）

例⑦，“欢呼”是谓语，“热烈”是状语。例⑧，“表示”是谓语，“衷心的拥护和热烈的欢呼”是宾语，其中的“拥护、欢呼”是名物化用法。

这种名物化用法的形成，是以动词形容词为中心的偏正结构出现于主语部分或宾语部分，“偏·正”之间有时用“的”。如果直接出现于谓语部分，并且改“的”为“地”，名物化的现象就不再存在。例如：

⑨他们曾有过两次秘密的会见。（徐迟：《地质之光》）

这里，“会见”作宾语，带定语“两次”“秘密（的）”，这是动词的名物化用法。如果说成“他们曾经两次秘密地会见”，“会见”充当了谓语，带状语“曾经”“两次”“秘密（地）”，这便是动词的一般用法了。

（3）动词充当以“进行”为代表的动词（包括“作了、加以、开始、停止、结束”等等）的宾语，有时带定语，有时不带定语。这是第三种。例如：

进行研究　　进行科学研究
进行学习　　进行政治学习
进行创作　　进行文学创作
进行改革　　进行教学改革
进行调查　　进行社会调查

这里的“研究、学习、创作、改革、调查”，不管带不带宾语，都是名物化用法。

这种名物化的条件，就是动词作“进行”等的宾语。为什么作“进行”等的宾语能成为条件呢？一方面，“进行”或能替换为“进行”的动词作谓语，后边的宾语不会由典型的名词充当，因此，“科学研究、政治学习”之类尽管很像名词，但在用于“进行”之类后边时应是名物化用法，而不可能是一般名词；另一方面，“进行”之类作谓语，后边充当宾语的动词尽管有时不带宾语，像是一般动词，但也应看作名物化用法，因为在这种情况下前边只能添加定语，而不能添加状语，这说明它已不同于一般的动词。例如：

⑩这位首长和这位司机要进行热烈的谈话了。（杜鹏程：《工地之夜》）

“谈话”带定语“热烈（的）”。“进行热烈的谈话”不能写成“进行热烈地谈话”。

（4）动词或形容词单独充当或者并列充当主语或宾语，虽不带定语，但能回答“什么”的问题。这是第四种情况。例如：

⑪讨论之后，大家对书记作出的生产安排，一致表示同意。（刘澍德：《拔旗》）

⑫我慢慢回过头来，酣睡的人的呼吸那样匀称，我的心里充满了温暖。（刘白羽：《一个温暖的雪夜》）

⑬疼爱和打骂一点都不矛盾。（刘宾雁：《人妖之间》）

例⑪动词“同意”单独作宾语，例⑫形容词“温暖”单独作宾语，例⑬动词“疼爱”和“打骂”组成联合结构作主语。它们都已名物化，能回答“什么”的问题。

这种不带定语的名物化动词形容词，可以跟名词并用，这说明它们在性质上已接近于名词。例如：

⑭我们应当向英勇的中国人民志愿军和朝鲜人民军表示庆贺和敬意！（毛泽东：《三大运动的伟大胜利》）

⑮迫切希望革命事业向前迈进的心情，不能简单地表现为焦躁和牢骚。（刘心武：《班主任》）

例⑭里，名物化动词“庆贺”和名词“敬意”并用；例⑮里，名物化形容词“焦躁”和名词“牢骚”并用。

名物化的根本条件，就是能回答“什么”一类的问题。如果充当主语、宾语的动词形容词只能回答“怎么样”的问题，就不是名物化用法。这是因为，“什么”是名词性代词，跟它相应的词应该是名词性的；而“怎么样”是非名词性的代词，指代动作、性状、方式等等，跟它相应的词不可能是名词性的。例如：

⑯怎么样好些？
活动活动好些。

⑰敌人企图怎么样？
敌人企图破坏。

⑱你觉得怎么样？
我觉得好笑。

例⑯动词“活动活动”作主语，例⑰动词“破坏”作宾语，例⑱形容词“好笑”作宾语，它们都不是名物化用法。因为不是名物化用法，所以不能带定语。像“这个经验值得重视”这样的句子，之所以不能说成“这个经验值得大家的重视”，就是因为“重视”只能回答“怎么样”的问题，不是名物化用法，不能加上定语。

2. **“动态化”**

“动态化”，即形容词的动态化，是指形容词带上了某种表示性状变化的成分，具有一定的动态，但并未完全转化为动词。这是形容词在性质上向动词临时转移的现象。

“动态化”的情况，主要有三种。

(1) 形容词用在“已经……了”的格式之中，表示某种性状的变化已经完成。例如：

⑲杯里的水已经凉了。（中学课文《飞行在红太阳身边》）

⑳这时候，雨已经小了，一路上有脚踏泥水的声音。（艾芜：《野牛寨》）

这种动态化的形容词仍然可以受程度副词的修饰。例如：

㉑夜，已经很深了。（王宗仁：《夜明星》）

㉒时间，已经很长了。（中学课文《飞行在红太阳身边》）

这种格式的否定形式是“还没……”。例如：

㉓天还没黑，演出开始了。（巴金：《杨林同志》）

(2) 形容词用在“曾经……过一阵”之类格式之中，表示某种性状存在过一段时间。例如：

㉔晚上，雨小过一阵，风也曾平息下来。(管桦：《暴风雨之夜》)

㉕他确实曾经神气过好几年。

这种格式的否定形式是“从来没……过”。例如：

㉖这一带从来没热闹过。

(3) 形容词用在“(顿时)……起来”“(逐渐)……下去”等格式之中，表示某种性状的变化已经开始，或某种性状的变化往下持续。例如：

㉗我顿时紧张起来。(杨得志：《大渡河畔英雄多》)

㉘炉火的微光渐渐暗下去。(冰心：《小桔灯》)

“……起来”这一格式的否定形式是“……不起来”，例如：

㉙你们班活跃起来了，我们班就是活跃不起来。

除了以上三种情况之外，有的形容词还可以带“着”表示性状的正在持续。例如。

㉚不一会儿金宝便掀门进来了，很疲乏，面孔灰暗着，肩膀松连着。(柳青：《地雷》)

动态化的形容词一般作谓语。动态化的条件，归总起来说，就是形容词前后出现了常在动词前后出现的语言因素，即跟时间意义有关的副词、时态助词、趋向动词等。当然，如果一个形容词已经具备动词最根本的特征——带宾语，那么，它就完成了对动词的转化，应该承认它已临时转化成了动词。著名诗句“春风又绿江南岸”，“绿”就是形容词临时转化成了动词。又如：

㉛他红着脸说：“我就是爱说梦话，……”(巴金：《杨林同志》)

㉜老板却黑起脸抵塞地说：“你怕撞着败家鬼罗！……”(艾芜：《野牛寨》)

这里，“红(着)”“黑(起)”都带宾语“脸”，它们都已用作动词。

七 实词及其造句功能（二）

上一节讲了名词、动词、形容词这“三大实词”，这一节谈谈其他各类实词。先说数词和量词，再说副词，最后说代词。

（一）数词和量词

数词的突出特点是能同量词组合，而且一般跟量词结合使用。如“一个、二位、三只、四匹、五次、六遍、七回、八下”等等，都是数词和量词组成一个运用单位，充当一个句子成分。

数词也能单独充当句子成分。主要有三种情况：

(1) 数词表示大数目，后边常常不用量词。在这种情况下，数词可以充当定语或谓语。例如：在“十亿人民紧跟党”“百万雄师过大江”“我们要培养千百万无产阶级革命事业的接班人”这些句子里，数词充当了定语；如果“人民十亿”“雄师百万”“工农千百万”“气象万千”这些结构作为句子使用，其中的数词便是谓语。

(2) 继承古汉语用法，数词直接附加于名词或动词。在这种情况下，数词充当定语或状语。例如：“一敌兵架着……王副官上。”（陈其通：《万水千山》）“一”是数词，作定语。又如：“三进山城”，“三”是数词，作状语。

(3) 数词在一定的语言环境中指称了事物。在这种情况下，数词一般充当“是”的主语或宾语。比如，在说“一是……，二是……”时，“一、二”是主语；在说“这是一”“这是二”时，“一、二”是宾语。又如：

①当时我们岛上的基本任务有两个：一是对敌斗争，二是生产建设。（黎汝清：《海岛女民兵》）

②现在的困难，一是没有渡河的船只和木筏子，二是没有本地的水手。（陈其通：《万水千山》）

这两例中的“一”“二”都充当主语。上句里，指称了“基本任务”；下句里，指称了“困难”。

量词的突出特点是能同数词组合，并且一般跟数词结合使用。在现代汉语里，即使一个词本来不是量词，只要它跟数词结合成一个运用单位，一般都会取得量词的性质。比如“书架子”是名词，在“一书架子书”里，“书架子”已具备量词性质，可以看作是借用的量词。

量词还经常同指示代词“这、那”组成一个运用单位，如“这个、那个；这本、那本”。“指·量”之间，实际上隐含“一”字。

量词也能单独充当句子成分。主要有两种情况：

(1) 量词按 AA 式重叠。如“句”重叠成“句句”，“条”重叠成“条条”。这种量词重叠式可以充当主语、定语或谓语。比如，“句句都是实话”“门门都是九十多分”，“句句”“门门”作主语。又如，“条条江河归大海”“朵朵白云绕山间”，“条条”“朵朵”作定语。再如，在“白云朵朵”“春风阵阵”成句时，“朵朵”“阵阵”作谓语。

单音量词差不多全部可以重叠，重叠以后，一般表示“每”的意思，如上面所举的“句句、门门、条条”就是“每句、每门、每条”；但有时只是强调多，如上面所举的“朵朵”是强调多朵，“阵阵”是强调多阵。

(2) 量词用在动词和宾语之间，前边实际上隐含着“一”字。这样的量词一般是物量词，作宾语的定语。比如：“写封信、借本书、买把锄头、打了个寒颤”。

动补结构之间有时用“个”，强调结果。比如：“吃个饱、喝个足、打个落花流水”。这是“个”的特殊用法，从性质上说，已经用作了助词。

（二）副 词

副词的突出特点是能修饰动词或形容词，一般不能修饰名词。比方“过关、过火、过错”，“过关”是动词，可以受副词的修饰，如“马上过关、已经过关、全都过关”；“过火”是形容词，也可以受副词的修饰，如“不过火、太过火、必定过火”；“过错”是名词，它不能受副词的修饰，如不能说“不过错、太过错、已经过错、全都过错”。

名词也不是完全跟副词相排斥。在某种条件下，某些副词也可以修饰名词或以名词为中心的偏正结构。这主要有四种情况：

(1) 名词带上数量结构，可以受表示范围或频率的副词的修饰。比如：“只两尺布、仅仅一个人、大约三辆汽车、共两块钱、才三张桌子、又一阵暴雨、再一个问题”。

(2) 人物名词受副词“净”或“光”的修饰，共同用在处所词后边，表明某一地点普遍存在着某种人或事物。比如：“炕上净人、园里净游客、江岸净岗哨、山上净树、河边净杂草、屋里光书、那儿净矿石”。

(3) 时间名词，在用作谓语直接对某个时点加以表述的时候，可以受某些时间副词或频率副词的修饰。比如：“今天已经星期六了。”“今天才初八呢。”“后天又八月中秋了。”

(4) 许多方位词和某些方位意义明显的其他处所名词，可以受某些副词的修饰。常见的是受“最”的修饰，如“最前、最后、最前面、最后面、最底层、最前线”；单纯方位词还可以受“不、太”等的修饰，如“不前、不后、太前、太后”。

可见，副词不能修饰名词只能说是“一般”。我们首先要掌握“一般”；在这个基础上，要进一步了解“特殊”，弄清楚一般规律在哪些情况下不起作用，特殊现象只是在哪些条件下才能成立。

在句子里，副词的基本功能是充当状语。略举几例：

①人民民主专政业已巩固。（毛泽东：《三大运动的伟大胜

利》)

②解放战争的炮火正在摧毁旧中国的一切黑暗势力。(方纪:《挥手之间》)

③三百亩太少了。(贾大山:《取经》)

④他们肩上挑的,难道仅仅是粮食?(袁鹰:《井冈翠竹》)

⑤这件事,总理对谁都没有讲过。(朱敏:《深情忆念周伯伯》)

例①,时间副词"业已"作状语;例②,时间副词"正在"作状语;例③,程度副词"太"作状语;例④,语气副词"难道"和范围副词"仅仅"都作状语;例⑤,范围副词"都"和否定副词"没有"都作状语。

副词中,"很"和"极",或者作用跟"极"相当的"万分"之类,也可以作补语。例如:

⑥这小家伙精得很哪!(杜鹏程:《夜走灵官峡》)

⑦听了妈妈的话,我惊奇极了,也伤心极了。(陶斯亮:《一封终于发出的信》)

⑧路曼和小肖焦急万分,想尽快架好这条线。(徐怀中:《西线轶事》)

"很"作补语,前边要用结构助词"得";"极"作补语,后边常有语气助词"了";"万分"作补语,"得""了"都不用。

受副词修饰的名词或名词性结构,一般用在谓语部分;修饰它们的副词,一般还是状语性的。如"我们组才七个人""那儿净矿石""今天又星期天了","才、净、又"都是状语性的。只有受"最"修饰的方位词或处所名词,可以作宾语,但"最"和后边的方位词或处所名词结合较紧,可以算作一个成分,不再分析。如"名单上,他在最前,我在最后""慰问团来到了最前线","最前、最后、最前线"都算宾语。

在句子里,有些副词还可以起关联作用。例如:"说干就干""有把握才做",这是一个副词单独起关联作用;"又快又好""不学不会"

"越干越欢"，这是同一个副词前后重复起关联作用；"一学就会""再难也不怕""非改不可"，这是成对副词互相呼应起关联作用；"如果下雨就不干""即使下雨也要干"，这是副词和连词互相呼应起关联作用；"连老奶奶也来了""连个委员都不是"，这是副词和助词"连"呼应起关联作用。

起关联作用的副词，一般叫"关联副词"。关联副词在作用上接近于连词，但往往还有一定的修饰作用。因此，应该承认它们的"两重性"，即既有关联性，又有状语性。从表示某种关系着眼，是关联词；在分析句子成分时，还是可以算状语。

（三）代　词

代词用来指代人物、时间、地点、行动、性状和程度，它们在语法上的特点，分别跟名词、动词、形容词、数词（或数量结构）和副词基本相同。也有不同之处，主要的是：

(1) 指代人物、时间、地点的代词，相当于名词，但不能受数量结构的修饰，只有"什么"例外（"他似乎提着一些什么，可惜我当时没看清楚"）。

(2) 人称代词"我、你、他、她、它、咱"可以加"们"表多数，如"我们、你们、他/她们、它们、咱们"（"咱"单独也可以表多数）。其中，"它"指代事物，带"们"是一般用法，不是特殊用法，而表物名词则一般不能带"们"。

(3) 指代行动、性状的代词，相当于动词或形容词，但不能重叠起来表示"一下""很"等意思。只有疑问代词，大都可以按 AA 式或 ABAB 式重叠，表示虚指性的列举。比如，"谁"可以重叠成"谁谁"，"什么"可以重叠成"什么什么"，"怎样"可以重叠成"怎样怎样"，等等。例如：

①他先把介绍信给恒元看了，然后便说这人是怎样怎样一身土气。（赵树理：《老杨同志》）

把代词集拢成为一类，主要是根据它们在替代作用上的共同点——跟具体人物、行动、性状等发生联系的非固定性，即不定性。任何代词，本身并不固定地跟某种具体的人物、行动、性状等发生联系。世界上所有的人都可以称“我”，世界上所有的事物都可以问“什么”，世界上所有的人或事物都可以用“这、那”去指代。一个代词，或代甲，或指乙，要进入具体的语言环境才能确定下来。比如，在“阿妈妮姓朴，小姑娘是她孙女”里，“她”指代“阿妈妮”，在“他们都跑了，你可别那么着”里，“那么着”指代“跑”，要是脱离了这两个句子，“她”和“那么着”就不再分别指代“阿妈妮”和“跑”了。名词、动词、形容词、数词、量词和副词就不同：在句子里，它们表示特定的人物、行动、性状、数量、程度等等；脱离了句子，仍然表示特定的人物、行动、性状、数量、程度等等。

三类代词和所代对象的关系，可用下页的表来说明。

在造句功能上，代词分别同名、动、形、数量、副等各类实词相当。具体点说，凡是指代人或事物的，就同人物名词相当；凡是指代时间处所的，就同时地名词相当；凡是指代数量的，就同数词或数量结构相当；凡是指代行动、性状、程度等的，就同动词、形容词或副词相当。

比如，“他”相当于人物名词，经常充当主语、宾语，也经常充当定语。看例子：

②如果他是坏人，也不要匆忙地惊动他，要搞清楚他的意图——他来干什么？和什么人联系？（黎汝清：《海岛女民兵》）

这里用了四个“他”，第一个作主语，第二个作宾语，第三个作定语，第四个作主语。

又如，“怎么样”相当于动词或形容词，经常充当谓语，也经常充当补语、状语等。看例子：

③你能怎么样他？

④你们这些冒领男式大号鞋的，这半个多月怎么样？（徐怀中：《西线轶事》）

⑤我们托付给你们的任务，完成得怎么样啦？（魏巍：《谁是最可爱的人》）

<table>
<tr><th></th><th>人称代词</th><th colspan="2">指示代词</th><th>疑问代词</th></tr>
<tr><td>人物</td><td>我、咱（自称；第一人称）
你、您（对称；第二人称）
他、她、它（他称；第三人称）
自己（复称）
人家（泛称）
大家（总称）</td><td>这（近指）
那（远指）</td><td rowspan="4">每、各（分指）
某（不定指）
另（旁指）
一切、所有、任何（统指）</td><td>谁、什么、哪</td></tr>
<tr><td>处所</td><td></td><td>这儿、这里（近指）
那儿、那里（远指）</td><td>哪儿、哪里</td></tr>
<tr><td>时间</td><td></td><td>这会儿（近指）
那会儿（远指）</td><td>几时、多会儿</td></tr>
<tr><td>数量</td><td></td><td>这么些
那么些</td><td>多少、几</td></tr>
<tr><td>性状、行动、方式、程度</td><td></td><td colspan="2">这么、那么、
这样、那样、
这么样、那么样</td><td>怎么、怎样、怎么样、什么样</td></tr>
</table>

例③，“怎么样”作谓语，带宾语；例④，“怎么样”作谓语；例⑤，“怎么样”作补语。

再如，“这么”相当于形容词或副词，经常用作状语。看例子：

⑥“好媳妇！”夫家的亲戚谁不这么传诵。（王汝石：《新结识的伙伴》）

⑦我儿子在南边挖河寄个奖状来了，这么大！（管桦：《井台上》）

例⑥，“这么”作状语，修饰动词；例⑦，“这么”作状语，修饰形容词。

不管充当什么成分，许多代词在句子里都可以表示不确定的指代。这是代词的活用。比方，“你、我”不表示确定的称代对象，“这、那”不确指某种事物，“谁、什么”不表示疑问而表示任何人或任何物，等等。例如：

⑧不多一会，屋里，院里，你的嘴对我的耳朵，我的嘴又对他的耳朵，各哩各得都嚷嚷这三个字——“小飞蛾”“小飞蛾”“小飞蛾”……（赵树理：《登记》）

⑨老孙头来到人们的跟前，大伙围拢来，问这问那。（周立波：《暴风骤雨》）

⑩我们越争论越激烈，一直吵到乡公所，谁也没有说服谁。（黎汝清：《海岛女民兵》）

例⑧的“你、我、他”，例⑨的“这、那”，例⑩的“谁”，都表示不确定的指代，都是代词的活用。

疑问代词的活用情况最为复杂多样。以“什么”来说，除了表示疑问之外，还有反诘、任指、虚指等等活用的情况。例如：

⑪咦！装什么假正经？（赵树理：《小二黑结婚》）

⑫他什么也不知道了，只心中茫茫的有点热气，耳边有一片雨声。（老舍：《骆驼祥子》）

⑬连柳树都惊疑不定地等着点什么。（同上）

⑭好个国民党政府的“友邦人士”！是些什么东西！（鲁迅：《“友邦惊诧”论》）

⑮到了六月，大杂院里在白天简直没什么人声。（老舍：《骆驼祥子》）

⑯什么“老”，什么“身体精神不行”，什么“困难障碍”，在你面前都降服了。（毛泽东：《给徐特立同志的一封信》）

例⑪，表示反诘。目的不是要求回答，而是为了加强语气，强调“不必假装正经”。例⑫，表示任指。强调他除了心中有一点热气和听到一片雨声之外任何事物都不知道。例⑬，表示虚指，指代说不出来的事物。例⑭，表示极端鄙视的感情。例⑮，表示不十分肯定的语气。强调人声极少，但不完全否定可能有点什么人声。例⑯，表示列举。

运用代词，可以使文章简洁明了，节省很多笔墨，但要注意做到指代明确。举两个病例：

*⑰小张和小李在路上遇见了，他告诉他昨天他买了一本《第二次握手》，问他看不看。

*⑱他顺口唱出了歌颂友情的诗篇表示对我们的欢迎之后，又突然发现一位朋友和他的爱人在一起，于是又成了他作诗的好材料。

例*⑰，究竟谁告诉谁？称代关系不清楚。应改为“小张告诉小李……，问小李……”。例*⑱用了三个“他”：第一个和第三个“他”是指那位作诗的人，而中间的那个“他”是指那位“朋友”。同一个“他”，忽代甲，忽指乙，容易引起误解。应把中间的那个“他”（连同它后边的“的”）删去。正确运用代词的基本要求，就是把称代与被称代的关系交代清楚。

八 词 组（一）

词组包括两大类：一是结构关系明显的词组，二是结构关系不明显的词组。

结构关系明显的词组，各个组成部分都能充当句子成分，组成部分之间有明显的语法关系。这类词组，主要有联合结构、偏正结构、动宾结构、主谓结构、同位结构、合谓结构、连谓结构和兼语结构等八种。

（一）联合结构

联合结构，指结构上有联合关系的词组，也叫联合词组。

联合结构由两个或几个并列部分组成。并列部分一般词性相同。并列部分之间可以用“和、或、并、而”等连词连接起来。例如：

政治、经济、军事

团结、紧张、严肃、活泼

爱国主义和国际主义

讨论并通过

热烈而镇定

经验或教训

联合结构的造句功能，跟它的组成部分的词性相同。比如，组成部分是名词，整个联合结构的造句功能就跟名词相同；组成部分是动词，整个联合结构的造句功能就跟动词相同；其他类推。例如：

①珍珠是名贵的药材和装饰品。（谢璞：《珍珠赋》）

“药材和装饰品”由两个名词组成，它的造句功能跟名词相同，在这里充当了宾语。又如：

②每个人都咀嚼、回味报告里的深刻意义和精辟语句。（吴伯箫：《歌声》）

“咀嚼、回味”由两个动词组成，它的造句功能跟动词相同，在这里充当了谓语，并且带上了宾语。再如：

③主要的部分，完整、清楚。（徐迟：《地质之光》）

④那壮丽的柱廊，淡雅的色调，以及四周层次繁多的建筑立面，组成了一幅庄严绚丽的画图。（孙世恺：《雄伟的人民大会堂》）

⑤人们可以清晰准确地听到发言人的声音。（同上）

“完整、清楚”“庄严绚丽”“清晰准确”都由两个形容词组成，它们的造句功能跟形容词相同，在这里分别充当了谓语、定语和状语。

运用联合结构充当句子成分，要注意各并列部分同相关成分之间的搭配，避免顾此失彼的毛病。例如：

*⑥实现合作医疗和预防以后，我们的健康和疾病有了保障了。

*⑦柬埔寨国民军和游击队包围和截断敌人的退路。

*⑧我们把房间打扫得干干净净、整整齐齐了。

例*⑥，“健康有了保障”是对的，“疾病有了保障”就不对了。应删去“和疾病”。例*⑦，“退路”可以“截断”，却无法“包围”。应改为：“柬埔寨国民军和游击队包围敌人并截断敌人的退路。”例*⑧，“打扫”和“整整齐齐”配搭不拢，可改为：“……打扫得干干净净，布置得整整齐齐。”

（二）偏正结构

偏正结构，指结构上有偏正关系的词组，也叫偏正词组。

偏正结构由两个部分组成。有的是前偏后正，即前一部分对后一部分起修饰作用，表示“定语＋中心词”或“状语＋中心词”的关系。这是一种“前修式偏正结构”。例如：

伟大的党

坚强地团结

崇高理想

更加正确

有的是前正后偏，即后一部分对前一部分起补充作用，表示“中心词＋补语”的关系。这是一种“后补式偏正结构”。例如：

好得很

开得及时

调查清楚

平息下来

偏正结构的造句功能，跟它的中心词的词性基本相同。比如，中心词是名词，整个偏正结构的造句功能就跟名词相当；中心词是动词形容词，整个偏正结构的造句功能就跟动词形容词相当。例如：

①解放战争的炮火正在摧毁旧中国的一切黑暗势力。（方纪：《挥手之间》）

“解放战争”和“旧中国”都是名词性前修式偏正结构，前者充当主语“炮火”的定语，后者充当宾语“势力”的定语。又如：

②这样庞大而复杂的结构，该是一项多么艰巨的工程啊！（孙世恺：《雄伟的人民大会堂》）

③任务非常具体地提到日程上。（徐迟：《地质之光》）

④王大爷自然比别人光临得更早。（丁宁：《仙女花开》）

“多么艰巨、非常具体、更早”都是形容词性的前修式偏正结构，它们分别充当定语、状语和补语。再如：

⑤一个晴朗的下午，我来到了向往已久的群山环抱的桑耳庄。（肖兵：《太行青松》）

⑥和人类比较起来，个人的一生是小得多的概念了。（宗璞：《废墟的召唤》）

⑦我高兴得跳起来。

⑧这篇文章，写得好极了。

“向往已久”是动词性后补式偏正结构，“小得多”是形容词性后补式偏正结构，都充当定语；“跳起来”是动词性后补式偏正结构，“好极了”是形容词性后补式偏正结构，都充当补语。

特别要说明的是：

(1) 名词性前修式偏正结构如果出现在主语部分或宾语部分，中心词就成为主语或宾语。动词、形容词性的前修式偏正结构如果出现在主语部分或宾语部分，就会有两种情况：有时由“状语＋中心词”的关系转化为“定语＋中心词”的关系，即转化为名词性前修式偏正结构；有时整个偏正结构算主语或宾语。例如：

⑨中国人民站起来了。

⑩我们表示热烈欢迎。

⑪他的不老实是大家都知道的。

例⑨，“中国人民”是名词性的，用在主语部分，“人民”是主语，“中国”是定语。例⑩，“热烈欢迎”本是动词性的，这里用在宾语部分，转化为名词性前修式偏正结构，“欢迎”是名物化用法，作宾语，“热烈”是定语，能带上“的”。例⑪，“不老实”是形容词性的，这里整个儿算主语，整个儿名物化。为什么要整个儿算主语？因为“不”是副词，不能转化为定语。用在主语或宾语部分的“状语＋中心词”的前修式偏正结构，凡是不能转化为“定语＋中心词”的，都应整个儿算主语或宾语。

(2) 动词形容词性前修式偏正结构或后补式偏正结构出现于谓语部分，中心词就成为谓语。名词性的前修式偏正结构直接出现在谓语部分，整个偏正结构算谓语。例如：

⑫她跳了起来。

⑬她很聪明。

例⑫“跳了起来”是动词性后补式偏正结构，“跳了”是谓语，“起来”是补语；例⑬“很聪明”是形容词性前修式偏正结构，“聪明”是谓语，“很”是状语。又如：

⑭她单眼皮，她妹妹双眼皮。

“单眼皮”“双眼皮”是名词性前修式结构，整个儿算谓语。

名词性前修式结构作谓语，限于一定的情况。例如：

⑮金桥朝鲜人。
⑯杜甫唐朝人。

⑰他小心眼儿。
⑱这个人黄头发。

⑲牧场一片水。
⑳山那边一片树木，树木那边一个湖。

例⑮、⑯是说明什么地方人和什么朝代人的句子；例⑰、⑱是描写人物在性格或外表上的特征的句子；例⑲、⑳是表示某一地点存在什么事物的句子。这些句子里的偏正结构在起陈述作用时整体性较强，因此整个儿算谓语。

（三）动宾结构

动宾结构，指结构上有动宾关系的词组，也叫动宾词组。

动宾结构由两个部分组成，前一部分是动词，后一部分是宾语。例如：

打击侵略者
消灭反动派
研究问题
联系实际
欢迎你们

动宾结构若用在谓语部分，其中的“动”和“宾”就分别成为句子的谓语和宾语。比如“军队保卫矿山”这个句子，“保卫矿山”是谓语部分，“保卫”是谓语，“矿山”是宾语。

动宾结构也可以充当主语或宾语。例如：

①保卫村子也是咱民兵的责任哪！

②丢了奖旗不要紧，丢了革命的志气可不行！

“保卫村子”“丢了奖旗”“丢了革命的志气”都是动宾结构，这里充当主语。又如：

③一个革命政党的任何行动都是实行政策。（毛泽东：《关于工商业政策》）

④军队负责保卫矿山。（李云德：《沸腾的群山》）

“实行政策”“保卫矿山”都是动宾结构，这里充当宾语。

动宾结构也可以充当定语、状语和补语。例如：

⑤转过布满枯树的小山，那一大片废墟呈现在眼底……（宗璞：《废墟的召唤》）

⑥没有歌声的集合几乎是没有的。（吴伯箫：《歌声》）

⑦“这太好啦！”苏大嫂深受感动地说。（李云德：《沸腾的群山》）

⑧她……看我又打了一个空网，笑得弯了腰。（周文海：《南国少女》）

前两例里，动宾结构作定语；后两例里，动宾结构分别作状语和补语。

（四）主谓结构

主谓结构，指结构上有主谓关系的词组，也叫主谓词组。

主谓结构由两个部分组成，前一部分是主语部分，后一部分是谓语部分。例如：

意志坚定　　粮食增产

林木葱茏　　大家努力

主谓结构若单独用，便成为具备主、谓两个部分的句子。

主谓结构也可以充当各种成分，下面分别谈谈。

1. 充当主语、宾语

充当主语、宾语时，动词、形容词、动宾结构、主谓结构这些造句单位的情况大致相同。这里所说的主谓结构充当主语、宾语的情况，大体上可以代表动词、形容词和动宾结构充当主语、宾语的情况。

主谓结构作主语，谓语部分具有判断性、描写性和评论性，谓语部分里常用判断词、形容词和“说明了、证实了、标志着、显示了”之类动词。例如：

①洞庭湖产珍珠，却是近几年的事。（谢璞：《珍珠赋》）

②大家努力才对！

③粮食增产显示了机械化的威力。

主谓结构“洞庭湖产珍珠”“大家努力”“粮食增产”在这里都充当了主语。例①，谓语部分里用判断词“是”；例②，谓语部分里用形容词“对”；例③，谓语部分里用动词“显示了”。

主谓结构作宾语，谓语一般是判断词或“说、看见、听见、相信、觉得、认为、希望、同意、表明、证实”等等能够以某种行为、某个事件或某一判断为对象的动词。例如：

④结果是反动派完全崩溃。

⑤（它没有婆娑的姿态，没有屈曲盘旋的虬枝。）也许你要说它不美。（茅盾：《白杨礼赞》）

⑥总理记得他早年是在日本学过造船工业的。（徐迟：《地质之光》）

⑦我是从来没看到过父亲掉眼泪的。（朱敏：《深情忆念周伯伯》）

⑧毛田区的经验，充分证明了：人民群众有无限的创造力。（华国锋：《贵在鼓劲》）

主谓结构“反动派完全崩溃”“它不美”“他早年是在日本学过造船工业的”“父亲掉眼泪”“人民群众有无限的创造力”在这里都充当了宾语。带这些宾语的，是判断词“是”和“说、记得、看到、证明”等动词。

2. 充当谓语

主谓结构作谓语，主要有三种情况。

(1) 主语是受事，谓语用主谓结构表示施动者及其动作。例如：

⑨那些情况我都已经知道了。(徐迟：《地质之光》)

⑩这件事，总理对谁都没有讲过。(朱敏：《深情忆念周伯伯》)

这类例子里，全句的主语在意义上是受动者。但在结构上，全句的主语回答“谁、什么”的问题，作谓语的主谓结构整个儿回答“怎么样”的问题，它们之间是陈述与被陈述的关系，即主谓关系。

(2) 主语表“物主”，谓语用主谓结构从所属的某一方面加以描写。例如：

⑪郑瑾身体虚弱，一口气讲了这些话，累得喘息起来。(杨沫：《坚强的战士》)

⑫凌云山和乌尤山，林木葱茏，有不少的名胜古迹。(郭沫若：《乐山的风物与变迁》)

⑬这马眼瞎？你才眼瞎呢。(周立波：《暴风骤雨》)

这类例子里，全句的主语在意义上是“物主”，它和主谓结构的主语之间有领属关系，但不应认为是定语和中心词的关系。如例⑪，要说明的是“郑瑾”怎么样，因此可以念成“郑瑾/身体虚弱”，却不能念成“郑瑾身体/虚弱”。例⑫，主语“凌云山和乌尤山”后边加逗号，关系更加明显。例⑬，“眼瞎”前加状语“才”，更可以说明“眼瞎”是谓语。

(3) 主语表“整体”，谓语用主宾同形的主谓结构作分解性的说明。例如：

⑭咱们以后谁也不能不管谁。

⑮全世界人民的反霸怒潮一浪高过一浪。

⑯大小霸权主义者的日子一天不如一天。

⑰咱社里的麦子，一块胜过一块。

这类例子里，作谓语的主谓结构是主宾同形的，它们回答“怎么样”的问题，陈述全句的主语。

3. **充当定语、状语、补语**

主谓结构有时充当定语、状语、补语，修饰或补充中心词，起描写说明的作用。例如：

⑱一个晴朗的下午，我们来到了向往已久的群山环抱的桑耳庄。（肖兵：《太行青松》）

⑲他步伐坚定地朝前走去。

⑳这些日子我急得手都发痒，这一回可盼到了！（李云德：《沸腾的群山》）

“群山环抱”“步伐坚定”“手都发痒”都是主谓结构，这里分别充当定语、状语和补语。

（五）同位结构

同位结构，指结构上具有同位关系的词组，也叫同位词组。

同位结构由两个部分组成，前后两部分指同一事物，有的可以互换位置。例如：

司机老赵	海花、春生两人
咱们大家	故乡绍兴
爸妈他们	四月二十一日那天
人家小顺	黎竹荪大夫
你们几位	大夫黎竹荪

同位结构大都表示人或事物，在句子里经常充当主语、宾语和定语。例如：

①一九四六年春，岸英哥哥回到延安。（毛岸青、邵华：《我们爱韶山的红杜鹃》）

②他转过头来，看了看我们几个人。（峻青：《老水牛爷爷》）

③院里响起了丫头小英的歌声。（秦兆阳：《韩增禄》）

“岸英哥哥”“我们几个人”“丫头小英”都是同位结构，这里分别充当主语、宾语和定语。

有的同位结构表示时间或处所，相当于时地名词，其造句功能也跟时地名词相同。例如：

④这人给村里人放牛，夏秋两季捎带着看守村里的庄稼。（赵树理：《李有才板话》）

⑤唐山一带发生过地震。

时地名词经常直接充当状语，这里表时间的同位结构“夏秋两季”和表处所的同位结构“唐山一带”也充当了状语。

同位结构的两个部分指同一事物，往往有对注作用，因而运用同位结构能够增强语言的明确性，并且往往还可以突出地强调思想对象。例如：

⑥司机老李累得满头大汗。（峻青：《主人》）

⑦李伟这坚强的布尔什维克，直到最后一息还在战斗。（杨沫：《坚强的战士》）

例⑥，单说“司机”，人们还不知道究竟是谁；单说“老李”，人们还不知道是个什么样的人。用同位结构“司机老李”，意思就明确了。例⑦，“李伟”后边加上“这坚强的布尔什维克”组成同位结构，既增强了表意的明确性，又强调突出了人物最值得注意的一个方面，能够加深人们对人物的认识。

造句时运用同位结构，要注意下面两点：

第一，不是指同一样事物的词语不能组成同位结构。例如：

*⑧现在遗存的仅是墓前的一些石刻，其中有神道石柱、石麒麟、石天禄、石辟邪等奇禽异兽。

这里，“神道石柱、石麒麟、石天禄、石辟邪等”和“奇禽异兽”组成同位结构。但是，“神道石柱”既不是“禽”，也不是“兽”；“麒麟、天禄、辟邪”是兽，却不是“禽”。这样组织同位结构是不恰当的。可把“奇禽异兽”改为“奇异东西”之类，或者干脆删去。

第二，避免发生歧义。例如：

*⑨林则徐的电影文学剧本，曾在《人民文学》上发表过，这次搬上了银幕。

*⑩他们曾经动员杨克、杨洪、冯惠荣等七个孩子的妈妈退职。

例 * ⑨，“林则徐”和“电影文学剧本”之间是同位复指的关系，中间用了个“的”，关系反而不清楚了：读者如果不知道林则徐是什么人，可能会误认为“林则徐的电影文学剧本”是“林则徐写的电影文学剧本”的意思。应改为“《林则徐》这个电影文学剧本”或“电影文学剧本《林则徐》”。例 * ⑩，动员退职的是“杨克等七人”，还是“杨克等七个人的妈妈”？不明确。按原意，应改为：“……杨克、杨洪、冯惠荣等七个有孩子的女职工。”

（六）合谓结构、连谓结构和兼语结构

合谓结构，指结构上由辅助性谓语和一般谓语组合而成的词组，也叫合谓词组。

合谓结构由两个部分组成。前一部分由助动词充当，后一部分大都由动词、形容词充当。比如“能够解决、可以参加、应该谦虚”等等都是合谓结构。

合谓结构一般用在谓语部分。用在谓语部分时，合谓结构的后一部分是句子的谓语，前一部分是“辅谓”。如果谓语不出现，“辅谓”就转化为谓语。

合谓结构也可以充当主语、宾语、定语和补语。例如：

①能升学当然好！

②他表示愿意参加。

③这些都是该带的东西！

④这个碗，大得可以当脸盆！

“能升学”“愿意参加”“该带”“可以当脸盆”都是合谓结构，这里分别充当主语、宾语、定语和补语。

关于连谓结构和兼语结构，在“连谓式和兼语式”一节里说明。

九 词 组（二）

结构关系不明显的词组也是由词和词组合而成的结构，但跟结构关系明显的词组有所不同。首先，这类词组的两个部分之间结合得比较紧，很难说是什么关系。它们不是根据结构关系来命名，而是根据组成部分的名称来命名的。其次，这类词组不管在句子的哪一部位出现，都作为一个运用单位，不能分析为两个或两个以上的成分。第三，这类词组的大多数，有一个组成部分是虚词。

这类词组主要有数量结构、指量结构、介词结构、方位结构、“的”字结构和比况结构。

（一）数量结构

数量结构是“数词＋量词”的结构。例如：

三个

五下

二十三次

一万三千七百五十六本

九百六十万平方公里

数量结构中，数词和量词之间有时插入“大、小”等词。例如：

三大堆　　一整块

两小包　　一满碗

数量结构可以按 ABAB 的方式重叠，表示按次序进行的意思。如“一队一队的人”“两个两个地往里走”。数词是“一”的时候，可以采用三种重叠方式，表示三种附加意思。重叠方式是：（1）ABAB；（2）ABB,如“一队队的人”“一处处地改”；（3）AA，如“一一订正”“一一处决”（这是一种省略式）。附加意思是：（1）表示按次序进行；（2）表示每一、不例外，如“一个个横眉竖眼”。（3）强调多而整齐，如“葡萄一串串”。

数量结构“两个”和“三个”在口语里有时融合成了“俩”（liǎ）和“仨”（sā）这两个词。作为词，“俩”“仨”可以归数词，但后边不能再用量词。“俩人”就是“两个人”，不能说成“俩个人”；同样，“仨人”就是“三个人”，不能说成“仨个人”。

数量结构包括表示物量的数量结构和表示动量的数量结构两种，它们分别简称为“物量结构”和“动量结构”。这两种数量结构的造句功能是不大相同的。

物量结构的基本功能是充当定语。一般不用“的”。例如：

①他们在竹林里送走了几百个白天和黑夜，用竹滑道，用水滑道，送出一万多根毛竹。（袁鹰：《井冈翠竹》）

②如今，你若是从井冈山许多山坳走过，便能看到一条条修长的竹滑道。（同上）

③看来平凡的一块块田地，实际上都有极不平凡的经历。（秦牧：《土地》）

这里，“几百个”“一万多根”“一条条”作宾语的定语，“一块块”作主语的定语。

物量结构也可以作谓语。例如：

④晨曦绚丽，彩霞万朵。

跟“绚丽”陈述“晨曦”一样，这里的“万朵”陈述“彩霞”，是谓语。

物量结构有时也充当主语或宾语。但这样的物量结构，总是在一定的语言环境中指称了人或事物。例如：

⑤不远处有两个女子偎依着向河边走来：一个穿淡黄短袖衫，一个穿湖绿汗衫，短裤下都赤着双脚，好像两朵出水芙蓉。（周文

海：《南国少女》）

⑥井冈山上的毛竹有一千多万根，轮流砍伐，是永远也砍不完的。（袁鹰：《井冈翠竹》）

例⑤，“一个”“一个”作主语，指称“女子”。例⑥，“一千多万根”作宾语，指称“毛竹”。

物量结构一般不能作状语，只有重叠式才行。例如：

⑦花棚有点像马戏的看棚，一层一层衔接而上。（秦牧：《花城》）

“一层一层”是数量结构重叠式，这里作状语，可带“地”。

动量结构的基本功能是充当补语。例如：

⑧她的心动了一下，仔细地把被子捻了一遍，可是什么东西也没捻出来。（峻青：《党员登记表》）

⑨可是，在您病中，我却不能给您喂一次药，打一次针，甚至在您临危之际，我都不能让您看上一眼……（陶斯亮：《一封终于发出的信》）

例⑧的“一下”“一遍”，例⑨的“一次”“一次”“一眼”，都是动量结构，充当了补语。

在动词谓语和宾语之间出现的数量结构，可能是动词谓语的补语，也可能是宾语的定语。一般说来，如果是动量结构，便是补语；如果是物量结构，便是宾语。比较：

⑩我们班已经向上级送了三次决心书。

⑪我们班已经向上级送了三份决心书。

例⑩，“三次”是动量结构，作补语；例⑪，“三份”是物量结构，作定语。

动量结构也可以充当状语。例如：

⑫妈妈一下变了一个人。（徐怀中：《西线轶事》）

⑬竹昊含笑看了我一眼，一把抓过鱼，抠住鳃，向石上狠狠摔去。（周文海：《南国少女》）

例⑫的“一下”，例⑬的“一把”，都是动量结构充当状语。

动量结构的重叠式，经常充当状语；在动词名物化的场合，可以转化为定语。比较：

⑭鸡在一声一声地长鸣。（峻青：《党员登记表》）

⑮鸡在发出一声一声的长鸣。

例⑭，“一声一声（地）”是状语。例⑮，“长鸣”作宾语，是名物化用法，“一声一声（的）”是定语。

（二）指量结构

指量结构是“指示代词＋量词”的结构。例如：

这群　　那间　　这次

这辈子　　那帮子

表物量的指量结构一般充当定语。例如：

①你瞧这群小东西，多听话！（杨朔：《荔枝蜜》）

②瞅瞅拴在窗台边的那匹青骒马，中意不中意？（周立波：《暴风骤雨》）

这里的“这群”“那匹”都充当了定语。

表物量的指量结构有时也可以充当主语或宾语。但这样的指量结构总是在一定的语言环境中指称了人或事物。例如：

③这位就是秦国的丞相张仪先生啦。（郭沫若：《屈原》）

④……各家的牲口也都牵来了。老王太太嘴上说着：“就这么的吧，不用换了，把坏的换给你们，不好。”眼睛却骨骨碌碌地瞅这个，瞅那个。（周立波：《暴风骤雨》）

例③，“这位”作主语，在对话的环境中指称张仪；例④，“这个”“那个”作宾语，指称了上文所说的“各家的牲口”。

表动量的指量结构一般充当状语。例如：

⑤你这次总逃不掉了！　（郭沫若：《屈原》）

⑥李毛驴，牲口牵回来，这下可有盼头了。（周立波：《暴风骤雨》）

这里的“这次”“这下”都是状语。

（三）介词结构

介词结构是“介词+词或词组”的结构。例如：

为了巩固无产阶级专政

对于人类（有较大的贡献）

介词结构的基本功能是充当状语。例如：

①我们在战术上必须重视一切困难。（毛泽东：《在中国共产党全国代表会议上的讲话》）

②泉水从哪里来？（肖兵：《太行青松》）

③歌声把老成大伯带入深沉的回忆。（同上）

④妈妈经常为您担心。（陶斯亮：《一封终于发出的信》）

⑤他们便给新生讲演每个教授的历史。（鲁迅：《藤野先生》）

“在战术上”“从哪里”“把老成大伯”“为您”“给新生”都是介词结构，在这里都充当状语。

介词结构充当的状语，有时用在句首。例如：

⑥在一只渔船上，我们大开了眼界。（谢璞：《珍珠赋》）

⑦沿着山村小道，我找到了大部队。（肖兵：《太行青松》）

⑧从此我家被迫分两处住下。（朱德：《母亲的回忆》）

⑨当我发现了中国革命的正确道路时，我便加入了中国共产党。（同上）

这里的介词结构状语，都用在主语前边。

介词结构也可以充当补语。这样的介词结构，一般表示处所、时间或对象。例如：

⑩主席生活在群众中间，生活在同志们中间。（方纪：《挥手之间》）

⑪总理为党为人民为国家不懈地战斗到生命的最后一息。

⑫参谋长把李勇奇介绍给杨子荣。（京剧剧本《智取威虎山》）

例⑩，“在群众中间”“在同志们中间”作“生活”的补语，表示处所。

例⑪，“到生命的最后一息”作“战斗”的补语，表示时间。例⑫，“给杨子荣”作补语，表示接受介绍的对象。（“把李勇奇”是状语，表示被介绍的对象。）

介词结构也可以充当定语。这样的介词结构，一般表示对象或范围。例如：

⑬我受中共中央的委托，向大会做关于修改宪法的报告。（叶剑英：《关于修改宪法的报告》）

⑭他们常常冒着被牵连的危险，通过各种途径表示对您的关切。（陶斯亮：《一封终于发出的信》）

例⑬，“关于修改宪法（的）”作“报告”的定语，表示范围；例⑭，“对您（的）”作“关切”的定语，表示对象。

有时，介词结构还可以用作判断词“是”的宾语。例如：

⑮这几次演习都是为了保卫海岛，保卫祖国，并不是为了比个输赢。

顺带指出：在“这间屋子朝南”“你到底为了什么”这样的句子里，“朝”“为了”作谓语，算动词，“南”“什么”是它们的宾语。

（四）方位结构

方位结构是“词或词组＋方位词”的结构。例如：

井冈山上　　天安门前　　解放以后

方位结构一般表示处所或时间，句法功能跟时地名词相同。它经常充当状语。例如：

①抗战以后，我才能和家里通信。（朱德：《母亲的回忆》）

②有一次，你从北平回上海，动身前就买了小米。（曹靖华：《小米的回忆》）

③尖古堆旁边有个大王庄。（谢雪畴：《“老虎团”的结局》）

“抗战以后”“动身前”作状语，表时间；“尖古堆旁边”作状语，表处所。

方位结构也可以充当定语。例如：

④屯子里的穷人，除非万不得已，都不愿登周长安家的门。(高玉宝：《高玉宝》)

⑤什么风浪也打不倒我，什么困难也吓不住我，我不是两年前的海霞了。(黎汝清：《海岛女民兵》)

“屯子里”作定语，表处所；“两年前”作定语，表时间。

方位结构作主语，一般是谓语部分里用判断词或形容词。例如：

⑥山坡边是望不尽的苹果园。(肖兵：《太行青松》)

⑦场地上静得很，只能听到河边传来哗哗的水声。(杨得志：《大渡河畔英雄多》)

例⑥“山坡边”作主语，谓语部分里用判断词“是”。例⑦“场地上”作主语，谓语部分里用形容词“静”。

表示处所的方位结构，有时也可以直接用在动词后边，充当宾语。例如：

⑧周扒皮“哎呀”了一声，直叫：“是我!”一头就钻进了鸡窝里。(高玉宝：《高玉宝》)

这里，谓语“钻进了”带宾语“鸡窝里”。

少数方位结构不表示处所时间。这有两种情况：㈠表示人或事物。如“领导上、组织上”。这种方位结构结合很紧，作用跟人物名词相当。㈡表示概数。如“五十以上、三十左右”。这种方位结构大体相当于表示物量的数量结构，但在句子里更常见的是充当谓语和宾语。例如：

⑨年龄三十左右。

⑩今年葡萄也是大丰收，一般的每棵收一千斤以上，有一棵竟然收了两千六百多斤。(峻青：《秋色赋》)

例⑨，“三十左右”作谓语。例⑩，方位结构“一千斤以上”和后面分句里的数量结构“两千六百多斤”一样，都作宾语，指称“葡萄”。

（五）“的”字结构

“的”字结构是“词或词组＋的”的结构。例如：

吃的　　　　塑料的

耍狮子的　　看热闹的

“的”字结构表示人或事物，相当于人物名词。在句子里，“的”字结构充当主语或者宾语。例如：

①站在我面前的正是两位扭转乾坤，缔造了社会主义新中国的伟大领袖、历史巨人。（朱敏：《深情忆念周伯伯》）

②耍狮子的过来了，看热闹的挤得人山人海。（李云德：《沸腾的群山》）

例①，“的”字结构“站在我面前的”作主语。例②，“的”字结构“耍狮子的”“看热闹的”分别作主语。又如：

③大家不要信那些谣言，不要跟那些蠢驴瞎哄嚷，要听唐矿长和焦副营长的。（同上）

④下火车的人，有上汽车走的，有坐二马车走的，有坐人力车走的；穷人雇不起车子，尤其是初来大连的乡下人，都是扶老携幼，问问路，慢慢往前走。（高玉宝：《高玉宝》）

例③，“的”字结构“唐矿长和焦副营长的”作宾语。例④，“的”字结构“上汽车走的”“坐二马车走的”“坐人力车走的”分别作宾语。

作宾语的“的”字结构，有时用在判断词“是”的后边，形成“是＋‘的’字结构”的格式。例如：

⑤嗯，这是那个特务逃跑时扔掉的。（陈其通：《万水千山》）

⑥赤卫队长，这是上级让我送给你们的，请收下吧！（同上）

例⑤的“那个特务逃跑时扔掉的”，例⑥的“上级让我送给你们的”，都是“的”字结构作“是”的宾语。

前面说过，“是”有时是语气副词，表示强调、肯定的语气。如“我懂了。我是懂了！”这种语气副词“是”，还经常同语气助词“的”

呼应使用，形成“是……的”的格式。如“我懂。我是懂的！”又如：

⑦红旗，是砍不倒的！（肖兵：《太行青松》）

这里，“是”是状语，“的”是辅助性语法成分，“是……的”是用来表示肯定的。

在“是……的”的格式里，“是”可以替换为“的确”，同时“的”可以去掉，这样并不影响句子的基本意思；如果是“是＋‘的’字结构”，不能这么办。另外，在“是＋‘的’字结构”的格式里，“的”字结构后边能添加上名词（如“这是那个特务逃跑时扔掉的钢笔”“这是上级让我送给你们的枪支、子弹”），而表示语气的“是……的”后边则不能添上名词。

（六）比况结构

比况结构是“词或词组＋比况助词”的结构。例如：

鲜花似的	像闪电似的
飞也似的	像芦柴棒一样
雪团也似的	像钢铁一般

在句子里，比况结构经常充当谓语、定语、状语和补语。例如：

①街上的柳树像病了似的。（老舍：《骆驼祥子》）

②在这惊喜的一瞬，我们都愣住了，仿佛做梦一般。（中学课文《飞行在红太阳身边》）

这里的比况结构作谓语。

③我走到窗前，隔着铁栅抚摸着它头上缎子似的毛皮。（白桦：《一束信札》）

④孩子们呵着冻得通红，像紫芽姜一般的小手，七八个一齐来塑雪罗汉。（鲁迅：《雪》）

这里的比况结构作定语。

⑤只见那乌鸦张开两翅，一挫身，直向远处的天空，箭也似的飞去了。（鲁迅：《药》）

⑥小艇箭出弦一般窜到淀里。（孙犁：《荷花淀》）

这里的比况结构作状语。“似的”可以写成“似地”。如“箭也似的飞去了”可以写成“箭也似地飞去了”。

⑦颜色竟那么浓，浓得好像要流下来似的。（杨朔：《泰山极顶》）

⑧手脚瘦得像芦柴棒一样。（夏衍：《包身工》）

这里的比况结构作补语。

运用比况结构，可以增强语言的形象性和生动性。

十 词 组（三）

词组还可以从别的角度进行分类。根据词组所包含的层次，又可以把词组分成单纯结构和多层次结构。根据词组组成部分的结合程度，还可以把词组分为自由结构和固定结构。这一节，谈谈多层次结构和固定结构。

（一）多层次结构

多层次结构是包含两个以上层次的结构，也叫复杂词组。这种结构，大结构包含小结构，小结构往往又包含更小的结构。跟这种结构相对，单纯结构是只有一个层次的结构。在前两节所举的例子中，大多数是单纯结构，只有少数多层次结构。

多层次结构所包含的层次可能是很多的。但不管包含多少层次，结构的名称都只能根据第一个层次来确定。比如，第一个层次是“动宾”的，便是动宾结构；在需要跟单纯动宾结构相区别的场合，才有必要称之为多层次动宾结构。下面，举些例子，略加分析。

1. 多层次联合结构。例如：

①多少工地，多少工厂矿山，多少高楼大厦，多少城市和农村，都在殷切地等待着你们。（袁鹰：《井冈翠竹》）

②我们可以藐视而且必须藐视人世遭逢的任何巨大的困难。

例①，联合结构作主语；例②，联合结构作谓语。它们都是多层次联合结构。分析如下：

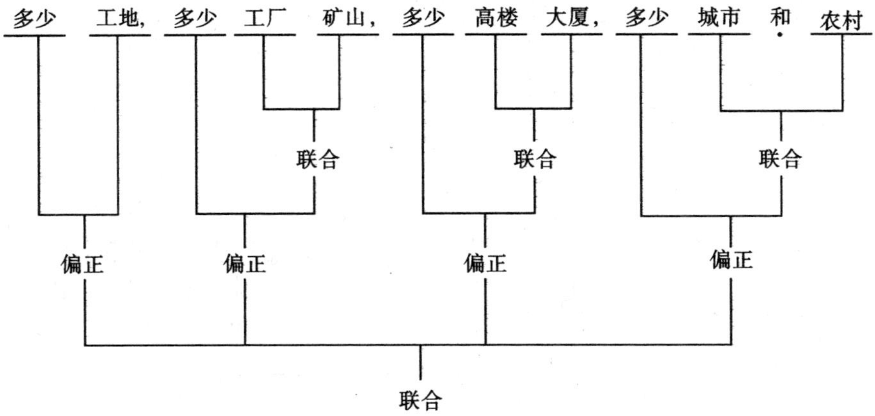

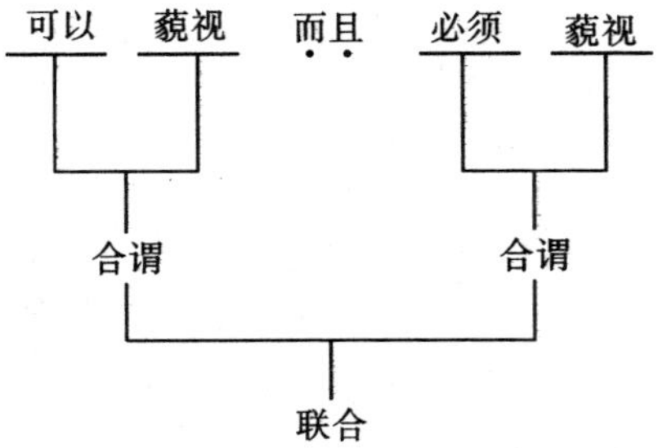

2. 多层次偏正结构。例如：

③这一切，发生得这样突然、迅速。（峻青：《党员登记表》）

④那像繁星似的金桔、四季桔、吉庆果之类的盆果，更是人们所欢迎的。（秦牧：《花城》）

例③，谓语部分是多层次偏正结构。进一步分析，“发生”是谓语，带补语“这样突然、迅速”，还是多层次偏正结构。例④，主语部分是多层次偏正结构。进一步分析，“盆果”是主语，带两个定语：一是“那”，指示代词；二是“像繁星似的金桔、四季桔、吉庆果之类”，还是多层次偏正结构（“之类”是助词，跟“等”作用相近)。把作补语和作定语的两个多层次偏正结构分析如下：

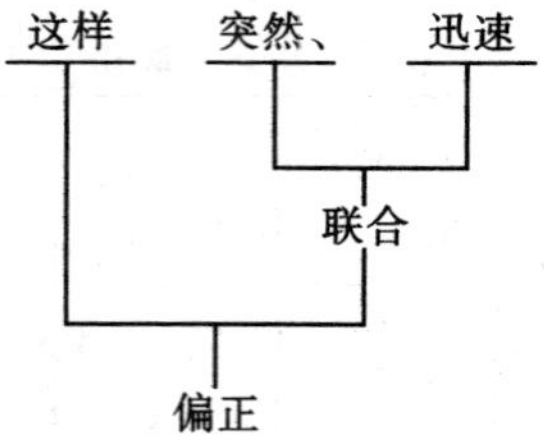

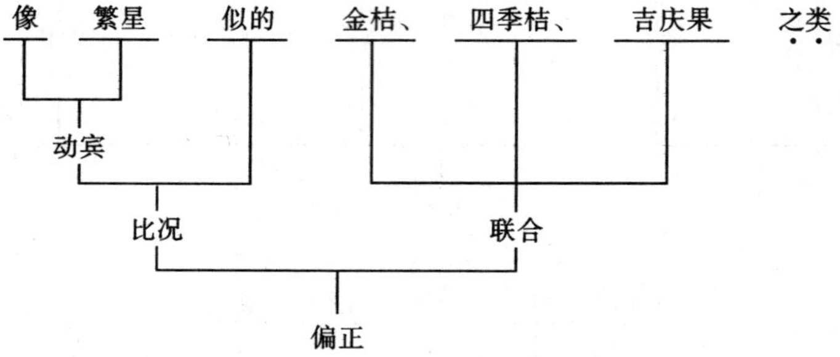

3. 多层次动宾结构。例如：

⑤研究这个运动的全面及其发展，是我们要时刻注意的大课题。（毛泽东：《中国共产党在民族战争中的地位》）

⑥苏万春高兴得抓住小虎子的头。（李云德：《沸腾的群山》）

例⑤，动宾结构作主语；例⑥，动宾结构作补语。它们都是多层次动宾结构。分析如下：

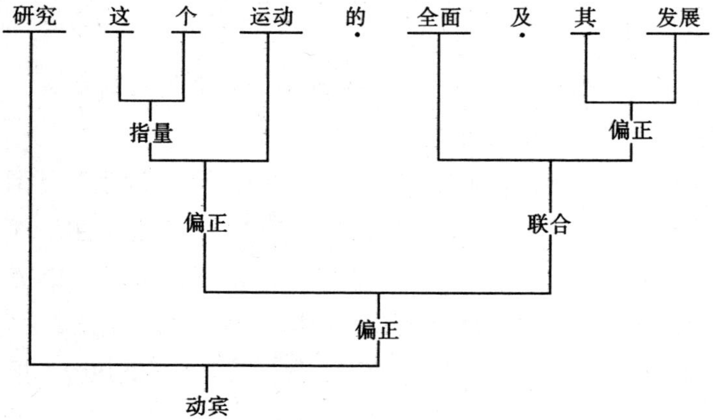

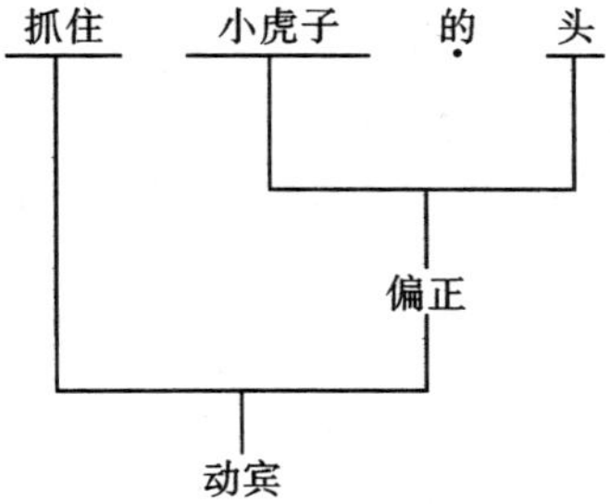

4. 多层次主谓结构。例如：

⑦毛田区的经验，充分证明了：人民群众有无限的创造力。

⑧天安门成了全国人民和全世界进步人士更加向往的地方。

这里两个句子都是多层次主谓结构。其中作宾语的和作定语的也是多层次主谓结构。把作宾语和作定语的分析如下：

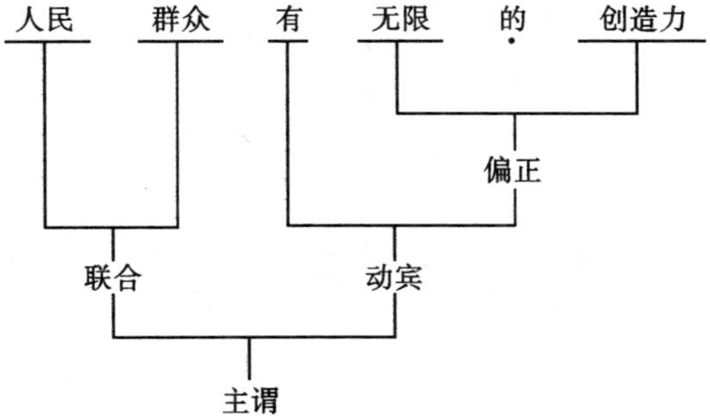

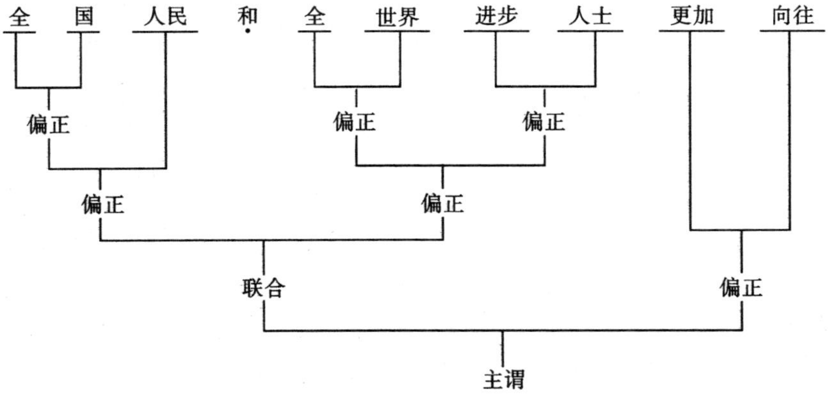

5. 多层次同位结构。例如：

⑨刚刚吃过晚饭，支部书记王金生的妹妹王玉梅便到旗杆院西房的小学教室里来上课。（赵树理：《三里湾》）

⑩这天晚间在电话所值班的有姚玉兰、小朱、康文彩等几个中朝女电话员。（杨朔：《三千里江山》）

例⑨，同位结构作主语；例⑩，同位结构作宾语。它们都是多层次同位结构。分析如下：

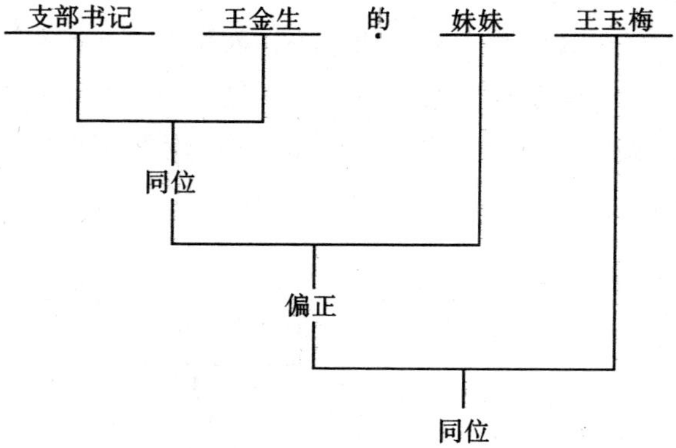

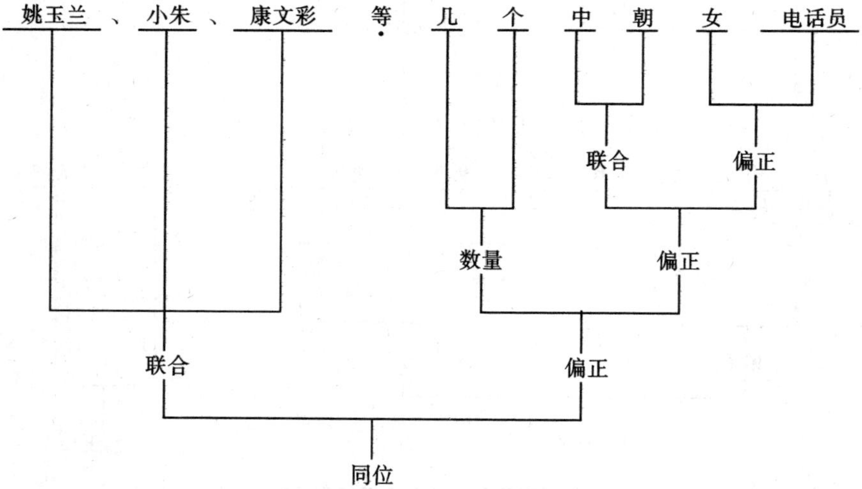

6. 多层次介词结构。例如：

⑪我们一定要为完成历史赋予我们的这个光荣任务而努力奋斗。

（华国锋：《团结起来，为建设社会主义的现代化强国而奋斗》）

⑫趁你们年富力强的时候，为人民做出更多的贡献吧！（郭沫若：《科学的春天》）

这两例，充当状语的介词结构都是多层次结构。分析如下：

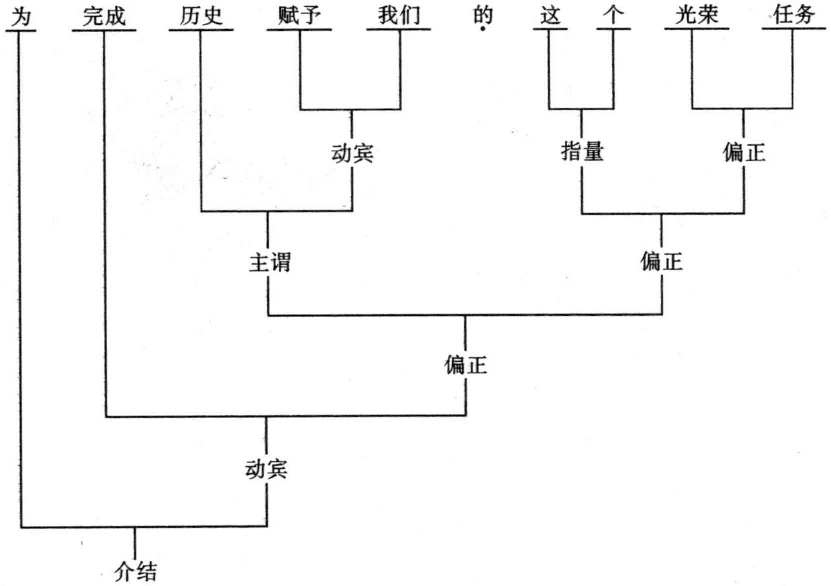

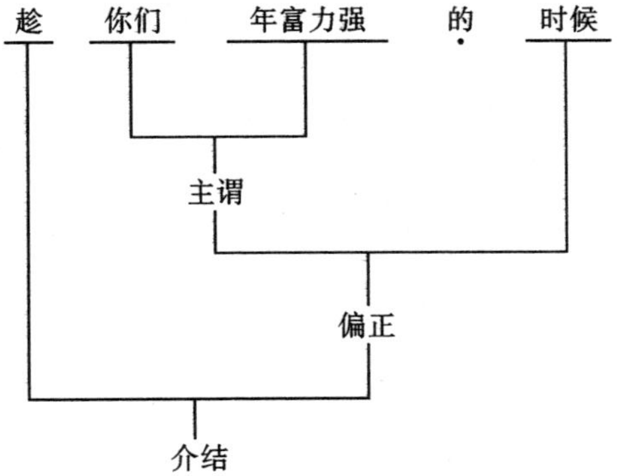

7. 多层次方位结构。例如：

⑬我无聊地站起来，望着窗外浓雾迷茫的山景，忽然看到那棵黄桷树下面的小屋，……（冰心：《小桔灯》）

⑭重庆当年一条繁华的大街上，有个大众化的北方饭馆。（曹靖华：《小米的回忆》）

例⑬，多层次方位结构作定语。例⑭，多层次方位结构作状语。分析如下：

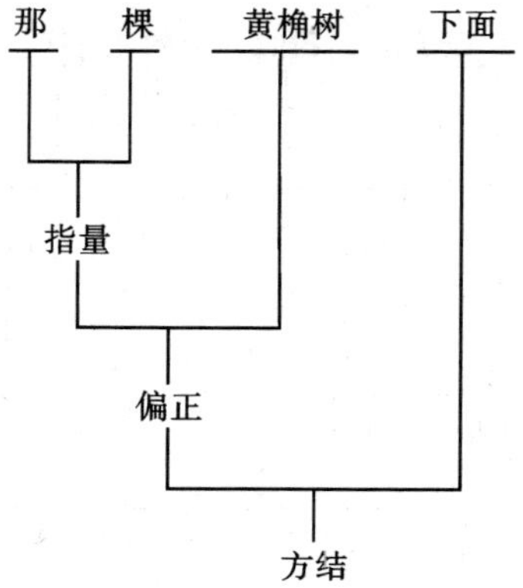

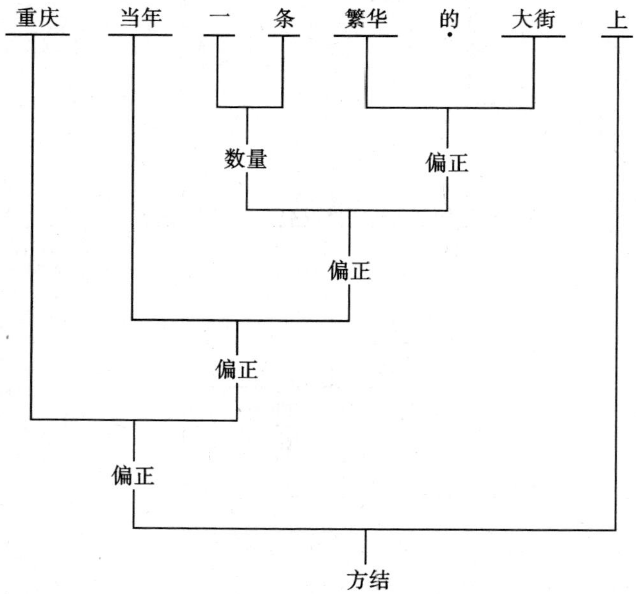

8. 多层次“的”字结构。例如：

⑮咱们党最需要的是什么人？

⑯她带来一大包麻辣胡豆，这是女儿最喜欢吃的。（徐怀中：《西线轶事》）

例⑮，“的”字结构作主语；例⑯，“的”字结构作宾语。它们都是多层次结构。分析如下：

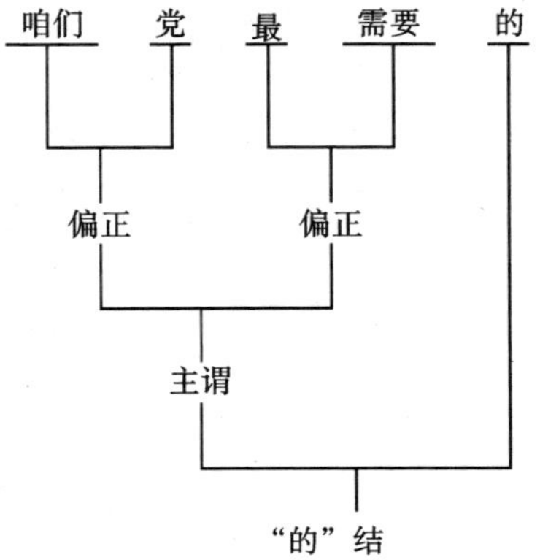

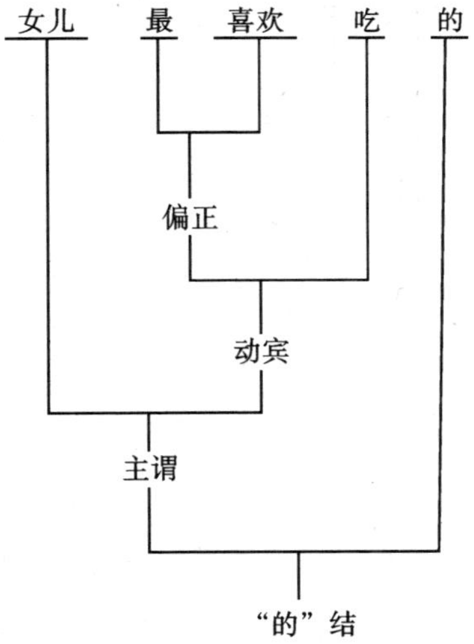

9. 多层次比况结构。例如：

⑰她像跟谁辩论似的猛然仰起了头。

⑱几十名工人像贴在万丈绝壁上似的。（杜鹏程：《夜走灵官峡》）

例⑰，比况结构作状语；例⑱，比况结构作谓语。它们都是多层次结构。分析如下：

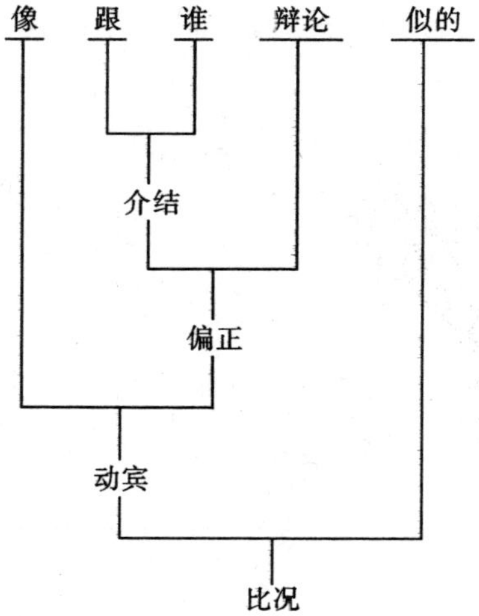

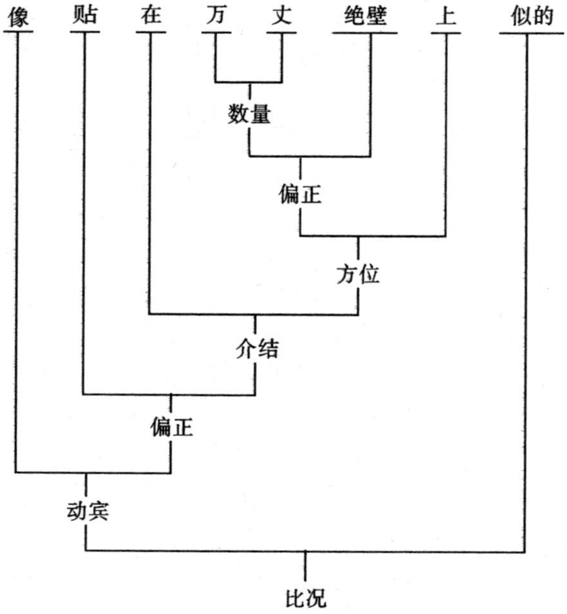

由各种结构充当句子成分的句子，特别是由多层次结构充当句子成分的句子，可说是树大干粗，枝繁叶茂。这样的句子，分析时应注

意哪些问题呢？

1. 拨枝抓干，顺干找枝。

第一步，拨枝抓干。即先把主语部分和谓语部分划开，然后抓住句子的主干，明确这条主干是两节（主语、谓语）还是三节（主语、谓语、宾语）。这时，无论枝叶多么复杂，都一律放过，暂时不管。

第二步，顺干找枝。即以主干为中心，去找它们的枝叶，明确主干的哪一节上有分枝，有多少分枝。

这样分析句子，头绪清楚，关系明确，对句子结构了解得全面、清晰，对句子的意思不是似懂非懂，或只懂得个大概。下面举两个例子来分析。

⑲一条黄绿相间的琉璃屋檐，把巍峨的大会堂的轮廓从蔚蓝的天空中勾画出来。（孙世恺：《雄伟的人民大会堂》）

这个句子的主干是："屋檐"（主语）"勾画"（谓语）。"屋檐"带三个定语："一条"（数量结构），"黄绿相间"（主谓结构，多层次），"琉璃"（名词）；"勾画"带两个状语："把巍峨的大会堂的轮廓"（介词结构，多层次），"从蔚蓝的天空中"（介词结构，多层次）；"勾画"还带一个补语："出来"（趋向动词）。分别用图解法和加符号法分析如下：

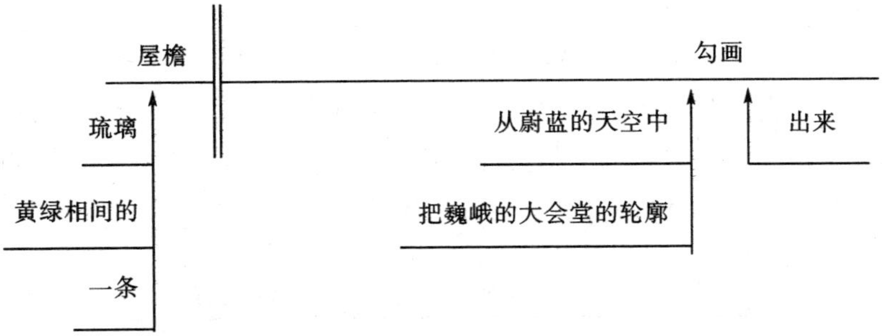

（一条）（黄绿相间的）（琉璃）屋檐，{把巍峨的大会堂的轮廓}{从蔚蓝的天空中}勾画〔出来〕。

⑳唐矿长亲自到工人家去招工的消息，很快传遍了孤鹰岭镇和附近乡村。（李云德：《沸腾的群山》）

这个句子的主干是"消息"（主语）"传遍了"（谓语）"孤鹰岭镇和附

近乡村"（宾语，联合结构，多层次）。"消息"带一个定语："唐矿长亲自到工人家去招工"（主谓结构，多层次）；"传遍了"带一个状语："很快"（偏正结构）。

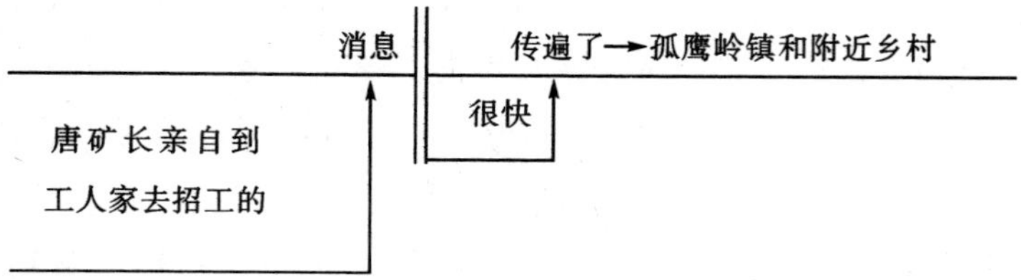

（唐矿长亲自到工人家去招工的）消息，{很快} 传遍了孤鹰岭镇和附近乡村。

2. 代词替换，化繁为简。

一个成分，不管它多么"繁"，都要把它看作一个单位，都可以用一个代词去替换它。如"繁"的主语、宾语可以用"谁、什么、这"去替换，"繁"的定语可以用"这样（的）、什么样（的）"去替换，等等。这样就能化繁为简，容易看清句子的结构关系。例如：

㉑石油工人已经并将进一步给我们证明，新华夏构造体系的石油储量确实很大。（徐迟：《地质之光》）

"石油工人……证明"什么？回答"什么"的问题的是"新华夏构造体系的石油储量确实很大"。在"石油工人……证明什么"里，"什么"是宾语；那么，为"什么"所替换的"新华夏构造体系的石油储量确实很大"自然也是宾语。这个句子，"证明"后边带一个由多层次主谓结构充当的宾语。另外，前边有两个状语："已经并将进一步"（联合结构，多层次），"给我们"（介词结构）。全句的结构关系是：

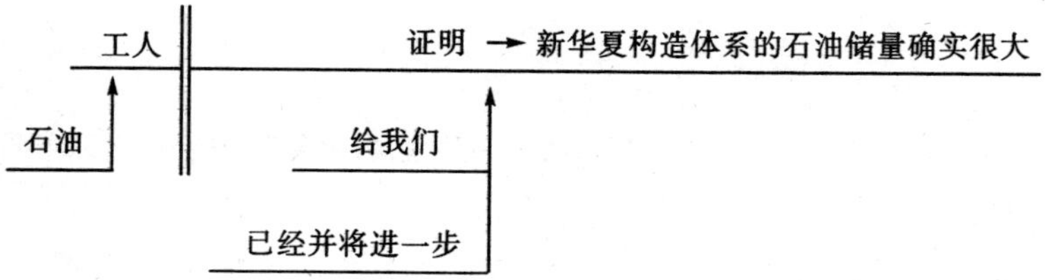

（石油）工人 {已经并将进一步} {给我们} 证明新华夏构造体系的石油储量确实很大。

（二）固定结构

固定结构是结构成分和结构情况都比较定型的结构，也叫固定词组。跟固定结构相对的是自由结构，即“不定型”的结构。前面所举的例子，全是自由结构。

常见的固定结构是成语和专用名称。例如：

年富力强（联合）

中流砥柱（偏正）

万马奔腾（主谓）

明察秋毫（动宾）

人民日报（偏正）

前四例是成语，后一例是专用名称。

在句子里，固定结构可以充当各种成分。例如：

①（我们这些参加过“五四”运动的人，喊出过发展科学的口号，结果也不过是一场空。）大批仁人志士，满腔悲愤，万种辛酸，想有所为而不能为，真是英雄无用武之地。（郭沫若：《科学的春天》）

②嫦娥奔月，龙宫探宝，《封神演义》上的许多幻想，通过科学，今天大都变成了现实。（同上）

例①，固定结构“仁人志士”作主语。例②，固定结构“嫦娥奔月”“龙宫探宝”和偏正结构“《封神演义》上的许多幻想”组成联合结构，作主语。

③一年一度的广州年宵花市，素来脍炙人口。（秦牧：《花城》）

④它所有的丫枝一律向上，而且紧紧靠拢，也像加过人工似的，成为一束，绝不旁逸斜出。（茅盾：《白杨礼赞》）

这里，固定结构“脍炙人口”“旁逸斜出”都作谓语。

⑤看着繁花锦绣，赏着姹紫嫣红，想起这种一日之间广州忽

然变成了一座“花城”，几乎全城的人都出来深夜赏花的情景，真是感到美妙。（秦牧：《花城》）

⑥“民兵围集干什么?”老金魁觉得莫名其妙。（谷峪：《集市》）

例⑤的“繁花锦绣”“姹紫嫣红”，例⑥的“莫名其妙”，都是固定结构充当宾语。

⑦秋天，比春天更富有欣欣向荣的景象。（峻青：《秋色赋》）

⑧王冠雄小心翼翼地解释：“用不了多少，……”（蒋子龙：《乔厂长后传》）

⑨我们的部队，……把他的一师人打得头破血流，退回双堆集去。（谢雪畴：《“老虎团”的结局》）

例⑦，固定结构“欣欣向荣”作定语。例⑧，固定结构“小心翼翼”作状语。例⑨，固定结构“头破血流”作补语。

固定结构的组成部分结合很紧。一个固定结构，不管在句子的哪一部位出现，都可以看作一个整体，不必作进一步的分析。

十一　虚词的运用

虚词数量不多，只有几百个，但它们有着极为重要的作用。词和词组成词组，词和词组或词组和词组组成复杂的词组（多层次结构），除了依靠词序之外，往往得借助于虚词，才能表示出各种不同的关系。比较：

①粮食增产
　粮食的增产

②北京大学
　北京的大学

③学校的农场
　学校和农场

例①，用不用虚词，关系不一样：前者是主谓关系，后者是偏正关系。例②，用不用虚词，意思不一样：前者专指一所大学，后者泛指北京的所有大学。例③，用不同的虚词，关系不一样：前者是偏正关系，后者是联合关系。

在语言的实际运用中，虚词十分活跃。常用虚词的使用频率，要比常用实词高得多。正确运用虚词，是正确运用语言的一个重要方面。这里，无法对每个虚词一一介绍，只能从运用的角度提出几个要求来谈谈。

（一）不　错

必须了解虚词的用法，掌握它们的使用条件。这样，用起来才不会出错。

以介词“对、对于”来说。

“对、对于”起引入并强调动作对象的作用，如“刘四爷对祥子笑了笑”（老舍：《骆驼祥子》），“祥子”是动作的对象。但是，如果“对……”“对于……”这种介词结构后边再加上“说来、来说”，情况就恰好相反：“对、对于”起的是引入并强调主动者的作用。比较：

①我对他是十分熟悉的。（张寿康《说“结构”》用例）

②我对他来说是十分熟悉的。（同上）

例①，“对他”是介词结构。这里的“他”是意念中的对象。例②，“对他来说”是偏正结构，“对他”被包含在其中。这里的“他”是意念中的主动者。又如：

③社会主义经济，对于我们来说，还有许多未被认识的必然王国。（毛泽东：《在扩大的中央工作会议上的讲话》）

这里，由于用了“对于……来说”的格式，“我们”很明显是意念中的主动者。如果不掌握用不用“说来、来说”的区别，“对、对于”就往往会用错。例如：

*④这样可歌可泣的事对我这个刚刚下乡的知识青年当然感到十分新鲜。

“我这个刚下乡的知识青年”是“主动者”，在这里成了“对象”了。应改为：

⑤我这个刚刚下乡的知识青年对这样可歌可泣的事当然感到十分新鲜。

⑥这样可歌可泣的事对我这个刚刚下乡的知识青年说来当然感到十分新鲜。

例⑤，让“我这个刚刚下乡的知识青年”在主语部分出现，可以清楚地表明谁对谁的关系。例⑥，加“说来”，形成“对……说来”的格式，这也可以表明其中的“我这个刚刚下乡的知识青年”是意念中的主动者。

再以连词“和”与“或”来说。

“和”表示各联合项之间是相加的关系，“或”表示各联合项之间是选择的关系。有时“和”“或”可以互换，但着重点不一样。例如：

⑦教务处通知，教师和女学生可以坐车去。

⑧教务处通知，教师或女学生可以坐车去。

用“和”，着眼于总的方面：可以坐车去的人有两种——教师、女学生。用“或”，着眼于个别方面：可以坐车去的人，或者是教师，或者是女学生。

有时，“和”“或”不能互换。试比较毛泽东同志《关心群众生活，注意工作方法》一文中的两个例子：

⑨他们把革命的工作方法问题和革命的工作任务问题同时解决了。

⑩不解决桥或船的问题，过河就是一句空话。

例⑨，他们既解决了“革命的工作方法问题”，又解决了“革命的工作任务问题”，因此这里应用“和”，而不应用“或”。例⑩，要过河不一定既要修桥又要造船，只要有了“桥”和“船”这两样东西里的一样，就不致使过河成为空话。因此，这里应用“或”，不应用“和”。看一病例：

*⑪奶皮子是内蒙古自治区呼伦贝尔盟或锡林郭勒盟牧区的名产。

这里的“或”用得不当。“呼伦贝尔盟”“锡林郭勒盟”这两个地方都盛产优质的奶皮子，由这两个地名组成的联合结构，应用“和”，而不应用“或”。

再以结构助词“的、地、得”来说。

在书面语里，“的、地、得”已有明确的分工：定语后边用“的”，状语后边用“地”，补语前边用“得”。例如：

⑫他的画渐渐地画得传神了。

第一个“画”是主语，“他”作定语，后边带“的”。第二个“画”是谓语，“渐渐”作状语，后边带“地”；“传神”作补语，前边用“得”。由于正确运用了“的、地、得”，句子的结构关系是十分明晰的。如果都用“的”，写成：“他的画渐渐的画的传神了。”这样，不能让人很好地了解句子的结构关系。

正确运用“的、地、得”的关键，在于善于分析句子，明确哪是主谓宾，哪是定状补。比如“热烈祝贺”“热烈欢呼”之类，“热烈”后边用“的”还是用“地”，得看在句子里哪一部位出现。例如：

⑬我们热烈祝贺大会的召开！

⑭几位领导同志的讲话，受到了全体代表的热烈拥护。

如果要加上结构助词，例⑬里“热烈”后边应加“地”，因为“祝贺”是谓语，“热烈”是状语；例⑭里“热烈”后边应加“的”，因为“拥护”是宾语，“热烈”是定语。再看用了“的、地”的例子：

⑮全国广大人民现在的心情是热烈地期待着党中央已经提出、五届人大即将通过的新的长征的重大部署，……（《人民日报》、《红旗》杂志、《解放军报》社论《继续长征的重大部署》）

⑯参加大会的同志们进行了认真的讨论，一致表示热烈的拥护。（华国锋：《提高整个中华民族的科学文化水平》）

例⑮，“热烈”是状语，因此后边用“地”。例⑯，“热烈”是定语，因此后边用“的”；“认真”也是定语，因此后边也用“的”。再看两个用错了“地”的例子：

* ⑰我们对这一小撮投机倒把分子进行了坚决地打击。

* ⑱一场激烈地争论在同学们中间进行着。

“打击”是宾语，“争论”是主语，分别修饰它们的“坚决”“激烈”都是定语，因此后边应用“的”，而不应用“地”。

（二）不　滥

必须根据表达句子结构关系的需要选用虚词，不能滥用。

滥用虚词，有时会给句子增添多余的东西，使人读起来感到不顺当，很别扭。例如：

*①从他那洪亮的语声中，蕴藏着多么深的情意！

*②我把成语掌握得很少。

*③因为绞一只螺丝需要车床能“顺转”和又能“倒转”，所以才这样做。

例*①，介词“从”是多余的。在表示起点（“从大桥出发”）或表示经过某地（“你从桥上过，我从桥下走”）时才用“从”，这里的谓语“蕴藏着”表示存在，用“从”反而不顺当。这是滥用，应删去。例*②,介词“把”是多余的。在强调对事物的处置时用“把”才合适，这里的“把”也应删。例*③，连词“和”是多余的。“能顺转又能倒转”已能清楚地表明并列关系，何必加个“和”?

滥用虚词，有时还会搅乱句子的结构关系，影响意思的表达。例如：

*④程亮的脸上放光地说。

*⑤今年关于我们队的粮食，在大家的努力下，又增产了百分之十二。

例*④，不用“的”，“程亮”是主语，“说”是谓语，“脸上放光地”是状语，整个句子的结构关系是十分清楚的。加了“的”，“程亮的脸上”，便成了主语部分，“放光地说”便成了谓语部分，主谓之间的搭配就出问题了。这里的“的”应删去。例*⑤，没有“关于”这个介词，句子的结构关系就非常清楚：“粮食”是主语，“增产了”是谓语。用了“关于”，“关于……粮食”便成了介词结构，作“增产”的状语，表示在哪一方面。这样，主语没有了，关系反而不清楚了。这里的“关于”应删去。

（三）不　缺

必须根据表达句子结构关系的需要用上必要的虚词。不应“滥”，也不能“缺”。

缺少必要的虚词，往往会导致意思含糊，关系不清。例如：

*①这已是城市的远郊，农妇们牵着奶牛在吃草。

后一分句应加结构助词“的”，说成“农妇们牵着的奶牛在吃草”；或者改为“农妇们牵着奶牛，奶牛在吃草”。不然，好像是农妇们在吃草似的。

*②最近该县又专门召开了五个区、十二个公社主任的座谈会，讨论了搞好丘陵山区农业机械化的问题。

“五个区、十二个公社主任”是“座谈会”的定语。这个定语里缺少必要的虚词，因而意思不明确。参加会议的，到底有哪些人呢？如果全部都是公社的主任，就应该去掉顿号，加个“的”字，说成“五个区十二个公社的主任”；如果除公社主任之外还有区干部，就应该说成“五个区的干部和十二个公社……”。另外，“十二个公社主任”也应说成“十二个公社的主任”，因为按原意，是“十二个公社/主任”，而不是“十二个/公社主任”。

*③在这个厂贯彻上级指示精神中，群众所提出来的合理化建议，我们可以充分看到……

“看到”是谓语。前头的“群众所提出来的合理化建议”本是“看到”的状语，但由于缺少必要的虚词，使得关系不清。应加个介词“从”，把这句话改为“从群众在这个厂贯彻上级指示精神中所提出来的合理化建议，我们可以充分看到……”。

缺少必要的虚词，有时还会影响句子语气的畅达，使人念起来感到不顺口。例如：

*④去年，我在老家非常愉快度过了暑假。

*⑤他们帮助农业合作社打井、收麦、积肥、修路，参加学校教室、礼堂的修建工作等等。

例*④的“非常愉快”后边应加结构助词“地”；例*⑤的“修路”前边应加连词“和”。这样，句子显得顺畅些。

（四）不乱套

虚词的运用，往往配套。有时，虚词和虚词配套；有时，虚词和副词或方位词配套。例如：

因为……所以……（连词和连词相配）

如果……就……（连词和副词相配）

在……下……（介词和方位词相配）

除了……之外……（介词和方位词相配）

正在……着……（副词和时态助词相配）

难道……吗（副词和语气助词相配）

也许……吧（副词和语气助词相配）

虚词的配套运用，尽管有一定的灵活性，但都是约定俗成的。写作时，必须注意配得合乎习惯，不能乱来。请看下列例子：

*①正式的“塔龙”大会必须在寮历 12 月 13 日由国王主持下开始。

*②三十年前，当中国人民的革命在世界上取得胜利的那一天起，中国人民就以日益巨大的热情关怀和支持世界人民的革命斗争。

*③在此期间，代表团除在首都参观之后，还先后访问了南京、上海等地。

例*①，只有“在……下”的说法，没有“由……下”的说法。“由”应改为“在”。（为了念起来顺口，可再把“在寮历 12 月 13 日”改为“于……”。）例*②，“当”和“起”不能配套。“当”应改为“从”。例*③，“除……之后”的说法也乱了套。可去掉“除”，或者把“之后”改为“之外”。

*④我们不能忘记曾经与我们有着友好接触的西德音乐家们。

*⑤培江正在细心地配了第二副药。

例＊④，“曾经”和“过”才能配套。“着”应改为“过”。例＊⑤，“正在”和“着”才能配套。应改“了”为“着”，或者去掉“正在”。

＊⑥走到拖拉机跟前，霍站长早已在那里端详那木头连接机呢。

＊⑦门一开，他不在，难道是真的走了吧？

例＊⑥，“了”才能跟“早已”相配。“呢”应改为“了”。例＊⑦，“吗”才能跟“难道”相配，“吧”应改为“吗”。

（五）不误位

有的虚词，可以放在这个地方，也可以放在那个地方。究竟放在什么地方合适，要根据表达的需要来决定。比较：

①我们选了支书老王、支委老李、小赵和小张当代表。

②我们选了支书老王、支委老李和小赵、小张当代表。

例①，“和”放在“老李”“小赵”和“小张”之间，表示这三个人都是“支委”；例②，“和”放在“老李”后边，表示支委只有老李一个人。

虚词误位，即摆不对地方，就会影响表意的准确性。例如：

＊③这四位日本选手是：一九五五年世界冠军田中利明、一九五四年世界冠军荻村一郎、富田芳雄和野平明雄。

＊④在我和姐姐重逢时，高兴得哭了起来。

例＊③，连词“和”误位。乍一看，好像荻村一郎、富田芳雄、野平明雄等三人都是一九五四年世界冠军，但实际上一九五四年世界冠军只有荻村一郎一个人。“和”应放在“荻村一郎”后边才对。例＊④，介词“在”误位。如果高兴得哭了起来的是“我”，“在”应放在“我”的后边；如果高兴得哭了起来的是“我和姐姐”，“在”应放在“我和姐姐”的后边。

十二　连谓式和兼语式

有时，谓语部分里包含两个以上的谓语，即动词谓语和动词谓语（或者动词谓语和形容词谓语）在一个谓语部分里同时出现。连谓式和兼语式，都是谓语部分里包含两个以上的谓语的句式。

谓语是谓语部分里组织材料的中心。一个谓语部分用了两个以上谓语，组织中心就多了起来，整个谓语部分也就复杂了起来。因此，一般把连谓式和兼语式统称为“复杂谓语”。

（一）连谓式

连谓式的特点是：两个以上谓语共一个主语，它们（及所带的宾语、补语、状语）一个接一个地述说共同的主语。例如：

①我抓住树枝爬上去。（杜鹏程：《夜走灵官峡》）

这是连谓式句，两个谓语（及所带成分）都述说全句的主语“我”，可以分为两句话：“我抓住树枝。”“我爬上去。”这个句子的结构关系，分析如下：

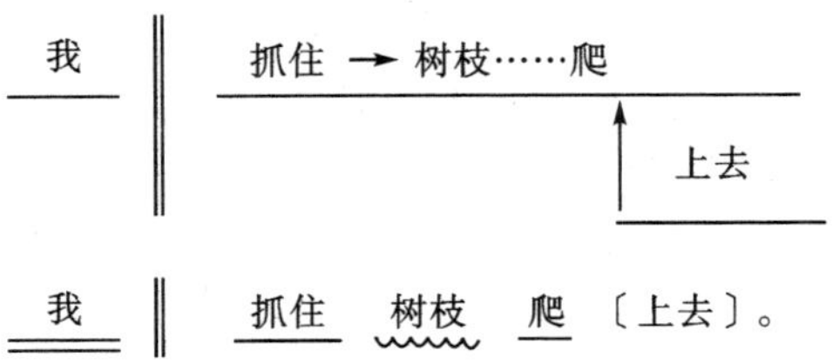

连谓式里，各个谓语总是在一个谓语部分里连用，书面上，谓语和谓语之间不能用逗号隔开。不然，就不是连谓式。例如：

②他眯缝起两眼，打量着这间湿淋淋的办公室。（管桦：《暴风雨之夜》）

这是一个复句，有两个分句。如果说成“他眯起眼打量着这间办公室”，这便是连谓式了。

连谓式里，连用的谓语（及所带成分）之间在意义上有一定的关系。最常见的是有先后关系，同时，前者表示方式，后者表示目的。如例①，先“抓住树枝”，后“爬上去”；另一方面，“爬上去”是“抓住树枝”的目的，“抓住树枝”是“爬上去”的方式。当然，有时也有所偏重：有的，偏重于表示先后关系；有的，偏重于前者表示后者的方式；有的，偏重于后者表示前者的目的。例如：

③三仙姑坐在香案后唱，金旺他爹跪在香案前听。（赵树理：《小二黑结婚》）

④从此，我家被迫分两处住下。（朱德：《母亲的回忆》）

这里，既有先后关系，也有“方式·目的”的关系。

⑤我听完很高兴。（马烽：《太阳刚刚出山》）

⑥他站起来看了我一眼。（马烽：《我的第一个上级》）

这里，偏重于表示先后关系。

⑦吴淑兰笑着躲开她。（王汶石：《新结识的伙伴》）

⑧她流着泪使劲点着头。（杨沫：《坚强的战士》）

这里，偏重于前者表示后者的方式。

⑨你买这种东西做什么？

⑩我买份报看。

这里，偏重于后者表示前者的目的。

除了“先后”关系和“方式·目的”的关系之外，连谓式里还有别的关系。略举几例：

⑪这孩子学习科学知识很用心。

⑫我们扛起枪能打仗，拿起家伙能干活呀！

这类句子符合连谓式的特点：每个谓语（及所带成分）都能连着全句

的主语单说。如例⑪可以说成“这孩子学习科学知识”，“这孩子很用心”。这类句子的两个谓语（及所带成分），前一个表示人物的动作行为，后一个表示对人物的形容或评论。

⑬我是党员，我有责任提出我的意见。

⑭我们有办法制服他。

这类句子也符合连谓式的特点。如例⑬可以分说成“我有责任”，“我提出我的意见”。在这类句子里，后一谓语（及所带成分）表示行为；前一谓语用“有”（或“没有”），带上宾语，表示可能或必要。如“有责任提出我的意见”，相当于“应当提出我的意见”；“有办法制服他”，相当于“能够制服他”。一般说来，说“有力量、有办法……”，相当于“能够……”；说“有理由、有权利……”，相当于“可以……”；说“有责任、有义务……”，相当于“应当……”；说“没有理由……”，相当于“不能……”。

⑮你怎么丢下活儿不干呢？

⑯总理抓住他的手不放。（徐迟：《地质之光》）

这类句子也符合连谓式的特点。如例⑮可以分说成：“你怎么丢下活儿呢？”“你怎么不干呢？”在这类句子里，连用的谓语（及所带成分）分别从肯定方面和否定方面来说明同一种行为。如例⑮，“丢下活儿”是肯定方面，“不干”是否定方面；例⑯，“抓住他的手”是肯定方面，“不放”是否定方面。像“板起脸儿不笑”“瞒着不说”“坐着不动”“隐瞒不承认”等等，都是这一类。这类连谓式，有互相补充、互相强调，使意思更加突出的作用。

有时，连谓式里连用三个或更多的谓语。例如：

⑰你索性去住院检查一次。（徐迟：《地质之光》）

⑱妈妈坐汽车上街买回了江生喜欢的各种食品。（白桦：《一束信札》）

⑲四队队长张水生，天不明就起了床，扛了把扫帚去打谷场上扫雪。（谷峪：《集市》）

⑳贵宾们乘飞机离开北京去西安参观访问。

例⑰、⑱、⑲，连用三个谓语；例⑳，连用四个谓语。它们的结构关系分析如下：

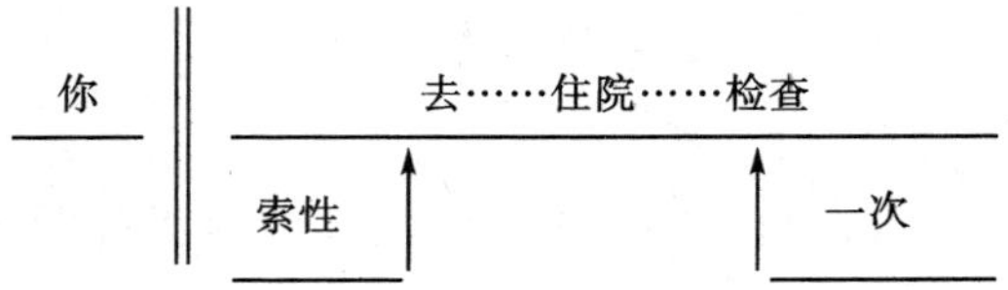

你 ‖ {索性} 去 住院 检查 〔一次〕。

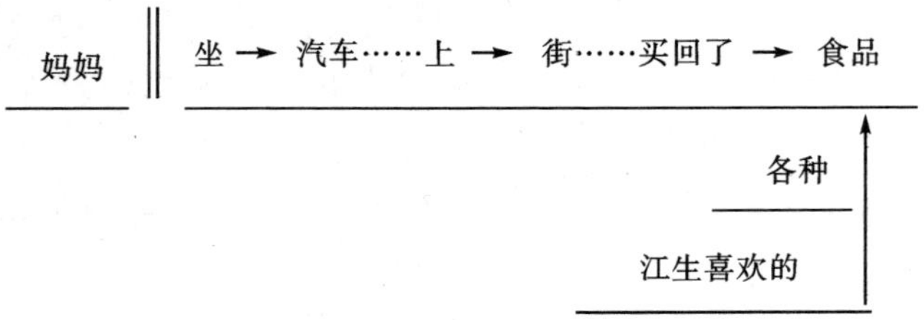

妈妈 ‖ 坐 汽车 上 街 买回了（江生喜欢的）（各种）食品。

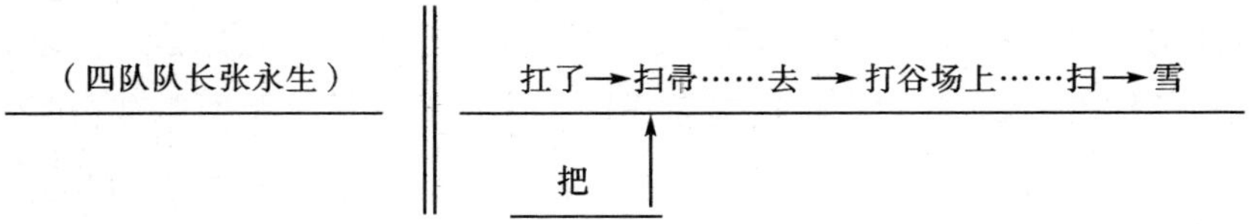

…… 扛了 （把）扫帚 去 打谷场上 扫 雪 。

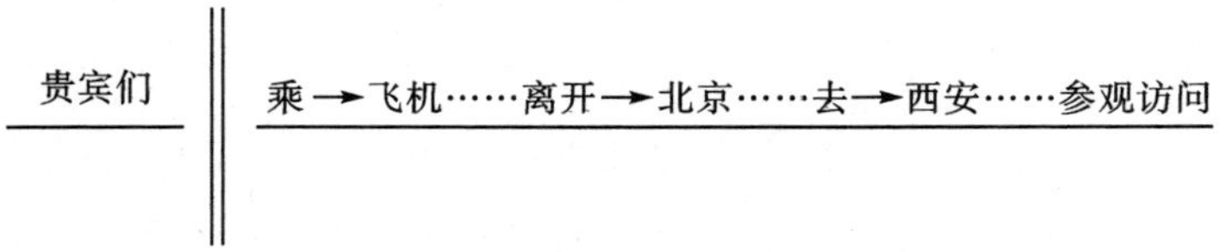

贵宾们 ‖ 乘 飞机 离开 北京 去 西安 参观访问 。

（二）兼语式

兼语式的特点是：前一谓语的宾语同时又是后一谓语的主语，前后两个谓语不共一个主语。例如：

①恶奴命士兵抢人。（梁信：《从奴隶到将军》）

这个句子的谓语部分里有两个谓语："命""抢"。"士兵"既是"命"的宾语，又是"抢（人）"的主语。因为这种句式里有一个成分兼作宾语和主语，所以这种句式叫作兼语式。这个句子的结构关系，分析如下：

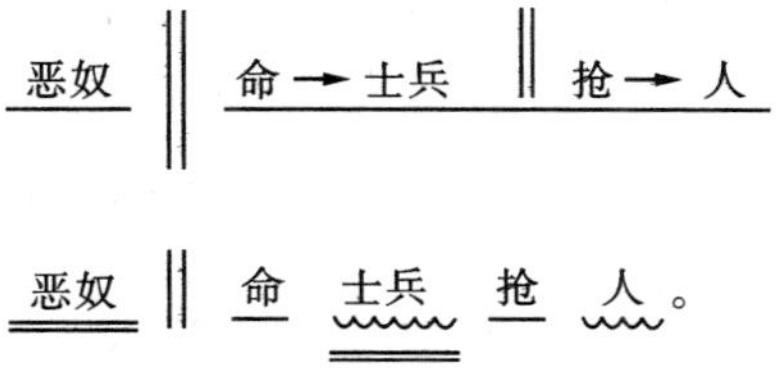

兼语式里包含的两个谓语不共一个主语，不同于连谓式。比较：

②我瞒着他干活。

③我催着他干活。

例②是连谓式。"瞒着""干活"的主语都是"我"，可以分说成："我瞒着他"，"我干活"。例③是兼语式。"他"是"催着"的宾语，同时又是"干活"的主语，可以分说成："我催着他"，"他干活"。

比较常用的兼语式有五种。

1. "使令"式。——这种兼语式，前一谓语用带"使令"意义的动词，后一谓语（及所带成分）表示目的或结果。例如：

④唐矿长的话使会议增加了严肃气氛。（李云德：《沸腾的群山》）

⑤一种亲切的好奇心促使我一路上反复仔细地观察着我的领路人。（王汶石：《通红的煤》）

⑥党支部派出青壮劳力参加修渠。（肖兵：《太行青松》）

宾语是主谓结构的句子，跟使令式句子有些相似。但是，使令式句子大都能分化为两个分句，分句间有“行动·目的”或“行动·结果”的关系；宾语是主谓结构的句子则不能分化为两个分句，即使能分化开，也不存在“行动·目的”或“行动·结果”的关系。比较：

⑦我们要求他唱了一段京戏。

⑧我们听见他唱了一段京戏。

⑨我们知道他唱了一段京戏。

例⑦是兼语式句。“要求”有“使令”意义，“唱了一段京戏”是“要求”的结果，可以分化为有“行动·结果”关系的两个分句：“我们要求他，(结果) 他唱了一段京戏。”例⑧是宾语由主谓结构充当的句子，不能分化为“我们听见他，他唱了一段京戏”。例⑨也是宾语由主谓结构充当的句子，就算能勉强分化为“我们知道他，他唱了一段京戏”，也不存在“行动·目的”或“行动·结果”的关系。

2. “爱恨”式。——这种兼语式，前一谓语用带“爱”“恨”意义的富于感情色彩的动词，后一谓语（及所带成分）表示原因。例如：

⑩我喜欢他老实。

⑪她痛恨有翼不争气。

⑫我们都批评他对工作不热心。

⑬谢谢你提醒了我。

宾语是主谓结构的句子，有的跟爱恨式句子很相像。但是，爱恨式句子可以分化为两个分句，分句间有“结果·原因”的关系；宾语是主谓结构的句子则不能分化为两个分句，即使能分化开，也不存在因果关系。比较：

⑭大家都嫌他有些坏习气。

⑮大家都认为他有些坏习气。

例⑭是兼语式句。“嫌”有“恨”义，“有些坏习气”是“嫌”的原因，可以分化为有“结果·原因”关系的两个分句：“大家都嫌他，因为他有些坏习气。”例⑮是宾语由主谓结构充当的句子，不能分化为：“大家都认为他，因为他有些坏习气。”

3. “有无”式。——这种兼语式，前一谓语用“有”或“没有”，后一谓语（及所带成分）叙述前一谓语的宾语的情况。这类兼语式句，一般是无主句。例如：

⑯那边有人看咱们哪！（王汶石：《新结识的伙伴》）

⑰后面有几个人笑起来了。（鲁迅：《藤野先生》）

⑱唐黎砚走进去，没人注意他。（李云德：《沸腾的群山》）

也有不是无主句的。例如：

⑲我有个朋友在新疆工作。

⑳孩子有医生照顾，比我解决问题。

4. “是”字式。——这种兼语式，前一谓语用“是”判定人物，往往可加“正、就”，说成“正是、就是”，后一谓语（及所带成分）表明被判定者的行为。整个句子是无主句。例如：

㉑是党给我们带来了光明与幸福！

㉒是谁做出了这样的决定？

㉓正是他救了我一家人。

这类句子可以分化为复句。比较：

㉔就是他把我背进了防空洞。

㉕就是他……我挂了花，他给我包扎好，把我背进防空洞……（巴金：《杨林同志》）

例㉔是兼语式句，例㉕是复句（省略号是原有的）。

5. “称认”式。——这种兼语式，前一谓语用“称呼”“认定”等意义的动词，后一谓语用“做、当、是”之类动词。例如：

㉖大家都称他为小鲁班。

㉗小伙子们都拜他做师傅。

㉘他……认白茹当个干女儿。（曲波：《林海雪原》）

㉙两年前七斤……骂过赵七爷是“贱胎”。（鲁迅：《风波》）

这类兼语式里，被“称呼”“认定”的对象和他们的名号之间，必须用“做、当、是”之类；如果没有“做、当、是”之类，就或者不成话，或者构成双宾语句。例如：

㉚以后你就叫我老秦吧。（马烽：《我的第一个上级》）

这里的“我”和“老秦”是双宾语，它们能分别回答“谁”和“什么”的问题。

有时，兼语式里包含两个或两个以上的兼语。例如：

㉛几天后，总理又派同志送我回上海。（廖梦醒：《恩情》）

㉜李林同志，我可不可以再要求首长让我到班里去？（巴金：《杨林同志》）

㉝我请他叫一个人送这个孩子回家。（吕冀平用例）

例㉛、㉜包含两个兼语，例㉝包含三个兼语。它们的结构关系分析如下：

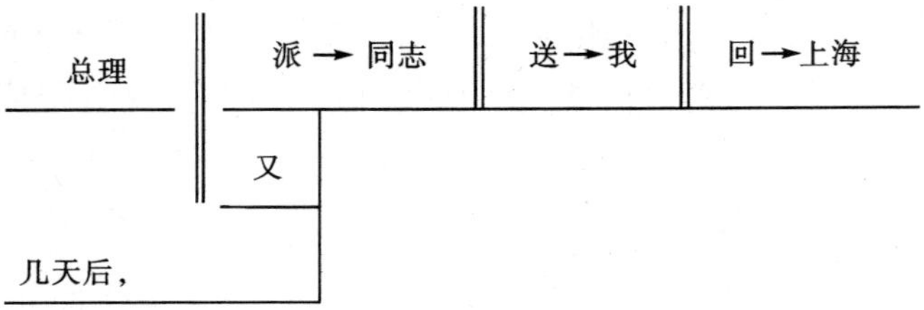

{几天后} 总理 ‖ {又} 派 同志 送 我 回 上海。

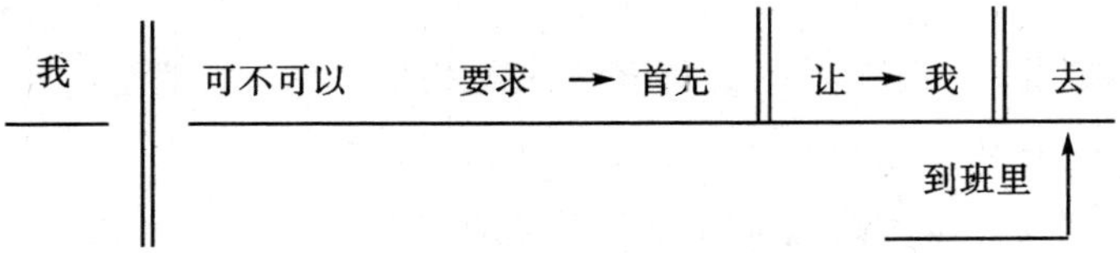

我 ‖ 可不可以 要求 首长 让 我 {到班里}去？

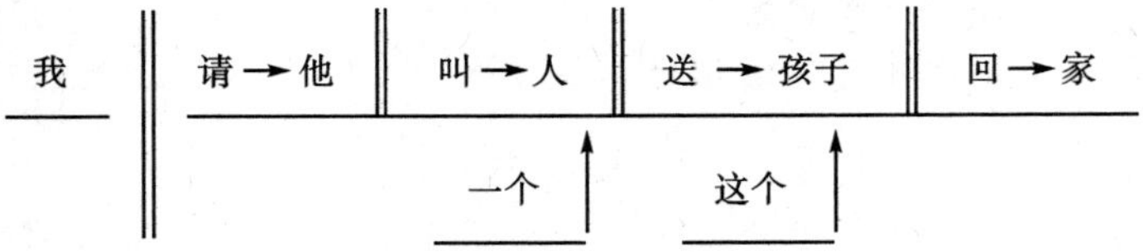

我 ‖ 请 他 叫（一个）人 送（这个）孩子 回家。

（三）连谓兼语混合式

连谓兼语混合式，混合了连谓兼语两种格式的内容。比如，“我陪着他看戏”，等于“我陪着他，我和他都看戏”。一方面，就“我陪着他，我看戏”来说，是连谓；另一方面，就“我陪着他，他看戏”来说，又是兼语。这种混合式，前一谓语用“领”“引”“陪”“帮”之类意义的动词。例如：

①当红军主力长征之后，泽覃叔叔率领赣南独立师转战在武夷山。（毛岸青、邵华：《我们爱韶山的红杜鹃》）

②冯有梅引着徐国梁走出村东。（孙谦：《南山的灯》）

③我陪他去参观展览，他……对于那些改良的新农具特别感兴趣。（孙犁：《山地回忆》）

④战役结束以后，徐国梁帮着老冯重新盖起了新房。（孙谦：《南山的灯》）

这里，都出现了连谓兼语混合的现象。

这种格式，可以简称为“引陪”式。在具体的语言环境中，可能有所偏重：或者偏重于兼语，或者偏重于连谓。例如：

⑤建筑师还领我们参观了设置在大厅北面东西两角的厨房。（孙世恺：《雄伟的人民大会堂》）

⑥走，我引你去见见他。（马烽：《我的第一个上级》）

这两例，偏重于兼语，可以说就是兼语式。又如：

⑦我天天帮大妈挑水。

这一例，偏重于连谓，可以说就是连谓式。

（四）连谓兼语的交错使用

连谓式和兼语式有时交错使用：或者先连谓后兼语，或者先兼语后连谓，甚至还有更复杂的交错现象。

先连谓后兼语的，例如：

①玉生站起来腾出一把椅子让他坐下。（赵树理：《三里湾》）

②大伙儿有权利要求你这样做。（艾芜：《屋子里的春天》）

先兼语后连谓的，例如：

③父亲鼓励邵华去江陵农村参加“四清”。（毛岸青、邵华：《我们爱韶山的红杜鹃》）

④翟书记忙让人去绑担架。（马烽：《我的第一个上级》）

先连谓后兼语再连谓的，例如：

⑤第二天上午，卫兵来提郑瑾去过堂。（杨沫：《坚强的战士》）

先兼语后连谓再兼语的，例如：

⑥我要求总理代我请毛主席给少石写几个字。（廖梦醒：《恩情》）

先多次兼语再多次连谓的，例如：

⑦她又吩咐坤宁宫管事太监明日一早派人骑马去西郊玉泉山取新鲜泉水，……（姚雪垠：《李自成》第二部中册）

下面把例⑤、⑥、⑦的结构关系分析一下：

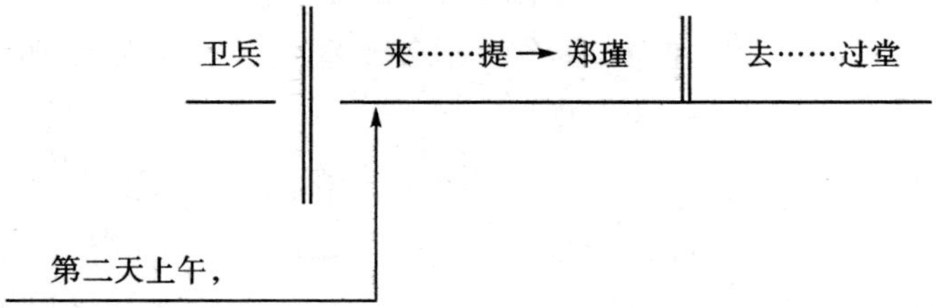

{第二天上午，} 卫兵 ‖ 来 提 郑瑾 去 过堂。

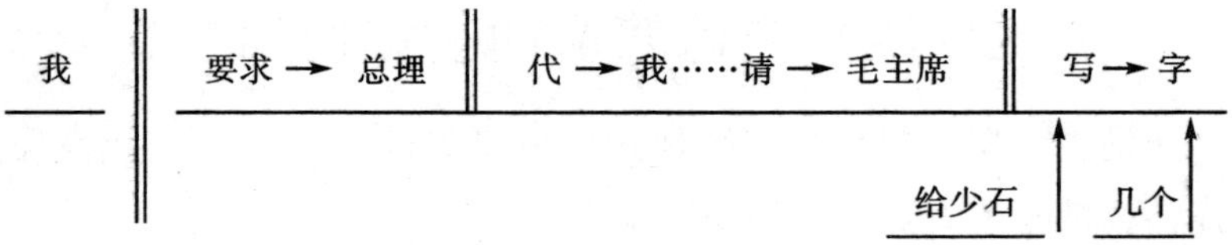

我 ‖ 要求 总理 代我请 毛主席{给少石}写（几个）字。

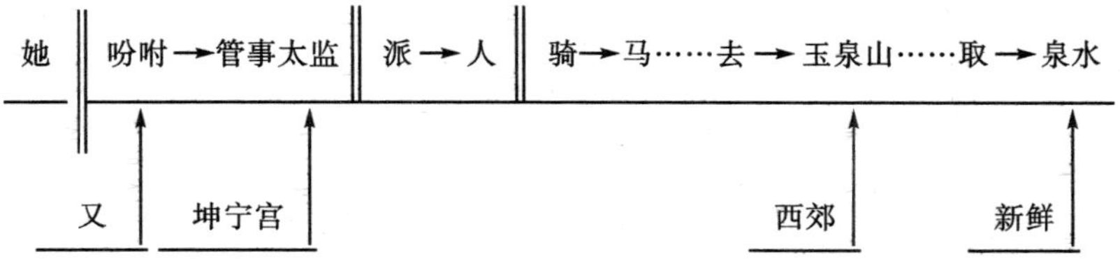

她{又}吩咐(坤宁宫)管事太监 派 人 骑 马 去（西郊）玉泉山 取（新鲜）泉水。

（五）连谓结构和兼语结构的造句功能

连谓结构，指结构上由主语相同的两个以上谓语连用而成的词组，也叫连谓词组。

连谓结构的基本功能是充当句子的谓语部分。这时，连谓结构就是连谓式，析句时要求作进一步的分析，指出哪是第一谓语（及所带成分），哪是第二谓语（及所带成分）。

连谓结构也可以整个儿充当一个成分。例如：

①组织起来走社会主义道路是毛主席的号召。（赵树理：《三里湾》）

②他……约定第二年或者第三年春天回来接她。（刘克：《央金》）

③来买东西的农民都挤在门口嚷叫着，抱怨着。（西戎：《宋老定进城》）

④老师傅高兴得握住我的手久久不放。

例①，连谓结构作主语；例②，连谓结构作宾语；例③，连谓结构作定语；例④，连谓结构作补语。

兼语结构，指结构上包含有兼语的词组，也叫兼语词组。

兼语结构的基本功能是充当句子的谓语部分。这时，兼语结构就是兼语式，析句时要求进一步分析出前后谓语和它们之间的兼语。

兼语结构也可以整个儿充当一个成分。例如：

⑤让她参加科学大会是正确的。

⑥（你不是想买一支什么牌的钢笔吗？……）娘想托他给你买一支。（刘真：《春大姐》）

⑦不久，县委发出了“引漳入林”的号召。（肖兵：《太行青松》）

⑧王大娘本来有造谣的本领，没的事也能说得叫人信一半。（刘真：《春大姐》）

⑨情况在令人不可捉摸地变化着。

例⑤，兼语结构作主语；例⑥，兼语结构作宾语；例⑦，兼语结构作定语；例⑧，兼语结构作补语；例⑨，兼语结构作状语。

（六）常见的两种语病

语言运用中，跟“连谓”“兼语”有关的常见的语病有两种：

1. 误用“兼语”句式。例如：

*①这篇文章令人耐看。

*②这个孩子令人可爱。

*③大水吼叫着，情景实在使人可怕。

这些都是运用了“使令”式的句子。例*①，后一谓语应该是说明“人”，而不应该是说明“文章”的，但“耐看”却只能说明“文章”，而不能说明“人”。应把“耐看”改为“百读不厌”或其他可以说明“人”的词语。例*②*③的毛病和例*①一样。例*②的“可爱”应改为“喜爱”或“感到可爱”，例*③的“可怕”应改为“害怕”或“感到害怕”。

2. 画蛇添足。例如：

*④鲁迅具有坚韧不拔的战斗精神作为我们学习的榜样。

*⑤这里还有一条铁路向西为德石（石家庄）线。

*⑥他创造性地丰富了钢琴的表现力量是很可贵的。

例*④，“鲁迅具有坚韧不拔的战斗精神”已是完整的一句，再加上

“作为我们学习的榜样”便是画蛇添足。不能这样运用连谓式。应在“战斗精神”后边加逗号，并把“作为”改为“是”。例*⑤，“这里还有一条铁路向西”已是完整的一句，再加上“为德石线”便是画蛇添足。不能这样运用兼语式。应在“向西”后边加逗号，并把“为”改为“那就是”；或者改为：“这里还有一条向西的铁路，那就是德石线。”例*⑥的毛病和例*⑤类似。“是很可贵的”应拉出来另成分句，前边加逗号和主语“这”。

十三　外位成分和独立成分

外位成分和独立成分都是句子的特殊成分。

（一）外位成分

用于句外，跟句中的一个或几个词语指同一人物，这样的成分叫作外位成分。例如：

①狠心的恶霸冯兰池，他要砸古钟了。（梁斌：《红旗谱》）

②姚志兰和吴天宝，一个是电话员，一个是火车司机。（杨朔：《三千里江山》）

例①，“狠心的恶霸冯兰池”用于句外，跟句中充当主语的“他”指同一个人。这里的“狠心的恶霸冯兰池”是外位成分。例②，“姚志兰和吴天宝”用于句外，跟句中分别充当分句主语的“一个”“一个”指同一对象。这里的“姚志兰和吴天宝”也是外位成分。

外位成分总是单独用在句子外面，并且跟句子里面的一个或几个词语指同样的人物。如果不是单独用在句子外面，而是充当了其他分句里的成分，那就不是外位成分了。例如：

③白杨树是不平凡的树，它在西北极普遍，不被人重视，就跟北方的农民相似；它有极强的生命力，磨折不了，压迫不倒，也跟北方的农民相似。（茅盾：《白杨礼赞》）

④多数同学并不站在谢惠敏一边，有的说她“死心眼”，有的说她“太过分”。（刘心武：《班主任》）

例③，“白杨树”和“它”指同一对象，但“白杨树”已经充当前边分句里的主语，它不是外位成分。例④，“多数同学”和“有的”“有的”所指相同，但“多数同学”是前一分句的主语部分，因此不是外位成分。

由同位结构充当的成分，是“同位复指”，它的组成部分叠用在一起指相同的事物，中间不能插入别的词语；外位成分则是“居外而有内应”，它和句中相应的词语之间可以用别的词语隔开。比如例①，可以说成“狠心的恶霸冯兰池，我看到他要……”；又如例②，可以说成“姚志兰和吴天宝，谁都知道一个是……，一个是……”。有时，同位结构的组成部分之间用了逗号，但也不同于“外位”的用法。例如：

⑤我没有亲见；听说，她，刘和珍君，那时是欣然前往的。（鲁迅：《纪念刘和珍君》）

这里的“她，刘和珍君”，是同位结构作主语。“她”后边用了逗号，“刘和珍君”后边也用了逗号。“她”和“刘和珍君”之间不能插入别的词语。“她”不是外位成分。

外位成分有两种：

1. 称代式外位——外位成分用在句子前边，句中用代词称代它。如例①的“狠心的恶霸冯兰池”，就是称代式外位。再举几例：

⑥打倒了“四人帮”，这是我国革命历史上又一个伟大的转折。（华国锋：《团结起来，为建设社会主义的现代化强国而奋斗》）

⑦王春林，那个木匠，你怎么认得他？（冰心：《小桔灯》）

⑧这碗酒，你把它喝下去！

例⑥，“打倒了‘四人帮’”，是外位成分，句中的代词“这”（主语）称代它。例⑦，“王春林，那个木匠”是外位成分，句中的代词“他”（宾语）称代它。例⑧，“这碗酒”是外位成分，句中的代词“它”（“把它”是介词结构，作状语）称代它。

有时，一个外位成分，可以在句中多次称代。例如：

⑨商品这个东西，千百万人，天天看它，用它，但是熟视无睹。（毛泽东：《整顿党的作风》）

⑩这个家伙，玉宝看见过他，他就是保长的兄弟周长泰，在县城里当警备队长。（高玉宝：《高玉宝》）

例⑨，“商品这个东西”是外位成分，句中有两次称代：第一个“它”是宾语，第二个“它”也是宾语。例⑩，“这个家伙”是外位成分，句中有两次称代：第一个“他”是宾语，第二个“他”是主语。

2. 总分式外位——外位成分是总说的部分，后边让分说部分各作一个分句的主语。如例②的“姚志兰和吴天宝”，就是总分式外位。再举几例：

⑪中国人民解放军的强大的物质装备，大部分是从美国帝国主义得来的，一部分是从日本帝国主义得来的，一部分是自己制造的。（毛泽东：《丢掉幻想，准备斗争》）

⑫这两个女人，一个是韩老六的姑娘韩爱贞，一个是他的儿媳。（周立波：《暴风骤雨》）

⑬这些议论，有的是对李干表示支持，有的是对报纸表示不满。（蒋子龙：《乔厂长后传》）

例⑪“中国人民解放军的强大的物质装备”是外位成分，总说一下，句中的“大部分”“一部分”“一部分”分指它。例⑫“这两个女人”是外位成分，总说一下，句中的“一个”“一个”分指它。例⑬“这些议论”是外位成分，总说一下，句中的“有的”“有的”分指它。

书面上，总分式的外位成分后边一般用逗号。但也有不用的。例如：

⑭我们那儿的主力红军一部分参加了“抗日先遣队”北上了，一部分和中央红军合编，准备长征，四月天就走了。（王愿坚：《党费》）

⑮他们有的在打电话，有的正围着河流渠道图争论什么。（马烽：《我的第一个上级》）

例⑭的“我们那儿的主力红军”，例⑮的“他们”，都是总分式外位，后边都没用逗号。

在多数情况下，充当外位成分的词语是名词和名词性结构。

运用外位成分，有下面几个好处：

1. 可以突出地强调思想对象。比较：

⑯工厂、铁道、枪炮等等，这些是物质条件。（毛泽东：《丢掉幻想，准备斗争》）

⑰工厂、铁道、枪炮等等是物质条件。

⑱我们的部队，我们的战士，我感觉他们是最可爱的人。（魏巍：《谁是最可爱的人》）

⑲我感觉我们的部队、我们的战士是最可爱的人。

例⑯、⑱分别把“工厂、铁道、枪炮等等”和“我们的部队，我们的战士”作为外位成分，句子中用“这些”“他们”分别称代它们，它们的地位就显得特别突出，特别引人注意。

2. 可以使句子关系明晰，语气活泼。比较：

⑳那个身段苗条、脸儿很秀气的女民兵，她叫黄云香。（黎汝清：《海岛女民兵》）

㉑那个身段苗条、脸儿很秀气的女民兵叫黄云香。

㉒正确认识为社会主义服务的脑力劳动者是劳动人民的一部分，这对于迅速发展我们的科学事业有极其密切的关系。

㉓正确认识为社会主义服务的脑力劳动者是劳动人民的一部分对于迅速发展我们的科学事业有极其密切的关系。

例㉑、㉓不用外位成分，句子显得比较臃肿，句子的结构关系一下不容易看清楚。例⑳、㉒用外位成分，结构简化了，关系清楚了，而且读起来节奏鲜明，语气活泼。再例如：

㉔这个全身浸透了硝烟、瓦斯，一生披风沐雨的刚强的老同志的性格实在开朗。

㉕这个全身浸透了硝烟、瓦斯，一生披风沐雨的刚强的老同志，他的性格实在开朗。

前一句，“这个……老同志”是定语。这个定语过长，过于复杂，因此句子显得冗长累赘，读起来很费劲。后一句，把“这个……老同志”作为外位成分，句中用“他”称代它，这样就显得结构明晰，关系清楚，读起来顿挫有力。

3. 可以使句子结构谨严，脉络清晰。例如：

㉖可爱而又可怜的谢惠敏啊，她单纯地崇信一切用铅字新排印出来的东西，而在“四人帮”控制舆论工具的那几年里，她用虔诚的态度拜读的报纸刊物上，充塞着多少他们的“帮文”，喷溅出了多少戕害青少年的毒汁啊！（刘心武：《班主任》）

把“可爱而又可怜的谢惠敏”提出来作为外位成分，并加个“啊”使之带有叹息的语气，这就起到了强调突出的作用。与此同时，句中通过两个“她”围绕着这一外位成分做文章，这就使句子显得脉络清楚，集中紧凑。又如：

㉗办公室的其他老师，有的赞同尹老师的观点，却不赞同他那生硬的态度；有的不赞成他的观点，却又觉得他的确是出于一片好心；有的一时还拿不准道理上该怎么看，只是为张老师凭空添了这么副重担子，滋生了同情与担忧。（同上）

“办公室的其他老师”是外位成分。先总提，后用“有的”“有的”“有的”分说，条理清楚，脉络分明。要是不采用这种有总有分的办法，句子就会显得松散紊乱，啰嗦拖沓。

（二）独立成分

不跟主语、谓语等一般成分发生特定的关系，位置比较灵活的成分，叫作独立成分。

独立成分有两个突出的特点：

第一，位置比较灵活，往往能够移动。例如：

①同志们，思想问题是必须解决的。
②思想问题是必须解决的，同志们。
③思想问题，同志们，是必须解决的。

④哼，这伙坏东西蹦跶不了几天了！
⑤这伙坏东西蹦跶不了几天了，哼！
⑥这伙坏东西，哼，蹦跶不了几天了！

⑦你看，这一片麦子长得多好！
⑧这一片麦子长得多好，你看！
⑨这一片麦子，你看，长得多好！

这里的“同志们”“哼”“你看”都是独立成分。它们有时可以用在句子前面，有时可以用在句子后面，有时可以插在句子中间。

第二，不同一般成分发生特定关系，不是句子里非要不可的成分，去掉它不会影响句子的原有结构。如以上例子里的“同志们”“哼”“你看”可以去掉，去掉以后句子基本结构不变。

独立成分有三种：

1. 呼语——用来呼唤人物的名称。例如：

⑩东云，你要回金马，明华，你也随着回去。（刘澍德：《拔旗》）

⑪告别啦，小妹妹们！（杨沫：《坚强的战士》）

这里的“东云”“明华”“小妹妹们”都是呼语。

运用呼语时，人们往往借助于某种手段，使它带上某种感情色彩。例如：

⑫同志们呀，你们太辛苦了！

⑬队长，队长，有人偷麦种！

例⑫，带上语气助词“呀”，显得情意深长。例⑬，反复地呼，显得激动急促。

有时本来不必用呼语，但说话人却故意呼一下，借以引起听话人对所说的话的注意与重视。例如：

⑭毛主席这个警钟要不敲得快呀，同志！这会我会不敢摸这个工作了！（沙汀：《过渡》）

这里加个“同志”，完全是为了提醒注意。

有时，对物或对已去世的人，也可以用呼语。这是一种“呼告”，可以强烈地抒发激情。例如：

⑮伟大而光明的祖国啊，愿你永远“如日之升”！（杨朔：《泰山极顶》）

⑯周总理，我们的好总理，你在哪里呵，你在哪里？（柯岩：《周总理，你在哪里？》）

例⑮呼“伟大而光明的祖国”，表达了对祖国的无限热爱。例⑯呼“周总理，我们的好总理”，表达了对周总理的无比爱戴和深切怀念。

呼语可以用在句前、句后或句中。用在句前的，后边必须用逗号（或感叹号）；用在句后的，前边必须用逗号；用在句中的，前边、后边都必须用逗号（后边也可以用感叹号）。比较：

⑰队长，老张来了。

⑱队长老张来了。

例⑰，“队长”后边用逗号，是独立成分。例⑱，不用逗号，“队长老张”是同位结构，作主语。

⑲这就是王老师，爸爸。

⑳这就是王老师爸爸。

例⑲，“爸爸”前边用逗号，它是独立成分。例⑳，不用逗号，“王老师爸爸”是偏正结构，“爸爸”是宾语，“王老师”是定语。

㉑就是为了这个，弟弟，我才提出这样的要求来的。

㉒就是为了这个弟弟，我才提出这样的要求来的。

㉓就是为了这个，弟弟我才提出这样的要求来的。

例㉑，“弟弟”前后都用逗号，是独立成分。例㉒，“弟弟”前边不用逗号，“这个弟弟”是偏正结构，“为了这个弟弟”是介词结构作状语。例㉓，“弟弟”后边不用逗号，“弟弟我”是同位结构，作主语。

2. 象声成分——用来表示感叹声、呼应声或者摹拟某种音响。叹词的基本功能就是充当这种独立成分。例如：

㉔到了那时候，嘿，我宋老定说不定就不赶这倒霉的大车啦，还要学学开汽车哩！（西戎：《宋老定进城》）

㉕哎，后生，贵姓？（王汶石：《通红的煤》）

㉖风拥着浪花不断向堤上猛扑，“唰——”扑上来，“哗——”退回去。（马烽：《我的第一个上级》）

这里的“嘿”“哎”“唰”“哗”都是象声成分。

运用表示感叹的成分，可以帮助表达说话时的各种口气和心情。例如：

㉗老冯忽然想起来了：“噢噢，你们要找电杆！——啊呀，咱们村里可没有这种东西呀。”……老冯站在那里皱了一会眉头，眼睛忽然亮了：“呃！冯茂成家存着百十根椽子，咱们可以先借着用。……”（孙谦：《南山的灯》）

这里，“噢噢”表明“想起来了”，带有领悟了别人意思的口气；“啊呀”表明感到“没门儿”，带有沮丧的情绪；“呃”表示“有办法了”，帮助表达了“柳暗花明又一村”的口气，很好地反映了“眼睛忽然亮了”时的心情。

摹拟音响的成分在表达上也有很大的作用。准确地运用这种成分，可以给人以真实的感觉，使人产生具体的音响形象。例如：

㉘唧唧喳喳，麻雀早早醒来了，站在枝头上，吵得好凶。随后，喜鹊出窝了，一跳，两跳，从这枝头跳到那枝头，喳喳，喳喳，喳喳喳喳，嘴里也自不消闲。（谢村：《春闹枝头》）

“唧唧喳喳”摹拟麻雀的叫声，“喳喳，喳喳，喳喳喳喳”摹拟喜鹊的叫声。在那春天的早晨，鸟儿如何在枝头上喧闹，通过几个象声成分的运用，逼真地表现出来了。

3. 插说成分——插入在句子中间，或者用在句子前后，表示一些附加的意思。这种成分大都不是正文所需要的，但可以丰富正文的内容。

插说成分是多种多样的，大体可以归纳为四种情况。

第一，提醒性的。这种插说成分，用来引起听者或读者的注意。例如：

㉙你看着，共产党一来，怎么人都像脱胎换骨似的，变了个样？（杨朔：《三千里江山》）

㉚你听听，这丫头简直疯了！（同上）

㉛一个女子，你记着，不能受两代人的欺侮。（曹禺：《雷雨》）

㉜中国大地主大资产阶级的政治代表蒋介石，大家知道，是一个极端残忍和极端阴险的家伙。（毛泽东：《抗日战争胜利后的时局和我们的方针》）

“你看看”“你听听”“你记着”“大家知道”都有提醒作用。它们都是插说成分。

第二，按注性的。这种插说成分，对正文起注释、补充的作用，或者帮助正文表达某种语气。例如：

㉝你看来还很嫩，头一回抛头露面吧？（王汶石：《新结识的伙伴》）

㉞看样子他们对你和小俞并不怎么太注意。（杨沫：《坚强的战士》）

㉟眼看要出门子了，连针线都拿不起来，还得我给她操劳着赶嫁妆。（杨朔：《三千里江山》）

“看来”“看样子”表示对情况的推测，“眼看”表示事情不久就要发生。它们都是按注性插说成分。又如：

㊱你这麦子打二等，依我说就打足了。（西戎：《宋老定进城》）

㊲说老实话，紧张而激烈的战斗，我不知道经过了多少次，可是，从来没有像现在这样的激烈过。（峻青：《黎明的河边》）

㊳不用说，小贺一定把我刚才的事广播了。（马烽：《太阳刚刚出山》）

㊴不客气说，俺们要起来响应的话，就不是使什么三股叉、九节龙的，俺们有的是枪杆。（高云览：《小城春秋》）

㊵不瞒你李林同志说，我初到的时候常常想家。（巴金：《杨林同志》）

㊶谁知我老二前天就下了乡。……我只好空着两手往回返。

（马烽：《太阳刚刚出山》）

“依我说”，说明是自己的意见；“说老实话”，强调事情确实如此；“不用说”，加强肯定的语气；“不客气说”和“不瞒你李林同志说”，表明说话的态度；“谁知”，强调一种失望的心情。它们也是按注性插说成分。又如：

㊷就算能够这么说，那充其量也只能使出三十部犁呗，三十部犁又挡什么事？（徐怀中：《我们播种爱情》）

㊸顶多我不过是有点本位主义。（马烽：《太阳刚刚出山》）

㊹今天来参观的人，少说一点，总有七八千吧。

㊺古装的电影也可以说是好看，那好看不下于看戏；至少，绝不至于有大锣大鼓将人的耳朵震聋。（鲁迅：《略论中国人的脸》）

“充其量”“顶多”表示对度量的估计，强调其少；“少说一点”“至少”也表示对度量的估计，强调其多。它们也是按注性插说成分。又如：

㊻有些地方的游击战争，全部活动地区开始都是游击区，例如冀东的游击战争。（毛泽东：《抗日游击战争的战略问题》）

㊼他老人家详细地询问了江陵的一切，包括庄稼长势、群众愿望、年终分配和结算。（毛岸青、邵华：《我们爱韶山的红杜鹃》）

㊽我们的任务要求我们必须很好地处理我国人民内部的关系——特别是工人阶级和农民之间的关系，……（毛泽东：《在中国共产党全国代表会议上的讲话》）

㊾中央委员会根据列宁关于过渡时期的学说，总结了中华人民共和国成立以来的经验，在我国国民经济恢复阶段将要结束的时候，即一九五二年，提出了党在过渡时期的总路线。（同上）

“例如……”表示作为例证的事物；“包括……”表示所包括的事物；“特别是……”表示必须使之突出的事物；“即……”表示对上文的注释。它们也是按注性插说成分。

第三，引述性的。这种插说成分，表示消息的来源。例如：

㊿听说架设的高压电线共有七千六百多华里长呢。（谢璞：《珍珠赋》）

51论本事，据说她数数只能数到一百，再往上，她就不知道该怎么数了。（吉学霈：《两个队长》）

52我家的后面有一个很大的园，相传叫作百草园。（鲁迅：《从百草园到三味书屋》）

“听说”“据说”“相传”都用来表示消息来源。在需要特别说明消息的准确来源时，就用“据×××说”之类词语。

第四，关联性的。这种插说成分，用在上下文之间表示某种关系，在分析复句关系时也可以看作关联词语。例如：

53这些同志的立足点还是在小资产阶级知识分子方面，或者换句文雅的话说，他们的灵魂深处还是一个小资产阶级知识分子的王国。（毛泽东：《在延安文艺座谈会上的讲话》）

54但是前几天，我忽在无意之中看到一本日本文的书，可惜忘了书名和著者，总之是关于中国戏的。（鲁迅：《社戏》）

55由于事物范围的极其广大，发展的无限性，所以，在一定场合为普遍性的东西，而在另一一定场合则变为特殊性。反之，在一定场合为特殊性的东西，而在另一一定场合则变为普遍性。（毛泽东：《矛盾论》）

56照你说，咱们都应该替自己留条路，大家高高兴兴，都没意见。那样办得到吗？再说，这是一条什么样的路呵！

57游击战争还有其战役的配合作用。例如，太原北部忻口战役时，雁门关南北的游击战争破坏同蒲铁路、平型关汽车路、杨方口汽车路，所起的配合作用，是很大的。（毛泽东：《抗日游击战争的战略问题》）

“或者换句文雅的话说”表示下文对上文有解注作用；“总之”表示下文是总结性的话；“反之”表示下文的意思跟上文相反；“再说”表示推进一层；“例如”表示下文是上文的例证。（作为关联性插说成分的“例如”“比方说”之类，下文是能独立成句的话；如果下文是不能成句的名词性结构，那么“例如……”之类整个儿是按注性插说成分。)

现代汉语里，插说成分丰富多彩，所起的作用多种多样。恰当地选用插说成分，可以把意思准确地表达出来。比较：

㊽这堆货物，看来有千把斤。

㊾这堆货物，不用说有千把斤。

㊿这堆货物，充其量有千把斤。

(61)这堆货物，少说一点，有千把斤。

用“看来”表示猜测，口气活些；用“不用说”表示判定，语气坚决；用“充其量”也表示判定，但着重强调不会超过这个数字；用“少说一点”同样表示判定，但又着重强调不会少于这个数字。四句话基本成分相同，由于插说的不同，彼此间有了细微差别。可见，插说的运用，使句法灵活多样，使语言富于表现力，为准确地表达各种意思、各种口气、各种心情，提供了有利条件。

运用插说成分时，也要注意用得是否恰当。下面的例子是有毛病的：

*(62)社员们自备的小农具，像镰刀、锄头、扁担、草帽等，卖得特别快。

*(63)垄断资本家总想从战争中捞取利润，尤其是军火生产的重工业。

*(64)在解放了的祖国每一地方，特别是青年们，对反映新人新事的文艺作品的渴求，是一天比一天增多。

例*(62)，“草帽”不是“小农具”。要么把“草帽”删去，要么把“小农具”改为“物件”“用品”之类。例*(63)，“尤其是军火生产的重工业”应改为“尤其是军火业的资本家”，这样才能跟句子的主语“(垄断)资本家”相照应。例*(64)，“在解放了的祖国每一地方”应改为“全国人民群众”，这样才能跟“特别是青年们”这一插说成分相照应。

十四 省略句、无主句、独词句

常见的典型的句子，是主谓句。它是由主谓结构充当的、可以划分出主谓两大部分的句子。省略句是主谓句的变式；无主句和独词句是特殊的句子类型。

（一）省略句

主谓句的主语、谓语或宾语有时有所省略，这就成为省略句。省略的类型，可以分为“承前省”“蒙后省”和“对话省”三种。

1. 承前省

后面分句的主语、谓语或宾语承前面分句而省略，这就是承前省。

先说后面分句主语的承前省。

这种承前省，是最常见的省略现象，在实际语言运用中是复杂多样的。下面是几种主要情况。

(1) 承主省——后面分句的主语，承前面分句的主语而省略。例如：

①赵满喜坐在喂牲口的大院里，咿咿呀呀地哼着小曲儿，正在筛草。（贾大山：《取经》）

②林部长走下公共汽车，解下脖子上的毛巾，把脸上的汗擦了擦，便急急地扛起行李往工地上走。（王愿坚：《普通劳动者》）

例①有三个分句，例②有四个分句。因各分句主语相同，主语只在第一分句出现，后面分句的主语统统略去。

承主省的条件，是后面分句的主语跟前面分句的主语相同。此外，没有任何附加的条件。

（2）承定省——后面分句的主语，承前面分句主语的定语而省略。例如：

③林大娘的脸色立刻变成灰白，瞪出了眼睛望着她的丈夫；……（茅盾：《林家铺子》）

④……道静的心突然被这种崇高而真挚的友谊激动了，以致不能自抑地流下了眼泪。（杨沫：《坚强的战士》）

例③，后面分句省略的主语是“林大娘”，它在前面分句里是主语“脸色”的定语。例④，后面分句省略的主语是“道静”，它在前面分句里是主语“心”的定语。

承定省的基本条件，是后面分句的主语跟前面分句主语的定语相同。此外，还有两个附加条件：其一，前面分句主语的定语表示人物，它和中心词（主语）之间具有领属关系。其二，前面分句的主语表示无意识的事物，通常指人体的一部分，它跟后面分句的谓语部分之间不可能发生主谓关系。如例③，“林大娘”和“脸色”之间是领属关系，“脸色”和“瞪出了眼睛望着……”之间不可能被理解为主谓关系。

（3）承宾省——后面分句的主语，承前面分句的宾语而省略。例如：

⑤前天早上我（上地去，才上到岭上，）碰上个骑驴媳妇，穿了一身孝，……（赵树理：《小二黑结婚》）

⑥为了叫井冈山变得更好，党派来了两千好儿女，同井冈山人一起来开发这座万宝山。（袁鹰：《井冈翠竹》）

例⑤，后面分句省略的主语是“（骑驴）媳妇”，它在前面分句里是宾语。例⑥，后面分句省略的主语是“（好）儿女”，它在前面分句里是宾语。

承宾省的基本条件，是后面分句的主语跟前面分句的宾语相同。此外，还有两个附加条件：其一，前面分句里带宾语的动词表示“逢遇”“使令”或“存现”的意义。其二，前面分句的主语和后面分句的谓语部分之间不会被理解为主谓关系。如例⑤，“碰上”有“逢遇”意义，前面分句的主语“我”不会被理解为“穿了一身孝”的人。例⑥，“派来了”有“使令”意义，前面分句的主语“党”不会被当作“同井冈山人一起来开发这座万宝山”的主语。

前面分句带宾语的动词有时表示“存现”的意义。这样的句子一般是存现句，属无主句，因此不存在后面分句的主语承前面分句的主语而省略的问题，不会引起误解。例如：

⑦就在他说话的当儿，刮来一阵风，把灯吹熄了。（王宗仁：《夜明星》）

这里，前面的分句是存现句。后面分句的主语承宾省，这是明显的。

除了以上三种情况之外，还有一些别的情况。不过，都跟这三种情况有关，可以说是由这三种情况演变出来的。例如：

⑧党把我送进矿上办的疗养院，欢度幸福的晚年。（中学课文《毛主席把我救出火坑》）

后面分句省略的主语是“我”，“我”在前面分句里虽然跟“把”组成介词结构作状语，但在意念上它是“送”的逻辑宾语，因此可以认为这种省略现象是由承宾省演变出来的。

还有一种现象，跟后面分句主语承前省的现象相近似，这就是：后面分句没有出现主语，在意念上拿前面分句作为自己的主语，可以意会。例如：

⑨（如果在出版前对它求全责备，辞书就很难编成；）如果在出版后碰到新的情况就封存禁锢，则是违反历史唯物主义的愚蠢做法，是不相信广大人民群众识别力的突出表现。（《中国语文》编辑部：《铭记周总理教诲做好语言文字工作》）

“如果……则……”清楚地表明“在出版后碰到新的情况就封存禁锢”是假设分句，后边的“是……愚蠢做法，是……突出表现”是结果分句。那么，“是……愚蠢做法，是……突出表现”的主语是什么呢？显然，在意念上是拿前面分句“在出版后就……封存禁锢”作主语的。由于前后紧接，后面分句的意念上的主语人们完全可以意会。这是一种“主语意会用法”，若把“省略”的范围放宽，也可以叫作“意会省”。再看一例：

⑩如果我们党有一百个至二百个系统地而不是零碎地、实际地而不是空洞地学会了马克思列宁主义的同志，就会大大地提高我们党的战斗力量，并加速我们战胜日本帝国主义的工作。（毛泽东：《中国共产党在民族战争中的地位》）

“我们党有一百个至二百个……学会了马克思列宁主义的同志”是假设分句，它同时又是后面结果分句“会大大提高……”和“加速……”的意念上的主语。这里，后面结果分句的主语依靠前面分句而意会，是一种意会用法，可以看作“意会省”。

再说后面分句谓语的承前省。

这种承前省，受到极为严格的限制。只有在“尚且……何况……”的反问句式里，才能出现这种省略现象。例如：

⑪小伙子尚且搬不动，何况你呢？

⑫北京都下雪了，何况哈尔滨！

例⑪等于说：“小伙子尚且搬不动，你更搬不动了！”“何况你呢”里没有出现谓语，是承前面分句的谓语部分而省略了。例⑫等于说：“北京都下雪了，哈尔滨当然也下雪了！”“何况哈尔滨呢”里没有出现谓语，也是承前面分句的谓语部分而省略。

再说后面分句宾语的承前省。

这种承前省，不像谓语承前省那样受到极为严格的限制，但也没有主语承前省那样复杂多样。常见的，是承前面分句的宾语而省略。例如：

⑬小芹去洗衣服，马上青年们也都去洗。（赵树理：《小二黑结婚》）

⑭人们习惯在正月十五元宵节吃元宵，张家窝的贫下中农为什么在正月十八吃呢？（顾笑言：《正月十八吃元宵》）

例⑬，后面分句“洗”的宾语没出现，它承前面分句“洗”的宾语而省略。例⑭，后面分句“吃”的宾语没出现，它承前面分句“吃”的宾语而省略。

也有后面分句的宾语承前面分句的主语而省略的。例如：

⑮这本书早就出版了，可是我到现在还没买到。

⑯这小家伙精得很，老师们都很喜欢。

例⑮，后面分句“（没）买到”的宾语没出现，它承前面分句的主语“（这本）书”而省略。例⑯，后面分句“喜欢”的宾语没出现，它承前面分句的主语“（这）小家伙”而省略。

2. 蒙后省

前面分句的主语、谓语或宾语蒙后面分句而省略，这就是蒙后省。

大多数的蒙后省，是前面分句的主语蒙后面分句的主语而省略。这也是常见的省略现象。例如：

⑰看着这场景，将军觉得十分快意。（王愿坚：《普通劳动者》）

⑱听了亲家母这些话，玉春娘急忙走到闺女的新房里来。（刘真：《春大姐》）

例⑰，前面分句的主语“将军”没出现，它蒙后面分句的主语而省略。例⑱，前面分句的主语“玉春娘”没出现，它蒙后面分句的主语而省略。

前面分句的谓语也可以蒙后面分句的谓语而省略。但只有在“不仅……就连……”这样的递进句式里，才能出现这种省略现象。例如：

⑲不仅小孩，就连大人也爱看。

⑳不仅妇女，就连铁柱他们也都感动得掉了眼泪。

例⑲，“小孩”后边没出现谓语，它蒙后面分句里谓语部分的“爱看”而省略。例⑳，“妇女”后边没出现谓语，它蒙后面分句里谓语部分的“感动得掉了眼泪”而省略。

前面分句的宾语也可以蒙后面分句的宾语而省略，但比较罕见。例如：

㉑马万保慌忙拦住，扯住张老五的胳膊。（西戎：《纠纷》）

“拦住”后边没出现宾语，它蒙后面分句的宾语“（张老五的）胳膊”

而省略。

3. **对话省**

句子的主语、谓语、宾语在当面对话时有所省略，这就是对话省。这里所说的“对话”，指人物在一定的环境中当面说话，不限于一问一答。

在对话时，句子的主语部分或谓语部分经常可以省去。例如：

㉒卫生员　参谋长，病人呢？

参谋长　在这家。

（京剧剧本《智取威虎山》）

㉓“书记他们哪？”

“都上堤哪！”

（管桦：《暴风雨之夜》）

例㉒，在问话里，“病人呢”是“病人在哪儿呢”的意思，省略了谓语部分。在答话里，“在这家”是“病人在这家”的意思，省略了主语部分。例㉓，“书记他们哪”等于“书记他们到哪儿去了”，省略了谓语部分；“都上堤哪”等于“书记他们都上堤啦”，省略了主语部分。

在对话时，句子的宾语也可以省略。例如：

㉔鲁四凤　（递药给繁漪）您喝吧。

（曹禺：《雷雨》）

㉕屈　你懂得我的话么？

宋　我懂得了，先生。

（郭沫若：《屈原》）

例㉔，“您喝”后边的宾语“药”，由于有说话的特定环境，省略了。例㉕，“我懂得了”后边的宾语“（你的）话”，在当面问答的情况下省略了。

对话中的省略是灵活多变的。有时可以不只省略一个成分。比如，甲问：“你读过高尔基的作品吗？”乙答：“读过。”在答话里，就同时省略了主语和宾语。

不管是承前省、蒙后省还是对话省，省略的目的都是为了语言的经济简练。但是，省略必须以语意明确为前提，同时，必须符合省略的条件。要不然，就会造成“句子的残缺”，使句子不能清楚明白地表达意思。例如：

*㉖一天，小红放羊，大羊生小羊，走不动路。（……小红只好抱着小羊走回家去。）

*㉗这一大型冶炼企业，在大跃进精神鼓舞下，数以万计的工程建设者正在夜以继日地紧张劳动着。

*㉘只要树立为祖国为人民而学，就能为“四化”做出新贡献。

例*㉖，按原意，“走不动路”的是“小羊”。但是，前面分句的主语“大羊”可以跟“走不动路”发生主谓关系，因此读者可能认为“走不动路”的是“大羊”。作者本想用“承宾省”，但不符合“承宾省”的条件，致使“走不动路”前边缺少了一个真正的主语“小羊”。应把“小羊”补上去。例*㉗，“这一大型冶炼企业，在大跃进精神的鼓舞下”怎么样，应该有个谓语，构成一个分句；后边的“数以万计的工程建设者……劳动着”是另外一个分句。这个例子，前面分句并不是在符合谓语省略的条件下省去谓语，因此造成了谓语的残缺。应在“……鼓舞下”后边添上“即将胜利投产”这样的词语。例*㉘，“树立”没有相应的宾语。这是缺宾语的病句，而不是省略宾语的句子，因为根本不符合宾语省略的条件。应在“为祖国为人民而学”后边添上“的思想”。

（二）无主句

无主句是补不上或不需要补上主语部分的句子。这类句子，一般由动宾结构充当。形式上，它们是“无主”的，但是，从交际功能上说，它们跟“有主”的句子一样，能够表达一个完整的意思，能够体现一个特定的意图，因此，它们是“句”。

无主句和主语省略句的区别，在于无主句能单用，本身能表达一个完整的意思，主语省略句则必须依赖于一定的上下文或一定的对话环境，若脱离了上下文或对话环境，就会使人感到摸不着头脑。比如“下雨了”是无主句，甲对乙说“下雨了”，乙马上能领会，决不会问“谁下雨了?”又如，“小张呢? ——下乡了!”这里的“下乡了”是主语省略句，它之所以能成“句”，是因为有对话的环境；如果甲没头没脑地对乙说“下乡了”，乙肯定要追问：“谁下乡了?”

无主句包括两大类：补不上主语部分的无主句和不需要补上主语部分的无主句。

1．补不上主语部分的无主句

这类无主句，主要有下面两个类型：

(1) 说明自然现象的。例如：

①下雨了。

②打雷了。

③刮风了。

④出太阳了。

⑤结冰了?

⑥下了好大的雪啊!

这些句子都直接说明自然现象怎么样，根本没有主语。“下雨了”前边有时添个“天”，说成“天下雨了”，这是特殊的习惯说法，“天”只是一种虚假的主语。

(2) 说明人物的存在、出现或消失的。例如：

⑦在斜对门的豆腐店确乎终日坐着一个杨二嫂。(鲁迅：《故乡》)

⑧处处飘散着不知名儿的花草香味。(杨朔：《泰山极顶》)

前一句说明存在着什么人，后一句说明存在着什么物。又如：

⑨车上跳下周恩来同志和王若飞同志，……(方纪：《挥手之间》)

⑩会场上响起一片热烈的掌声、笑声。(贾大山：《取经》)

前一句说明出现了什么人，后一句说明出现了什么物。再如：

⑪昨天走了一批支边的同志。

⑫稻场上和小溪边顿时少了那些女人们的踪迹。(茅盾:《春蚕》)

前一句说明消失了什么人,后一句说明消失了什么物。

这种无主句简称“存现句”。在这种无主句里,能够成为主语的词语已经出现在宾语部分,它们的语法上的宾语实际上就是潜在的逻辑主语,因此不能再补出另外的主语。

存现句的谓语前边一般有表示时间、处所的状语。充当处所状语的词语,有的是介词结构(如例⑦的“在斜对面的豆腐店”),只能分析为状语;有的是处所名词或方位结构,但可以添上介词组成介词结构(如例⑨的“车上跳下……”可以说成“从车上跳下……”),因此也应分析为状语。

2. 不需要补上主语部分的无主句

这种无主句,主要有下面三个类型:

(1)述说生活中的某种事实的。例如:

⑬上课了。

⑭开学了。

⑮放假了。

⑯散会了。

⑰开船了。

⑱熄灯了。

这些句子都直接说明生活中出现的某种事实,形式上只有表示“怎么样”的谓语部分。它们的前边不是不能出现主语,但是,应当看到:首先,它们本身就能体现一个特定的意图,说“上课了”,人们一听就懂,决不会再问“谁上课了”;其次,若添上个主语,述说的重点就会有变化,如“上课了”,作为无主句,它是告诉别人出现了这么个客观事实,说成“我们上课了”,便成为主谓句,重点便是说明我们怎么样了。

(2)表示泛指性的要求或禁止的。例如:

⑲爱护公共财产！

⑳随手关门！

㉑禁止招贴！

㉒不准随地吐痰！

㉓不准吸烟！

㉔不许乱画乱写！

㉕不得迟到早退！

这类句子都具有泛指性，可以指这个人，也可以指那个人，不能补上一个确定的主语。它们都算无主句。当然，如果是对话时甲对乙提出的要求或劝告，比如“随手关门”不是贴在门上的一般性要求，而是甲对乙说的话，那么主语便是定指性的，这样的句子便是在对话中出现的主语省略句了。

有些标语、口号，报纸上的某些标题，也表示泛指性的要求或禁止，也是这一类型的无主句。例如：

㉖坚决打击流氓、扒手和一切犯罪分子！

㉗要造成尊重教师的社会风气（《光明日报》1980 年 2 月 19 日标题）

㉘大力培养有专业知识的经济管理干部（《光明日报》1980 年 2 月 22 日标题）

（3）格言性的话。例如：

㉙不经一事，不长一智。

㉚活到老，学到老。

㉛知己知彼，百战百胜。

㉜不入虎穴，焉得虎子。

这类句子也具有泛指性，适用于任何人。一般情况下，它们不需要补上主语，是作为无主句来使用的。

（三）独词句

独词句是由一个名词、叹词或名词性偏正结构充当的句子。这类句子，仅仅由一个词或一个表示某种事物的偏正结构构成，但同样能表达一个完整的意思，体现一个特定的意图，因此也是“句”。

独词句包括两大类：名词性独词句和叹词性独词句。

1. **名词性独词句**

这类独词句，常见的有下面几种：

(1) 述说存现的事物。例如：

①灯！（王宗仁：《夜明星》）

②牦牛！（刘坚：《草地晚餐》）

③死人！（峻青：《黎明的河边》）

④远处的雷声。（曹禺：《雷雨》）

(2) 咏叹事物的属性。例如：

⑤多可爱的小生灵啊！（杨朔：《荔枝蜜》）

⑥多好多美的花！（秦牧：《花城》）

⑦好一派迷人的秋色！（峻青：《秋色赋》）

⑧多么难捱的深深长夜啊！（杨沫：《坚强的战士》）

(3) 交代故事发生的时间、地点。例如：

⑨夜。华程宿舍。（张天民：《创业》）

⑩前场次日。春来茶馆。（京剧剧本《沙家浜》）

(4) 称呼人物的名号。例如：

⑪李凤莲：哥哥！（陈其通：《万水千山》）

⑫小周：（跳上，发现周大娘）娘！（同上）

表示称呼人物名号的独词句，是一种“呼语句”。如果用在一个句子的前后，或者插在一个句子的中间，呼语便是独立成分。

2. **叹词性独词句**

这类独词句常由一个叹词构成。例如：

⑬罗顺成：（翻了一白眼）哼！（陈其通：《万水千山》）

⑭众：（气愤地）啊?!（同上）

⑮俞英：（唱）正面教育要耐心。

方觉：嗯！（《园丁之歌》）

这里的“哼”“啊”“嗯”都是独词句。如果用在一个句子的前后，或者插在一个句子中间，叹词便算独立成分。

有时，叹词性独词句由叹词以外的单纯起感叹作用的词语充当。例如：

⑯我的妈！（管桦：《暴风雨之夜》）

⑰我的天！（同上）

⑱好家伙！（同上）

“我的妈”“我的天”“好家伙”都只是一种感叹，作用相当于一个叹词，它们都是叹词性独词句。另外，像“万岁！”“恭喜！恭喜！”“请！请！”之类，也可算叹词性独词句。

顾名思义，独词句应该是由一个单词充当的句子。但是，名词性偏正结构表示一种事物，一般作用相当于一个名词，少数在单纯表示感叹时相当于叹词，因此，由它们充当的句子仍然可以看作独词句。

十五 复 句（一）

（一）什么是复句

复句是由两个以上相对独立的分句组成的句子。

首先，复句是句子。

单句是“句”，复句也是“句”。作为“句”，一个复句只能有一个统一全句的语调，只能在句末才有比较大的停顿，书面上用句号、问号、感叹号表示。复句内部，分句与分句之间也有停顿，书面上用逗号或分号表示，有时也用冒号或破折号表示。例如：

①我把电话打通了，她感激地谢了我，回头就走。（冰心：《小桔灯》）

②一方面，尽可能地保存自己的力量；另一方面，尽可能地消灭敌人的力量。（毛泽东：《抗日游击战争的战略问题》）

③这本来是件小事：训练班的学员多一个少一个有什么关系？（孙谦：《南山的灯》）

④全村人都那么叫他——我妈妈也叫他老队长！（同上）

这几个都是复句。例①，整个复句后边用句号，分句间用逗号。例②，整个复句后边用句号，分句间用分号。例③，整个复句后边用问号，分句间用冒号。例④，整个复句后边用感叹号，分句间用破折号。再看一例：

⑤你是资产阶级文艺家，你就不歌颂无产阶级而歌颂资产阶级；你是无产阶级文艺家，你就不歌颂资产阶级而歌颂无产阶级

和劳动人民：二者必居其一。（毛泽东：《在延安文艺座谈会上的讲话》）

这也是个复句。书面上，整个复句后边用句号。分句间，用了逗号、分号和冒号，清楚地表明了这个复句内部的结构层次。

第二，复句由两个以上的分句组成。

复句的“复”，不是“复杂”的意思，而是“复合”的意思。就是说，它是由两个以上的分句“复合”而成的句子。

组成复句的分句，可以是主谓句，也可以是无主句或独词句。从这个角度说，复句是由两个以上主谓句、无主句或独词句复合而成的句子。例如：

⑥和谈失败了，欺骗不行了，战争揭幕了。（毛泽东：《别了，司徒雷登》）

⑦只有具体的人性，没有抽象的人性。（毛泽东：《在延安文艺座谈会上的讲话》）

⑧啊，多么使人心醉的绚丽灿烂的秋色，多么令人兴奋的欣欣向荣的景象啊！（峻青：《秋色赋》）

⑨那时候，天气还很冷，潍河里还流着浮冰，平原上整天价在刮着大风。（同上）

⑩牛八一听，多熟悉的声音呀！（《湘江文艺》1973 年第 3 期第 44 页）

⑪房子宽敞，前前后后都有空地做实验田，多好的一个地方啊！（《天津文艺》1977 年第 7 期第 27 页）

例⑥有三个分句，它们是：“主谓句＋主谓句＋主谓句”。例⑦有两个分句，它们是：“无主句＋无主句”。例⑧有两个分句，它们是：“独词句＋独词句”。例⑨有三个分句，它们是：“主谓句＋无主句＋无主句”。例⑩有两个分句，它们是：“主谓句＋独词句”。例⑪有三个分句，它们是：“主谓句＋无主句＋独词句”。

复句和单句的根本区别，就在于复句包含两个以上的分句，即两个以上的主谓句、无主句或独词句。比较：

⑫我们热爱党和人民。
⑬我们热爱党，我们热爱人民。

⑭台上台下都站着许多人。
⑮台上站着许多人，台下也站着许多人。

例⑫是单句，它是一个主谓句；例⑬是复句，它包含两个主谓句。例⑭是单句，它是一个无主句；例⑮是复句，它包含两个无主句。再看下面的例子：

⑯没有贫农，便没有革命。若否认他们，便是否认革命。若打击他们，便是打击革命。他们的革命大方向始终没有错。他们损伤了土豪劣绅的体面。他们打翻了大小土豪劣绅在地上，并且踏上一只脚。（毛泽东：《湖南农民运动考察报告》）

这里有六个句子，书面上都用句号表明。第一个、第二个、第三个、第六个都是复句，它们都由两个分句组成；第四个、第五个都是单句，它们都是一个主谓句。

第三，复句里的分句是相对独立的。

所谓“独立”，是指：各个分句彼此间没有谁包含谁、谁被谁包含的关系。也就是说，A 分句不作 B 分句的成分，B 分句也不作 A 分句的成分。比较：

⑰宋师父病了的消息，很快就传遍了全村。（马烽：《一架弹花机》）

⑱村里人都说宋师父病了。

⑲宋师父病了是事实。

⑳宋师父病了，我们都要去看看他。

例⑰，“宋师父病了”作“消息”的定语，它被包含在“什么消息很快就传遍了全村”这个句子里。例⑱，“宋师父病了”是宾语，它被包含在“村里人都说什么”这个句子里。例⑲，“宋师父病了”是主语，它被包含在“什么是事实”这个句子里。这三例都是单句。例⑳，“宋师父病了”和“我们都要去看看他”之间没有这种包含与被包含的关系，它们组成了一个复句。

所谓“相对”独立，是指：各个分句都是复句的组成部分，它们彼此间有一定的依存关系。在意义上，它们紧密联系，常常用特定的关联词语联结起来；在结构上，它们互相依赖，因此，某个成分可以省略。例如：

㉑贫农，因为最革命，所以他们取得了农会的领导权。（毛泽东：《湖南农民运动考察报告》）

这个复句有两个分句，分句间有因果关系，用“因为……所以……”联结起来。后面分句的主语还可以承前面分句的主语而省略，说成：

㉒贫农，因为最革命，所以取得了农会的领导权。

这个复句，不仅分句间用了特定的关联词语，而且后一分句省略了主语。这样，前后两个分句显然都只是相对独立的。“贫农，因为最革命”也好，“所以取得了农会的领导权”也好，都是不可能单独表意的。

根据复句里分句与分句之间的关系，可以把复句归纳成九种：并列复句、连贯复句、递进复句、选择复句、转折复句、假设复句、条件复句、因果复句和目的复句。

（二）并列复句

并列复句，是各分句在意义上平排并列的复句。具体点说，有的是“平列”，有的是“对照”，有的是“解注”。例如：

①他也去，你也去。

②不是他去，而是你去。

③他不宜去，就是说，他去不适合。

例①是“平列”，例②是“对照”，例③是“解注”，它们都是并列复句。

表示平列关系的并列复句，分句间常用“也……也”“又……又”“既……又”“一边……一边”“一面……一面”之类关联词语，也可以不用关联词语。例如：

④你也别发火，我也不要生气。（马烽：《我的第一个上级》）

⑤我们强调依靠亿万群众，同时又要大力加强专业科技队伍的建设。（华国锋：《提高整个中华民族的科学文化水平》）

⑥刘镇起一边倒茶，一边恭恭敬敬地让她坐。（吉学霈：《两个队长》）

⑦老板娘一面说，一面摆摆手。（艾芜：《野牛寨》）

⑧山青了，树绿了，花开了，梅江水哗哗的响声也变得格外清脆了。（刘兰生：《探索星空奥秘的年轻人》）

这些都是表示平列关系的并列复句。

表示对照关系的并列复句，分句间常用"不是……而是"之类词语表示肯定、否定两个方面的对照，也可以不用关联词语，而通过反义词语的运用形成对照关系。例如：

⑨我不是幸灾乐祸，而是觉得那三部锅驼机更有可能拨给我们了。（马烽：《太阳刚刚出山》）

⑩太和不是去抓蝴蝶，他是去抓电话机。（刘澍德：《拔旗》）

⑪敌人一天天烂下去，我们一天天好起来。（毛泽东）

这些都是表示对照关系的并列复句。

表示解注关系的并列复句，分句间常用"这就是说、换句话说"之类关联性插说，也可以不用关联词语。例如：

⑫"三个臭皮匠，合成一个诸葛亮"，这就是说，群众有伟大的创造力。（毛泽东：《组织起来》）

⑬今年的桂花，开得特别茂盛，淡黄色的小花朵，一簇簇、一层层缀满枝头。（刘澍德：《拔旗》）

⑭生铁百炼成钢，军队百战无敌挡。（周扬：《工农兵群众的文艺活动》）

这些都是表示解注关系的并列复句。

（三）连贯复句

连贯复句是分句间具有先后相继关系的复句。例如：

①他先去，我接着也去了。

这就是个连贯复句。这类复句，常用“接着、然后、于是、就、便、又”等关联词语表示，也可以不用关联词语。再举几例：

②老黑从他老婆手里把步枪夺过来，又把她按倒，然后他也趴下，一连打了十几枪。（杜鹏程：《延安人》）

③过了那林，船便弯进了叉港，于是赵庄便真在眼前了。（鲁迅：《社戏》）

④我下了楼，在门口买了几个大红桔子，塞在手提袋里，顺着歪斜不平的石板路，走到那小屋的门口。（冰心：《小桔灯》）

这些都是连贯复句。

“一……就”这种句式，有时只表示单纯的先后相继的关系，即连贯关系。例如：

⑤一进大门，我就看出院里闹了乱子。

这是个采取“一……就……”形式的连贯复句。

（四）递进复句

递进复句是分句间有更进一层的关系的复句。有的表示“由浅入深”，有的表示“以深证浅”。例如：

①不但你不能去，而且他也不能去。

②他尚且不能去，你更不能去了。

例①表示“由浅入深”，例②表示“以深证浅”，它们都是递进复句。

表示“由浅入深”的递进复句是最常用的递进复句。这是一种顺递句式，强调程度更深、范围更大、数量更多、水平更高等等，分句间用“不但……而且”之类关联词语表示。再举几例：

③不但咱们的社要办好，还要把四外各村的人们带动起来办社。（刘真：《春大姐》）

④群众不只是盼望电气化，而且有力量自己搞电气化！（孙谦：《南山的灯》）

⑤“四人帮”疯狂破坏社会主义的科学文化事业，甚至胡说什么“知识越多越反动”、“宁要没有文化的劳动者”。（华国锋：《提高整个中华民族的科学文化水平》）

⑥我爱北京，我更爱今天的北京。（老舍：《我热爱新北京》）

这些都是表示“由浅入深”的递进复句，也就是表示“顺递”的递进复句。

表示“以深证浅”的递进复句是一种反逼句式，它以深一层的意思来证明浅一层的意思，语意上反逼而进，带有“不在话下”的语气；分句间用“尚且……何况”“尚且……更不用说”之类关联词语。再举几例：

⑦小伙子们尚且搬不动，何况你呢？

⑧烧过的煤炭碴，还可以铺路，还可以填臭水坑，何况她还是个人呢？（陈登科：《风雷》）

⑨见面尚且怕，更不必说敢有托付了。（鲁迅：《为了忘却的纪念》）

这些都是表示“以深证浅”的递进复句，也就是表示“反逼”的递进句。

“别说”有时用作关联词语，表示递进关系。它出现在前一分句时，大体相当于“不仅”，整个复句表示“由浅入深”；出现在后一分句时，大体相当于“何况”，整个复句表示“以深证浅”。比较：

⑩别说是水，连片雪都找不到了。（杨尚武：《追匪记》）
⑪连片雪都找不到，别说是水！

⑫别说是嫁妆，连一双像样的鞋都没有穿出来。（刘真：《春大姐》）
⑬连一双像样的鞋都没有穿出来，别说是嫁妆！

例⑩、⑫相当于“不仅……而且……”，表示“由浅入深”；例⑪、⑬相当于“尚且……何况……”，表示以深证浅。

（五）选择复句

选择复句是分句间有选择关系的复句。有的表示“或此或彼”，任凭选择；有的表示“非此即彼”，限定选择；有的表示“取此舍彼”，有所抉择。例如：

①或者你去，或者他去，或者你和他一起去。

②不是你去，就是他去。

③宁可让你去，也不让他去。

例①表示“或此或彼”，例②表示“非此即彼”，例③表示“取此舍彼”，它们都是选择复句。

表示“或此或彼”的选择复句，一般带有任凭选择的意味，口气比较灵活，可以称为“任选”；分句间常用“或者……或者”“是……还是”表示。再举几例：

④星期天，或者你来，或者你让小黑来。

⑤通宝，你是卖茧子呢，还是自家做丝？（茅盾：《春蚕》）

⑥退呢，进呢，还是一脚门里一脚门外呢？（浩然：《艳阳天》）

这些都是表示“或此或彼”的选择复句，都有“任选”意味。

不过，“是……还是”在用来表示明知故问，即表示反问或设问的时候，往往不是可以“任选”的。例如：

⑦人家吃了你的，还是喝了你的？（西戎：《纠纷》）

⑧这里所说的好坏，究竟是看动机（主观愿望），还是看效果（社会实践）呢？（毛泽东：《在延安文艺座谈会上的讲话》）

例⑦是反问句，问句本身对两个分句的意思都加以否定：人家既没吃你的，也没喝你的。例⑧是设问句，它的正确答案是“必须使二者统一起来”。

表示“非此即彼”的选择复句，限定在两项之中选择一项，强调“二者必居其一”，口气肯定，没有商量余地，可称为“限选”；分句间常用“不是……就是”“要么……要么”等表示，也可以用“或者……或者”表示。例如：

⑨在革命烈火里，不是化成真金，就是化成灰烬。

⑩一个哲学观点，要么是唯物的，要么是唯心的。

⑪或者把老虎打死，或者被老虎吃掉，二者必居其一。（毛泽东：《论人民民主专政》）

这些都是表示“非此即彼”的选择复句，都限定二者择一。

有时，“不是……就是”这种选择句式可以借用来列举事实，概括地说明情况。例如：

⑫他呀，一天到晚不是修理工具，就是清理废旧物品！

这个句子仍然有选择意味，但主要还是强调他一天到晚忙于修理工具和清理废旧物品。

表示“取此舍彼”的选择复句，强调在“二者不可得兼”的情况下作出决定，选择其一，口气更加肯定，可称为“决选”；分句间用“宁可……也不”“与其……不如”等关联词语表示。

“宁可……也不”之类表示“取A舍B”，着重表明选择的决心，语气极为坚决。例如：

⑬宁可筋骨碎，决不把头回！（京剧剧本《红灯记》）

⑭我宁肯硬着头皮让她骂三天，也不愿替自己留这条不光彩的路。（吉学霈：《两个队长》）

⑮我们宁愿帮千人万人，不能帮助他老张！（刘澍德：《拔旗》）

“与其……不如”表示“舍A取B”，它着重表明经过衡量得失，决定取舍，而不强调决心。例如：

⑯与其强攻，不如智取。

⑰与其让他去，不如让你去。

⑱散乱的头发与其说向后梳，不如说是在头顶上耸立着。（吴天、荃默：《拍案颂》）

有时“与其”和“宁可”呼应使用，也表示“舍A取B”，也着重表明经过衡量得失决定取舍，但同时还带有下了决心的意味。例如：

⑲与其在这儿老等，宁可走着去。

⑳与其他受累，宁可我多干点。

（六）转折复句

转折复句是分句间意思有所转折的复句。例如：

①虽然你不让他去，但是他偏要去。

这就是个转折复句。这类复句，分句间常用“虽然……但是”“尽管……可是”“然而”“却”“不过”“只是”“就是”等表示。

用“虽然……但是”之类成对的关联词语时，整个转折句是先让步后转入正意，上句预示下句将有转折，突出地强调了甲事本来可能影响乙事，但实际上乙事并未受甲事的影响。如例①就是这样。这是一种“让步”用法。再如：

②阿多虽然接连三日三夜没有睡，却还不见怎么倦。（茅盾：《春蚕》）

③虽然我一见便知道是闰土，但又不是我这记忆上的闰土了。（鲁迅：《故乡》）

④桂权虽说没有挨上父亲的耳光，可是比挨了打还要难受。（王子硕：《评工会上》）

在单用“然而、但是、可是、却”之类关联词语时，上句不预示下句将有转折，在语势上突然转弯。这是一种“急转”用法。例如：

⑤我们的任务是过河，但是没有桥或没有船就不能过。（毛泽东：《关心群众生活，注意工作方法》）

⑥他把挑战的条件事先写在一个本本上，但他没有照着念。（周立波：《山乡巨变》）

⑦这里的人照例相信鬼，然而她，却疑惑了。

在单用“不过、只是、就是”之类关联词语时，前后分句的意思没有明显的对立，后一分句是用来对前一分句加以修补的。这是一种

"轻转"用法。例如：

⑧矛盾是普遍存在的，不过按事物的性质不同，矛盾的性质也就不同。（毛泽东：《关于正确处理人民内部矛盾的问题》）

⑨他见人很怕羞，只是不怕我，……（鲁迅：《故乡》）

⑩你这人，啥都好，就是脾气赖坏了事。（西戎：《纠纷》）

表示让步的"虽然……"之类，有时倒装在后边，起补充说明的作用。例如：

⑪他不想打架，虽然他不怕打架。（老舍：《骆驼祥子》）

⑫这些事全由惠月珠代替了，尽管惠月珠还要从头学起。（刘克：《飞天》）

（七）假设复句

假设复句是分句间具有假设和结果的关系的复句。有的表示从假设到结果是"顺承"的，有的表示从假设到结果是"逆接"的。例如：

①如果你不让他去，他就不去。

②即使你不让他去，他也要去。

例①，前面分句表示假设，后面分句表示顺着假设情况而出现的结果。例②，前面分句表示假设，后面分句表示逆着假设情况而出现的结果。它们都是假设复句。

顺承性的假设复句，常用"如果……就"之类关联词语表示。再举几例：

③如果他们要打，就把他们彻底消灭。（毛泽东：《关于重庆谈判》）

④农民若不用极大的力量，决不能推翻几千年根深蒂固的地主权力。（毛泽东：《湖南农民运动考察报告》）

⑤倘使他能够到北京见到毛主席，那将是他一生最大的幸福。（巴金：《杨林同志》）

⑥要是姥姥能和我一起来送你，你就该高兴了。（徐怀中：《西线轶事》）

这几例，用“如果……就”或能替换为“如果……就”的其他关联词语，它们都是顺承性假设复句。有时，这种假设复句未用“如果……就”之类，但可以添加上去。例如：

⑦要纠正桂权的错误，必须狠狠批判金元散布的“四人帮”反动言论。（王子硕：《评工会上》）

这个复句可以说成：“如果要纠正……，就必须狠狠批判……”。

有时，“如果……就”的形式用来表示看法上的假设与结论的关系。“如果”后边常加个“说”字。例如：

⑧如果一部分的商人、地主和官僚是中国资产阶级的前身，那么，一部分的农民和手工业工人就是中国无产阶级的前身了。（毛泽东：《中国革命和中国共产党》）

⑨如果说我在泰山路上是翻着什么历史稿本，那么现在我才算翻到我们民族的真正宏伟的创业史。（杨朔：《泰山极顶》）

这是在假设关系中对照两件事，以甲证乙，表明如果承认甲是事实，也得承认乙是事实。这样的用法，可以使所说的话富于说服力。

逆接性的假设复句，实际上也是转折性的假设复句，常用“即使……也”之类关联词语表示。再举几例：

⑩公路即使修通，也不能靠此大量运粮。（毛泽东：《中共中央关于西藏工作方针的指示》）

⑪就算我刚才的看法不对，也不能给我戴自私的帽子啊。（马烽：《太阳刚刚出山》）

⑫哪怕是很少的一点添置，他都要亲自过问。（黄既：《关向应在病中》）

⑬纵使时光流逝，洗成绯红，也会在微漠的悲哀中永存微笑的和蔼的旧影。（鲁迅：《纪念刘和珍君》）

这几例，用“即使……也”或能替换为“即使……也”的其他关联词语，它们都是逆接性假设复句。有时，这种假设复句未用“即使”之类，但可以添加上去。例如：

⑭天塌下来，也要为党工作！（李准：《耕云记》）

这一句，可以说成“即使天塌下来，也……”。

“即使”一般不跟“但”呼应使用。但有时为了强调假设和结论之间的转折性，也可以用“但”。例如：

⑮即使所举的罪状是真的罢，但这些事情，是无论哪一个“友邦”也都有的，他们的维持他们的“秩序”的监狱，就撕掉了他们的“文明”的面具。（鲁迅：《“友邦惊诧”论》）

⑯即使无人豢养，饿得精瘦，变成野狗了，但还是遇见所有的阔人都驯良，遇见所有的穷人都狂吠的，不过这时它就愈不明白谁是主子了。（鲁迅：《“丧家的”“资本家的乏走狗”》）

“即使……也”和“虽然……但”一样，都是先让步后转入正意。它们的区别，在于“即使……”强调了某种假定的情况，而“虽然……”则表示对某种事实的容认。比如，在说“即使她要我去，我也不去”时，“她要我去”是一种假定的情况，而在说“虽然她要我去，但我不去”时，“她要我去”已成了事实。

不管是“如果……”还是“即使……”，有时都可以倒装在后边，起补充说明的作用。例如：

⑰一个结论能给人带来的东西不一定就是真理，如果这个结论不是唯一的科学结论的话。

⑱我明天一定来，要是明天不下雨。

⑲我们一定要坚守在这个阵地上，即使只剩下最后一个人。

⑳共产党员一定要坚决反对一切损害无产阶级革命事业的行为，哪怕自己暂时受到孤立和打击。

（八）条件复句

条件复句是分句间具有条件和结果的关系的复句。有的表示某种结果的产生有某种特定条件，可叫“特定条件句”；有的表示某种结果的产生不以所说的任何条件为条件，可叫“无条件句”。例如：

①只有你不让他去，他才不去。

②只要你不让他去，他就不去。

③无论你让不让他去，他都要去。

例①、例②是特定条件句，“你不让他去”是“他不去”的特定条件。例③是无条件句，强调“他去”这一结果的出现不以前面所说的任何条件为条件。它们都是条件复句。

特定条件句常用“只有……才”“只要……就”之类的关联词语表示。“只有……才”着重强调某种条件必不可少，反映说话人对条件的看法很严；“只要……就”着重表明某种条件有了就够了，反映说话人认为要求不难满足。比较：

④只有充分地发扬先进的东西去克服落后的东西，才能使社会前进。（毛泽东：《驳“舆论一律”》）

⑤只要有志气，没有办不到的事。（刘真：《春大姐》）

“除非……才（不）”作用跟“只有……才”大体相当。例如：

⑥除非是反革命文艺家，才有所谓人民是“天生愚蠢的”，革命群众是“专制暴徒”之类的描写。（毛泽东：《在延安文艺座谈会上的讲话》）

⑦除非身体支持不住，他不离开工作岗位。

这两例也是特定条件句。在“除非……才”里，“除非”有“除此皆非”的意思，这种“除非”能替换为“只有”；在“除非……不”里，“除非”有“除……外”的意思，这种“除非”不能替换为“只有”。

“谁……谁”“越……越”之类连锁句式，作用跟“只要……就”相当。例如：

⑧谁敢动一步，马上把谁填到水里！（马烽：《我的第一个上级》）

⑨哪里有压迫，哪里就有反抗。

⑩党越是关心群众的生活，群众的干劲就会越大。

这些也是特定条件句，相当于“只要……就”。如例⑧，等于说“只要谁敢动一步，就马上把谁填到水里”。

“一……就”之类有时表示单纯的连贯关系，但有时也表示条件关系，同“只要……就”的作用相似。例如：

⑪一想到小米的事，我便感到分外的亲切和温暖。（曹靖华：《小米的回忆》）

⑫一讲要缩减部队编制，往往首先想到的就是女同志们。（徐怀中：《西线轶事》）

这两例也是特定条件句，相当于“只要……就”。如例⑪，等于说“只要想到小米的事，我便感到分外的亲切和温暖”。

无条件句常用“无论……都”之类关联词语表示。例如：

⑬缺乏艺术性的艺术品，无论政治上怎样进步，也是没有力量的。（毛泽东：《在延安文艺座谈会上的讲话》）

⑭不论他们还要如何继续反对中国人民，中国人民总是有办法取得最后胜利的。（毛泽东：《在新政治协商会议筹备会上的讲话》）

⑮不管我在哪里，我还是拿北京作我小说的背景。（老舍：《我热爱新北京》）

⑯任凭你是谁，我也不能答应不合理的要求。

这些都是无条件句。“无论……”部分常包含有疑问代词，如以上几例分别包含“怎样”“如何”“哪里”和“谁”；也常用表示选择的格式，如例⑮可以说成“不管我在不在北京，……”。

不管是特定条件句还是无条件句，表示条件的分句都可以倒装在后边，起补充说明的作用。例如：

⑰到哪里都行，只要是给党办事。（陶承：《我的一家》）

⑱反正我是老老实实地报，不管将来碰到什么问题。（李准：《耕云记》）

（九）因果复句

因果复句是分句间具有原因和结果的关系的复句。有的用来说明事物间的因果关系，有的用来推论事物间的因果关系。例如：

①因为你不让他去，所以他没去。

②既然你不让他去，他就不会去。

例①说明甲乙两事之间的因果关系，例②推论甲乙两事之间的因果关系，它们都是因果复句。

说明事物间因果关系的因果复句，常用“因为……所以”之类关联词语表示。再举几例：

③因为有这么多我不赞成的地方，所以我不能冒冒失失决定。（赵树理：《三里湾》）

④辛亥革命没有这个变动，所以失败了。（毛泽东：《湖南农民运动考察报告》）

⑤由于各单位通力协作，因此这项工程提前完成了。

⑥由于不能升学，她是哭过的。（艾芜：《雨》）

这些复句，都以某种原因说明某种结果。它们都是就既定的事实来说明因果的。有时，原因分句可以倒装在结果分句后边。倒装以后还是以原因说明结果，只是结果分句突出了，原因分句仅仅起补充说明的作用。例如：

⑦东照村主任老田自告奋勇地把烧砖的任务包下来，因为他们有这号人才。（马烽：《太阳刚刚出山》）

⑧张老师的确必须立即开展工作，因为，就在这时，他班上的团支部书记谢惠敏找他来了。（刘心武：《班主任》）

但是，如果用“之所以……是因为”之类关联词语，便是以结果说明原因，正意在原因。例如：

⑨我们的会议之所以称为政治协商会议，是因为三年以前我们曾和蒋介石国民党一道开过一次政治协商会议。（那次会议的结果是被蒋介石国民党及其帮凶们破坏了，但是已在人民中留下了不可磨灭的印象。那次会议证明，……）（毛泽东：《中国人民站起来了》）

这不是倒装的用法，而是以结果说明原因的用法。从下文可以清楚地看到，表述的重点在原因。

在说明事物间的因果关系时，还常用“以致”“弄得”之类关联词语。它们所表示的结果大都指不好的事情或不正常的情况。例如：

⑩他是这样地全神贯注，以致额上渗出一粒一粒的汗珠。（吴天、荃默：《拍案颂》）

⑪（共产党主张成立联合政府，就为制止内战。）现在蒋介石拒绝了这个主张，致使内战有一触即发之势。（毛泽东：《评蒋介石发言人谈话》）

⑫任依群突然进来，弄得春芳非常难为情。（陈登科：《风雷》）

推论事物间因果关系的因果复句，常用“既然……就”表示。有时是以某种原因为根据，去推断结果；有时是以某种结果为根据，去推断原因。例如：

⑬我们既然解决了提高和普及的关系问题，则专门家和普及工作者的关系问题也就可以随着解决了。（毛泽东：《在延安文艺座谈会上的讲话》）

⑭既然有了血痕了，当然不觉要扩大。（鲁迅：《纪念刘和珍君》）

⑮他既然晌午就赶到工地，准是天亮前就从家里动身的。

例⑬、⑭是由因推果，例⑮是由果推因。

“可见”“可知”也可以表示由果推因。例如：

⑯玉山上石头块子都炼成铁水了，可见人的本事大着呢。（李准：《耕云记》）

⑰周围的黑暗只是浓，可知已经到了深夜。（鲁迅：《社戏》）

（十）目的复句

目的复句是前后分句分别表示行动和目的的复句。有的表示采取某种行动的目的是要得到什么，有的表示采取某种行动的目的是要避免什么。例如：

①你快让他去，以便他早点发挥作用。

②你快让他去，以免他闹情绪。

例①重在“获取”，例②重在“免除”，它们都是目的复句。

重在“获取”的目的句，常用“以便”之类关联词语表示。再举几例：

③老赵尽力使车子跑得平稳，以便总指挥睡得安宁。（杜鹏程：《工地之夜》）

④不可不注意团结我们的真正的朋友，以攻击我们的真正的敌人。（毛泽东：《中国社会各阶级的分析》）

⑤他无意识地用手指轻轻拨弄，借以帮助思考。（吴天、荃默：《拍案颂》）

例③用“以便”，例④、⑤用相当于“以便”的“以、借以”。另外，“用以、好、来、就是为了”等也常用在目的复句里，作用也跟“以便”相似。

重在“免除”的目的句，常用“以免”之类的关联词语表示。再举几例：

⑥今晚务必准备好收割工具，以免浪费时间。（刘澍德：《拔旗》）

⑦那也得快些走，免得挨雨浇啊！（王汶石：《新结识的伙伴》）

⑧把这次宴会取消了也使得，省得你太忙了。（冰心：《第一次宴会》）

例⑥用“以免”，例⑦、⑧用相当于“以免”的“免得、省得”。

（十一）复句关系的表达

运用复句表达复句关系，要特别注意两个问题。

第一，注意分句间是否具有合乎逻辑的联系。请看下列例子：

*①他瞪大眼睛，咬紧牙关，大声喊着“打倒反动派”的口号。

*②同志们挑起担子，挺起胸脯，飞一样地跑向堤坝。

*③我几次看到他走进这所中学，我才知道他是这所中学的教师。

例*①是并列复句。咬紧牙关和大声呼喊是不可能同时存在的现象。例*②是连贯复句。“挑起担子”以后，哪能“挺起胸脯，飞一样地跑”？例*③是因果复句。断定他是这所中学的教师的理由显然不充足。因为他可能是到这所中学去参观、看熟人或了解情况的外单位的人；即使是这所中学的人吧，也不一定就是教师。这些例子，分句间的联系是不合事理的。

*④昨天天气很好，我买了好几本书。

这是个因果复句。难道天气好才买书，天气不好就不买？这个例子缺少了揭示事情的内在逻辑联系的词语，应该补上去，比如应该说成：“昨天天气很好，我上街买了好几本书。”

*⑤她不但是一个插秧能手，而且经常参加劳动。

这是个递进复句。难道经常参加劳动比成为一个插秧能手更难做到么？这个例子颠倒了分句的先后次序，应该调换过来，比如可以说成：“她不但经常参加劳动，而且是一个插秧能手。”

第二，正确运用关联词语。

要根据分句间的联系选用关联词语。如果本来没有某种关系，却加上表示这种关系的关联词语，就会造成“强加关系”的语病。例如：

*⑥他年轻，因此干劲特别大。

*⑦雨大，又隔了个院子，却听不清他们在说些什么。

*⑧我也爱吹笛子，而且吹得很蹩脚。

例*⑥，犯了“强加因果”的毛病。“年轻”和“干劲特别大”之间不存在因果关系，应去掉“因此”。去掉“因此”以后，前后分句之间是并列关系。例*⑦，犯了“强加转折”的毛病。“雨大，又隔了个院子”和“听不清……”之间不是转折关系，应去掉“却”。去掉“却”

以后，前后两部分之间是因果关系。例*⑧，犯了“强加递进”的毛病。爱吹笛子和吹得蹩脚之间不是递进关系，而是转折关系，应把“而且”改为“可是、只是”之类。

还要正确运用配套的关联词语。如果关联词语配错对儿，就会搞乱整个复句的关系。例如：

*⑨如果路比较远，可是坐汽车还是可以赶到的。

*⑩他由于对这种工作很有经验，可是做起来并不顺手。

*⑪他们不管怎么争吵，却能十分协调地在一起工作。

例*⑨，“如果”和“可是”不能配套：“如果”表假设，后边是顺承性的结果，不能有转折；“可是”表转折，前边是某种事实，不能是假设，应把“如果”改为“虽然”。例*⑩，“由于”表原因，后边是由原因产生的结果，它跟表转折的“可是”不能配套，应去掉“由于”。例*⑪，“不管”相当于“无论”，“不管……都”构成无条件的条件复句；“尽管”相当于“虽然”，“尽管……但是（却）”构成表示让步的转折复句。“不管”和“却”不能配套，应把“却”改为“都”。如果保留“却”，应把“不管”改为“尽管”，并且把疑问代词“怎么”去掉。

十六 复 句（二）

复句可以扩展，也可以紧缩。复句的扩展形式，是多重复句；复句的紧缩形式，是紧缩句。

（一）多重复句

包含两个以上层次的复句，叫作多重复句。跟多重复句相对，只包含一个层次的复句，便是单纯复句。例如：

①因为我们是为人民服务的，所以，我们如果有缺点，就不怕别人批评指出。不管是什么人，谁向我们指出都行。只要你说得对，我们就改正。（毛泽东：《为人民服务》）

这里有三个复句。前一个，是多重复句，包含两个层次："因为……"和"所以……"之间是第一层，表示因果关系；"我们如果……"和"就……"之间，是第二层，表示假设关系。后两个，都是单纯复句，只包含一个层次，表示一种关系：一个表示无条件的关系，一个表示特定条件的关系。

学习多重复句，要对"重"有正确的理解。

"重"（chóng），就是层次；多重复句，就是多层次复句。有的多重复句包含两个层次，所以叫作二重复句；有的多重复句包含三个层次，所以叫作三重复句；有的多重复句包含四个层次，所以叫四重复句。其他类推。

应该看到，分句多不一定层次多。不要以为三个以上的分句一定形成两个以上的层次。例如：

②全国揭批林彪、“四人帮”的政治大革命取得了伟大的胜利；国民经济得到了进一步的恢复和发展；全国出现了安定团结的政治局面；我国外交政策得到了重大进展。（党的十一届三中全会公报）

③他诊过脉，在脸上端详一回，又翻开衣服看了胸部，便从从容容地告辞。（鲁迅：《兄弟》）

④是我去，还是他去，还是我和他一起去呢？

⑤不但你知道，而且我也知道，甚至他也知道。

例②是并列复句中表示平列关系的复句，例③是连贯复句。它们都包含四个分句，但这四个分句不是分层组织起来，而是一次直接组织起来的，因此它们都只包含一个层次，都不是多重复句。例④是选择复句中表示“或此或彼”的任选关系的复句，例⑤是递进复句中表示“由浅入深”的关系的复句。它们都包含三个分句，但都只包含一个层次，因此也不是多重复句。在大多数情况下，分析复句可以用“二分法”，即把复句划分为前后两个部分；但在上述情况下，不能用“二分法”，而要用“多分法”。如例②、例③，可以一次划分为四部分；例④、例⑤，可以一次划分为三部分。

还应该看到，层次多不一定关系的种类多。不要以为两个以上的层次一定表示两种以上不同类型的关系。例如：

⑥他钻研哲学，也搞点写作；我学习文艺，也喜欢哲学。

⑦因为他刻苦钻研，提高很快，所以受到了大家的赞扬。

例⑥有四个分句。第一、二分句和第三、四分句之间是第一层次，表示平列的关系；第一分句和第二分句之间是第二层次，也表示平列的关系；第三分句和第四分句之间也是第二层次，也表示平列的关系。尽管各个层次所表示的关系都是平列，但它包含两个层次，因此是个二重复句。例⑦有三个分句。第一、二分句和第三分句之间是第一层次，表示因果关系；第一分句和第二分句之间是第二层次，也表示因果关系。尽管各个层次所表示的关系都是因果，但它包含两个层次，因此是个二重复句。

可见，是不是多重复句，不取决于分句的多少，也不取决于关系种类的多少，而取决于层次的多少。当然，层次的多少同分句的数量、关系种类的数量也不是完全没有关系。可以这么说：分句多不一定层次多，但层次多一定分句多，因为包含两个层次的复句绝不可能只具有两个分句；层次多不一定关系的种类多，但关系的种类多一定层次多，因为包含两种不同关系的复句绝不可能只具有一个层次。

学习多重复句，还要做到善于分析多重复句。

多重复句层次多，组织严密。学会正确分析多重复句，不仅可以准确地理解句子本身的意思，而且可以提高分析语言结构和分析文章结构的能力。然而，正由于多重复句层次多，组织严密，因而往往不那么容易分析。层次越多，难度越大。分析中经常遇到的难题有二，下面分别解说。

其一，怎样断定一个多重复句的基本关系？换句话说，怎样断定第一层次是从这儿划开，表示这种关系，而不是从那儿划开，表示那种关系？

总的说来，必须善于抓住关联词语，进行全面观察。关联词语是形式上的标志。要善于根据关联词语来判明关系。没有运用关联词语的，也要看能够添上什么样的关联词语，借以断定其关系。

抓住关联词语进行全面观察时，要善于化繁为简。就是说，不管一个多重复句包含多少层次、多少分句，都首先把它简化为一个单纯复句。比如，可以简化为“因为怎么样，所以怎么样”或“因为这样，所以这样”；或者简化为“如果怎么样，就会怎么样”或“如果这样，就会这样”；或者简化为“不但怎么样，而且怎么样”或“不但这样，或者这样”。诸如此类，不一而足。

要知道，任何多重复句都是单纯复句的扩展，都是在“简”的基础上“繁”起来的。只要善于化繁为简，就能抓住基本关系，就能断定第一层次。举例来说：

⑧即使下大雨，我们也要干。

这是个单纯复句，表示假设关系。“即使……也”这对关联词语是标志，表明前面的分句是假设，后面的分句是跟假设情况相违逆的结果。它可以扩展为：

⑨即使下大雨，行动有困难，我们也要干，而且要提前拿出成品。

这一例增加了分句，也增加了层次，“繁”起来了，成了二重复句了。但是，我们可以化“繁”为“简”，将它简化为“即使怎么样，我们也要怎么样”来理解，从而断定它的基本关系是假设。这个二重复句还可以进一步扩展：

⑩即使下大雨，刮大风，行动有困难，我们也要干，而且要提前拿出成品，向国庆献厚礼。

这一例分句更多，层次更多，成了三重复句了。但是，我们仍然可以把它简化为“即使怎么样，我们也要怎么样”来理解，从而断定它的基本关系是假设。

一些多重复句，乍一看很相似，但基本关系并不相同。要断定它的第一层次是从哪儿划开，最简易的办法也是化繁为简。比如，“不但……而且……因为……”这样的句式，第一层次是从“不但……”和“而且……因为……”之间划开呢，还是从“不但……而且……”和“因为……”之间划开呢？比较：

⑪不但我知道，而且他也知道，因为他也参加了那次座谈会。

⑫不但我知道，而且他也知道，因为我和他都参加了那次座谈会。

例⑪可以简化为“不但怎么样（＝我知道），而且怎么样（＝因为他也参加了那次座谈会，所以他也知道）”；例⑫可以简化为“〔之所以〕怎么样（＝不但我知道，而且他也知道），〔是〕因为怎么样（＝我和他都参加了那次座谈会）”。可见，例⑪的基本关系是递进，第一层次应从“不但……”和“而且……因为……”之间划开；例⑫的基本关系是因果，第一层次应从“不但……而且……”和“因为……”之间划开。

其二，确定了第一个层次之后，怎样才能把其他大小不同的各个层次分析清楚？

在断定了第一层次、判明了基本关系的基础上，必须逐层深入地往里剖析。由于第二层次、第三层次可能仍然比较复杂，因此仍然要注意抓住关联词语，善于化繁为简。与此同时，还要注意做到先后有序，稳步推进。就是说，在把一个多重复句划分为前后两部分（或几部分）之后，要先把前一部分里的各层关系剖析完，然后再对后一部分进行剖析，力求“步步为营，稳扎稳打”。以例⑩来说，它的分析步骤是：

全句，从“即使……”和“我们也……”之间划出第一层次（用单｜线标明），是假设关系。

第一层次前一部分，可简化为“因为怎么样，所以怎么样”，应在“下大雨，刮大风”和“行动有困难”之间划出第二层次（用双‖线标明），是因果关系。

第二层次前一部分，在“下大雨”和“刮大风”之间划出第三层次（用三 ||| 线标明），是并列关系。

第二层次后一部分，不能再分析关系。

第一层次后一部分，可简化为“不但怎么样，而且怎么样”，应在“要干”和“而且……”之间划出第二层次（用双‖线标明），是递进关系。

第二层次前一部分，不能再分析关系。

第二层次后一部分，在“要提前拿出成品”和“向国庆献厚礼”之间划出第三层次（用三 ||| 线标明），是目的关系。

逐层剖析的步骤，大体如此。用文字说明这些步骤，显得很繁；若熟练掌握，运用起来还是方便的。

为了清楚地表明多重复句的层次和关系，我们常常使用一些多重复句的表示法。主要的表示法，有“句中标明”和“图表表示”两类。

“句中标明”的方法，也叫“划线法”。要点有二：（1）看看这个多

重复句包含几个分句，在每个分句的末尾用数字标明分句的顺序；(2) 用 | 线划出第一层次，并注明关系；用 ‖ 线划出第二层次，并注明关系；用 ||| 线划出第三层次，并注明关系。余可类推。如例⑩：

即使下大雨❶，|||（并列）刮大风❷，‖（因果）行动有困难❸，|（假设）我们也要干❹，‖（递进）而且要提前拿出成品❺，|||（目的）向国庆献厚礼❻。

“图表表示”的方法，也叫“图解法”。要点有二：(1) 用分句的顺序号代表分句。(2) 用“切分”或“组合”的办法加以图解。如例⑩：

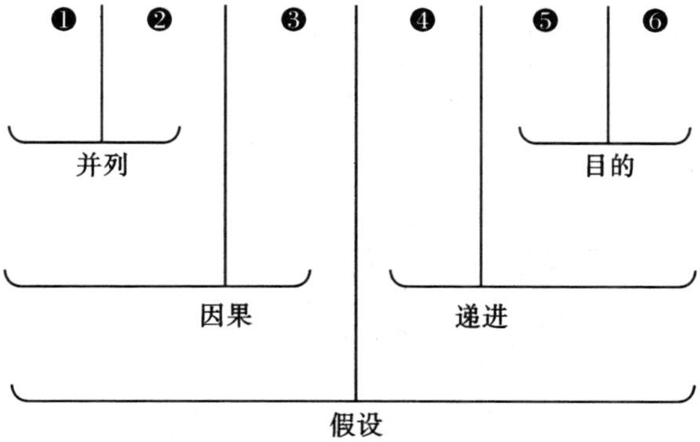

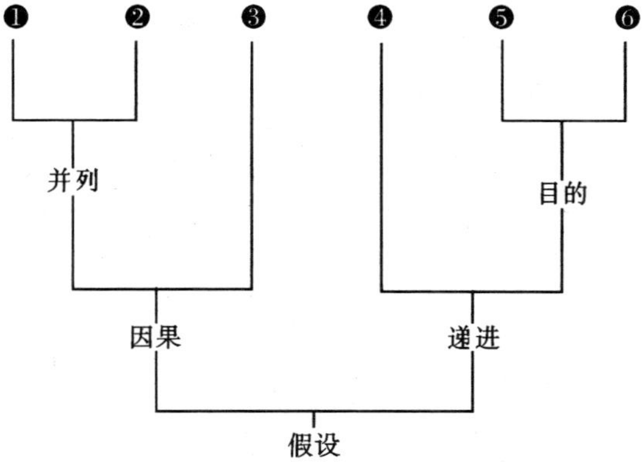

上面的图解是切分式的，下面的图解是组合式的。运用起来，切分式比组合式顺手。因为切分式是从大到小逐层往里剖析，比较符合分析的步骤。

下面，选一些例子，同时用划线法和切分式图解法把它们分析一下。

二重复句，例如：

⑬空洞干燥的教条公式是要破坏创作情绪的❶，| 转折 但是它不但破坏创作情绪❷，|| 递进 而且首先破坏了马克思主义❸。（毛泽东：《在延安文艺座谈会上的讲话》）

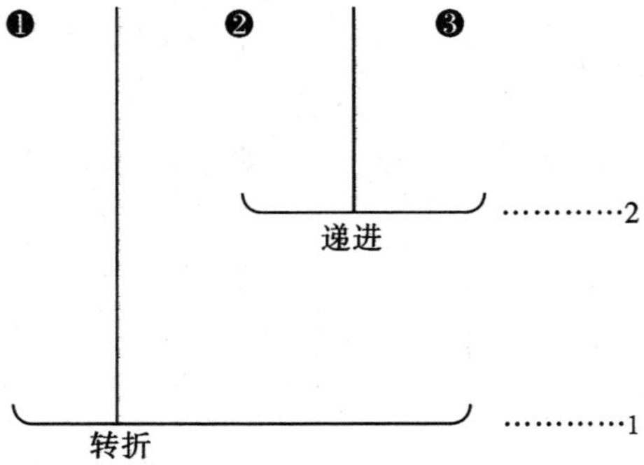

⑭浪再大❶，|| 并列 水再险❷，| 假设 我们的老薛也是不会沉没的❸。（王汶石：《通红的煤》）

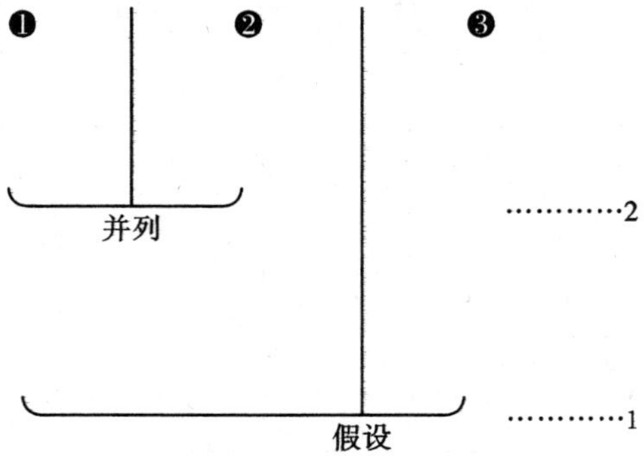

⑮有几种讽刺❶：| 并列（解注） 有对付敌人的❷，|| 并列（平列） 有对付同盟者的❸，|| 并列（平列） 有对付自己队伍的❹，……（毛泽东：《在延安文艺座谈会上的讲话》）

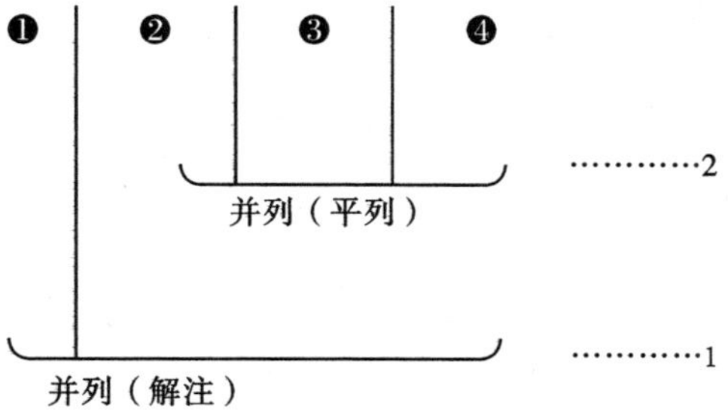

⑯凡走狗，虽或为一个资本家所豢养❶，‖（转折）其实是属于所有的资本家的❷，|（因果）所以它遇见所有的阔人都驯良❸，‖（并列）遇见所有的穷人都狂吠❹。（鲁迅：《“丧家的”“资本家的乏走狗”》）

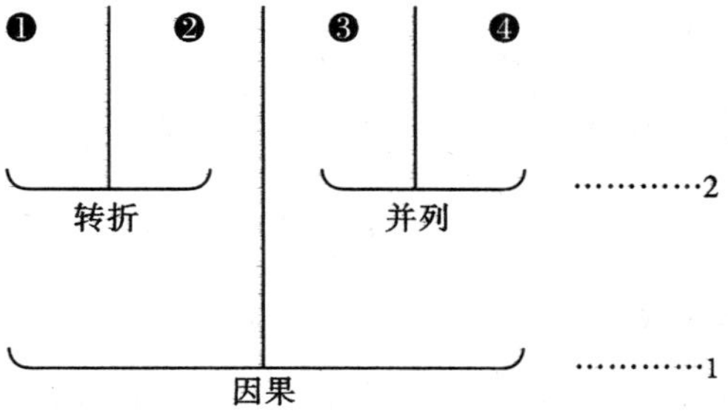

三重复句，例如：

⑰草地上没有人烟❶，|（并列（平列））气候时常变化❷，‖（并列（解注））时而下雪❸，|||（并列（平列））时而下雹❹。（巴金：《杨林同志》）

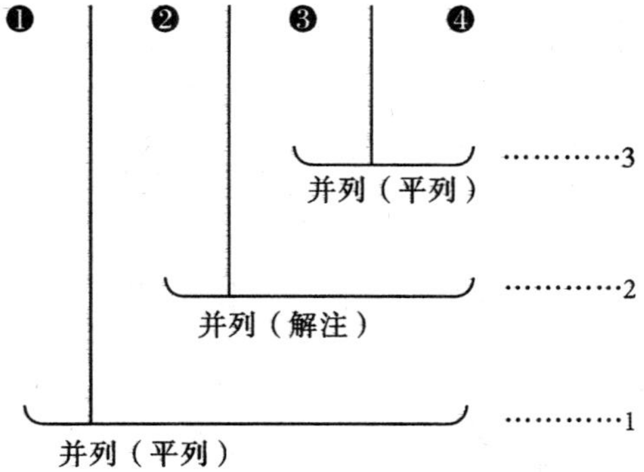

⑱因为要开同级会❶，｜因果 干事便在黑板上写广告❷，‖并列（解注） 末一句是“请全数到会勿漏为要”❸，|||递进 而且在“漏”字旁边加了一个圈❹。（鲁迅：《藤野先生》）

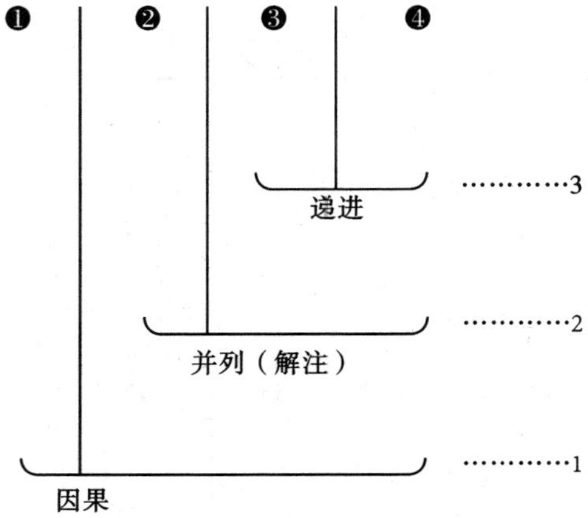

⑲我们的国家还很落后❶，‖因果 工人的福利不可能在短期间有很大的增长❷，|||并列（对照） 而只能在生产增长特别是劳动生产率增长的基础上逐步增长❸，｜转折 但是这决不能成为企业领导不关心工人福利的借口❹，‖递进 尤其不能成为工会组织不关心工人福利的借口❺。（邓小平：《在中国工会第九次全国代表大会上的致词》）

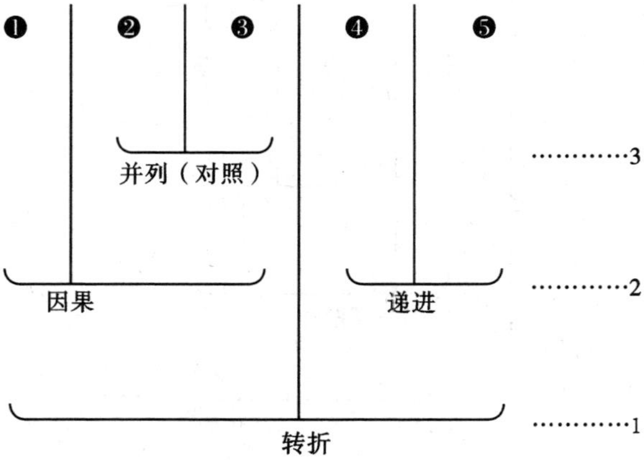

四重复句，例如：

⑳只有坚决贯彻毛主席的“双百”方针❶，|（条件）才能在比较和斗争中锻炼人们识别香花和毒草的能力❷，|||（目的）发展正确的东西❸，||||（平列（对照））克服错误的东西❹；||（并列（平列））才能使艺术上各种风格和流派，学术上各种观点和学派，在互相讨论、互相促进中得到发展❺；||（并列（平列））才能出人才❻，|||（并列（平列））出好的科研成果和文艺作品❼。（华国锋：《团结起来，为建设社会主义的现代化强国而奋斗》）

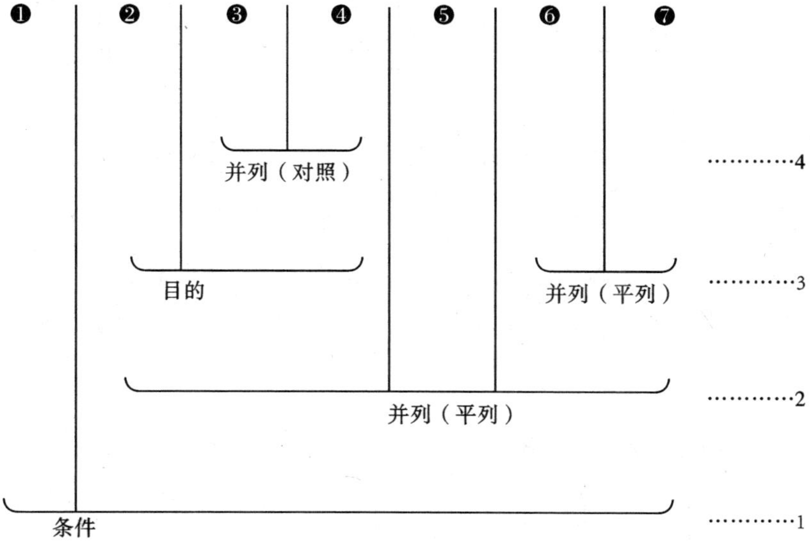

㉑这个阿多高兴起来时，什么事都肯做❶，||（并列（解注））碰到同村的女人们叫他帮忙拿什么重家伙❷，||||（选择）或是下溪去捞什么❸，|||（条件（无条件））他都肯❹；|（转折）可是今天他大概有点不高兴❺，||（因果）所以只顶了五六只“团扁”去❻，|||（转折）却空着一双手❼。（茅盾：《春蚕》）

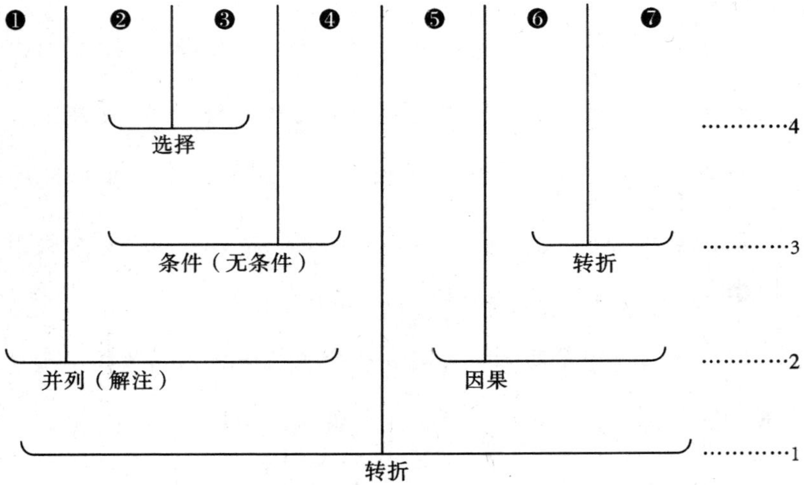

五重复句，例如：

㉒我们不需要死记硬背❶，| 转折 但是我们需要用基本事实的知识来发展和增进每个学习者的思考力❷，|| 因果 因为不把学到的全部知识融会贯通❸，||| 假设 共产主义就会变成空中楼阁❹，||||| 并列（解注） 就会成为一块空招牌❺，|||| 并列（平列） 共产主义者也只会是一些吹牛家❻。（列宁：《青年团的任务》）

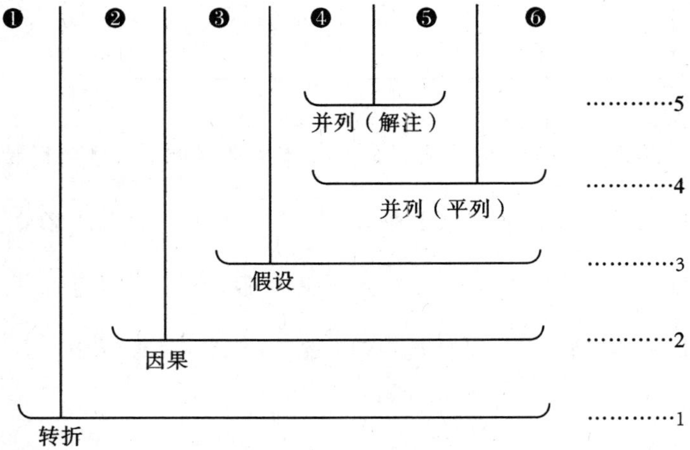

二重复句和三重复句是最常见到的多重复句。六重以上的复句，比较罕见。

有两种句式，怎样划分层次，需要略加说明。

第一种是："甲怎么样，如果甲不怎么样，就……。"这种多重复句怎么分析？例如：

㉓他应该去，如果他不去，问题就解决不了。

这个复句，第一分句和第二、三分句之间是第一层次，第二分句和第三分句之间是第二层次。第一层次表示"并列（平列）"的关系：前一部分直接说明问题（从逻辑上说是用直言判断），后一部分用假设说法从另一方面说明问题（从逻辑上说是用假言判断），所以它们之间是"并列（平列）"的关系。第二层次表示假设关系："他不去"是假设，"问题解决不了"是结果。

第二种是："如果……，即使……，也……。"这种多重复句怎么分析？例如：

㉔如果你同意❶，即使下大雨❷，我们也要去❸。

这种复句，第一层次应从"如果……"和"即使……也……"之间划开，而不应从"如果……即使……"和"也……"之间划开。我们可以用两个办法证明这一点。(1) 加"那么"："如果你同意，那么，即使下大雨，我们也要去。"加了"那么"，就明显地把"如果……"和"即使……也……"分成了两个部分。(2) 把"即使……也……"加以紧缩，使之成为紧缩句："如果你同意，我们下雨也去。"这也可以说明"如果……"和"即使……也……"是两个部分。可见这个句子应该分析为：

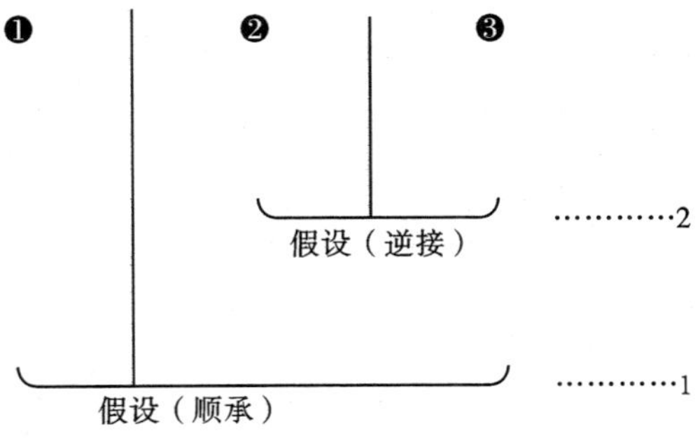

知道了这个复句可以这么分析，遇到比它更复杂但基本关系跟它相同的复句时，也就知道应该怎么分析了。例如：

㉕任何思想，如果不和客观的实际的事物相联系❶，如果没有客观存在的需要❷，如果不为人民群众所掌握❸，即使是最好的东西❹，即使是马克思列宁主义❺，也是不起作用的❻。（毛泽东：《唯心历史观的破产》）

这个例子实际上也是“如果……，即使……，也……”的句式。由于并列三个“如果……”，又并列两个“即使……”，所以显得复杂一些，但它的基本关系并未发生变化。分析如下：

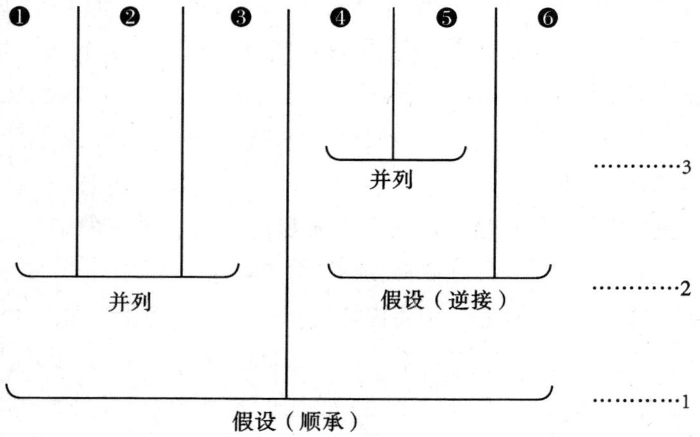

（二）紧缩句

分句与分句紧缩在一起的句子，叫作紧缩句。这种句子，形式上像单句，内容上是复句，可以认为是一种“变形”的复句。

有的紧缩句是分句的直接紧缩。这种紧缩句，分句与分句紧紧相连，粘在一起，中间没有明显的语音停顿，书面上不用逗号隔开。如果加上逗号，使之具有明显的语音停顿，便会恢复成“原形”的复句。例如：

①山在欢呼人在笑。

②雨过天晴。

③你为难我更为难。（贺敬之：《白毛女》歌词）

④明天你去呀我去？（赵树理：《三里湾》）

⑤你不害羞我害羞。（杨苏：《没有织完的筒裙》）

⑥不受气你哭什么？（杨朔：《春子姑娘》）

⑦谁收了人家的东西谁跟人家去！（赵树理：《小二黑结婚》）

⑧闺女大了咱管不了。（同上）

⑨有马必有人！

例①是表示并列关系的紧缩句；例②是表示连贯关系的紧缩句；例③是表示递进关系的紧缩句；例④是表示选择关系的紧缩句；例⑤是表示转折关系的紧缩句；例⑥是表示假设关系的紧缩句；例⑦是表示条件关系（特定条件）的紧缩句；例⑧是表示因果关系（说明因果）的紧缩句；例⑨是表示因果关系（推论因果）的紧缩句。它们大都能加上逗号恢复成“原形”复句。比如：“闺女大了咱管不了。”→“闺女大了，咱管不了。”

有的紧缩句采用了成套的关联格式。这种紧缩句，不仅没有明显的语音停顿，而且往往略去某些词语，因此，整体性更强。它们一般表示假设关系或条件关系。常见的成套关联格式有下列几种：

1．“不……不”。例如：

⑩这个人不问不开口。

⑪钟不敲不响。

⑫我不说不痛快。

⑬番茄不红不熟。

这一格式的紧缩句表示假设关系，可以改为“如果……就”格式的复句。如例⑩可以改为：“这个人，你不问他，他就不开口。”至于“不高不矮”“不长不短”之类，是联合结构，跟紧缩句无关。

2．“非……不”。例如：

⑭我非做完练习不休息。

⑮他非京剧不看。

⑯我们非走这条道路不可。

⑰我非亲手逮住他不可。

这一格式的紧缩句表示条件关系，相当于“除非……不”的条件复句。如例⑭，相当于“除非做完练习，我不休息”。

3.“不……也”。例如：

⑱这个道理不说也懂。

⑲科技书不便宜也要买。

⑳这种小毛病不医也会好。

㉑冬天，风不大也冷。

这一格式的紧缩句表示假设关系，相当于“即使……也”的假设复句。如例⑱等于说“这个道理，即使你不说，我也懂得”。

4.“再……也”。例如：

㉒你再说得好听也不给你。

㉓工作再难也不怕。

㉔我们再穷也别学他。

㉕在北山打仗，再苦也有水。（杨尚武：《追匪记》）

这一格式的紧缩句表示假设关系，相当于“即使……也”的假设复句。如例㉒等于说“即使你说得再好听，我也不给你”。

5.“一……就”。例如：

㉖这种绳子一拉就断。

㉗树叶一黄就落。

㉘他一进门就叫大叔。

㉙我一放下书包就去挑水。

这一格式的紧缩句有时表示条件关系，相当于“只要……就”的复句。如例㉖等于说“只要一拉，就会断”，例㉗等于说“只要一黄，就会落”。但有时只表示单纯的连贯关系，如例㉘和例㉙。

6.“越……越”。例如：

㉚这孩子，越夸越骄傲！

㉛语言越精炼越好。

㉜生姜越老越辣。

㉝我们越干越欢。

这一格式的紧缩句表示条件关系，相当于“只要……就”的条件复句。如例㉚等于说“这孩子，只要越夸他，他就越骄傲”。

有的紧缩句，句中只用一个关联词语。这是介于上述两种情况之间的一种紧缩句。除了表示假设关系、条件关系之外，它们还可以表示其他关系。例如：

㉞养花房的气温可以调节，要高就高，要低就低。

㉟剥了皮我也认得你的骨头，怎么会认错人呢？（杨朔：《春子姑娘》）

㊱是的，无私才能无畏。（肖育轩：《心声》）

㊲有错就有对，谁也不是生来就会。（李准：《耕云记》）

㊳有事没事总想跟小芹说句话。（赵树理：《小二黑结婚》）

㊴怕看又不能不看。（叶圣陶：《稻草人》）

㊵阿Q要画圆圈了，那手捏着笔却只是抖。（鲁迅：《阿Q正传》）

例㉞表示假设关系，相当于“如果……就”。例㉟表示假设关系，相当于“即使……也”。例㊱表示条件关系，相当于“只有……才”。例㊲表示条件关系，相当于“只要……就”。例㊳表示条件关系，相当于“无论……总”。例㊴和㊵表示转折关系。

紧缩句的好处是语气紧凑，简短精练，口语里经常运用这类句式。例如：

㊶盐多了要苦，话多了要甜，我不是在织了吗？（杨苏：《没有织完的筒裙》）

许多成语实际上也是紧缩句。如“水落石出”（连贯）“藕断丝连”（转折）“人多口杂”（因果）等等。这种成语和其他成语一样，言简意赅，鲜明生动，写作中恰当运用，能增强感染力，给人以深刻的印象。

十七 语 气

句子有一定的语气。句子的语气由一定的语调表示出来。除了语调之外，还常常用语气助词来表示。

（一）陈述语气

告诉别人一件事的句子，叫作陈述句。

陈述句语调平匀，句尾一般稍微下降。

陈述句常用语气助词“的”和“了”。这两个词都用来加强肯定的语气，但作用不完全相同。“的”表示事情的本来情况，是确信地陈述事实；“了”表示事情的变化情况，是客观地陈述事实。比较：

①他知道这件事的。

②他知道这件事了。

用“的”，肯定事情本来如此、的确如此；用“了”，肯定情况有了变化，即本来不知道，现在已知道。再如：

③我爸爸不久就会回来的，那时我妈妈就会好了。（冰心：《小桔灯》）

④她爸爸也一定早回家了，因为现在我们大家都好了。（同上）

用“的”，表示确信地陈述事实，强调本来会那样、的确会那样；三个“了”，都表示对变化情况的陈述，强调现在不这样、将来会这样，或以前不这样、现在已这样。

语气助词“的”用于句末，可以去掉。去掉它，除了失去它所表达的语气之外，并不影响句子的基本结构。这是它区别于结构助词“的”的地方。

语气助词“了”用于句末，它的前边可以不是动词，可以是名词（“他上大学了”）。这是它区别于时态助词“了”的地方。有时，“了”既在句末又在动词后边，这样的“了”往往兼有时态助词和语气助词的两种属性。如“他把杯子打破了”，相当于“他打破了杯子了”。

陈述句有时也用语气助词“呢”和“罢了”。

“呢”表示确认事实，带夸张口气。有时表示情况还在持续之中，而说话人对这种情况的持续带一定的情绪（赞美、着急、不同意等）。例如：

⑤喝着这样的好蜜，你会觉得生活都是甜的呢。（杨朔：《荔枝蜜》）

⑥说不定蜜蜂也在赶着建设什么新生活呢。（同上）

例⑤，用“呢”表示对事实的确认，同时带有夸张口气。例⑥，用“呢”表示情况还在持续，同时带有赞美的情味。再如：

⑦路很远，有好几十里呢。

⑧已经过午了，雨还在下呢。

例⑦，用“呢”表示对事实的确认，同时带有夸张口气；例⑧，用“呢”表示情况还在持续，同时表达了着急的心情。

“罢了”表示如此而已，常跟句中的“不过、只是、无非”之类呼应使用。例如：

⑨别说了，我不过做了我应该做的事罢了。

⑩月亮对着陈士成注下寒冷的光波来，当初也不过像是一面新磨的铁镜罢了。（鲁迅：《白光》）

“罢了”和“呢”的作用是不相同的：“罢了”是把事情往小里说，重在“抑”；而“呢”则往往是把事情往大处说，重在“扬”。例如：

⑪甲：哎呀，你的脸烫得很呢！

乙：没关系，有点发烧罢了！

用“呢”重在“扬”，强调非同小可，必须重视；用“罢了”重在

"抑"，强调仅此而已，不必重视。

陈述句还可以用语气助词"嘛（么）"和"啊"。

"嘛（么）"表示一种申明的口气，强调事情显而易见，或者表示无可奈何。例如：

⑫这也不能怪他，头一回做嘛。

⑬人多力量大嘛！

⑭军民一家嘛！

⑮他不相信嘛，叫我有什么办法。

"啊"用于陈述句，通常带点提醒的意味。例如：

⑯我不是故意的啊。

⑰走以前，我得跟家里说一声啊。

陈述句有肯定形式和否定形式的区别。如"他来了"是肯定形式，"他没有来"是否定形式。

有时，同一个意思可以用肯定形式来表示，也可以用否定形式来表示，但一般说来，否定形式语意轻些，口气和婉些。比较：

⑱他脾气坏。（肯定形式）
⑲他脾气不好。（否定形式）

⑳这个人思想落后。（肯定形式）
㉑这个人思想不进步。（否定形式）

有时，肯定的意思可以用双重否定的形式来表示。例如：

㉒从前线回来的人说到白求恩，没有一个不佩服，没有一个不为他的精神所感动。（毛泽东：《纪念白求恩》）

"没有一个不佩服"就是"谁都佩服"，"没有一个不为他的精神所感动"就是"谁都为他的精神所感动"。

一般地说，用双重否定的形式表示肯定，要比直接肯定的语气更坚决、更强调。但有时用双重否定形式表肯定，语气比直接肯定要委婉些。比如，说"这样做没有什么不可以"，比说"这样做可以"要委婉些。又如，说"我知道，你不会不帮助我的"，比说"我知道你会帮助我的"要委婉些。

顺便指出：疑问句、祈使句、感叹句也有肯定形式和否定形式的区别，但情况有所不同。

一般的疑问句，表面上也有肯定形式或否定形式，但实质上并没有对事物加以肯定或否定。比如："他去吗？""他不去吗？"前者从肯定方面问，但并没有对事物加以肯定；后者从否定方面问，但并没有对事物加以否定。

祈使句的否定形式在表达方式上跟陈述句有区别：陈述句用"不、没有"，祈使句用"不准、不许、不得、别、甭"等。比如："他不去开门。""你别去开门！"前者是陈述句，后者是祈使句。另外，否定形式的祈使句很少是双重否定的。

感叹句的肯定形式和否定形式之间一般不能直接改换。比如，"这个孩子多么可爱啊！"一般不能直接改换为否定形式："这个孩子多么不可爱啊！"又如，"你真不是东西！"一般不能直接改换为肯定形式："你真是东西！"另外，感叹句的肯定形式和否定形式有时表示的意思是一样的。比如："好热闹！""好不热闹！"前者是肯定形式，后者是否定形式，但它们意思相同。

（二）疑问语气

提出一个问题的句子，叫作疑问句。

疑问句句尾语调一般上升。

疑问句可以分为"是非问""特指问""选择问"三种。要求得到肯定或否定的回答，即要求得到"是"或"不是"、"去"或"不去"、"来"或"不来"、"来了"或"没来"之类的回答的，叫"是非问"；用疑问代词代替未知部分，要求就疑问代词所问的内容作出回答的，叫"特指问"；并列几个问题或并列正反两方面的情况，要求选择其中一个问题或一个方面作出回答的，叫"选择问"。例如：

①你喜欢物理吗？
②你不喜欢物理吗？

⎧③你喜欢什么呢？
⎩④谁不喜欢物理呢？

⎧⑤你喜欢物理还是喜欢文学呢？
⎩⑥你喜欢不喜欢文学呢？

例①②是“是非问”；例③④是“特指问”；例⑤⑥是“选择问”。

疑问句常用语气助词“吗（么）”和“呢”。

“吗（么）”只能用在是非问句，不能用在特指问句、选择问句；“呢”只能用在特指问句、选择问句，不能用在是非问句。再看几例：

⑦好几天不见你来了，是在家里用功吗？（郭沫若：《屈原》）

⑧我们要学他，应该从什么地方学起呢？（同上）

⑨你看我这个见解是不是可以成立呢？（同上）

例⑦是是非问，用“吗”，不能用“呢”。例⑧是特指问，用“呢”，不能用“吗”。例⑨是选择问，也用“呢”，不能用“吗”。再比较：

⑩他讲过什么话呢？

⑪他讲过什么话吗？

例⑩用“呢”，是特指问句，只要求回答“什么”的问题。例⑪用“吗”，是是非问句，等于说“他讲过话吗？”这是对整个事情的疑问，因此要求回答：“嗯，他讲过……的话”，或回答：“没有，他没有讲过什么话。”

是非问有时也用“吧”，表示信疑之间的语气，或者表示商量的语气。例如：

⑫你看来还很嫩，头一回抛头露面吧？（王汶石：《新结识的伙伴》）

⑬婵娟，你口渴吧？（郭沫若：《屈原》）

⑭我给你倒一杯开水吧？

⑮我去把医生请来吧？

例⑫⑬表示介乎信疑之间，例⑭⑮带有商量口气。这些用“吧”的问句，都用下降的语调。

各种问句都可以用“啊”。带上了“啊”，整个问句的语气显得比较活泼。例如：

⑯小孩子也能去啊？

⑰你找谁啊？

⑱是买苹果还是买桔子啊？

⑲你到底去不去啊？

例⑯是是非问，例⑰是特指问，例⑱⑲是选择问。用“啊”，不用“吗”或“呢”，可以使句子的口气活泼一些。

疑问句的一般用途是表示疑问，包括单纯的疑问和半信半疑的发问。有时，用疑问句的形式，却只是一种“无疑而问”。这是疑问句的特殊用途。

“反问”是无疑而问的一种情况。它是用问句的形式表示肯定什么或否定什么。因为从肯定方面问意在否定，从否定方面问意在肯定，所以叫“反”问。例如：

⑳我们的科学技术人员，为社会主义的科学事业辛勤劳动，怎么是脱离政治呢？（邓小平：《在全国科学大会开幕式上的讲话》）

㉑谁不知道鹤园是个好地方？

例⑳用肯定形式问，意在否定，即“不是什么脱离政治”。例㉑用否定形式问，意在肯定，即“谁都知道”。

用来反问的句式，一般是是非问或特指问；有时，选择问本身表示了肯定或否定，也是一种反问。例如：

㉒譬如我们刚才讲到的那些桔子树，不是我们很好的老师吗？（郭沫若：《屈原》）

㉓（雨淅淅沥沥下着……）谁能睡得着呢？（徐怀中：《西线轶事》）

㉔（它们生长在这南方，也就爱这南方，你要迁移它们，不是很容易的事。这是一种多么独立难犯的精神！）你看这是不是一种很好的榜样呢？（郭沫若：《屈原》）

例㉒是是非问，例㉓是特指问，例㉔是选择问，它们都是反问。

“设问”是无疑而问的另一种情况。它是写文章的人在文章中故意设置的问题。它本身并不肯定什么或否定什么。它的后边总要提出答案。例如：

㉕看到人家手里拿着东西了，我们就要调查一下。他手里拿的是什么？是刀。刀有什么用处？可以杀人。他要拿刀杀谁？要杀人民。（毛泽东：《抗日战争胜利后的时局和我们的方针》）

这里用了三个设问句。每个设问句后边都有答案。再如，毛泽东同志在《整顿党的作风》一文中，为了完整地、清楚地阐明什么是知识等道理，连用了七个设问句：

㉖什么是知识？……此外还有什么知识呢？……他们的状况是怎么样呢？……像这样的人是否可以算得一个完全的知识分子呢？……什么是比较完全的知识呢？……学生们的书本知识是什么知识呢？……有什么办法使这种仅有书本知识的人变为名副其实的知识分子呢？……

这里，边设问，边解答，所阐述的道理清楚明白。

用来设问的句式，一般是特指问。有时，选择问也可以用来设问。比如：“这种说法有没有道理呢？让我们看看事实：……”这里，用来设问的是选择问句。

运用反问，可以突出地强调所要表达的意思，使所说的话显得不可辩驳；运用设问，可以启发读者去思考，吸引读者去求知，同时可以使文章波澜起伏，活泼生动。

（三）祈使语气

表示命令或要求的句子，叫作祈使句。

祈使句语调逐渐下降。

祈使句常用语气助词“吧”和“了”。

在请求、催促、命令别人做什么的时候，用“吧”。例如：

①快把袖子拉下来吧。（那边有人看咱们哪！）（王汶石：《新

结识的伙伴》）

②大海，走吧，我们走吧！（曹禺：《雷雨》）

③回去吧！（童养媳没处养，就算成你的闺女！）（赵树理：《小二黑结婚》）

例①表恳求，例②表催促，例③表命令，它们都是肯定形式的祈使句。

在要求别人不做什么的时候，也就是在表示禁止、劝阻的时候，用“了”。例如：

④别再胡闹了！

⑤这些事请你也不必说了。（曹禺：《雷雨》）

例④表示禁止，例⑤表示劝阻，它们都是否定形式的祈使句。为了加强劝阻的语气，用了“了”之后还可以再用“吧”。例如：

⑥我看过去的事不必再提了吧。（同上）

有时，“了”“吧”在前后分句同时并见，一个表示要求别人不做什么，一个表示要求别人做什么。例如：

⑦走吧，别说了。（同上）

⑧别闹了，上课去吧！

“啊”也可以用在祈使句末，表示嘱咐、敦促的语气。例如：

⑨你要小心啊！

⑩别那么想啊！

⑪有话说吧，说啊！

（四）感叹语气

抒发某种强烈感情的句子，叫作感叹句。

感叹句语调先上升后下降。

感叹句常用语气助词“啊”。为了表达强烈的感情，感叹句中还常用“多么、多、好、真”等词加强语气。例如：

①蜜蜂是渺小的，蜜蜂却又多么高尚啊！（杨朔：《荔枝蜜》）

②啊呀，天，你长得多秀气啊！（王汶石：《新结识的伙伴》）

③那江心有几只小船在浮动，一忽儿小船被推在浪尖上，一忽儿小船又埋在浪头下，好大的风浪啊！（李心田：《闪闪的红星》）

④跟党断了联系，就跟断了线的风筝似的，真不是味儿啊！（王愿坚：《党费》）

“啊”（a），这个语气助词的主要作用是附着在感叹句的末尾表示感叹的语气。但不管用在哪类句子的末尾，它都有“呀”“哇”“哪”等变体。连读时，如果前一个字末了的音是 i，“啊”念成 ya，可以写成“呀”，如“多美丽呀”；如果前一个字末了的音是 u、ao，“啊”念成 wa，可以写成“哇”，如“真苦哇”“多好哇”；如果前一个字末了的音是 n，“啊”念成 na，可以写成“哪”，如“精得很哪”。

（五）句中停顿的语气

句子内部可以略有停顿。在略有停顿时用上某个语气助词，可以加强某种语气。这有三种情况。

1. 句子开头的一个成分后边用语气助词。例如：

①你呀，应该懂得订制度的精神。（吉学霈：《两个队长》）

②从前呀，男儿志在四方，五湖四海交朋友；如今，咱们女人也志在四方啦，也是朋友遍天下。（王汶石：《新结识的伙伴》）

③原因么，说主要是练得不勤了。（任斌武：《开顶风船的角色》）

④李镇平呢，他天天下田，……（王杏元：《“铁笔御史”》）

⑤以检验工作质量来说吧，镇平是从不马虎的。

这里，句子开头的一个成分后边用了“呀、么、呢、吧”等语气助词。一方面，它们强调突出了前边的成分；另一方面，它们又表示语意未完，后边将有述说。在具体作用上，它们也略有不同：用“呀”，让人特别注意后面将说的话；用“么”，有“论到”的意思；用“呢”，有“论到”的意思，也让人注意后面将说的话；用“吧”，表明是举例性质。

2. 假设分句后边用语气助词。例如：

⑥要不是看见这牌子呀，可能就把大事忘了！

⑦要是他肯帮忙么，情况就不一样了。

⑧去吧，实在不想去；不去吧，又解决不了问题。

⑨这件事，办呢，就得办好，不办呢，索性搁下来。

这里，假设分句后边用了“呀、么、吧、呢”等语气助词。它们既使假设分句显得突出，又表明语意未尽，后边将出现结果分句。它们也有不同之处：用“呀”语气活泼，用“么”语气沉稳，用“吧”往往表示迟疑不决，用“呢”往往着重引出必须采取的行动。

“的话”是专门用于假设分句末尾的一个语气助词。例如：

⑩要是你猛抬眼看见了前面远远有一排——不，或者只是三五株，一株，傲然地耸立，像哨兵似的树木的话，那你的恹恹欲睡的情绪又将如何？（茅盾：《白杨礼赞》）

“的话”和“如果、要是”之类呼应使用，可以加强假设语气。

“吧”还可以用在“即使、哪怕……”这种假设分句的后边，或者用在“无论、不管……”这种无条件分句的后边。例如：

⑪就算你的是“阳春白雪”吧，这暂时既然是少数人享用的东西，群众还是在那里唱“下里巴人”，那末，你不去提高它，只顾骂人，那就怎样骂也是空的。（毛泽东：《在延安文艺座谈会上的讲话》）

⑫不管怎么着吧，麦子总算收的不错，比往年，一亩多收了一百二十斤。（西戎：《宋老定进城》）

这里的“吧”，可以加强让步的语气，或者加强排除一切条件的语气。

3. 联合结构中各并列部分后边用语气助词。例如：

⑬昨天晚上，她俩挤在一个炕上，亲亲热热地说东道西：男人啊，女人啊，孩子啊，社里的小工厂啊，缝纫部啊，互相交流经验互相学习啊，各自的计划啊，目标啊，……一直到鸡叫二遍还不想睡。（王汶石：《新结识的伙伴》）

⑭他一开手，就认认真真，什么工作定额呀、定勤到人呀、工分上墙呀，项项做得整齐。（王杏元：《“铁笔御史”》）

这里的“啊（呀）”，可以加强列举的语气。

有时，并列部分是两个。如果用语气助词，可以用两个“啊”，也可以分别用“啊”和“的”。例如：“猫啊狗啊，猫啊狗的；你啊我啊，你啊我的；跳啊唱啊，跳啊唱的。”

（六）标点和语气

某些标点符号的运用，同语气有一定的关系。例如：

①“你看不见我在这里洗菜吗？洗脸到下边洗去！”这声音是那么严厉，我听了很不高兴。（孙犁：《山地回忆》）

这里有三句话。第一句用问号，表示质问的语气；第二句用感叹号，表示命令的语气；第三句用句号，表示陈述的语气。

句号一般用在陈述句的末尾。

句号也可以用在祈使句的末尾。这是为了表明，句子虽然是祈使句，但不带明显的命令口气。例如：

②周朴园　好，你先下去吧。（曹禺：《雷雨》）

③婆婆在厨房唤道：“不要耽搁太久了。早些回来吃饭。”（王汶石：《新结识的伙伴》）

例②是一个肯定形式的祈使句。例③引号里有两个祈使句，前一个是否定形式的，后一个是肯定形式的。它们不带明显的命令口气，因此都用句号。

句号还可以用在感叹句的末尾。这是为了表明，句子虽然是感叹句，但说话时并未带上强烈的感叹语气。例如：

④（心里不由得说：）这可真是个怪人。（马烽：《我的第一个上级》）

⑤唉呀，真是，这可真有点那个，太那个啦。（走，走，回家看看去。）（马烽：《太阳刚刚出山》）

这两个都是感叹句，句中用了“可真”“太”这类带强调语气的词。因为不带强烈的感叹语气，所以都用句号。

问号一般用在疑问句的末尾。

有时，问号也可以用在一个独立成分的后边。比较：

⑥哦，很远了，提起来大家都忘了。(曹禺：《雷雨》)

⑦哦？你说说看。(同上)

这里的“哦”都是独立成分。后一个“哦”加问号，带上了疑问的语气。再比较：

⑧呃，别看他上了年纪，干劲可大呢。(孙谦：《南山的灯》)

⑨呃？不信？来试试吧！(王汶右：《新结识的伙伴》)

这里的“呃”都是独立成分。后一个“呃”加问号，带上了疑问的语气。就例⑨说，共用了两个问号，前一个是用在独立成分后边，后一个才是用在疑问句的后边。

有时，问号也可以用在选择问句的分句与分句之间。例如：

⑩站在他们的前头领导他们呢？还是站在他们的后头指手画脚地批评他们呢？还是站在他们的对面反对他们呢？(每个中国人对于这三项都有选择的自由，不过时局将强迫你迅速地选择罢了。)(毛泽东：《湖南农民运动考察报告》)

这里是一个选择问句，它是一个包含三个分句的复句。一共用了三个问号：第三个用在句末，作为句子的标志，兼表疑问语气；前两个分别用在第一、二分句之后，强调有疑问的语气。一般说来，在整个选择问句较长，并且各选择项都需要着重强调的时候，才有必要在分句之间用问号。

另外，必须注意，如果一个“问句”充当了宾语，不要求回答，句末应用句号，因为就整个句子说，是个陈述句。例如：

⑪我听不清他们在说些什么。

“他们在说些什么”是“听不清”的宾语，不要求回答。整个句子是陈述句，因此用句号，不能用问号。

感叹号一般用在感叹句和祈使句的末尾。

有时，陈述句的末尾也可以用感叹号。这是为了表明，句子虽然是陈述句，但说话时带上了一定的情绪。例如：

⑫周朴园　你知道她现在在哪儿？

鲁侍萍　我前几天还见着她！（曹禺：《雷雨》）

⑬徐国梁迷惑地问："你家也住这院里？"

"这院里就住我们一家。"

"那冯在山……"

"他是我爸爸！"

（孙谦：《南山的灯》）

例⑫，"我前几天还见着她"是陈述句，加感叹号表明鲁侍萍说话时心情苦痛；例⑬，"他是我爸爸"是陈述句，加感叹号表明说话时冯有梅带有一种得意、自豪的心情。

有时，反问句的末尾也可以用感叹号。这是因为反问句本来不要求回答，为了加强语气，可以用感叹号，而不用问号。例如：

⑭哟！你怎么能不入党！（王汶石：《新结识的伙伴》）

⑮在那黑暗的岁月里，哪里有科学的地位，又哪里有科学家的出路！（郭沫若：《科学的春天》）

这两例都是反问句。用感叹号，加强了反问中的感叹语气。

感叹号还常常用在独立成分的后边。如例⑭的"哟"是独立成分，后边用感叹号。再比较：

⑯好神神哩，嘴也说干了，快过秤吧！（西戎：《宋老定进城》）

⑰好神神哩！走吧！走吧！（同上）

这里的"好神神哩"都是独立成分。后一个"好神神哩"后边加感叹号，感叹意味显得重些。就例⑰说，共月了三个感叹号：前一个用在独立成分后边，后两个用在祈使句后边。

在一个句子里，有时同时出现两种经常用于句末的符号。这样的句子是哪一类型的句子，要着重从结构关系上来判定。例如：

⑱谁不喜欢呢？从心里，从灵魂的深处。（吴伯箫：《歌声》）

⑲就在这一刹那，砰！砰！又是两枪。（任斌武：《开顶风船的角色》）

例⑱是反问句。“从心里，从灵魂的深处”是倒装的状语，尽管后边用了句号，但不能算一句。例⑲是陈述句。“砰”“砰”是插在句子中间的独立成分，尽管后边都用感叹号，但不能算两个句子。

问号和感叹号有时在一起连用，表明问中有叹或叹中有问。例如：

⑳千古奇冤，江南一叶；
同室操戈，相煎何急!?

这是周恩来同志 1941 年亲笔为重庆《新华日报》写的题词。用“!?”，表明了极大的义愤和沉痛，表示了最强烈的抗议和责问。再如：

㉑徐国梁又吃惊了：“准备了两年啦?!”（孙谦：《南山的灯》）

㉒徐国梁吃惊地放下茶杯，急着问道：“你说什么!?”（同上）

这里用“?!”“!?”，都表达了徐国梁不敢十分相信的“吃惊”心理和十分喜悦、兴奋的心情。

句中使用的标点，有的也跟语气有一定的关系。例如：

㉓电，减轻了农民的体力劳动；电，改变了农村的自然面貌。（孙谦：《南山的灯》）

主语“电”后边用个逗号停顿了一下。这样，在语气上就强调突出了这个主语。又如：

㉔我——我——我只要见见我的萍儿。（曹禺：《雷雨》）

㉕他很大了，——（顿）并且他以为他母亲早就死了的。（同上）

㉖星期天，他坐着商业局的吉普车去找冯有梅和徐为民——两个人都不在，徐国梁就独自坐着车走了。（孙谦：《南山的灯》）

例㉔用破折号，帮助表达了鲁侍萍想提出要求又一下说不出来的凄苦犹豫的状况；例㉕用破折号，帮助表示了周朴园说话时的沉吟语气，同时帮助表达了一种递进的语势。例㉖用破折号，帮助表达了一种转折的语势。破折号和语气表达、感情表达的关系，是相当微妙的。

后　　记

1972 年 6 月，湖北人民出版社出版了一本《现代汉语语法知识》。那本小书分九节，以句法关系为主线介绍有关的知识，由我写概说和前五节，由已去世的高庆赐先生写后四节（即复句、语气和标点部分），最后由我统一全书，以“华中师范学院中文系现代汉语教研组”的名义出版。现在写成的这本《现代汉语语法知识》，仍然以句法关系为主线，但增加了分量，分十七节作了新的编排，对某些问题作了新的解说，用例力求来源广泛和分析简明。复句、语气和标点的内容与写法，跟高先生所写的有所不同，但对于高先生的意见，我是认真地反复地考虑过的。应该说，这本小书中仍然有着高先生的可贵的劳动。

在析句上，这本小书采用目前大家熟悉的句子成分分析法，但也注意了句子结构的层次性。这样做，是为了尽可能地配合当前的学校语法教学，避免造成大混乱。

本书不当之处，恳请同志们指正。

邢福义

1980 年 4 月